“十二五”职业教育国家规划教材
经全国职业教育教材审定委员会审定

QICHE GUZHANG ZHENDUAN YU WEIXIU JISHU

汽车故障诊断与维修技术

(第2版)

闵永军 万茂松 周良 张永辉 编著

高等教育出版社·北京

内容提要

本书是“十二五”职业教育国家规划教材。

本书根据现代汽车及其维修技术发展的新特点，吸收广大读者的意见，在结构、内容、篇幅等方面作了较大幅度的调整与更新。全书分汽车故障诊断与维修基础知识、发动机故障诊断与维修、底盘故障诊断与维修三篇。本书将汽车故障诊断、维护和修理知识融为一体，注重理论与实践的结合，突出汽车电控系统故障诊断与维修的新知识、新技术，注重机、电、液综合故障的诊断与排除。全书共十六章，在有关汽车故障诊断与维修章节开始均有案例分析，每章结尾附有小结和复习与思考题，图、文、表并茂，通俗易懂。

本书可作为面向应用型、技能型人才培养的汽车运用工程、汽车服务工程、汽车检测与维修技术、汽车技术服务及营销等本、专科专业的教材，亦可供交通运输部门和维修企业工程技术人员参考。

图书在版编目(CIP)数据

汽车故障诊断与维修技术／闵永军等编著．—2版．—北京：高等教育出版社，2012.5（2020.12重印）

ISBN 978-7-04-034170-6

Ⅰ.①汽… Ⅱ.①闵… Ⅲ.①汽车-故障诊断-高等职业教育-教材②汽车-车辆修理-高等职业教育-教材 Ⅳ.①U472.4

中国版本图书馆CIP数据核字(2012)第008573号

策划编辑 徐 进　　责任编辑 吴鸣飞　　封面设计 姜 磊　　版式设计 王 莹

插图绘制 尹 莉　　责任校对 刘春萍　　责任印制 朱 琦

出版发行	高等教育出版社	网　　址	http://www.hep.edu.cn
社　　址	北京市西城区德外大街4号		http://www.hep.com.cn
邮政编码	100120	网上订购	http://www.landraco.com
印　　刷	廊坊十环印刷有限公司		http://www.landraco.com.cn
开　　本	787mm×1092mm　1/16		
印　　张	22.5	版　　次	2004年7月第1版
字　　数	540千字		2012年5月第2版
购书热线	010-58581118	印　　次	2020年12月第11次印刷
咨询电话	400-810-0598	定　　价	38.00元

物 料 号　34170-A0

出版说明

教材是教学过程的重要载体，加强教材建设是深化职业教育教学改革的有效途径，推进人才培养模式改革的重要条件，也是推动中高职协调发展的基础性工程，对促进现代职业教育体系建设，切实提高职业教育人才培养质量具有十分重要的作用。

为了认真贯彻《教育部关于"十二五"职业教育教材建设的若干意见》（教职成〔2012〕9号），2012年12月，教育部职业教育与成人教育司启动了"十二五"职业教育国家规划教材（高等职业教育部分）的选题立项工作。作为全国最大的职业教育教材出版基地，我社按照"统筹规划，优化结构，锤炼精品，鼓励创新"的原则，完成了立项选题的论证遴选与申报工作。在教育部职业教育与成人教育司随后组织的选题评审中，由我社申报的1 338种选题被确定为"十二五"职业教育国家规划教材立项选题。现在，这批选题相继完成了编写工作，并由全国职业教育教材审定委员会审定通过后，陆续出版。

这批规划教材中，部分为修订版，其前身多为普通高等教育"十一五"国家级规划教材（高职高专）或普通高等教育"十五"国家级规划教材（高职高专），在高等职业教育教学改革进程中不断吐故纳新，在长期的教学实践中接受检验并修改完善，是"锤炼精品"的基础与传承创新的硕果；部分为新编教材，反映了近年来高职院校教学内容与课程体系改革的成果，并对接新的职业标准和新的产业需求，反映新知识、新技术、新工艺和新方法，具有鲜明的时代特色和职教特色。无论是修订版，还是新编版，我社都将发挥自身在数字化教学资源建设方面的优势，为规划教材开发配备数字化教学资源，实现教材的一体化服务。

这批规划教材立项之时，也是国家职业教育专业教学资源库建设项目及国家精品资源共享课建设项目深入开展之际，而专业、课程、教材之间的紧密联系，无疑为融通教改项目、整合优质资源、打造精品力作奠定了基础。我社作为国家专业教学资源库平台建设和资源运营机构及国家精品开放课程项目组织实施单位，将建设成果以系列教材的形式成功申报立项，并在审定通过后陆续推出。这两个系列的规划教材，具有作者队伍强大、教改基础深厚、示范效应显著、配套资源丰富、纸质教材与在线资源一体化设计的鲜明特点，将是职业教育信息化条件下，扩展教学手段和范围，推动教学方式方法变革的重要媒介与典型代表。

教学改革无止境，精品教材永追求。我社将在今后一到两年内，集中优势力量，全力以赴，出版好、推广好这批规划教材，力促优质教材进校园、精品资源进课堂，从而更好地服务于高等职业教育教学改革，更好地服务于现代职教体系建设，更好地服务于青年成才。

高等教育出版社
2014年7月

第2版前言

本书是“十二五”职业教育国家规划教材，是普通高等教育“十五”国家级规划教材《汽车故障诊断与维修技术》的修订版。

近年来，汽车技术快速发展，汽车新结构、新技术不断涌现，汽车维修技术机电一体化、检测诊断和维修相互渗透、故障诊断是汽车修理的核心工作等特点更加突出。本次修订中，保持了本书第一版的基本特点：将汽车故障诊断、汽车维护和汽车修理知识融为一体，以汽车的故障诊断与维修内容为主体，突出、综合地介绍现代汽车各系统的故障现象，故障机理，故障检测诊断、排除方法及维修方法。本书的主要特点是：汽车故障诊断以典型车型常见故障现象为出发点，综合运用仪器诊断和人工诊断方法，以阐述故障诊断思路为重点；汽车维修以汽车维护作业中各关键部位检查、调整操作技术、主要零部件及总成检修方法、各总成件的装配为重点等。

根据汽车电子控制技术和汽车维修特点及发展趋势，吸取广大读者提出的宝贵意见，本次修订主要进行了以下几方面的工作：

(1) 扩充了发动机、变速器、制动系等总成或系统电子控制系统的故障诊断和维修内容，并将相关内容调整到对应的总成或系统中，提高了相关总成或系统内容的先进性、完整性和协调性；

(2) 增加了进排气系统的故障诊断与维修、柴油机电控供油系统故障诊断与维修等内容；

(3) 删除了化油器式燃油供给系统的故障诊断与维修、汽车车身检测与修复和传统点火系统故障诊断与维修等内容；

(4) 根据发动机进排气系统、发动机燃油供给系统和点火系统结构内容的调整，更新了相关总成与系统综合故障的诊断流程；

(5) 更新了汽车故障诊断与维修基础知识中部分内容，修改了第1版中的文字错误。

本书由南京林业大学汽车与交通工程学院闵永军、万茂松、周良和张永辉共同修订，全书分三篇共十六章，第一篇和第二篇中的第八章、第九章、第十一章由闵永军修订；第二篇中的第六章、第七章和第三篇中的第十二章由万茂松修订；第三篇中的第十三章、第十四章、第十五章、第十六章由周良修订；第二篇中的第四章、第五章、第十章由张永辉修订。

在本书的编写过程中参考了大量的著作和文献资料，在此一并向有关作者表示真诚的感谢。

由于作者水平有限，书中不妥或错误之处在所难免，恳请读者批评指正。

编著者

2014年7月

第1版前言

本书根据国家“十五”规划汽车运用与维修专业系列教材的编写要求，按照汽车运用与维修专业系列教材编写审订会议确定的编写大纲编写而成。

随着汽车技术的快速发展，汽车维修作业的方式和重点发生了革命性的变化，传统的按大修工艺和零件修复为主的作业内容已经淘汰，汽车维修技术已驶入机电一体化、检测诊断和维修一条龙的快速轨道。本书根据现代汽车的维修的特点和发展趋势，将汽车故障诊断、汽车维护和汽车修理知识融为一体，以汽车的故障诊断与维修内容为主体，重点、综合地介绍了当代汽车各系统的故障现象、故障机理、故障检测诊断、排除方法及维修方法。本书的主要特点是：汽车故障诊断以典型车型常见故障现象为出发点，综合运用仪器诊断和人工诊断方法，以阐述故障诊断思路为重点；汽车维修以汽车维护作业中各关键部位的检查、调整操作技术、主要零部件及总成检修方法、各总成件的装配为重点；根据汽车电子控制技术的发展情况，书中介绍了电喷发动机、电控自动变速器、电控制动防抱死等电子控制系统的故障诊断和维修内容；根据现代汽车维修以换件为主的情况，精简了汽车故障诊断与维修的基础理论和汽车零件修复的内容，突出了汽车故障诊断与维修操作技术的内容。

本书注重理论与实践的结合，具有较强的实用性和针对性；重点讲解了汽车故障诊断与维修的新知识、新技术，内容具有先进性；汽车故障诊断与维修章节开头配有案例分析，图、文、表并茂，具有较强的可读性。本书可作为高等职业学校、高等专科学校、成人院校及本科院校举办的二级职业技术学院、继续教育学院和民办高校汽车运用与维修、汽车运用工程和汽车检测与维修等专业的教材，亦可作为相关行业的培训教材。

本书由南京林业大学闵永军、万茂松、周良和朱柳建共同编写，其中第一篇“汽车故障诊断与维修基础知识”中的第三章，第二篇“发动机故障诊断与维修”中第八章和第九章由朱柳建编写，第一篇和第二篇的其余章节由闵永军编写；第三篇“底盘和车身故障诊断与维修”由周良编写；第四篇“汽车电控系统故障诊断与维修”由万茂松编写。

审阅人山东交通学院吴际璋教授认真、仔细地审阅了全稿，提出了许多宝贵的意见和建议，并给予了全体编写人员极大的鞭策和鼓励，在此表示衷心的感谢。

本书在编写过程中，参考了大量的著作和文献资料，在此一并向有关作者、编者表示真诚的感谢。

由于作者水平有限，书中不妥或错误之处在所难免，恳请读者批评指正。

编　者

2003年12月

目　录

第一篇　汽车故障诊断与维修基础知识

第二篇　发动机故障诊断与维修

第一篇

汽车故障诊断与维修基础知识

第一章

汽车故障诊断基础知识

学习目标

了解汽车故障定义;理解汽车故障的分类方法及各类汽车故障的特点;掌握汽车金属零件磨损、断裂、变形、腐蚀和穴蚀失效的机理、特性及在汽车维修中应采取的防止措施;理解电子元器件的失效形式和机理;掌握汽车零件润滑状态类型及其影响因素;理解汽车故障的规律和维修对汽车故障率的影响;掌握汽车故障诊断的定义;理解诊断参数和诊断标准的概念;了解汽车故障诊断和分析方法;掌握汽车电控系统的基本诊断方法。

第一节　汽车故障与产生原因

一、汽车故障及其分类

(一) 汽车故障

产品分为可修复和不可修复两大类。不可修复产品是指产品发生故障以后不进行维修而直接报废的产品,其中有的产品是技术上不便进行维修,一旦发生故障只能报废;有的产品技术上可维修,但维修不经济;还有一些产品本身属一次性使用产品,不存在维修问题。可修复产品是指产品发生故障后可通过维修恢复其规定功能的产品。

通常不可修复产品不能完成规定功能时称为失效。可修复产品不能执行规定功能的状态称为故障。

现代汽车是由众多零件、部件和总成构成的机、电、液一体的复杂产品。汽车总体、大部分总成和系统属可修复产品,随着汽车零件、部件制造技术的发展,制造成本的降低,不可修复类汽车零件、部件种类和数量日益增多,零件、部件更换成为汽车维修的主流方式。

汽车故障是指汽车部分或完全丧失工作能力的现象,它包括汽车不能行驶,功能不正常和个别性能指标超出规定的技术要求。

(二) 汽车故障的分类

根据分类目的不同,汽车故障的分类方法多种多样,常见的故障分类方法如下:

(1) 按故障发生的性质分为自然故障和人为故障。

自然故障是汽车在使用期内，由于受外部、内部不可抗拒的自然因素的影响而产生的故障。

人为故障是汽车在制造和维修中，由于使用了不合格的零件或违反了装配的技术要求，或汽车在使用中没有遵守使用条件和操作工艺规程以及运输、保管不当等人为因素所造成的故障。

(2) 按故障发生的速度分为突发性故障和渐进性故障，它是根据故障发生的快慢程度来划分的。

突发性故障是指零件在损坏前没有可以觉察到的征兆，零件损坏是瞬时出现的。这是由于各种不利因素以及偶然的外界影响共同作用的结果。这种作用已经超出了产品所能承受的限度。如汽车运行时由于遇到意外障碍物等原因而引起的超载造成零部件的损坏；轮胎被地面尖石或铁钉刺破；发动机油路堵塞；导线松脱以及司机操作失误引起的事故性损坏等。故障发生的特点是具有偶然性和突发性，一般不受运转时间影响，无法监控，因而这种故障是难以预测的。但这种故障容易排除，因此通常不影响汽车的使用寿命。

渐进性故障是由于汽车某些零件的初始参数逐渐恶化，其参数值超出允许范围而引起的故障。如发动机的气缸—活塞，由于磨损使配合间隙超过了允许范围，导致润滑油消耗量增加、曲轴箱窜气量增加。这种故障的特点是故障发生的概率与使用时间有关，它只是在汽车有效寿命的后期才明显地表现出来。渐进性故障的发生标志着产品寿命的终结，对汽车而言则往往是需要进行大修的标志。由于这种故障是逐渐发展的，所以是可以进行预测的。通过诊断和监测仪器进行测试或监控，能预测故障的发生时间。

突发性故障和渐进性故障之间一般是有联系的。应该说所有的故障都是渐进的，因为事物的变化都是由量变到质变的过程。如零件的磨损发展到一定程度，就可能导致突然的损坏，旧轮胎发生故障的概率要比新轮胎大得多。因此，汽车使用的时间愈长，发生故障的概率愈高，损坏的程度愈大。

(3) 按故障表现的稳定程度可分为持续性故障和间歇性故障。

持续性故障一旦发生，其出现规律明显，症状表现稳定，直至故障被排除。引起这类故障的故障部位技术状态稳定，一般较易诊断和排除。

间歇性故障具有突发性，时有时无，且无明显规律的特点，其原因是引起这类故障的故障部位的技术状况发生不规则变化。这类故障较多地发生在电路，特别是汽车电控系统中，其主要原因是汽车组成件因磨损、过热、振动导致故障部位技术状态处于故障临界状态。

(4) 按故障是否显现可分为可见故障和潜在故障。

已经导致功能丧失或性能降低的故障为可见故障。

正在逐渐发展但尚未对功能产生影响的故障为潜在故障。如：汽车前轴和传动轴裂纹，当未扩展到极限程度时，为潜在故障。值得重视的是，潜在故障一旦对功能产生影响，常常具有突发性质，因此对汽车的安全行驶极其不利。

(5) 按故障危害程度分。在汽车可靠性评定中，根据故障发生后对总成、系统或整机及人身安全性的影响可分为致命故障、严重故障、一般故障和轻微故障。并规定用多类故障系数对可靠性试验中实际发生的故障数进行修正，求得当量故障次数，进行汽车可靠性评定。其分类方法见表 1.1。

表 1.1　汽车故障分类

故障类别	分类原则
致命故障	涉及人身安全,可能导致人身伤亡;引起主要总成报废,造成重大经济损失;不符合制动、排放、噪声等法规要求
严重故障	导致整车性能显著下降;造成主要零部件损坏,且不能用随车工具和易损备件在短时间(约 30 min)内修复
一般故障	造成停驶,但不会导致主要零部件损坏,并可用随车工具和易损备件或价值很低的零件在短时间(约 30 min)内修复;虽未造成停驶,但已影响正常使用,需调整和修复
轻微故障	不会导致停驶,尚不影响正常使用,亦不需更换零件,可用随车工具在短时间(约 5 min)内轻易排除

二、汽车故障产生原因

导致汽车产生故障的主要原因是汽车零件的失效,汽车零件失效的主要形式有磨损、断裂、变形、腐蚀和老化等。

(一) 金属零件的失效

汽车金属零件失效的主要表现为磨损、断裂、变形、腐蚀和穴蚀。

1. 磨损

磨损是指汽车零件摩擦表面的金属在相对运动过程中不断损失的现象。磨损的发生将造成汽车零件尺寸、形状精度降低,表面配合性质发生变化,使零件的工作性能逐渐降低,是产生各种故障的主要原因之一。磨损包括物理的、化学的、机械的、冶金的综合作用,它与零件材料性质、表面加工方法、载荷、工作温度、润滑状态以及相对运动速度等因素密切相关。按磨损机理的不同,磨损可分为磨料磨损、粘着磨损、疲劳磨损、腐蚀磨损和微动磨损等。同一零件同一表面的磨损可能由单独的磨损机理造成,也可能由综合的磨损机理造成。

(1) 磨料磨损

磨料磨损是指摩擦表面与硬质颗粒或硬质凸出物相互摩擦引起的磨损。这种硬质颗粒或硬质凸出物就是磨料。汽车各摩擦副之间的磨料大多来自于空气中的尘埃、燃油和润滑油中的杂质和零件摩擦表面剥落下来的颗粒。

磨料磨损的机理可归于磨料的机械作用,磨料对摩擦表面的破坏可分为碰撞冲击、研磨和擦伤三种形式,一般磨料磨损表面存在着许多直线槽,它们可以是很轻的擦痕,也可以是很深的沟槽。

磨料磨损是汽车零件最常见的磨损形式。在汽车维修中应做好零件清洁存放,加强零件装配前的清洁工作和密封工作,防止外界磨料进入总成内部。

(2) 粘着磨损

粘着磨损是指摩擦表面间接触点发生粘着现象,使一个零件表面的金属转移到另一个零件表面所引起的磨损。所谓粘着就是两个摩擦表面接触点金属熔化、原子互相扩散、化合以及再结晶的过程。摩擦副运动进程中,局部接触点油膜或氧化膜被破坏,在摩擦高温下发生粘着,在随后的运动中又撕裂，如此粘着—撕裂—再粘着—再撕裂，反复进行就形成粘着磨损。

粘着磨损的磨损量与粘着点撕裂时的剪切位置有关。

如果粘着点的结合强度比摩擦副任何一方的材料强度都低，则撕裂将发生在粘着接点的界面处。此时材料的转移极轻微，滑磨面也较平滑，只有轻微的擦伤，此种情况称为外部粘着。汽车发动机中的气缸与活塞环，气门挺杆与凸轮轴凸轮处的润滑油膜遭到破坏时，即可发生这种外部粘着情况。

如果粘着点的结合强度比摩擦副中任何一方的材料强度高，则撕裂将发生在材料强度较低的零件内部，此时就必然伴随着金属从一个摩擦表面转移到另一个摩擦表面，且金属的转移量较大，此种情况称为内部粘着。例如，由于发动机过热或配合间隙太小，所产生的“拉缸”、“烧瓦抱轴”以及主减速器锥齿轮由于用油不当，调整欠妥而引起的剧烈磨损都是典型的内部粘着磨损。

汽车工作中，轻微的外部粘着磨损允许存在，而内部粘着磨损一般都会引起恶性故障，必须尽力避免。

粘着磨损的发生与材料特性、零件表面粗糙度、润滑油、零件运动速度和单位面积上的压力等因素有关。为了减少粘着磨损，在汽车维修中应注意：

① 保证配合副合理的装配间隙（如气缸与活塞间隙等）；

② 不轻易使用不同材质的汽车配件；

③ 旧件修理后应达到规定的表面粗糙度；

④ 发生过粘着磨损的旧件修理后不能留有粘着残余；

⑤ 认真做好发动机润滑系与冷却系的维护工作，使用规定牌号的润滑油，并在使用中注意添加或更新。

（3）疲劳磨损

疲劳磨损是指具有纯滚动或滚动与滑动并存的摩擦副，在工作过程中由于交变接触应力的周期性作用，使零件表层产生微粒脱落而引起物质损失的现象。疲劳磨损的特点具体表现为摩擦面出现大小、深浅不同的麻点或痘斑状凹坑。

疲劳磨损是汽车齿轮齿面、滚动轴承滚动体及内外圈滚道表面、凸轮和挺柱接触面等零件的主要失效形式之一。

（4）腐蚀磨损

腐蚀磨损是指在摩擦过程中，由腐蚀和摩擦共同作用导致的零件表面物质损失的现象。单纯的腐蚀现象不属腐蚀磨损，腐蚀磨损是一种机械化学磨损，它是腐蚀现象与机械磨损过程相结合形成的。

腐蚀磨损分为化学腐蚀磨损和电化学腐蚀磨损。

1）化学腐蚀磨损。化学腐蚀磨损是指在零件配合副中存在着腐蚀介质，它们之间产生化学作用而生成各种化合物，在摩擦过程中不断被除去而引起零件表面物质损失的现象。影响化学腐蚀磨损速度的因素是：介质腐蚀性的强弱、工作温度高低、化合物机械性能及化合物与基体金属之间的结合强度等。

化学腐蚀的典型例子有：汽车发动机气缸低温腐蚀；含有铜、铅等元素的滑动轴承，其中的铅容易被润滑油中的酸性物质腐蚀，使轴瓦表面出现麻点状脱落等。

金属零件表面由于材料与空气或润滑油中的氧发生氧化反应，导致摩擦表面上沿滑动方向出现匀细的磨痕的现象也属于化学腐蚀磨损（通常称为氧化磨损）。一般而言，氧化磨损普遍存在，其磨损率是所有类型磨损中最小的，且氧化膜的生成还有利于防止粘着磨损。

2）电化学腐蚀磨损。电化学腐蚀磨损是指在零件配合副中，存在着酸、碱、盐等电介质，它们之间发生电化学反应而生成各种化合物，在摩擦过程中不断被除去而引起零件表面物质损失的现象。其特点是磨损速度快。

可燃混合气在气缸内燃烧的过程中，常生成 CO、CO_2、SO_2、NO_2 和气态水，一旦发动机温度较低，气态水遇到低温缸壁变为液态时，CO、CO_2、SO_2 和 NO_2 可溶入水形成电解质，在缸壁上起电化学作用而使缸壁表面腐蚀，这种腐蚀的快慢与缸壁温度有关。冷却水温度低于 50 ℃时，缸壁的磨损速度急剧上升。

（5）微动磨损

微动磨损是指两个接触物体作相对微幅振动而产生的零件表面物质损失的现象。微动磨损是粘着、腐蚀、磨料、疲劳磨损综合作用的结果。

微动磨损经常发生在相对静止的配合副中，如驱动桥壳支承孔与半轴套管配合表面、发动机轴瓦与轴瓦轴承孔配合表面、螺栓连接件、键连接处等。

2. 断裂

断裂包括裂纹和折断，它是一种最危险的零件失效形式。汽车上约有 90% 以上的断裂可归结为由零件疲劳失效造成，如汽车车架的裂纹、曲轴的裂纹与断裂、钢板弹簧的裂纹与折断等。汽车零件的疲劳是在较长时间内，在交变载荷多次重复作用下导致材料疲劳而引起的。疲劳断裂的零件所承受的应力通常低于材料的抗拉强度甚至低于材料的屈服强度，且为突然发生的脆性断裂。

通常疲劳失效的断口宏观上可分为三个区域：疲劳裂纹源区、疲劳裂纹扩展区和最后断裂区，如图 1.1 所示。

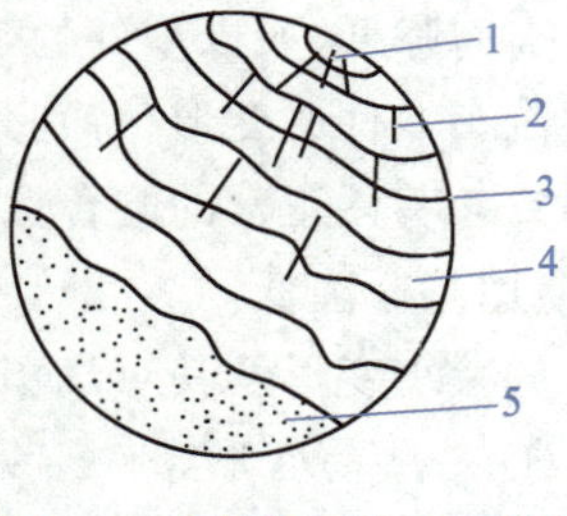

图 1.1 疲劳断口的宏观特征

1—断裂核和断裂源；2—二次台阶；3—疲劳线；4—裂纹扩展区；5—最后断裂区

（1）疲劳裂纹源区

疲劳裂纹最初产生是从断裂核开始的。断裂核周围有一相当光滑的微小区域叫做断裂源或疲劳源。疲劳源是疲劳裂纹的起点，它一般发生在零件应力最集中的部位或零件的薄弱部位，如零件的台阶尖角或有划痕、裂纹、非金属夹杂等表面缺陷处，零件内部存在空洞、疏松、脆性夹杂物处，表面强化层与基材结合处等。一个断口上，疲劳源可能不止一个，而有两个或多个，但通常仅有一个会扩展开来。

（2）疲劳裂纹扩展区

该区最典型的特征是有一系列的同心环纹称为疲劳线（疲劳贝纹线）。它是裂纹扩展过程中载荷的性质和大小的变化痕迹。疲劳线与疲劳线之间的间隔距离的大小表示裂纹扩展的速度。疲劳线较密，表示裂纹的扩展速度慢；裂纹线较疏，表示裂纹扩展得快。

（3）最后断裂区

当疲劳裂纹扩展到一定程度，达到临界尺寸后，零件的有效截面不能承受工作负荷，则发生快速断裂。

断裂区的面积大小反映了承受载荷的大小。断裂区的面积大，表示断裂时的载荷大，材料的强度低;断裂区的面积小,则表示断裂时的载荷小,材料的强度高。

为避免汽车零件发生疲劳断裂,在汽车维修工作中应注意:

① 汽车零件机械加工修复时,应保证过渡圆角半径和表面粗糙度达到技术要求;

② 在零件拆装和存放过程中,避免零件表面发生擦伤和划痕;

③ 在维修检验和检查中,对承受交变载荷的零件应进行无损探伤和监测。

3. 变形

汽车零件在长期工作中,由于受到外载荷、工作温度和残余应力的不断作用与影响,使零件的尺寸或形状发生改变的现象,称为零件的变形。变形分弹性变形和塑性变形两种。

(1) 弹性变形

弹性变形是指外力去除后能完全恢复的变形。汽车零部件中,通常经过冷校直的零件(如连杆)经一段时间使用后又发生弯曲,这种现象是由弹性后效所引起的,所以校直后的零件都应进行退火处理。

(2) 塑性变形

塑性变形是指外力去除后不能恢复的变形。金属材料塑性变形后在金属中产生内应力,材料的组织结构和性能将会发生变化,造成金属耐腐蚀性下降,对零件的性能和使用寿命有很大影响。

零件变形失效的原因除了设计、制造方面的原因外,还有使用过程中的残余应力、外载荷、温度以及使用维修不当等。汽车在使用中因温度引起变形的原因主要是热应力。所谓热应力是指气缸体、缸盖和变速器壳体等零件,在从高温冷却下来的过程中,由于结构厚薄不均,冷却速度不同,收缩有先后,因而在零件内部产生彼此相互制约的内应力。另外金属材料的弹性极限随温度的升高而降低,所以零件的工作温度越高,越容易引起变形。

汽车零件的变形,特别是各总成基础件如气缸体、气缸盖、曲轴、变速器壳、前后桥等的变形,将导致各零件正常的配合性质被破坏,润滑条件变差,并产生一定的附加载荷,使零件的磨损加剧,使用寿命降低。

为减小变形及其对汽车性能的影响,在汽车维修中应注意:

① 一些易变形零件避免在高温下拆卸,例如:不能在发动机水温较高时拆卸气缸盖,以及在自动变速器温度较高时拆卸液压阀体总成。

② 在维修中应严格检验零件的变形情况,特别是气缸体、变速器壳和前后桥等基础件的变形情况。

4. 腐蚀和穴蚀

(1) 腐蚀

金属零件的腐蚀是指表面与周围介质起化学或电化学作用而发生的表面破坏现象。腐蚀损伤总是从金属表面开始,然后或快或慢地往里深入,并使表面的外形发生变化,出现不规则形状的凹坑、斑点等破坏区域。

根据腐蚀机理的不同,腐蚀主要可分为化学腐蚀、电化学腐蚀。

① 化学腐蚀

金属与外部介质直接起化学反应而引起零件表面不断腐蚀、脱落而受到破坏的过程称化学腐蚀。外部介质多数为非电解质溶液,如干燥空气、有机液体、汽油、润滑剂等。

② 电化学腐蚀

金属外表面与周围电介质发生电化学作用而有电流产生的腐蚀称为电化学腐蚀。属于这类腐蚀的有：金属在酸、碱、盐溶液及潮湿空气中的腐蚀。金属与电介质溶液相接触，形成原电池，零件内电极电位较低的部分遭受腐蚀。除上述微观的电化学腐蚀外，还有宏观电化学腐蚀，如：汽车电器设备中的铜制接头或螺栓与车身车架的紧固处，与水接触就构成原电池，使车架本身遭受腐蚀；铜制节温器与其铝外壳之间的电化学腐蚀等。

为避免或减轻腐蚀危害，在汽车维修中一方面应做好汽车的清洁（含干燥）工作，另一方面应对汽车防腐覆盖层的破损部分及时修补。

（2）穴蚀

穴蚀又称气蚀，多发生在零件与液体接触并有相对运动的条件下。液体与零件接触处的局部压力比其蒸发压力低的情况下将产生气泡，同时溶解在液体中的气体亦可能析出。当气泡流到高压区，压力超过气泡压力时使其溃灭，瞬间产生极大的冲击力和高温。气泡的形成和溃灭的反复作用，使零件表面的材料产生疲劳而逐渐脱落，呈麻点状，随后扩展呈泡沫海绵状。严重穴蚀时，其扩展速度很快。穴蚀是一种比较复杂的物理化学破坏现象，它往往不单纯是机械力所造成的破坏，液体的化学及电化学作用，液体中含有磨料等均可加剧这一破坏过程。

汽车发动机的湿式缸套外壁、曲轴轴瓦内表面、水泵叶轮表面和外壳内表面及液压转向助力系统中可能产生穴蚀。柴油机湿式缸套外壁与冷却水接触的表面产生穴蚀时，往往产生图 1.2 所示的局部聚集的孔穴群。

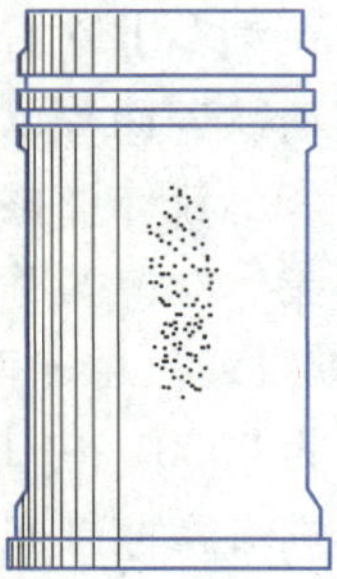

图 1.2　柴油机缸套的穴蚀

为避免或减轻穴蚀危害，在汽车维修中应注意：

① 选用合格气缸套，保证缸套的刚度符合技术要求；

② 保证缸套在缸体内正确的安装位置，控制缸套在缸体内倾斜偏差；

③ 在技术要求许可范围内，尽可能采用小的活塞—缸套的装配间隙；

④ 加强冷却系维护，保证冷却液管道通畅，使用合格的冷却液；

⑤ 在液压转向助力器换油时，应排净空气。

（二）电子元器件的失效

汽车电子元器件的工作环境可概括地归纳为以下几点：即温度和湿度的变化范围宽，电源电压波动大，脉冲电压强，电磁相互干扰多，振动与冲击剧烈，尘埃与有害气体侵蚀等。

电子元器件失效的主要形式有元件击穿、元件老化和连接故障。

1. 元件击穿

元件击穿有许多原因，主要是过压击穿、过流击穿和过热击穿。击穿的现象有时表现为短路形式，有时表现为断路形式。由电路故障引起的过压、过流击穿常常是不可以恢复的。

据资料统计，汽车上的电器由于介质击穿造成的损坏大约为 85%，而其中约有 70% 的击穿故障发生在新车上。同时，电容器的击穿又常常会烧坏与其串联的电阻元件。

晶体管的击穿也是一种主要的故障现象。有的晶体管由于元件自身热稳定性差而导致类似于击穿的故障，成为“热短路”或“热击穿”现象。

2. 元件老化

元件老化就是指性能退化。它包括许多现象，如晶体管的漏电增加，电阻值变化，可变电阻不能连续变化，继电器触点烧蚀等。对于继电器这类元件，往往还存在绝缘老化，线圈烧坏，匝间短路,触点抖动,甚至无法调整初始动作电流等故障。

3. 连接故障

这类故障主要是指电子器件内部接线松脱,接触不良,潮湿、腐蚀等引起的短路、断路或接触电阻增大现象。这类故障一般与元件无关。

(三) 汽车零件磨损特性

磨损是指汽车零件摩擦表面的金属在相对运动过程中不断损失的现象。磨损是由摩擦引起的,一般摩擦越大,磨损越快。为延长汽车零件使用寿命,在相互运动的零件之间通过润滑减小摩擦,力求使零件的磨损减小到最低限度。

1. 汽车零件的摩擦与润滑

所谓摩擦即是相互接触的两个零件在发生相对运动或具有相对运动趋势时,在接触面上产生的阻止相对运动的作用。

根据润滑状况不同,摩擦副表面的摩擦可分为干摩擦、流体摩擦、边界摩擦和混合摩擦四类。

(1) 干摩擦

所谓干摩擦即是指摩擦副表面之间无任何润滑油或其他润滑介质的摩擦。在干摩擦状态下,两摩擦表面直接接触,摩擦系数很大,摩擦面表面的磨损剧烈。

在汽车上除需要利用摩擦力来工作的零部件,如离合器摩擦片与压盘和飞轮表面、制动蹄片与制动鼓表面等以外,一般情况下的配合副之间应尽量避免在干摩擦条件下工作。

(2) 流体摩擦

流体摩擦又称流体润滑。所谓流体摩擦即是两零件表面被一层润滑油完全隔开的摩擦。在流体摩擦时,由于两工作表面不直接接触,摩擦只发生在润滑油流体分子之间,摩擦系数很小,一般约为 0.001 ~0.01,零件表面磨损速度很小,是一种最理想的摩擦状态。

汽车摩擦副间的流体润滑一般是动液润滑,为建立与维持流体润滑,除供给润滑油外,还必须注意使摩擦面的大小、形状、间隙和相对运动速度等能适应负荷和润滑油性能等条件。

建立流体摩擦的关键是汽车零件摩擦副处形成逐渐收敛的楔形间隙以便建立起流体动压力,滑动轴承的流体动力润滑原理如图 1.3 所示。当轴转动时,摩擦副间隙内润滑油动压力分布如 p'。当轴的转速增加到一定值时,流体动压力将增大到克服轴上的载荷将轴抬起,使轴和轴承之间产生高压油膜。当轴与轴承之间稳定运转时,轴与轴承之间产生的摩擦就是流体摩擦。流体摩擦必须使润滑油形成足够的油膜厚度,并使产生的动压力作用于轴上的铅垂合力大于轴所受载荷 F_P。

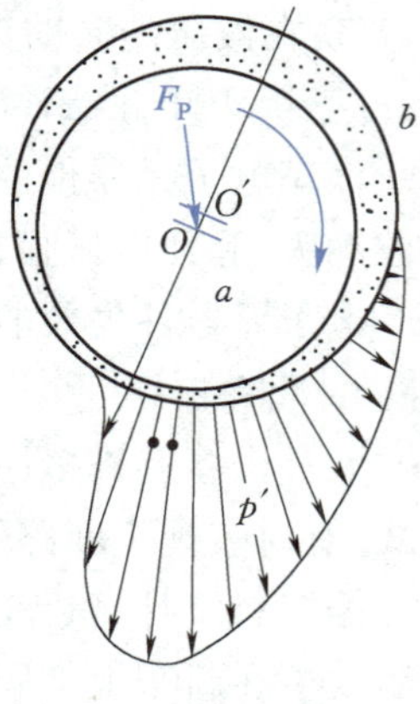

图 1.3 滑动轴承的流体动力润滑原理

a—轴;b—轴承;O'—轴承中心;O—轴中心;F_P—轴承上外载荷;p'—油膜的动压力

流体摩擦油膜厚度及建立的动压力与摩擦副的配合间隙形状、相对运动速度、润滑油的粘度和外载荷的大小有关。显然在合适的配合间隙形状下,相对运动速度和润滑油的粘度越大,外载荷越小,越容易形成并能保持完好的流体润滑油膜。

汽车发动机正常稳定运转时,曲轴与轴承表面之间的摩擦就属于流体摩擦。

(3) 边界摩擦

边界摩擦是指相对运动的两摩擦表面被一层极薄的边界膜(几个或

十几个分子厚度）隔开的摩擦，边界摩擦也称为边界润滑。

根据结构形式的不同，边界膜可分为吸附膜和反应膜两种。吸附膜是由润滑油的极性分子吸附在摩擦表面上所形成的油膜。而反应膜是由润滑油中的化学元素（如润滑油添加剂中的硫、磷、氯等元素）与摩擦表面产生化学反应而生成的化学反应膜。边界膜具有很高的强度，能承受很大的压力，能有效地防止摩擦表面的直接接触；当两个零件产生相对运动时，由于相对滑动只发生在两个零件表面上的吸附膜之间，而不是金属与金属之间，从而降低了摩擦系数，零件表面完整的反应膜能有效避免运动副之间发生粘着磨损。边界摩擦的摩擦系数介于干摩擦与流体摩擦之间，一般为 0.03～0.05，其值与润滑剂的粘度、载荷及运动速度无关，取决于摩擦表面与润滑剂的特性。

润滑油在摩擦工作面上形成边界膜的能力称为油性。油性好的润滑油易于在金属表面上形成边界膜，且边界膜稳定。另外应指出的是：无论吸附膜还是反应膜都有一临界温度，超过其临界温度，边界膜将遭到破坏，摩擦系数将急剧上升。

（4）混合摩擦

前面讨论摩擦类型时，把零件摩擦状态分为干摩擦、流体摩擦和边界摩擦，只是为了论述方便。实际上，汽车零部件摩擦副工作时，这三种或其中两种摩擦是混合存在的，称之为混合摩擦状态。在混合摩擦中，相对运动的摩擦表面一部分发生干摩擦，一部分发生边界摩擦的状态称为半干摩擦；相对运动的摩擦表面一部分发生边界摩擦，一部分发生流体摩擦的状态称为半流体摩擦。随着工作条件的改变，汽车零部件配合副的摩擦状态可相互转化。譬如，长时间停车后重新起动的最初时刻，发动机气缸壁与活塞环摩擦副表面之间，尤其是气缸壁的上部极有可能发生半干摩擦。一旦发动机运转正常，那么两摩擦表面间可能发生流体摩擦。但活塞运动至行程上止点附近时，在气缸壁、活塞环摩擦副表面间，则可能发生半液体摩擦。

在汽车的使用、维修过程中，应创造条件尽可能使重要的摩擦副如轴与轴承、齿轮、活塞环与气缸等，在理想的流体润滑状态下工作，尽量避免金属直接接触下的干摩擦，这样就可能使零件磨损小，使用期长。

研究表明，对摩擦系数影响最大的是液体润滑油的粘度 μ、摩擦副表面相对运动速度 v 和摩擦副所承受的载荷 F。三种参数的综合作用 $\mu v/F$ 与摩擦系数 f 的关系如图 1.4 所示，此曲线称为斯特里贝克（Stribeck）曲线。

润滑油膜被破坏，流体摩擦便转化为边界摩擦，在此区段，$f=0.03\sim0.05$。Ⅲ与Ⅴ区段之间的Ⅳ区间是一过渡区域，在此区域局部油膜被挤破，因此部分摩擦表面呈边界摩擦状态，部分摩擦表面呈流体摩擦状态，显然这是半流体摩擦区。区域Ⅲ与Ⅰ之间是半干摩擦过渡阶段Ⅱ，而区域Ⅰ则表明摩擦副表面摩擦条件非常恶化，$\mu v/F$ 的值很小，为干摩擦区域。

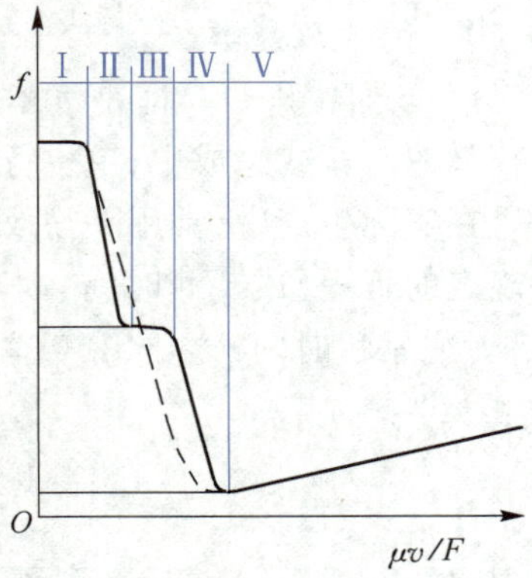

图 1.4 斯特里贝克曲线

Ⅰ—干摩擦；Ⅱ—半干摩擦；
Ⅲ—边界摩擦；Ⅳ—半流体摩擦；
Ⅴ—流体摩擦

2. 汽车零件的磨损特性

汽车零件在使用过程中，工作条件不同，引起零件磨损的原因也就有所不同，但各种零件的磨损量与工作时间之间都具有一定的规律，这种规律称为零件的磨损特性。汽车零件的磨损特性曲线如图 1.5 所示。

由图中可以看出,汽车零件的正常磨损可分为三个阶段。

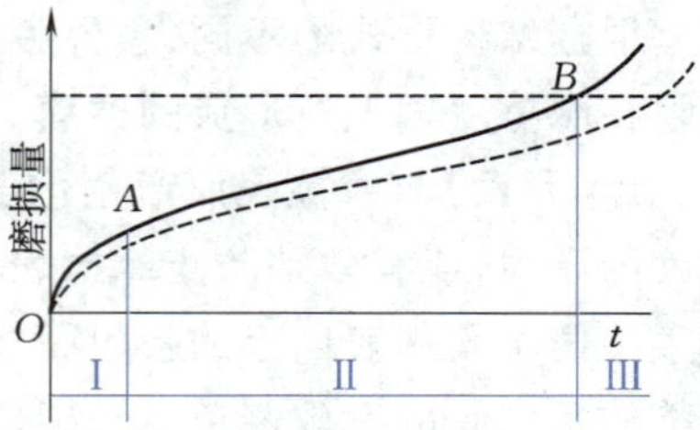

图 1.5 零件磨损特性曲线

第一阶段为磨合期(曲线 OA)。由于新零件及修复件表面较为粗糙,零件形位误差不可避免,新配合副的配合间隙较小,良好的摩擦副形状尚未形成,使完整的油膜难以形成;工作时零件表面的凸起点会划破油膜,在零件表面上产生强烈的刻划、粘接等作用;从零件表面上脱落下来的金属及其氧化物颗粒,会引起严重的磨料磨损。所以,该阶段的磨损速度较快。随着磨合时间的增长,零件的表面质量不断提高,磨损速度也相应降低。

第二阶段为正常工作期(曲线 AB)。经过磨合期的磨合,零件的表面粗糙度值降低,配合副的配合间隙趋于合理。所以,在正常工作期,零件的磨损变得非常缓慢。

第三阶段为极限磨损期(曲线 B 点以后)。磨损的不断积累,造成配合间隙不断增大。当配合间隙达到极限值,配合副工作进入极限磨损期。此时油压降低,零件之间的相互冲击增强,正常的润滑条件被破坏,零件的磨损急剧上升,此时如不及时进行调整或修理,会造成严重故障。

由图中可知,降低磨合期的磨损量,减缓正常工作期的磨损,能推迟极限磨损期的来临,可延长零件的使用寿命,如图 1.5 中虚线所示。为此,新车或汽车大修后,各主要总成必须按照一定的工艺程序和技术要求进行磨合,而且在大修(或新车)出厂后,应进行减载、限速走合,并及时进行走合维护。另外,在汽车修理中,必须保证各总成主要配合副的配合间隙在标准范围内,配合间隙过小有可能在磨合期发生非正常磨损,配合间隙过大则缩短了正常工作期允许累积磨损量,这都将严重影响汽车配合副的使用寿命。

三、汽车故障的规律

现代汽车是由众多零件、部件和总成组成的机、电、液一体的复杂产品,故障种类繁多,原因复杂,但从可靠性角度分析,其故障发生的概率遵循一定的规律。

1. 汽车故障率

汽车故障率 $\lambda(t)$ 即是汽车或总成在规定的使用条件下行驶到某里程(某时刻)后,在尚未发生故障的汽车或总成中,单位行驶里程(或单位时间)发生故障的概率。它是一个数学统计量。

在实际生产中,常用平均故障率 λ_m 作为故障率的观测值。所谓平均故障率即指汽车或总成在规定的行程(或观测时间)内当量故障发生次数(用故障系数修正后的折算次数)与累积工作行程(或累积时间)之比,其数学表达式为

$$\lambda_m(t) = \frac{M}{\sum_{i=1}^{n} L_i} \tag{1.1}$$

式中:M——汽车或总成在观测行程(或时间)内发生故障的当量次数;

$\sum_{i=1}^{n} L_i$——汽车或总成总观测行程(或累积时间)。

2. 汽车或总成的故障规律

所谓汽车或总成的故障规律是指汽车或总成投入使用后,其故障率 $\lambda(t)$ 与使用时间 t 的关

系。汽车的故障率曲线如图 1.6 所示。由于明显的几何方面的原因，该曲线又称浴盆曲线。

该曲线分为三个阶段，即早期故障期、偶然故障期和耗损故障期。

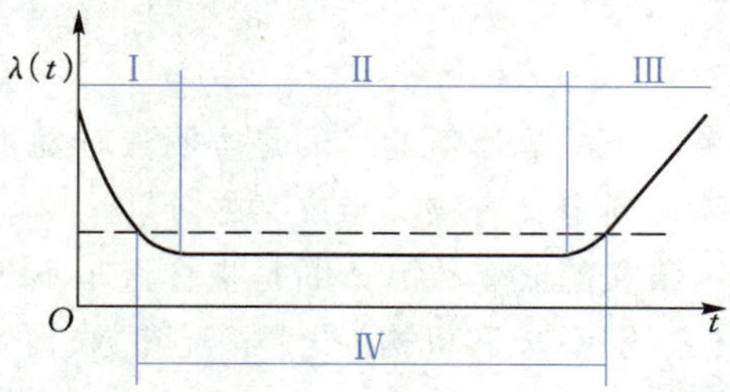

图 1.6　汽车故障率曲线

Ⅰ—早期故障期；Ⅱ—偶然故障期；Ⅲ—耗损故障期；Ⅳ—正常使用期

（1）早期故障期

即新车或刚大修过的汽车投入工作的初期，由于设计不良，制造质量差，安装不正确，调试不当，操作维护失误而引起的早期故障的时间。其特点是故障率较高，但在此期间汽车故障率 $\lambda(t)$ 随时间增加而迅速下降，属于故障率递减型。

早期故障期，一般为汽车的保修期。

（2）偶然故障期

浴盆曲线的中间部分为偶然故障期，又称随机故障期，其特点是故障率 $\lambda(t)$ 的值低且相对稳定，接近于常数，属故障率不变型。

偶然故障期内故障产生的原因：一是偶然因素造成的，如材料缺陷、操作失误、装载失控、润滑不良、维修欠佳及产品本身的薄弱环节等引起的；二是一些零件合乎规律的早期损耗所引起的。在偶然故障期故障发生的时间是随机的，难以确定的，但从统计学角度来看，故障发生的概率是遵循一定规律的。

（3）耗损故障期

即曲线的右边部分。该时期的特点是故障率 $\lambda(t)$ 随时间的延长而上升得越来越快，属故障率递增型。耗损故障期内故障产生的原因主要是汽车或总成零件的磨损、疲劳、变形等，引起性能参数恶化，振动增大，出现异响等。故障率达到一定值，汽车或总成就不能使用。

3．维修对降低汽车故障率的作用

在汽车维修中应用成熟技术，严格工艺规程，加强走合期的维护，严格执行有关新车（或大修车）的走合的各项规定，可有效降低早期故障期汽车的故障率。

在汽车正常使用期内，执行正确使用、定期检测、强制维护和视情修理的方针可以降低故障率，维持并保证汽车的完好技术状况和工作能力。

汽车或总成属于可修复产品，若在其即将或刚进入耗损故障期时，对汽车或总成进行恢复性大修，更换将要失效或已失效的零件，恢复其功能和性能，就能抑制故障率的上升，使汽车进入一个新的工作循环。

汽车从新车投入使用到最终报废，其整体技术状况或工作能力将不断恶化，故障率 $\lambda(t)$ 呈上升状态，且大修后汽车寿命也难以完全恢复。假设汽车经济使用寿命期间允许两次大修，其 $\lambda(t)$ 的走势如图 1.7 所示。

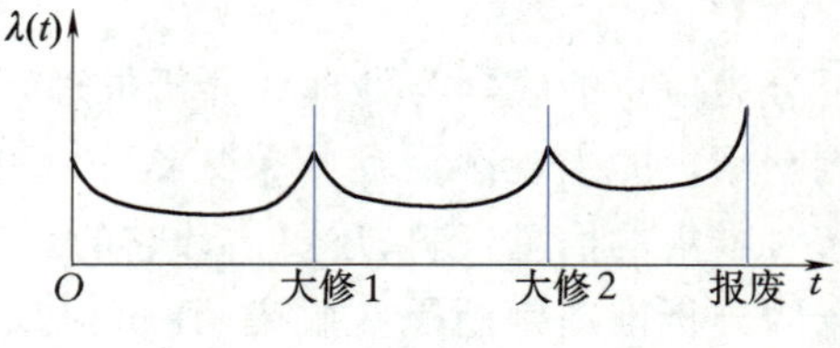

图 1.7　经济使用寿命期内 $\lambda(t)$ 整体走势

第二节 汽车故障诊断

汽车故障诊断的目的是查明汽车发生故障的部位和原因。根据诊断方法先进程度的不同，故障诊断定义有狭义与广义之分。

狭义的汽车故障诊断是指在汽车不解体(或仅卸下个别零件)的情况下，通过检查和测量汽车(系统、总成和机构)技术状况参数，评判汽车技术状况，查明故障(隐患)部位及原因的分析和判断作业。

广义的汽车故障诊断是指在汽车不解体或局部解体的情况下，通过检查和测量汽车(系统、总成和机构)技术状况参数，评判汽车技术状况，借助简单仪表或人体感官，辅以检查和试验，查明故障(隐患)部位及原因的分析和判断作业。

由于许多汽车故障虽然具有同一故障现象，但可能是由几个不确定的故障部位或原因引起的，同一故障部位或原因也可能产生几个不确定的故障现象，汽车各系统和总成的机、电、液一体化程度和集成化程度越来越高，其结构越来越复杂，各系统或总成间关联程度越来越密切，且目前车载传感器的设置主要考虑完成车辆正常工作时相关信息获取功能的需要，很少考虑故障诊断的需求。因此，要达到狭义汽车故障诊断的全面要求，诊断设备必须具有很高的自动化、智能化水平，目前的诊断设备主要还只能满足汽车技术状况评判和部分系统(或总成)部分类型故障诊断的需要。绝大多数汽车故障的确切诊断还离不开局部拆解、检查和试验，即只能达到广义汽车故障诊断的水平。

随着科学技术的日益进步，汽车已成为高新技术的载体，其结构越来越复杂，故障诊断难度越来越大；另外汽车修理方式也已从传统的以零件修复为主转向以零部件和总成更换为主。因此，快速、准确、有效的诊断是保证汽车运行安全，提高经济性，减少排放和噪声，提高维修效率，降低维修成本，并延长汽车使用寿命的前提。

要实现汽车故障的快速、准确、有效诊断，必须具备以下条件：

① 熟悉汽车结构和工作原理，能判定故障现象相关的系统或总成范围，掌握判定对象的机、电、液结构和工作原理，这是进行故障诊断的前提；

② 具有清晰的检测思路，明确检测什么参数、正确的检测方法、参数检测顺序、参数测量值的变化形式和正常范围，这是实现快速、准确故障诊断的关键；

③ 具有较强的综合分析、逻辑推理和判断能力，它一方面直接决定着诊断结论的准确性，同时也影响着检测思路，这是实现快速、准确、有效故障诊断的核心。

汽车结构和工作原理已有相关教材详述，现介绍后两条的有关主要内容。

一、诊断参数和标准

汽车故障诊断过程总体可分为信息的收集与处理和分析推理判断两部分工作。故障诊断信息的收集与处理是通过询问汽车用户的主观感受症状采集汽车病史资料；通过检查和试验获得汽车技术状况信息资料；另外，对收集的信息资料，还要估计它的真实性和准确性，并辨别它反映的是正常还是异常。诊断信息的分析推理判断是在收集、评价信息资料的基础上，进行综合、分析、判断、推理，然后作出诊断。

汽车技术状况是定量测得的表征某一时刻汽车外观和性能的参数值的总合。面对一个具体的汽车故障,在作出诊断结论前,首先必须正确掌握诊断对象的技术状况。检查和试验是获得诊断对象的技术状况信息的重要手段,为此,必须选择合适的诊断参数,选用合理的诊断标准。

1. 诊断参数

诊断参数是供诊断用的能够反映诊断对象技术状况的可测物理或化学量,是汽车诊断技术的重要组成部分。诊断参数与结构和性能参数紧密相关,它必须带有诊断对象技术状况的足够信息。在汽车或总成不解体的条件下,通常总体性能参数较易直接测量,但直接测量结构参数十分困难,必须通过状态参数进行描述。因此,在进行汽车故障的深入诊断时,诊断参数常常采用一些能够描述系统、零件和过程性质的状态参数。

反映诊断对象工作过程中主要功能的状态参数(主要性能参数),如发动机功率、汽车制动力和点火电压等,是诊断对象整体技术状况的评价指标,它可方便地用于对诊断对象主要功能的质量是正常还是异常的辨别,是进一步深入诊断的基础,且较易直接测量。但由于它提供的信息涉及面较广,针对性较弱,对故障的深入诊断帮助不大。

在进行故障的深入诊断时,除了要充分利用好在汽车不解体的条件下,可直接测量的几何尺寸参数(间隙、自由行程)和零部件性能参数(电阻、电压)外,重点是测量反映诊断对象本质特征、在机理上与故障关系密切、描述诊断对象局部信息、信息面较窄、针对性较强的状态参数,如振动、噪声、发热等。在某些条件下,不是直接测量诊断参数的物理量,而是测取这些物理量对时间的一阶或二阶导数;在分析中,不仅仅限于对直接测量值的幅值分析,还可以根据需要构建特征量。

在具体的汽车故障诊断工作中,主要根据诊断参数与诊断对象技术状态变化之间的相关性、灵敏性和在相同的测试条件下诊断参数的稳定性选用诊断参数。

2. 诊断标准

诊断标准是在规定测试条件下,确定诊断对象技术状况好坏的诊断参数测量值的极限值。它提供一个比较尺度,如果将测得的参数值与相应的诊断参数标准相比较,就可以确定诊断对象的技术状态。

根据适用范围的不同,汽车诊断标准可分为国家标准、制造厂推荐标准和企(行)业标准三类。国家标准由国家或地方政府制定,强制执行,是诊断参数合格必须达到的最低要求;制造厂推荐标准主要是一些重要的、基本的汽车使用性能参数和在汽车使用全寿命过程中都必须保证的结构参数的允许范围;企(行)业标准是企(行)业根据自身实际情况所制定的在本企(行)业内使用的标准。国家标准、企(行)业标准主要用于对诊断对象主要功能技术状况好坏的判别,在故障深入诊断中,主要使用制造厂推荐标准。

根据用途不同,汽车诊断标准可分为初始标准、极限标准和许用标准三类。初始标准是无故障新车或汽车大修时必须恢复达到的极限值;极限标准是判断诊断对象是否可继续使用的极限值,若诊断参数测量值不符合极限标准,则诊断对象必须进行维修;许用标准是在汽车维护时判断诊断对象技术状态的依据,若诊断参数测量值符合许用标准,则可保证诊断对象在规定的后续行驶里程内不发生故障。

特别需要指出的是,诊断标准是对汽车诊断的方法、技术要求和限值等的统一规定。诊断参数的测量值与诊断对象的工作状况(如汽车的载荷、速度、热工况等)有极大的关系。诊断参数都是就一定的测试规范而言的，如测量发动机功率是相对一定转速和一定节气门开度而言的。没有测试规范，诊断标准就失去了意义，因此，为了提高诊断的正确性，必须严格掌握诊断参数的测试规范，把诊断参数、测试规范与诊断标准看成是一个不可分割的整体。

二、汽车故障诊断方法

根据获取诊断对象技术状况检测手段的不同和故障诊断分析与判断自动化程度的不同，汽车故障诊断方法可分为人工经验诊断法、仪器仪表诊断法和智能诊断法。

1. 人工经验诊断法

人工经验诊断法，是诊断人员凭丰富的实践经验和一定的理论知识，在汽车不解体或局部解体情况下，借助简单仪表（如电流表、电压表、气压表、油压表、温度表），或直接用眼看、耳听、手摸、鼻闻等手段，边检查、边试验、边分析，进而对汽车技术状况、故障部位、原因作出判断的一种方法。这种诊断方法十分简单，但对复杂故障的诊断速度慢、准确性差、需要诊断人员有较高技术水平和丰富的实践经验。

2. 仪器仪表诊断法

仪器仪表诊断法是在人工经验诊断法的基础上发展起来的一种诊断法，诊断时，在汽车不解体的条件下，诊断人员利用汽车专用诊断仪器仪表（如专用示波器、电子诊断仪）测得诊断对象的参数值、曲线或波形等，了解诊断对象的技术状态，并进行分析和判断，给出诊断结论。该方法提高了诊断人员对汽车技术状况了解的准确程度，但这类仪器仪表一般只能对各项参数逐项进行检测，效率较低，而且分析判断仍完全由人工完成，故障诊断的速度和准确性主要取决于诊断人员的技术水平。

3. 智能诊断法

随着计算机技术在汽车诊断方面的广泛应用，以微机为核心的汽车诊断仪器设备能自动完成诊断对象诊断参数的自动检测，并利用仪器设备自存的诊断标准和分析软件实现检测结果的自动分析，进而自动对汽车的技术状况、故障部位及原因作出判断，而且还能存储并打印检测诊断结果。现代汽车车载自诊断系统（OBD）也是智能诊断系统的一部分。智能诊断法诊断速度快，准确性高，能定量分析，是汽车诊断技术的发展方向。

三、汽车故障诊断分析

简而言之，汽车故障诊断就是针对汽车故障现象（症状），进行检测和分析，作出故障部位和原因的判断。清晰的检测思路、缜密的综合分析、逻辑推理和判断是实现快速、准确、有效的故障诊断的关键。

1. 故障树诊断法

故障树诊断法是汽车故障诊断最常用的分析方法。故障树诊断法又称故障树分析法，它是将系统故障形成的原因由总体至部分按树枝状逐级细化的分析方法，其目的是判明基本故障，确定故障的部位和原因。它是对复杂系统进行故障诊断的有效工具。

用故障树诊断法进行汽车故障诊断，是将汽车最直接的故障现象作为分析目标，然后寻找直接导致这一故障发生的全部因素，再寻找造成下一级事件的全部直接因素，一直追查到那些基本的、无需再深究的因素为止，其结果是反映汽车故障因果关系的树枝状图形——故障树。冷却系电动风扇不转故障树如图 1.8 所示。在汽车故障诊断维修中主要用于对汽车故障的发生原因进行定性分析。

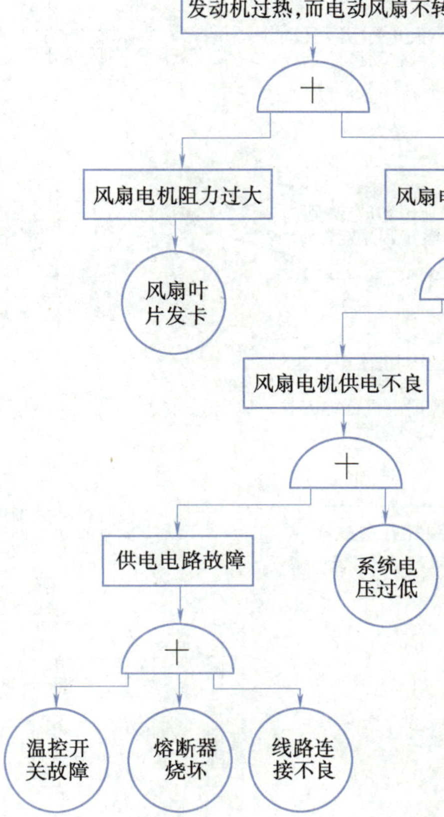

图 1.8　电动风扇不转故障树

2. 汽车故障诊断流程图

汽车故障诊断流程图是汽车故障诊断中检测思路、综合分析、逻辑推理和判断方法最常用的具体表达方式,深受汽车维修一线工作人员的欢迎。汽车故障诊断流程图是根据汽车故障现象的特征和技术状态之间的逻辑关系,反映出汽车故障诊断的综合分析、逻辑推理和判断思路,描述了汽车故障诊断的操作顺序和具体方法,是从原始故障现象到具体故障部位和原因的顺序框图。

在用故障树诊断法绘制出汽车故障树的基础上,依据汽车故障诊断和维修的经验,排除部分具体车型汽车发生可能性很小的基本故障原因,根据从总体到局部、先易后难,由表及里、分层推进的原则,列出汽车故障诊断操作顺序,阐明具体操作方法,并用流程图的形式表达出来。电动风扇不转故障的诊断流程如图 1.9 所示。

人工诊断法虽然有一定缺陷,但在相当长的时期内仍有实用价值。仪器仪表诊断法离不开人工的分析和判断,即使智能诊断法也是把人脑的分析、判断通过计算机语言变成了计算机的分析和判断。所以,人工诊断法仍是本教材的重要内容之一。本教材中以典型车型的常见故障现

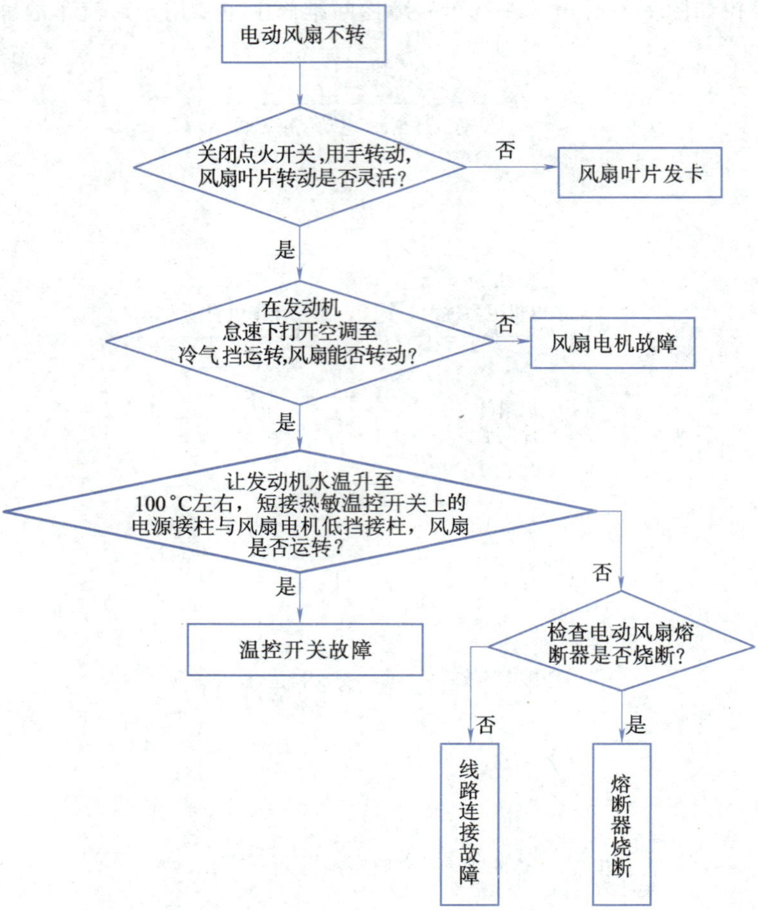

图 1.9 电动风扇不转故障诊断流程

象为对象,重点以故障诊断流程图的形式阐述故障诊断思路。

第三节 汽车电控系统的基本诊断方法

根据所采用的手段和方法的不同,汽车电控系统故障诊断的基本方法可分为直观诊断法、自诊断法和仪器诊断法三种。直观诊断法又称为人工经验诊断法,自诊断法是智能诊断法在车载诊断系统(OBD)中的具体运用。

一、直观诊断法

直观诊断法就是通过人的感觉器官对车辆故障现象进行问、看、听、摸、嗅、试等初步、直观的检查。通过“问”可以了解故障出现的时间、出现的过程(是自然产生还是人为造成)、故障现象的特征等。通过“看”可以观察到元件损坏的表面现象,如断裂、脱落、松旷、泄漏、堵塞、脏污、烧蚀等。通过“听”可以听到各种正常和不正常的响声,如漏气、高压漏电、爆燃、放炮、回火、电磁阀动作等响声。通过“摸”可以感觉到抖动、温度、湿度等。通过“嗅”可以嗅出漏油、异常的尾气排放和高温烧焦味等。通过“试”可以直观地试验出某些元件或系统的性能好坏，如火花塞的跳火、油压调节器的调压性能、点火的时刻、发动机的动力性能、自动变速器的各项检验效果和 ABS 的工作效果等。诊断时要做到细心、全面和安全。

通过以上诊断，可以再现故障的全过程，了解和掌握故障现象的详细特征，根据积累的经验，通过大脑的分析和判断，可以直接找到故障的具体部位。这种方法简单、实用，不需要任何仪器与设备，有很多的故障都是通过这种方法得以排除的。

二、自诊断法

汽车电子控制系统是一个相当复杂的系统，ECU 在完成各项控制功能的同时，还带有自诊断功能，即控制系统中有一套监控程序，能够对系统中的传感器及其电路、执行器及其电路、ECU 的自身情况进行监控。如果被监控的电路信号超出正常的范围，ECU 将以故障代码的形式记录并存储下来，同时采用应急容错控制技术，启动备用程序，调节备用参数来替代错误的信号，以维持车辆的基本工作状态。在进行故障诊断时就可以利用这一功能，如可以利用 ECU 的自诊断功能进行读取和消除故障代码、数据在线检测、执行器功能测试和基本设定。

（一）读取故障代码与消除故障代码

故障代码的读取方法有两种：一种是人工读码，另一种是用故障诊断仪读码。

1．人工读码

针对不同车型可以选用下列介绍的方法进入读码状态。

（1）利用跨接线短接故障诊断插座上的“诊断输入”与“搭铁”插脚。ECU 根据“诊断输入”插脚上的电压信号进入故障代码读取状态。适用车型有：丰田车系、三菱车系、大宇车系、欧宝车系、通用车系、福特车系等。故障诊断插座有的布置在仪表台下方的转向柱周围，有的布置在副驾驶一侧杂物箱的下方，有的布置在发动机舱内。

（2）按压“诊断”按钮，ECU 根据按钮开关的触发信号进入故障代码读取状态。适用车型有沃尔沃车系。

（3）转动 ECU 外壳上的“诊断模式”选择开关，ECU 根据旋钮转动的方向进入故障代码读取状态，适用车型有日产公司的系列车型。

（4）按空调控制面板上的“OFF”、“WARMER”和“TEMP”等键，使 ECU 进入故障代码读取状态，适用车型有通用公司部分车型（如凯迪拉克）和福特公司部分车型（如林肯）。

（5）在故障诊断插座上指定的两插脚间跨接带 330 Ω 电阻的发光二极管（LED），适用车型有马自达车系、三菱车系、奔驰车系、福特车系、现代车系等。

（6）在规定时间内连续转动点火开关 3 次（或 5 次）即 ON—OFF—ON—OFF—…，使 ECU 根据点火开关输入的脉冲信号进入故障代码读取状态。适用车型有：克莱斯勒车系、切诺基等。

进入故障码读取状态后，接下来就是故障代码的显示，显示故障代码的方法有下列三种：

（1）利用发动机故障指示灯显示故障代码。一般在汽车仪表上有发动机故障指示灯，根据故障指示灯闪烁的规律可以读出故障代码，大部分发动机电子控制系统都采用了这种显示方法。当故障自诊断系统进入故障代码显示状态时，仪表板上的发动机故障指示灯以闪烁次数和亮与灭之间的时间长短来显示故障代码。具体读法有以下 3 种：

① 如图 1. 10a 所示，故障指示灯点亮的时间长度不变，而根据其熄灭时间的长短来区分一个故障代码的个位数码、十位数码以及不同的故障代码，个位数码与十位数码之间的熄灭时间较短，而两个故障代码之间的熄灭时间较长，适用车型有丰田系列乘用车。

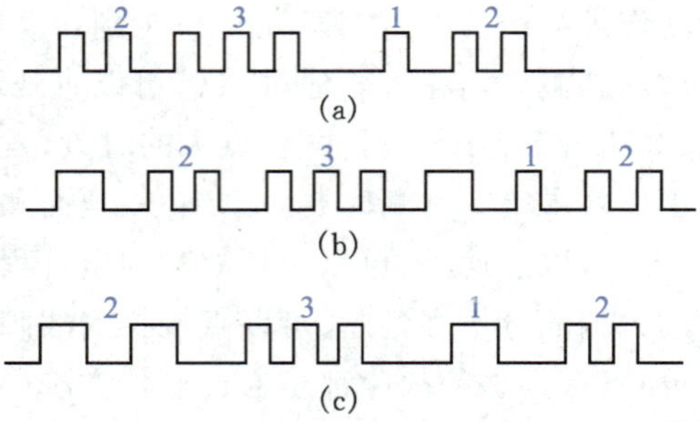

图 1. 10 发动机故障指示灯显示故障代码的方法

② 如图 1. 10b 所示，故障指示灯显示故障代码时，表示个位数码与十位数码的点亮时间不变，但个位数码与十位数码之间熄灭的时间长一些，且两个故障代码之间有一次较长时间的点亮作为预示信号，适用车型有绅宝乘用车等。

③ 如图 1. 10c 所示，故障指示灯用亮、灭时间较长的闪烁次数代表故障代码的十位数码，用亮、灭时间较短的闪烁次数代表故障代码的个位数码，且不同代码之间有较长的熄灭时间，适用车型有本田雅阁乘用车等。

(2) 利用指针式万用表或 LED 灯显示故障代码。此方法利用指针式万用表的指针摆动规律来表示故障代码，具体方法是在进入故障代码读取状态后，用万用表的直流电压挡检测故障插座输出端的电压波动状况，根据万用表指针摆动的幅度和每次摆动时间长度的不同，可以显示一位数至三位数的故障代码。

① 图 1. 11a 表示的是一位数故障代码 3，万用表的指针在 0 ~ 5 V 之间连续摆动 3 次，两个故障代码之间间隔 3 s。

② 图 1. 11b 表示的是两位数故障代码 23，万用表的指针在 0 ~ 5 V 之间第 1 次连续摆动的次数为故障代码的十位数码，停 2 s 后，第 2 次连续摆动的次数为个位数码，在两个故障代码之间，万用表指针要停止摆动 4 s 左右。适用车型有韩国现代乘用车、三菱车系等。图 1. 11c 是表示两位数故障代码的另一种方法，万用表指针在 2. 5 ~ 5 V 之间摆动的次数表示十位数码，指针在 0 ~ 2. 5 V 之间摆动的次数表示个位数码，在两个故障代码之间万用表指针要停止摆动较长时间。

(3) 利用发光二极管显示故障代码

有些车型在 ECU 的外壳上自带有一个或多个发光二极管专门用来显示故障代码，也有的车型用自制的带 330 Ω 电阻的发光二极管跨接在故障诊断插座上来显示故障代码。

① 1 个发光二极管显示故障代码。该显示方式与采用发动机故障指示灯显示故障代码的方式相似，适用车型有三菱车系和现代车系等。

② 2 个发光二极管显示故障代码。采用不同颜色的发光二极管，红色发光二极管闪烁的次数代表故障代码的十位数码，绿色发光二极管闪烁的次数代表故障代码的个位数码，适用车型有日产千里马和公爵王等乘用车。

③ 4 个发光二极管显示故障代码。采用 4 个发光二极管显示故障代码时，发光二极管点亮时从右到左分别代表“8”、“4”、“2”和“1”4 个数字，发光二极管不亮时均代表数字“0”。在读取故障代码时，将亮的发光二极管所代表的数字相加，即得到所显示的故障代码，适用车型有本田部分乘用车等。

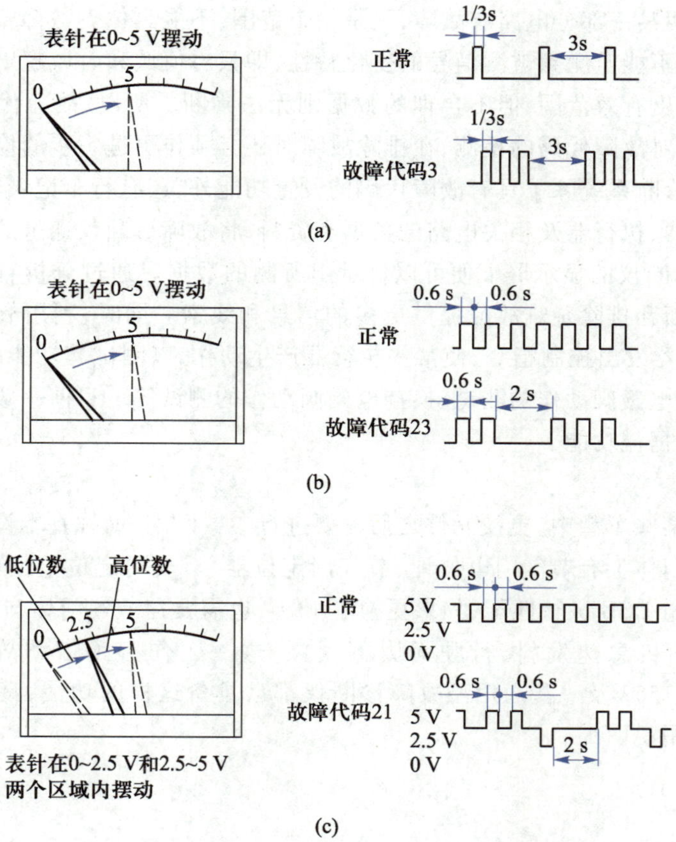

图 1.11　指针式万用表显示故障代码的方法

(4) 利用空调控制面板上的液晶显示屏以数字形式直接显示故障代码,适用车型有凯迪拉克、林肯等。

2. 用故障诊断仪读码

在车辆线束总成上有一个故障诊断插座,该插座有的布置在仪表台下方的转向柱周围,有的布置在副驾驶一侧杂货箱的下方,有的布置在发动机机舱的左侧等。故障诊断插座上设有一个串行数据传输线,接上故障诊断仪,操作键盘即可将 ECU 内存储的故障代码读出并显示在显示屏上。这样的故障诊断仪有两类,一类是专用故障诊断仪如 TECH1、BOSH、MARK、SCANNER、V. A. G1551、V. A. G1552 等,每一种故障诊断仪只能适用于少数的几种车型。另一类是通用故障诊断仪,每一种诊断仪都能够适用于较多的车型。过去采用的都是 OBD - Ⅰ型故障诊断插座,不同型号的车辆都配有形状各不相同的连接插头;OBD - Ⅱ型的故障诊断插座都采用国际统一的 16 端子的连接插头。常用的故障诊断仪有修车王、车博士、电眼睛、金德、金奔腾等。

消除故障代码的方法也有两种,一种是人工法,采用将 ECU 断电的方法,即将 ECU 的相关保险丝拆除一段时间(如 10 s 以上)后故障代码自行消失。另一种是利用故障诊断仪的消码功能,根据屏幕提示操作键盘,即可将故障代码消除。

(二) 数据流

利用故障代码进行故障诊断虽然在一定程度上比较方便、快捷,但存在两方面的局限性,一是故障代码只能指明某一部分电路有故障，只是一个范围，不能具体到故障部位；二是 ECU 只能监测到信号的范围，不能监测到被测信号的变化特性，即只对值域和时域超出有效范围的信号设置故障，而对没有超出有效范围，但不合理的数据则无法判断。所以，故障代码只是一个重要参考，不能完全依赖于对故障代码的检测，在排除故障时还必须作更进一步的检测。

许多车辆的自诊断系统除了具有故障代码的设置功能外，还有行车记录功能，能记录车辆在行驶过程中的传感器、执行器及相关电路的数据和资料，将故障诊断仪通过故障诊断插座与车辆 ECU 相连，在故障诊断仪的显示屏上便可以显示出所测的数据。通过分析、比较这些数据，可以为进一步的故障诊断和排除疑难故障提供更多的信息和线索。同时，利用故障诊断仪还可以通过车辆 ECU 向执行器发出控制指令，使某些执行器产生动作，以测试其功能的好坏，如喷油器动作的测试、活性炭罐电磁阀动作的测试、换挡电磁阀动作的测试等。目前一般的故障诊断仪都具有这样的功能，即数据流功能。

（三）基本设定

在大众系列的某些车型中，更换元件之后需要进行参数匹配，又称基本设定。例如更换节气门体。该车的节气门体上有节气门电位计、节气门定位器、节气门定位电位计和怠速开关，更换后需要将节气门体与 ECU 进行匹配，如果更换了 ECU，也需要在节气门体与新 ECU 之间进行匹配，否则会出现发动机怠速发抖、行驶无力等现象，这一工作必须借助故障诊断仪来完成。V. A. G1551、V. A. G1552 及一些通用型故障诊断仪都已具备这样的功能，具体设定方法可以参考故障诊断仪的使用说明书。

三、仪器诊断法

仪器诊断法是利用最基本的检测仪器对控制电路中的输入信号和输出信号进行直接测量，测量参数可以是电阻、电压、电流、频率、信号波形等，采用的仪器可以是万用表、示波器、喷油器清洗检测仪、LED 试灯等。

（一）万用表法

此方法应选用高阻抗的数字万用表或汽车专用万用表，这种万用表一般都具有测量电阻、电压、温度、频率、电容等功能，可直接用于测量元件或电路的电阻、电压和通断情况，对于交流信号和脉冲信号可以测量其频率，外接上温度传感器后还可以测量外界的温度。在确定故障具体部位时，万用表往往是最简单而实用的诊断仪器。

（二）示波器法

能够用作示波器的设备有汽车示波器、故障诊断仪和发动机综合分析仪等。采用示波器可以“截取”ECU 与传感器或执行器之间的电子信号，并以波形的方式显示出来。波形记录了信号的幅值与时间之间的关系，从波形上可以得到信号的幅值（电压的大小）、频率、占空比、脉冲宽度、特性和信号的变化规律等。通过对波形的分析，理论上讲可以将导致汽车故障的所有原因一一检查出来，尤其在对付疑难杂症时特别有效，它是现代汽车故障诊断中一种重要的诊断仪器。

测量时，要将点火开关处于 OFF 状态下，拆下连接插头，用细铜线将信号插脚引出来，再插上连接插头，然后将引出线与示波器相连，要特别注意防止线路短路。

常用示波器来检测霍尔传感器、电磁感应式传感器、光电式传感器、氧传感器、爆震传感器的信号波形和喷油器、点火模块、各种电磁阀的驱动信号波形等。

(三) 喷油器清洗检测仪

喷油器清洗检测仪可用作对喷油器进行超声波清洗,检查喷油器的喷油雾化状态,检查喷油器的滴漏,检查各喷油器间喷油量的误差等,常利用该设备对喷油器进行全面的性能检测。

(四) LED 试灯法

利用试灯可以快速、方便地检查电路的供电、搭铁情况,可以直观地检查 ECU 对执行元件的控制功能,如可以检查喷油器、电磁阀、继电器、点火放大器等元件的控制电路是否正常工作。

由于汽车电子控制系统复杂,所产生的故障现象形式多样,其中有些是连续性故障,有稳定的故障现象或故障代码,且只要条件满足故障就出现,这类故障比较容易排除。有些是偶发性、间隙性故障,属疑难杂症,在诊断时往往很难再现故障症状。遇到这类故障时,根据驾驶员反映的情况可以采用条件模拟法来诱发故障产生,常用方法有振动模拟、加热模拟、水淋模拟、加速模拟、减速模拟法等。然后根据自身的条件,综合应用上述故障诊断方法,快速、准确地找出故障部位。

本章小结

汽车故障是指汽车部分或完全丧失工作能力的现象,它包括汽车不能行驶、功能不正常和性能下降到规定的技术指标以外。根据不同的分类目的,汽车故障有不同的分类方法。

导致汽车产生故障的主要原因是汽车零件的失效。汽车金属零件失效的主要表现为磨损、断裂、变形、腐蚀和穴蚀。汽车电子元器件失效的主要形式有元件击穿、元件老化和连接故障。

磨损是由摩擦引起的,一般摩擦越大,磨损越快。根据润滑状况不同,汽车摩擦副表面的摩擦可分为干摩擦、混合摩擦、边界摩擦和流体摩擦四类。随着工作条件的改变,汽车零部件配合副的摩擦状态可相互转化。液体润滑油的粘度 μ、摩擦副表面相对运动速度 v 和摩擦副所承受的载荷 F 对摩擦因数影响最大,三种参数的综合作用 $\mu v/F$ 与摩擦因数 f 的关系形如斯特里贝克曲线。

汽车零件在使用过程中,各种零件的磨损量与工作时间之间都具有一定的规律性,这种规律称为零件的磨损特性。从磨损特性曲线上可以看出,汽车零件的正常磨损可分为磨合期、正常工作期和极限磨损期三个阶段。

从可靠性角度分析,汽车或总成投入使用后,其故障率 $\lambda(t)$ 与使用时间 t 之间具有浴盆曲线所示的关系,此即汽车故障的规律。从浴盆曲线分析,汽车或总成投入使用后可分为早期故障期、偶然故障期和耗损故障期三个阶段。规范的汽车维护可有效降低早期故障期和偶然故障期的故障率,推迟耗损故障期的到来。汽车或总成的大修是恢复性修理,使汽车进入一个新的工作循环。

汽车故障诊断的目的是查明汽车故障的部位和原因,根据诊断方法先进程度的不同,其定义有狭义与广义之分。要实现汽车故障的快速、准确、有效诊断,汽车维修人员应熟悉汽车结构和工作原理,具有清晰的检测思路及较强的综合分析、逻辑推理和判断能力。

诊断参数是供诊断用的能够反映诊断对象技术状况的可测物理量或化学量。诊断标准是在规定测试条件下,确定诊断对象技术状况好坏的诊断参数测量值的极限值,是对汽车诊断的方法、技术要求和限值等的统一规定。

汽车故障诊断方法可分为人工经验诊断法、仪器仪表诊断法和智能诊断法。故障树诊断法是汽车故障诊断最常用的分析方法。在用故障树诊断法绘制出汽车故障树的基础上，可用汽车故障诊断流程图来表达汽车故障诊断中的检测思路、综合分析、逻辑推理和判断方法。

汽车电控系统故障诊断方法分为直观诊断法、自诊断法和仪器诊断法三种，在故障诊断时，需要综合应用这些方法。

复习与思考题

1. 何为汽车故障？常见汽车故障的分类方法有哪些？
2. 汽车金属零件失效的主要形式有哪些？
3. 何为汽车零件的磨损？根据机理的不同，磨损可分为哪几类？
4. 影响磨料磨损和粘着磨损的因素有哪些？为减轻磨料磨损和粘着磨损，在汽车维修中应注意哪些事项？
5. 汽车零件疲劳断裂的特点是什么？机理是什么？疲劳断口宏观上有哪些特征？
6. 汽车电子元器件失效的主要形式有哪些？
7. 根据斯特里贝克曲线解释汽车摩擦副经常在混合摩擦状态下工作。
8. 何为汽车零件的磨损特性？其形成原因是什么？
9. 何为汽车故障的规律？其形成原因是什么？
10. 根据浴盆曲线简述汽车维修对提高汽车可靠性的重要性。
11. 何为汽车诊断、诊断参数和诊断标准？
12. 汽车诊断标准有哪些类型？各自用途是什么？
13. 汽车故障诊断基本方法有哪些？各自的特点是什么？
14. 何为故障树诊断法？怎样在汽车故障诊断中应用该方法？
15. 汽车电控系统故障诊断基本方法有哪些？各自的特点是什么？

第二章

汽车维修基础知识

学习目标

理解现行汽车维修制度的内涵和本质；掌握现行汽车维护制度分级；了解日常维护和一级维护作业的基本内容；掌握二级维护工艺过程；了解二级维护检测项目、基本作业项目、作业内容和技术要求；理解汽车修理类别和汽车及总成的大修送修标志；掌握汽车大修工艺过程；了解汽车修理工艺卡片；掌握零件检验常用量具的使用方法；理解零件检验探伤方法；理解零件机械加工修理法和焊接修理法；了解汽车零件修复工艺；了解对汽车电控系统进行检修时的注意事项。

第一节　汽车维修制度及工艺

由上一章的内容可知，随着汽车行驶里程的增加，在多种因素的共同作用下，汽车的零件会逐渐产生不同程度、不同形式的损伤，导致汽车使用性能按一定的规律劣化。如果不及时进行维护和修理，则汽车的使用性能与使用寿命将会迅速下降；同时，汽车发生故障的后果不仅仅是该辆汽车自身不能行驶，还有可能阻塞交通，污染环境，甚至导致车毁人亡的恶性事故。因而必须建立合理的制度来规范汽车的维修工作，使汽车经常处于完好的技术状况，保证汽车安全、优质、高效运行。

汽车维修制度是指为实施汽车维修工作所采取的技术组织措施的规定。我国现行的汽车维修制度以汽车可靠性理论和零件磨损理论为依据，在总结经验的基础上不断吸收国外先进的维修管理理念，强调车辆技术管理坚持以预防为主和技术与经济相结合的原则，对汽车的维修机制实行“定期检测，强制维护，视情修理”的方针。

定期检测是指汽车必须按技术文件规定的运行间隔，在指定的专业检测站（点），对汽车、总成、零部件的技术状况进行检测，以确定汽车的技术状况或工作能力，并为汽车维护附加修理作业项目的确定提供依据。

强制维护是指汽车行驶到交通运输主管部门规定的维护周期（行驶里程或间隔里程），必须进行维护，不得拖延，用不准上路等强制手段，保证维修制度的贯彻执行。

视情修理即是通过检测诊断手段和技术鉴定的结果,视情安排不同作业范围和深度的修理作业。这样,既可防止拖延修理造成的恶化,又避免了提前修理造成的浪费。

汽车维修制度包括汽车维护与汽车修理两部分内容。

汽车维护是定期地对汽车的各部分进行检查、清洁、润滑、紧固、调整或更换某些零件所进行的一些日常工作,目的在于保持车容整洁和消除故障隐患,防止车辆早期损坏。

汽车修理是指为恢复汽车各部分规定的技术状况和工作能力所进行的活动的总称。修理是汽车有形损耗的补偿,它包括故障诊断、拆卸、鉴定、更换、修复、装配、磨合、试验等作业。

一、汽车维护制度及工艺

汽车维护必须贯彻“预防为主、强制维护”的原则,我国目前执行的汽车维护制度将汽车维护划分为日常维护、一级维护及二级维护。《汽车维护、检测、诊断技术规范》(GB T 18344—2001)规定了汽车维护的周期、作业内容和技术规范。

(一) 汽车维护的周期

日常维护的周期是出车前、行车中及收车后,维护作业由驾驶员负责执行。

一、二级维护周期的确定,应以汽车行驶里程为基本依据。汽车一、二级维护行驶里程依据车辆使用说明书的有关规定,同时依据汽车使用条件的不同,由省级交通行政主管部门规定。对于不便使用行驶里程统计、考核的汽车,可用行驶时间间隔确定一、二级维护周期。其时间(天)间隔可依据汽车使用强度和条件的不同,参照汽车一、二级维护里程周期确定。汽车一、二级维护作业由维修企业负责执行。

(二) 汽车维护作业内容

1. 日常维护

汽车日常维护是以清洁、补给和安全检视为作业内容,主要作业包括:

① 对汽车外观、发动机外表进行清洁,保持车容整洁;

② 对汽车各部位润滑油(脂)、燃油、冷却液、制动液、各种工作介质、轮胎气压进行检视、补给。

③ 对汽车制动、转向、传动、悬挂、灯光、信号等安全部位和位置以及发动机运转状况进行检视、校紧,确保行车安全。

2. 一、二级维护

一级维护是除日常维护作业外,以清洁、润滑、紧固为作业中心内容,并检查有关制动、操纵和灯光等安全部件。

二级维护是除一级维护作业外,以检查、调整转向节、转向摇臂、制动蹄片、悬架等经过一定时间的使用容易磨损或变形的安全部件为主,并拆检轮胎,进行轮胎换位,检查、调整发动机工作状况和排气污染控制装置等。二级维护作业时,应将维护前检测诊断确定的附加小修作业内容一并进行。

《汽车维护、检测、诊断技术规范》(GB T 18344—2001)规定的汽车二级维护项目、作业内容及技术要求见表 2.1。

表 2.1　汽车二级维护项目、作业内容及技术要求

序号	项　目	作业内容	技术要求
1	发动机润滑油，机油滤清器	① 更换润滑油 ② 视情更换机油滤清器	① 润滑油规格性能指标符合要求 ② 液面高度符合规定 ③ 机油滤清器密封良好，无堵塞，完好有效
2	检查润滑油油面高度	检查转向器、变速器、主减速器等部件的润滑油规格和液面高度，不足时按要求补给	符合出厂规定
3	空气滤清器	清洁空气滤清器	空气滤清器清洁有效，安装可靠，恒温进气装置真空软管安装可靠，进气转换阀工作灵敏、准确
4	① 燃油箱及油管 ② 燃油滤清器 ③ 燃油泵	① 检查接头及密封情况 ② 清洁滤清器，并视情更换 ③ 检查燃油泵，必要时更换	① 接头无破损、渗漏，紧固可靠 ② 燃油滤清器工作正常 ③ 燃油泵工作正常，油压符合规定
5	燃油蒸发控制装置	检查清洁，必要时更换	工作正常
6	曲轴箱通风装置	检查、清洁	清洁畅通，连接可靠，不漏气，各阀门无堵塞、卡滞现象，灵敏有效，符合规定
7	散热器、膨胀箱、百叶窗、水泵、节温器、传动带	① 检查密封情况、箱盖压力阀、液面高度、水泵 ② 检视带外观，调整带松紧度	① 散热器及软管无变形、破损及渗漏；箱盖接合表面良好，胶垫不老化，箱盖压力阀开启压力符合要求；水泵不漏水，无异响；节温器工作性能符合规定 ② 带应无裂痕和过量磨损，表面无油污，带松紧度符合规定
8	① 进排气歧管、消声器、排气管 ② 气缸盖	① 检查、紧固，视情补焊或更换 ② 按规定次序和扭紧力矩校紧气缸盖	① 无裂纹、无漏气，消声器性能良好 ② 扭紧力矩符合规定
9	增压器、中冷器	检查、清洁	符合规定
10	发动机支架	检查、紧固	连接牢固，无变形和裂纹
11	喷油器、喷油泵	检查喷油器和喷油泵的作用，必要时检测喷油压力和喷油状况，视情调整供油提前角	① 喷油器雾化良好，无滴油、漏油现象，喷油压力符合规定 ② 供油提前角符合规定

续表

序号	项 目	作业内容	技术要求
12	分电器、高压线	清洁、检查	分电器无油污,高压线性能符合规定
13	火花塞	清洁、检查或更换火花塞,调整电极间隙	电极、瓷体表面清洁,间隙符合规定
14	气门间隙	检查、调整	符合规定
15	电控燃油喷射系统供油管路	检查密封状况	密封良好,作用正常
16	三元催化装置	检查三元催化装置的作用,必要时更换	作用正常
17	离合器	检查、调整离合器踏板自由行程	离合器踏板自由行程符合规定
18	前轮制动	检查前轮制动器调整臂的作用	作用正常
		拆卸前轮毂总成、制动蹄、支承销;清洗转向节、轴承、支承销,清洁制动底板等零件	清洁无油污
		检查制动盘、制动凸轮轴,校紧连接螺栓	① 制动底板不变形,按规定力矩扭紧连接螺栓 ② 凸轮轴转动灵活,无卡滞,转向间隙符合规定
		检查转向节及螺母、保险片、油封、转向节臂,校紧连接螺栓	① 转向节无裂纹,螺纹完好,与螺母配合应无径向松旷,保险片作用良好,油封完好,不漏油 ② 转向节轴径与轴承的配合间隙符合要求,转向节臂连接螺栓扭紧力矩符合规定
		检测内外轴承	滚柱保持架无断裂,滚柱不脱落,无裂损和烧蚀,轴承内圈无裂损和烧蚀
		检查制动蹄及支承销	① 制动蹄无裂纹及明显变形,摩擦片不破裂,铆接可靠,摩擦片厚度符合规定 ② 支承销无过量磨损,支承销与制动蹄支承孔衬套的配合间隙符合规定
		检查制动蹄复位弹簧	复位弹簧应无明显变形,自由长度、拉力符合规定

续表

序号	项　　目	作 业 内 容	技 术 要 求
18	前轮制动	检查前轮毂、制动鼓及轴承外座圈，校紧轮胎螺栓内螺母	① 轮毂无裂损 ② 轴承外座圈无裂纹，无麻点，无烧蚀 ③ 制动鼓无裂纹，外边缘不得高出工作表面，检视孔完整，内径尺寸、圆度误差、左右内径差符合规定 ④ 轮胎螺栓齐全完好，规格一致，按规定力矩扭紧
		装复前轮毂、调整前轮轴承松紧度及制动间隙	① 装复支承销，制动蹄支承销孔均应涂润滑脂，开口销或卡簧齐全有效 ② 润滑轴承 ③ 制动鼓、制动片表面清洁，无油污 ④ 制动片与制动鼓的间隙应符合规定，转动无碰擦现象或声响，检视孔挡板齐全 ⑤ 轮毂转动灵活，用拉力计测量时可转动，且无轴向间隙 ⑥ 锁紧螺母按规定力矩扭紧 ⑦ 保险可靠，防尘罩、衬垫完好，螺栓、垫圈齐全紧固（螺栓规格一致）
19	后轮制动	拆半轴、轮毂总成、制动蹄、支承销；清洗各零件及制动底板、半轴套管	① 轮毂通气孔畅通 ② 各零件及制动盘、后桥套管清洁无油污
		检查制动底板、制动凸轮轴，校紧连接螺栓	① 制动底板不变形，连接螺栓按规定力矩紧固 ② 凸轮轴转动灵活，无卡滞，轴向间隙和径向间隙符合规定
		检查后桥半轴套管、螺母及油封	① 套管无裂纹及明显松动，与螺母配合无径向松旷 ② 油封完好，无损坏，无漏油 ③ 套管颈与轴承配合间隙符合规定
		检查内外轴承	① 轴承保持架无断裂，滚柱不脱落，无裂损和烧蚀 ② 轴承内圈无裂纹、烧蚀
		检查制动蹄及支承销	① 制动蹄无裂纹及变形，摩擦片不破裂，铆接可靠，摩擦片厚度符合规定 ② 支承销与制动蹄支承孔衬套配合间隙符合规定 ③ 支承销无过量磨损

续表

序号	项　　目	作业内容	技术要求
19	后轮制动	检查制动蹄复位弹簧	复位弹簧应无变形，自由长度符合规定，拉力良好
		检查后轮毂、制动鼓及轴承外座圈，检查扭紧半轴螺栓，检查轮胎螺栓，校紧内螺母	① 轮毂无裂损 ② 轴承外座圈不松动，无损坏 ③ 制动鼓无裂纹，内径、圆度误差、左右内径差符合规定，外边缘不得高出工作表面，制动鼓检视孔完整 ④ 半轴螺栓齐全有效
		检查半轴	半轴无明显弯曲，半轴套管无裂纹，花键无过量磨损或扭曲变形
		装复后轮毂，调整制动间隙	① 装复支承销、制动蹄片时，支承孔均应涂润滑脂，开口销或卡簧齐全可靠 ② 润滑轴承 ③ 套管轴颈表面应涂机油后再装上轴承 ④ 制动蹄片、制动鼓表面应清洁，无油污 ⑤ 制动蹄片与制动鼓的间隙应符合规定，转动无碰擦现象或声响，检视孔挡板齐全紧固 ⑥ 轮毂转动灵活，拉力符合规定 ⑦ 锁紧螺母按规定力矩扭紧
20	转向器、转向传动机构	检查转向器传动机构的工作状况和密封性，校紧各部位螺栓；检查、调整转向盘自由转动量	转向盘自由转动量符合规定，转向轻便、灵活，无卡滞和漏油现象，垂臂及转向节臂无弯曲及裂损，各部位螺栓连接可靠
21	前束及转向角	检查，调整	符合规定
22	变速器、差速器	检查密封状况和操纵机构，清洁通气孔	密封良好，通气孔畅通，操纵机构作用正常，无异响、跳挡、乱挡现象
23	传动轴、传动轴承支架、中间轴承	① 检查防尘罩 ② 检查传动轴万向节工作状态 ③ 检查传动轴承支架 ④ 检查中间轴承间隙	① 防尘罩不得有裂纹、损坏，卡箍可靠，支架无松动 ② 万向节不松旷，无卡滞，无异响 ③ 传动轴承支架无松动 ④ 中间轴承间隙符合规定
24	空气压缩机、贮气筒、安全阀	清洁、校紧	清洁、连接可靠、无漏气，安全阀工作正常

续表

序号	项　目	作 业 内 容	技 术 要 求
25	制动阀、制动管路、制动踏板	① 检查制动踏板自由行程 ② 检查紧固制动阀和管路接头 ③ 检查液压制动管路内是否有气 ④ 检查制动软管 ⑤ 检查制动助力器	① 制动踏板自由行程符合规定 ② 制动阀和管路接头连接可靠,无漏气 ③ 液压制动管路内无气 ④ 制动软管良好 ⑤ 制动助力器工作良好
26	驻车制动	检查驻车制动性能,检查驻车制动器自由行程	符合规定,作用正常
27	悬架	检查、紧固,视情补焊、校正	不松动,无裂纹,无断片,按规定扭紧力矩紧固螺栓
28	轮胎(包括备胎)	检查紧固,补气,进行轮胎换位,磨损严重时更换轮胎	气压符合规定,清洁,无裂损、老化、变形,气门嘴完好,轮胎螺栓紧固,轮胎的装用符合规定
29	发电机、发电机调节器、起动机	清洁,润滑	符合规定
	蓄电池	清洁、补给、检查	清洁,安装牢固,电解液液面符合规定
30	前照灯、仪表、喇叭、刮水器,全车电器线路	检查、调整,必要时修理或更换	① 前照灯、喇叭、各仪表及信号装置功能齐全、有效,符合规定 ② 刮水器电机运转无异响,联动杆连接可靠 ③ 全车线路整齐、连接可靠、绝缘良好
31	车身、车架、安全带	检查、紧固	性能可靠,工作良好,无变形、断裂、脱焊,连接螺栓、铆钉紧固
32	内装饰	检查、紧固	设备完好,无松动
33	空调装置	检查空调系统工作状况、密封状况	① 制冷系统密封,制冷效果良好 ② 暖气装置工作正常
34	润滑	全车加注润滑脂的部位全部润滑	润滑脂嘴齐全有效,润滑良好

注:技术要求栏中的“符合规定”指符合实际应用中的有关技术规定或技术要求。

目前,各大汽车制造商在使用维修手册中,对汽车的所有维护按行驶里程或时间确定维护项目,这是一种科学合理的维护制度,应当优先采用。他们所规定的各产品维护周期长短要求虽然不一，但从作业深度来看，都基本上分为两级，相当于国标中提出的一级维护和二级维护。表 2.2、表 2.3、表 2.4 分别为一汽大众捷达、上海通用君威和比亚迪 F6 轿车维护作业单。

表 2.2 一汽大众捷达轿车维护作业单

一汽大众特许经销商捷达轿车常规保养项目	500 公里首次保养	每 12 个月或每 15 000 公里定期保养	每 24 个月或每 30 000 公里定期保养
查询自诊断系统故障存储器	●	●	●
检查安全带及安全气囊罩壳是否损坏		●	●
检查车内所有开关、用电器、仪表各警报指示灯及车外所有灯光的工作状况	●	●	●
检查大灯光束，必要时调整大灯光束		●	●
检查风窗刮水器及清洗器功能，必要时调整喷嘴	●	●	●
检查调整手动制动器		●	●
润滑车门限位条	●	●	●
润滑发动机罩铰链及锁舌	●	●	●
检查流水槽内是否有树叶等杂物，如有则清除，同时疏通排水孔	●	●	●
检查转向助力机构液压油油位，必要时添加液压油		●	●
检查制动液液位，必要时添加制动液	●	●	●
检查冷却液液面高度及浓度，必要时添加冷却液或调整浓度	●	●	●
检查风窗清洗液液面高度，必要时添加清洗液	●	●	●
排掉燃油滤清器内的水（柴油发动机）	●	●	●
检查蓄电池固定情况，电解液液面（非免维护蓄电池），必要时添加蒸馏水检查蓄电池固定情况，电眼颜色（免维护蓄电池，无电眼检查电压）	●	●	●
清洗空气滤清器壳体，必要时更换滤芯		●	
更换空气滤清器滤芯			●
检查空调空气滤清器，必要时更换滤芯		●	●
更换火花塞			●
检查正时齿带状态及张紧度		●	●
检查多楔皮带的状态，必要时更换皮带		●	●
检查 V 型皮带张紧度及皮带是否损坏，必要时调整张紧度或更换皮带	●	●	●

续表

一汽大众特许经销商捷达轿车常规保养项目	500 公里 首次保养	每 12 个月或 每 15 000 公里 定期保养	每 24 个月或 每 30 000 公里 定期保养
更换 V 型皮带*			●
检查发动机润滑系、冷却系、燃油系,空调、制动和转向系统(助力转向)有无泄漏或损坏	●	●	●
更换发动机机油及机油滤清器	●	●	●
目测检查变速箱、主减速器及等速万向节防护套有无泄漏或损坏	●	●	●
检查转向横拉杆球头的间隙、紧固程度及防尘套状况	●	●	●
检查手动变速箱内的齿轮油油位,必要时添加或更换齿轮油	●	●	●
检查自动变速箱润滑油(ATF)油位,必要时添加润滑油(ATF)		●	●
更换燃油滤清器			●
检查排气系统是否有泄漏或损坏		●	●
检查四轮轴承间隙,必要时调整或更换轴承*		●	●
检查制动摩擦衬块厚度	●	●	●
检查所有轮胎(包括备胎)的花纹深度及磨损形态,消除轮胎上的异物	●	●	●
进行轮胎换位,按要求检查轮胎气压,必要时校正,检查车轮螺栓拧紧力矩	●	●	●
试车:检查脚、手制动器,变速箱,离合器,转向及空调等功能,查询故障存储器,终检	●	●	●

注:

*适用于可调整轴承。

1. 每 7 500 公里柴油滤清器进行排水。
2. 每 2 年按一汽大众标准更换制动液。
3. 每 6 万公里更换一次自动变速箱润滑油(ATF)。
4. 每 6 万公里更换 5 V 机正时皮带及皮带张紧器。
5. 每 8 万公里更换 2 V 机正时皮带,检查张紧器,必要时更换。
6. 每 9 万公里更换柴油机正时皮带,检查张紧器,必要时更换。

表 2.3 上海通用君威(2010 款)轿车维护作业单

维护操作	月[1]	6	12	18	24	30
	公里(×1 000)[1]	10	20	30	40	50
目测检查控制单元、照明元件和信号设备以及安全气囊,检查转向和点火锁		●	●	●	●	●
更换遥控器的电池(不要忘记还有备用钥匙)		每 2 年				
检查挡风玻璃刮水器、挡风玻璃刮水器系统和前照灯清洗器系统		●	●	●	●	●
检查冷却液液位、防冻剂(浅橙色)[2],确保正确		●	●	●	●	●
检查制动液液位[2],确保正确		●	●	●	●	●
检查蓄电池接线柱,确保牢固稳定		●	●	●	●	●
更换乘客厢空气滤清器滤芯			●		●	
▲如果空气受到严重污染,灰尘或沙粒太多或者有粉尘或空调有异味		经过客户同意				
更换发动机空气滤清器滤芯					●	
★更换火花塞		每 60 000 公里				
目视检查附件传动皮带			●		●	
更换附件传动皮带		每 10 年 / 150 000 公里				
★更换正时皮带及皮带张紧轮		每 10 年 / 150 000 公里				
检查动力转向是否漏油,检查 / 校正油位[2]		●	●	●	●	●
检查液压助力转向(HPS)液位(有油尺的盖帽)		●	●	●	●	●
检查发动机机油油位		每 3 000 公里 / 1 个月检查				
更换发动机机油和机油滤清器		每 5 000 公里 / 6 个月更换				
更换燃油滤清器			●		●	
更换燃油添加剂		参见附注[3]				
目视检查车轮安装和前后悬架弹簧、制动管、制动压力软管燃油管和排气系统			●		●	
检查车身外部 / 车身底部防腐蚀装置,并将损坏情况记录在"保修和保养手册"中		●	●	●	●	●
★▲目视检查前后车轮制动器[2]			●		●	
检查空调压缩机是否有泄漏[2]		●	●	●	●	●
目视检查转向横拉杆和车桥驱动装置的折叠式护套		●	●	●	●	●

续表

维护操作	月①	6	12	18	24	30
	公里（×1 000）①	10	20	30	40	50
检查转向横拉杆和支承活节		●	●	●	●	●
★更换制动液	每 2 年					
松开车轮的固定螺栓（如果有胎压监控系统务必当心）并紧固至规定扭矩：150 N·m，在安装期间，不允许使用润滑脂或机油润滑车轮螺栓的梢部。检查轮胎状况。检查校正胎压（包括备用轮胎）			●		●	
★如果每年的里程数超过 20 000 公里，每年进行保养不得少于两次						
用润滑脂润滑车门铰链、车门限制器、锁芯、撞板、发动机罩锁及行李厢盖铰链			●		●	
试驾，进行最终检查（检查点火开关、仪表和指示灯、整个制动系统、转向系、空调、发动机、车身和汽车行驶系统），复位保养间隔显示屏		●	●	●	●	●

注：

① 公里数或以月为单位的时间，以先到者为准。

② 如果消耗太大／存在泄漏，经过客户同意后进行其他操作。

③ 对于使用直喷发动机的车辆，至少在每次更换机油时或每行驶 15 000 公里（以先到者为准），向油箱中添加一瓶燃油添加剂，在此间隔内可视发动机工作状况相应添加，但无需频繁添加。

★ 其他作业。其他作业是指每次保养时不是必需的作业，但可结合定期保养予以实施。此类作业的时间宽限不包括在定期保养的范围内，需要另外支付费用。将这些操作作为定期保养的一部分，比单独执行这些保养更经济。

▲ 在极端操作条件下，应特定条件的要求，保养间隔应缩短。当以下情形至少有一项频繁发生时，则为极端操作条件：冷起动、停停走走、拖车牵引、坡度和／或高海拔、路面状况差及极端温度起伏；警车、出租车和驾校教练车也属于在极端条件下操作的车辆。

表 2.4　比亚迪 F6 轿车维护作业单

保养时间间隔 / 保养项目		里程表读数或月数，以先到者为准														
	×1 000 公里	3	8	13	18	23	28	33	38	43	48	53	58	63	68	73
	月数	首保	6	9	12	15	18	21	24	27	30	33	36	39	42	45
发动机变速器																
检查多楔皮带有无裂纹、飞屑、磨损状况并调整其张紧度		I		I		I		I		R		I		I		I
更换发动机正时皮带	483QA/QB 发动机	每 2 万公里检查一次；每隔 8 万公里更换；严酷使用条件，检查视情提前更换														
更换发动机正时皮带	4G69 发动机	每 2 万公里检查一次；每隔 10 万公里更换；严酷使用条件，检查视情提前更换														

续表

保养项目 \ 保养时间间隔		里程表读数或月数,以先到者为准														
	×1 000 公里	3	8	13	18	23	28	33	38	43	48	53	58	63	68	73
	月数	首保	6	9	12	15	18	21	24	27	30	33	36	39	42	45
检查点火电缆有无损伤		I		I		I		I		I		I		I		I
检查更换火花塞	一般使用条件 普通火花塞	每行驶 3 万公里更换一次														
	一般使用条件 铱金火花塞	每行驶 8 万公里更换一次														
	严酷使用条件	检查视情提前更换														
检查曲轴箱通风系统(PCV 阀和通风软管)		I		I		I		I		I		I		I		I
检查冷却水管有无损伤,并确认接管部位是否锁紧		I		I		I		I		I		I		I		I
检查溢水壶内发动机冷却液液面高度		I		I		I		I		I		I		I		I
更换发动机冷却液		每 2 年或 4 万公里更换一次														
更换空气滤清器滤芯	一般使用条件	每 2 500 公里清洁一次;每隔 15 000 公里更换一次														
	严酷使用条件	检查视情提前更换														
更换机油	一般使用条件	R:每隔 5 000 公里或 6 个月更换一次														
	严酷使用条件	R:每隔 3 000 公里														
更换机油滤清器	一般使用条件	R:每隔 5 000 公里或 6 个月更换一次														
	严酷使用条件	R:每隔 3 000 公里														
检查电瓶		I		I		I		I		I		I		I		I
检查发动机怠速		I		I		I		I		I		I		I		I
检查点火正时		I				I				I				I		
检查调整气门间隙		I		I		I		I		I		I		I		I
检查排气管接头是否漏气		I		I		I		I		I		I		I		I
节气门控制拉线		I		I		I		I		I		I		I		I
节气门体		每行驶 10 000 公里清洗一次														
喷油嘴		I				I				I				I		

续表

保养时间间隔 \ 保养项目		里程表读数或月数，以先到者为准														
	×1 000 公里	3	8	13	18	23	28	33	38	43	48	53	58	63	68	73
	月数	首保	6	9	12	15	18	21	24	27	30	33	36	39	42	45
检查氧传感器		I		I		I		I		I		I		I		I
检查三元催化器		I		I		I		I		I		I		I		I
燃油滤清器		每行驶 10 000 公里或 6 个月更换一次														
燃油箱盖、燃油管和接头		I				I				I				I		
活性炭罐		I		I		I		I		I		I		I		I
检查更换手动变速器内的齿轮油	一般使用条件	I	R			R		I		R		I		R		I
	严酷使用条件	R：视需要缩短周期														
检查更换自动变速器内的齿轮油	一般使用条件	免更换，每 1 年或 2 万公里检查、补充														
	严酷使用条件	每 4 万公里更换														
底盘和车身																
检查紧固底盘固定螺栓		I		I		I		I		I		I		I		I
制动踏板和驻车制动器		I		I		I		I		I		I		I		I
制动摩擦块和制动盘		I		I		I		I		I		I		I		I
制动液		I	I	I	I	I	I	I	I	R	I	I	I	I	I	I
制动系统管路和软管		I		I		I		I		I		I		I		I
助力转向液		I	I	I	I	I	I	I	I	R	I	I	I	I	I	I
转向盘、拉杆		I		I		I		I		I		I		I		I
传动轴防尘罩		I		I		I		I		I		I		I		I
球销和防尘罩		I		I		I		I		I		I		I		I
前后悬架装置		I		I		I		I		I		I		I		I
轮胎和充气压力		I	I	I	I	I	I	I	I	I	I	I	I	I	I	I
检查前轮定位、后轮定位		I		I		I		I		I		I		I		I
检查车轮轴承有无游隙		I		I		I		I		I		I		I		I
离合系统功能检查及踏板行程调整		I		I		I		I		I		I		I		I
离合液		I	I	I	I	I	I	I	I	R	I	I	I	I	I	I
离合系统管路和软管		I		I		I		I		I		I		I		I

续表

保养时间间隔 \ 保养项目	里程表读数或月数,以先到者为准															
	×1 000 公里	3	8	13	18	23	28	33	38	43	48	53	58	63	68	73
	月数	首保	6	9	12	15	18	21	24	27	30	33	36	39	42	45
冷气或暖气系统		I		I		I		I		I		I		I		I
空调空气过滤器		I		R		R		R		R		R		R		R
空调装置的制冷剂		I		I		I		I		I		I		I		I
检查安全气囊系统		I		I		I		I		I		I		I		I
检查车身损坏情况		每年														

注:

1. 表中符号含义:

I——必要时进行检查、调整或更换;R——更换、改变或润滑。

2. 可根据汽油机的脏污程度缩短机油滤清器的更换时间。

严酷使用条件是指:

(1) 汽车经常在多尘的地区行驶或经常暴露在含盐分的空气中。

(2) 经常在颠簸的路面、有积水的路面或山路上行驶。

(3) 经常在寒冷地区行驶。

(4) 发动机经常长时间怠速运转或经常在寒冷季节中短距离行驶。

(5) 频繁地使用制动器、经常急刹车。

(6) 经常作为牵引拖车。

(7) 作为出租汽车使用。

(8) 在 32 ℃以上的条件下,在交通拥挤的市区行驶时间超过总行驶时间的 50%。

(9) 在 30 ℃以上的条件下,以 120 km/h 以上的车速行驶时间超过总行驶时间的 50%。

(10) 经常超载行驶。

(三) 汽车二级维护工艺

1. 二级维护工艺过程

汽车二级维护时,待汽车进厂后,根据汽车技术档案的记录材料(包括车辆运行记录,维修记录,检测记录,总成修理记录等)和驾驶员反映的车辆使用技术状况(包括汽车动力性能,异响,转向,制动及燃油、润滑油消耗等)确定所需检测项目,进行检测,依据检测结果及车辆实际技术状况进行故障诊断,从而确定附加作业项目。附加作业项目确定后与基本作业项目一并进行二级维护作业。二级维护过程中要进行过程检验。过程检验项目的技术要求应满足有关的技术标准或规范。二级维护作业完成后,应经维修企业进行竣工检验,竣工检验合格的车辆,由维修企业填写《汽车维护竣工出厂合格证》后方可出厂。二级维护工艺过程如图 2.1 所示。

2. 汽车二级维护检测、诊断

在汽车二级维护时,必须进行检测诊断。检测应使用该检测项目的专用检测仪器,仪器精度需满足有关规定;检测项目的技术要求应参照国家有关的技术标准或原厂要求。

根据检测结果进行汽车故障诊断,确定以消除汽车故障和隐患为目的的二级维护附加小修作业项目和作业内容,恢复汽车的正常技术状况。附加小修作业项目确定后与基本作业项目一并进行二级维护作业。汽车二级维护检测项目见表 2.5。

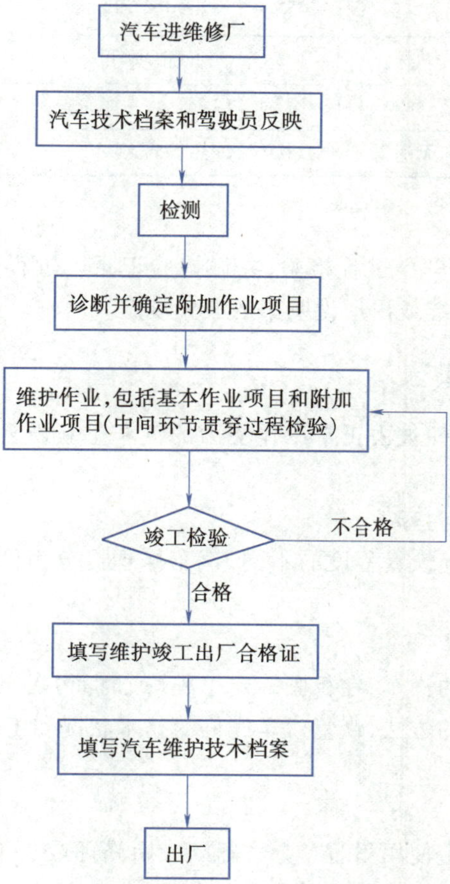

图 2.1　二级维护工艺过程图

表 2.5　汽车二级维护检测项目

序号	检 测 项 目
1	发动机功率、气缸压力、进气管真空度
2	汽车排气污染物，三效催化转化装置的作用
3	电控燃油喷射系统
4	柴油车检查供油提前角、供油间隔角和喷油泵供油压力
5	制动性能：检查制动力
6	转向轮定位：主要检查车轮定位角和转向盘自由转动量
7	车轮动平衡
8	前照灯
9	操纵稳定性：有无跑偏、发抖、摆头
10	变速器：有无泄漏、异响、松脱、裂纹等现象，换挡是否轻便灵活
11	离合器：有无打滑，发抖现象，分离是否彻底，接合是否平稳

续表

序号	检 测 项 目
12	传动轴:有无泄漏、异响、松脱、裂纹等现象
13	后桥:主减速器有无泄漏、异响、松动、过热等现象

3. 二级维护过程检验

二级维护过程中,要始终贯穿过程检验,并做检验记录。过程检验中各维护项目的技术要求,需满足相应的有关技术标准或出厂说明书的有关规定。

二、汽车修理制度及工艺

汽车修理的作用,就是要使失去正常工作能力的汽车重新恢复正常的技术状态。汽车修理的原则是“视情修理”。

(一)汽车的修理类别及内容

根据作业范围和技术状况恢复程度的不同,汽车修理可分为汽车大修、总成大修、汽车小修和零件修理四类。

1. 汽车大修

它是新车或经过大修后的汽车,在行驶一定里程(或时间)后,经过检测诊断和技术鉴定,用修理或更换汽车任何零部件的方法,恢复汽车完好的技术状况和工作能力,完全或接近完全恢复汽车寿命的恢复性修理。

2. 总成大修

它是汽车的总成经过一定使用里程(或时间)后,用修理或更换总成任何零部件(包括基础件)的方法,恢复其完好技术状况和寿命的恢复性修理。

3. 汽车小修

它是用修理或更换个别零件的方法,保证或恢复汽车的工作性能的运行性修理。其目的主要是消除在运行过程或维护作业过程中发生或发现的故障或隐患。

4. 零件修理

它是对因磨损、变形、腐蚀等而不能继续使用的零件进行修理,是恢复零件性能和寿命的恢复性修理。

(二)汽车和总成的大修标志

1. 整车大修的送修标志

客车以车厢为主,结合发动机总成;货车以发动机总成为主,结合车架总成或其他两个总成。这两类情况均符合大修条件。

2. 挂车大修的送修标志

挂车车架(包括转盘)和货厢符合大修条件,定车牵引的半挂车和铰接式大客车,按照汽车大修的标志与牵引车同时进厂大修。

3. 主要总成大修的送修标志

(1)发动机总成:气缸孔磨损圆柱度误差达到0.175~0.25 mm,或圆度误差达到0.05~0.063 mm(以其中磨损最大的一个气缸为准);最大功率或气缸压力较标准值降低25%以上;燃料和润滑油消耗量显著增加；发动机工作时轴承发响或产生活塞敲缸等杂音。

（2）车架总成：车架断裂、锈蚀、弯曲、扭曲变形超过规定极限；大部分铆钉松动或铆钉孔磨损，必须拆卸其他总成后进行校正、修理或重铆方能修复。

（3）变速器（分动器）总成：壳体变形、破裂，轴承孔磨损超过极限值；变速齿轮及轴磨损严重直至损坏，需要彻底修复。

（4）后桥（驱动桥、中桥）总成：壳体破裂、变形，半轴套管支承孔磨损超过极限值；主减速器齿轮磨损严重，需要校正或彻底修复。

（5）前桥总成：前轴裂纹、变形，主销支承孔磨损超过极限，需要校正或彻底修复。

（6）客车车身总成：车厢骨架断裂、锈蚀、变形严重；蒙皮破损面积大，需要彻底修复。

（7）货车车身总成：驾驶室锈蚀、变形严重、破裂，或车厢纵、横梁腐蚀，底板、栏板破损面积较大，需要彻底修复。

在这里要特别说明两点：

① 大修作业虽对某些总成或零部件有可能造成提前修理，但从整体来讲，只要大修前实行状态检测，严格按大修送修标志送修，它仍然是经济合理的。大修送修标志的确定是经过长期以来的实践而提出的。通过整车或总成的恢复性大修，可以使没有达到大修要求的总成或零部件的使用寿命，同达到大修要求的总成和零部件趋于一致，从而减少停车故障造成的经济损失。

② 零件修理要遵循经济合理的原则，修旧利废，节约原材料，但它必须能达到降低维修费用的目的（配件供应短缺除外）。零件修理的唯一出路是实施专业化的集中零件修理。

（三）汽车修理工艺过程

汽车修理工艺过程是汽车修理的各项作业按一定的方式组合，顺序、协调进行的过程，它一般包括汽车的接收、外部清洗、汽车及总成的拆卸、零件的清洗及检验、零件修理、总成的装配与调试、汽车总装、出厂检验及交车等。汽车修理方法不同，其修理工艺过程也不同。按基本方法不同，汽车修理可分为就车修理法和总成互换修理法。

1. 采用就车修理法的汽车大修工艺过程

就车修理法是指在汽车修理过程中，从汽车上拆下的零件、组合件及总成除报废件以新件代替外，其余修理后仍装回原车。就车修理法不需要储备周转总成，且有利于单件成本核算，但该方法的汽车停修时间较长。就车修理法适用于生产规模不大、承修车型复杂、送修单位不一的修理企业组织生产。

采用就车修理法的汽车大修工艺过程如图 2.2 所示。

2. 采用总成互换修理法的汽车大修工艺过程

总成互换修理法是指在修理过程中，除了车架（或车身）外，其他总成（或组件）都可换装已经修好的备用品，换下来的总成修理好后入库再作周转用。这种方法由于利用了周转总成（或组件），从而保证了汽车装配的连续性，可以缩短汽车大修在厂车日，同时也有可能对汽车装配和某些总成的修理组织流水作业。总成互换修理法适用于生产规模大，承修车型单一，且具有一定周转总成的修理厂家。目前由于车辆管理制度限制、总成维修质量不高和车辆所有权、经营权关系复杂等因素的制约，该方法应用范围受限。但在部分公交公司和公路运输单位尚有应用。此外，主机生产厂对质保期内回收总成的修理本质上也属于总成互换修理法。

采用总成互换修理法的汽车大修工艺过程如图 2.3 所示。

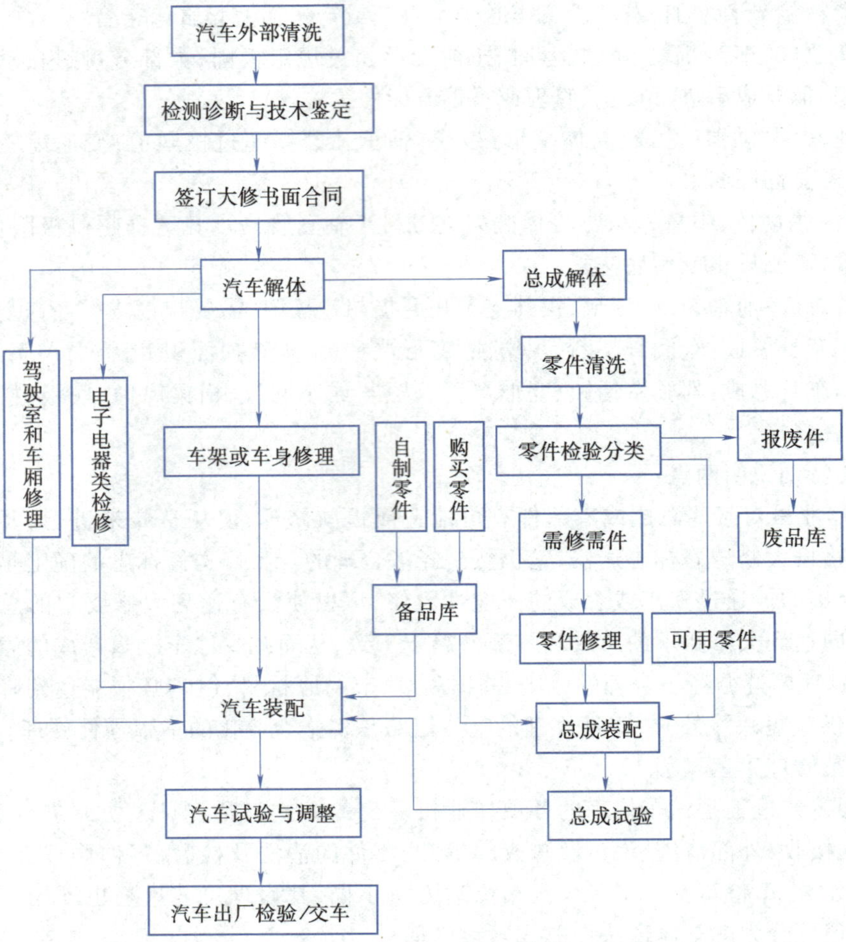

图 2.2 就车修理法汽车大修工艺过程

(四) 汽车修理工艺卡片

对汽车进行诊断、维护、修理的工艺过程可能有众多方案，根据企业的设备情况、人员素质，结合国家行业管理部门的技术政策和制造厂家的技术要求，综合考虑技术上的先进性、合理性、生产率高低、修复质量的可靠性、经济性及生产的安全性、劳动条件等因素，从众多方案中优选出最佳方案，并将其内容用条文、图表等方式确定下来，此过程就是工艺规程。它是汽车修理企业的法定技术文件，应当严格执行。

工艺卡片根据工艺规程所规定的内容，用简明的文字、表格和工作图等形式表达出来，作为具体安排和指导生产的依据。工艺卡片具体写明了每一道工序如何操作，各工序的技术要求、操作要点、步骤以及工时等，是工艺规程具体化和工艺规程进入生产的执行部分。

汽车修理工艺的内容繁杂，工序较多，很难用统一格式的工艺卡片。一般根据不同的工种或作业性质，制定拆卸工艺卡片、检验工艺卡片、零件修复工艺卡片、调试工艺卡片、装配工艺卡片等。工艺卡片的内容主要包括工序号、工作图和技术要求等。表 2.6 和表 2.7 分别为检验工艺卡片和装配工艺卡片的参考式样。

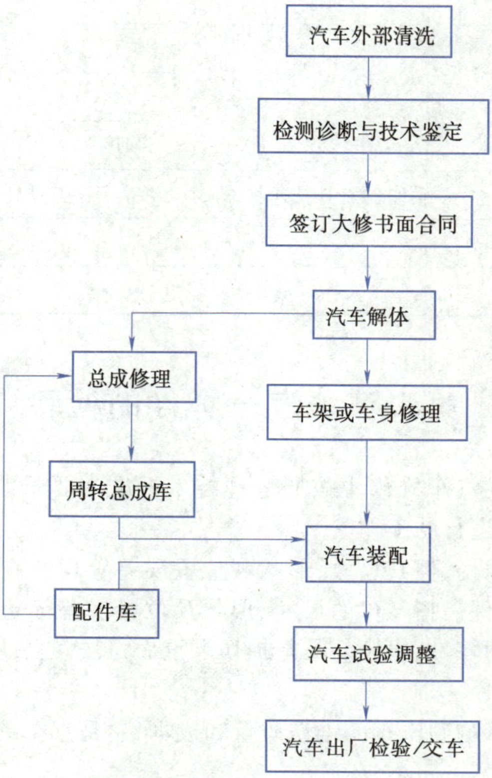

图 2.3　总成互换修理法汽车大修工艺过程

表 2.6　检验工艺卡片

<table>
<tr><td></td><td colspan="4"></td><td colspan="4">零件技术检测工艺卡片</td><td>卡片
编号</td></tr>
<tr><td colspan="5" rowspan="4">（检验部位图）</td><td colspan="5">零件</td></tr>
<tr><td>名称</td><td>厂别</td><td>编号</td><td>材料</td><td>第　页</td></tr>
<tr><td></td><td></td><td></td><td></td><td>共　页</td></tr>
<tr><td colspan="5">说明：报废件涂黄色漆，修理部位涂绿色漆</td></tr>
<tr><td rowspan="2">工序号</td><td rowspan="2">工种</td><td rowspan="2">图上
号码</td><td rowspan="2">技术
要求</td><td rowspan="2">检验
方法</td><td colspan="2">检验</td><td rowspan="2">检验
结论</td><td rowspan="2">工序
时间</td><td rowspan="2">备注</td></tr>
<tr><td>量具</td><td>仪器</td></tr>
<tr><td></td><td></td><td></td><td></td><td></td><td></td><td></td><td></td><td></td><td></td></tr>
<tr><td></td><td></td><td></td><td></td><td></td><td></td><td></td><td></td><td></td><td></td></tr>
<tr><td></td><td></td><td></td><td></td><td></td><td></td><td></td><td></td><td></td><td></td></tr>
</table>

表 2.7 装配工艺卡片

<table>
<tr><td></td><td></td><td></td><td>卡号</td><td colspan="2"></td><td></td><td colspan="2"></td></tr>
<tr><td colspan="4" rowspan="3"></td><td colspan="2">装配名称</td><td>厂别</td><td colspan="2">第 页</td></tr>
<tr><td colspan="2"></td><td></td><td colspan="2">共 页</td></tr>
<tr><td colspan="5">说明：</td></tr>
<tr><td>工序号</td><td>工种</td><td>作业名称</td><td>操作要点与技术要求</td><td>设备</td><td>工具</td><td>量具</td><td>工序时间</td><td>备注</td></tr>
<tr><td></td><td></td><td></td><td></td><td></td><td></td><td></td><td></td><td></td></tr>
<tr><td></td><td></td><td></td><td></td><td></td><td></td><td></td><td></td><td></td></tr>
</table>

第二节 汽车零件的检验

汽车零件的检验是指在汽车维修中按照修理技术标准的要求将所检测的零件划分为可用件、需修件和报废件三类所进行的工作。

可用件是指虽有一定损伤，但其尺寸、形状和位置误差等均在修理技术条件允许的范围内，还可继续使用的零件；需修件是指零件的尺寸、形状及位置误差等超出修理技术条件允许值，但还有修复价值并可以修复的零件；报废件是指损伤严重而无法修复或难以修复，或无修理价值的零件。

汽车零件的检验直接影响到汽车的维修质量和成本，它是汽车维修中很重要的一项工作。

一、汽车零件检验方法分类

汽车零件的损伤形式有磨损、疲劳、变形、腐蚀等。由于汽车零件结构、形状和工作条件各不相同，其主要损伤形式不同，技术要求也不一致，根据汽车零件损伤检测形式、检测精度和所用量具、仪器仪表和设备的不同，汽车零件检验的方法可分为感官检验法、测量法和探伤法三类。

1. 感官检验法

感官检验法是指由检验人员通过感官掌握零件的损伤情况，并根据经验判断零件的技术状况。如通过眼睛观察（或借助放大镜、内窥镜），对零件的破损、明显变形、严重磨损和疲劳剥落、明显的裂纹、材料变质等进行检验；用耳朵闻听汽车或总成运转时发出的声音或敲击零件时的响声，对配合间隙、裂纹及铆钉松动进行检验；用手与被检验的零件接触，可判断其工作时的温度高低和表面状况；将配合件进行相对移动或摆动，或用新、旧件进行对比可判断配合间隙的大小。这种方法简便易行，但精度不高，适用于分辨缺陷明显或精度不高的零件，要求检验人员有丰富的经验和技术。

2. 测量法

测量法是指利用量具或测量仪器、设备测量零件现有的技术状态的方法。如利用测量工具和仪器可以测量零件的尺寸、形状、位置状况。用弹簧检验仪或弹簧秤，可对各种弹簧的弹力和刚度进行检验。用试压装置可对气缸体、气缸盖进行渗漏检验。

3. 探伤法

探伤法是利用仪器、设备对零件的隐蔽缺陷进行探测的方法。

二、零件检验常用量具

汽车零件检验常用量具有塞尺、游标卡尺、千分尺、百分表及直尺等。

1. 塞尺

塞尺又称厚薄规或间隙片，由一组具有不同厚度的标准钢质测片组成，见图 2.4。将塞尺插入缝隙中，可以用来检验相配合表面之间的间隙大小。若与其他量具配合使用，可以用来检验零件相关表面的形状和位置误差。塞尺厚度有 0.03 ~ 0.1 mm 和 0.1 ~ 1 mm 两种。每片测片上标有厚度尺寸，可组合使用。

测量时，不允许将钢片剧烈弯曲，同时也不可以将它用大的力量插进去。片上不能有污垢和金属屑，否则会影响其精确性。

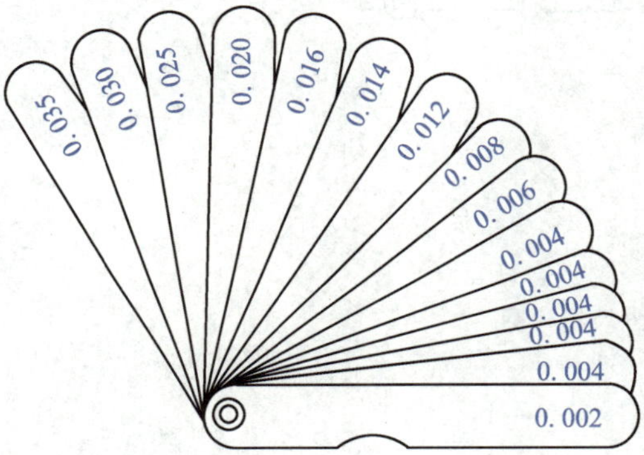

图 2.4　塞尺

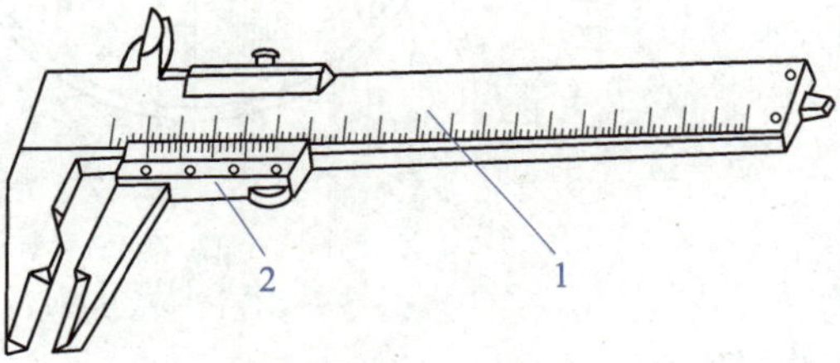

图 2.5　游标卡尺的结构形状

1—尺身；2—游标

2. 游标卡尺

游标卡尺用来测量零件的外廓尺寸、内廓尺寸和深度。它主要由尺身和游标组成，见图 2.5。游标卡尺按测量范围分 125 mm、150 mm、200 mm、300 mm 和 500 mm 等几种，按读数精度分 0.1 mm、0.05 mm、0.02 mm 三种。

此外还有一些专用游标卡尺，如专用于测量孔槽深度的深度游标卡尺，专用于测量台阶高度的高度游标卡尺和专用来测量直齿分度圆齿厚的齿厚游标卡尺。

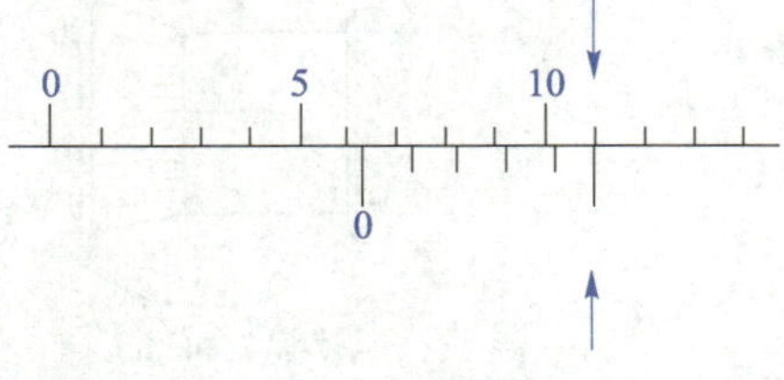

图 2.6　游标卡尺的读数举例

游标卡尺的读数方法如图 2.6 所示。先读出尺身上可以读出的游标 0 线左边的整数尺寸（图示为 6 mm），余下的尺寸再读尺身与游标完全对齐的刻线（图示尺身为 11，游标为 5）。当游标卡尺的精度为 0.05 mm 时，余下的尺寸为 5 × 0.05 mm = 0.25 mm，此时全部测量值为（6 + 0.25）mm = 6.25 mm；当游标卡尺的精度为 0.02 mm 时，则余下的尺寸为 5 × 0.02 mm = 0.1 mm，此时全部测量值为（6 + 0.1）mm = 6.1 mm。

3. 千分尺

千分尺又分外径千分尺和内径千分尺两种，精度可达 0.01 mm。每种千分尺只有 25 mm 的量程。按测量范围，千分尺有 0 ~ 25 mm、25 ~ 50 mm、50 ~ 75 mm、75 ~ 100 mm、100 ~ 125 mm 等多种类型。

(1) 外径千分尺

外径千分尺可用来测量零件的外径、长度、宽度等尺寸。其结构如图 2.7 所示。它由尺架 1、测微螺杆 3、量柱 9、固定套筒 7、微分筒 6、棘轮 4 等组成。测微螺杆 3 的后端制有螺距为 0.5 mm 的细牙螺纹与固定套筒 7 的螺母相啮合。将测微螺杆 3 转动一圈，它将前进或后退 0.5 mm。固定套筒 7 上刻有间距为 0.5 mm 的等分线和基线，沿微分筒 6 的圆锥面一周刻成 50 等分刻线。微分筒 6 每转过一个刻度（相当于旋转 1/50 周），测微螺杆 3 就前进或后退 0.5 mm × 1/50 = 0.01 mm。

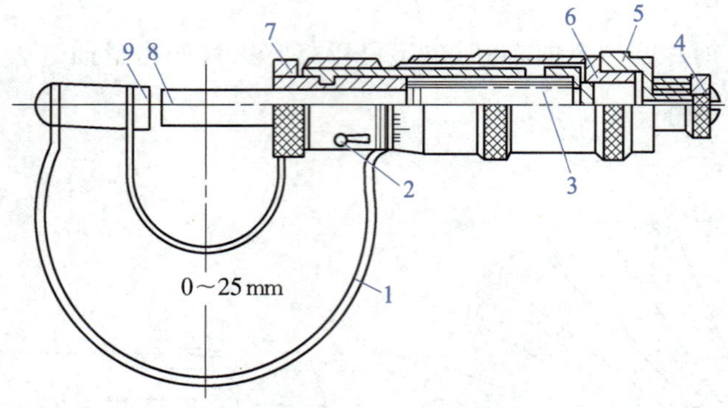

图 2.7 外径千分尺结构图

1—尺架；2—锁紧装置；3—测微螺杆；4—棘轮；
5—螺母；6—微分筒；7—固定套筒；8—量杆；9—量柱

测量前，先擦净被测零件的测量面，用标准长度杆检查、校对千分尺（将微分筒 6 的前端面与固定套筒 7 上的“0”线对齐，且微分筒上的“0”线还应与固定套筒上的基线对准）。测量时，将千分尺放正，转动微分筒 6，待测微螺杆 3 接近工件时，改用转动棘轮 4，直到棘轮发出打滑响声为止，此时即可读数。

读数时，先读固定套筒 7 上的毫米数，再看微分筒 6 上（与固定套筒的基线对准）的百分之一毫米数，最后将这两个数相加，就得到测量数值。图 2.8 是读数举例。

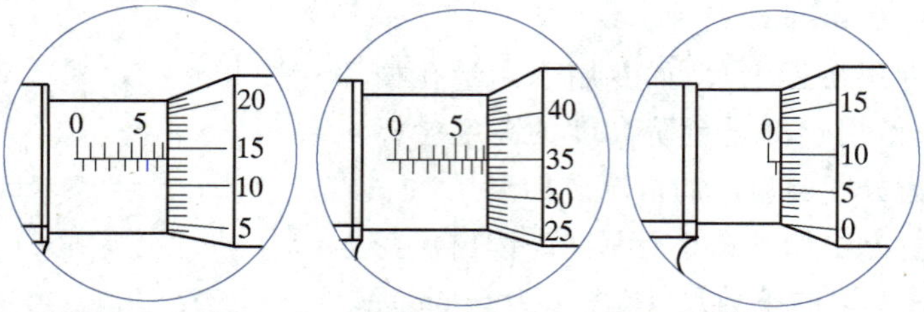

读数 7.14 mm　读数 8.35 mm　读数 0.59 mm

图 2.8 外径千分尺读数举例

(2) 内径千分尺

内径千分尺可用来测量内孔直径及槽宽等尺寸，有普通型和杆式两种，如图 2.9 所示。内径千分尺读数方法与外径千分尺相同，但刻线方向与外径千分尺相反。

4. 百分表

百分表不能直接测量零件的尺寸，只能测得相对值。常用于零件的形状误差、径向和端面圆

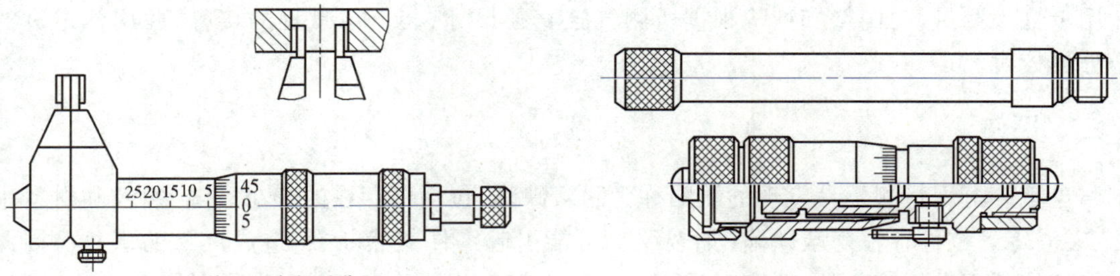

(a)普通型内径千分尺　　(b)杆式内径千分尺

图 2.9　内径千分尺

跳动、平行度、垂直度等量的测量。其分度值为 0.01 mm。百分表根据量杆的移动行程有 0～3 mm、0～5 mm 和 0～10 mm 等几种。短指针转一格表示 1 mm，长指针转一格表示 0.01 mm。图 2.10 所示为百分表。

测量时，先在测量的间距内或表面上使测杆 1 预压缩 1～2 mm（短指针转动 1～2 格）以消除测杆的游隙和预留测量所需要的余量，然后转动活动表盘（刻有 100 等分小格），使长指针对准该表面上的“0”，即可进行测量。

5. 内径百分表

内径百分表由百分表、表架和一套不同长度的可换接杆组成，它利用相对测量法测量孔径。内径百分表按测量范围分为 10～18 mm、18～35 mm、35～50 mm 和 50～160 mm 四种。汽车修理中测量气缸直径的量缸表是测量范围为 50～160 mm 的内径百分表，其组成如图 2.11 所示。

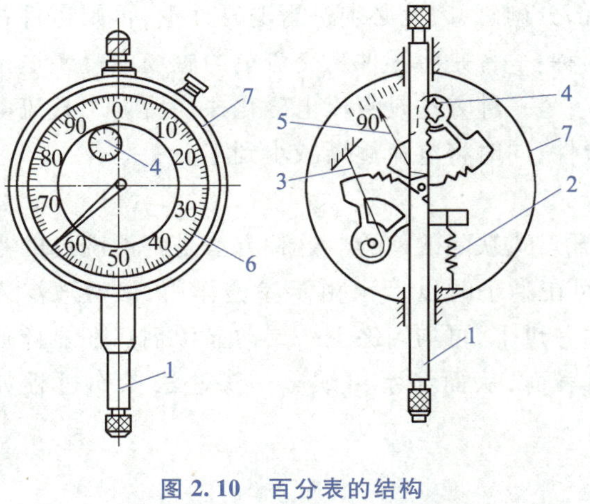

图 2.10　百分表的结构

1—测杆；2、3—回位弹簧；4—短指针；5—长指针；6—活动表盘；7—表壳

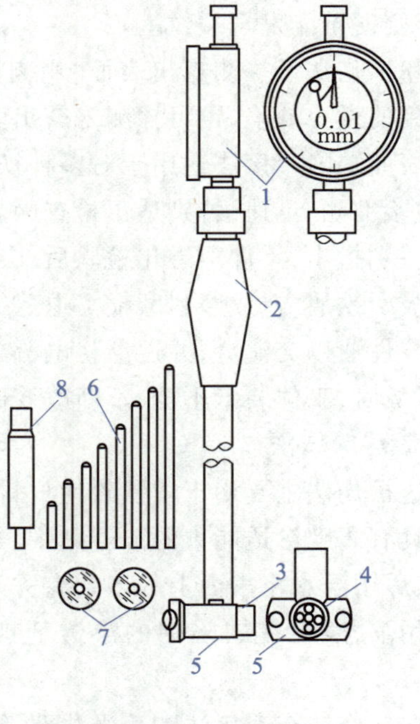

图 2.11　量缸表

1— 百分表；2—表杆；3—接杆座；4—活动测杆；5—支撑架；6—接杆；7—固定螺母；8—加长接杆

用量缸表测量气缸直径时，应根据所测气缸直径尺寸，装上该量程的接杆，并用标定过的外径千分尺校对。

三、探伤法

汽车零件上用目测不易发现的缺陷称为隐蔽缺陷，包括已存在的细小裂缝、裂纹和材料中的气孔、夹渣等。零件存在隐蔽缺陷(如裂纹)，可能引起零件突然断裂，造成严重的事故。因此除了对零件的外部进行检验外，还应对重要零件的内部隐蔽缺陷进行检验。零件探伤的方法很多，如磁粉探伤法、渗透探伤法、超声波探伤法、涡流探伤法、射线探伤法、敲击探伤法和水压试验等。汽车维修生产中常用的探伤方法是磁力探伤法、渗透探伤法、敲击探伤法和水压试验。

1. 磁粉探伤法

磁粉探伤法是建立在漏磁原理基础上的一种磁力探伤方法。其原理是当磁力线穿过铁磁材料及其制品时，在磁性不连续处将产生漏磁场，形成磁极。在检验零件时，使磁力线通过被检验的零件，如果零件表面或浅表面有裂纹，在裂纹部位的磁力线将偏散而形成磁极，如图 2.12 所示。此时撒上干磁粉或浇上磁浮液，磁极就会吸附磁粉，产生用肉眼能直接观察的明显磁痕，从而显现出裂纹的位置和大小。

图 2.12 中 a 为垂直磁力线方向裂纹，能切断磁力线形成磁极，而 b 为平行于磁力线方向的裂纹，裂纹很少切断磁力线，不能形成磁极而吸附铁粉，所以在利用磁粉探伤时，要估计裂纹可能产生的位置和方向而采用不同的磁化方法，务必使磁力线垂直通过裂纹，否则便不能发现裂纹。

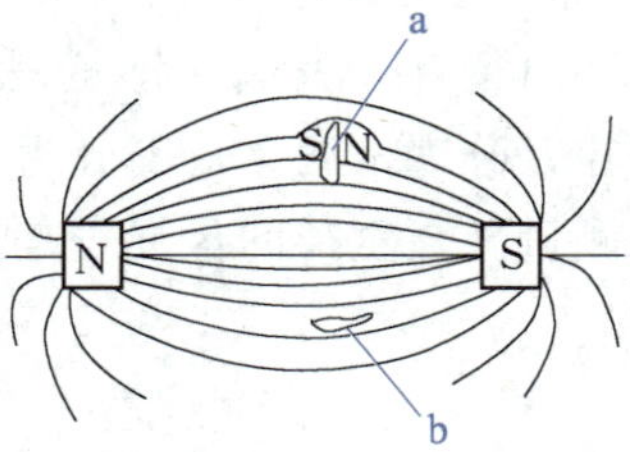

图 2.12 裂纹处的局部磁场

磁粉探伤法可探测露出表面，用肉眼或借助放大镜也不能直接观察到的微小缺陷，也可探测未露出表面，而埋藏在表面几毫米下的近表面缺陷。该法适用于对多种铁磁性材料制成的零件进行探伤，检验准确、迅速，特别适于检查因焊接、疲劳等引起的裂纹。

应特别指出，零件经磁化检验后，会留下一部分剩磁，因此必须进行退磁处理，否则零件在使用时会吸引铁屑，造成磨料磨损。退磁方法有两种：一种是将零件从交流电的磁场中慢慢退出或直接向零件通以交流电，并逐渐将电流减小到零；另一种方法是直流电磁化探伤后仍用直流电流退磁，退磁时，工件装卡不变，不断改变磁场的极性，同时将电流逐渐减小到零。

2. 渗透探伤法

渗透探伤法主要用于非铁磁性材料零件的开口式缺陷的检验。这种方法是将清洗过的零件浸泡在具有高度渗透能力的渗透剂中(浸泡时间在半小时以上)，由于渗透作用，渗透液渗入缺陷中，然后用温水将表面上的多余渗透剂冲刷掉并烘干，再均匀涂上一层薄显像剂。在显像剂的毛细作用下，残存在缺陷中的渗透剂被吸附到表面，从而显示出缺陷。渗透法探伤过程如图 2.13 所示。

渗透探伤法有着色法和荧光法两类。

(1) 着色法

着色法是在渗透液中加入显示性能很强的红色染料，使裂纹中的渗透液被吸出后，在白色显像剂中能明显地显示出来。

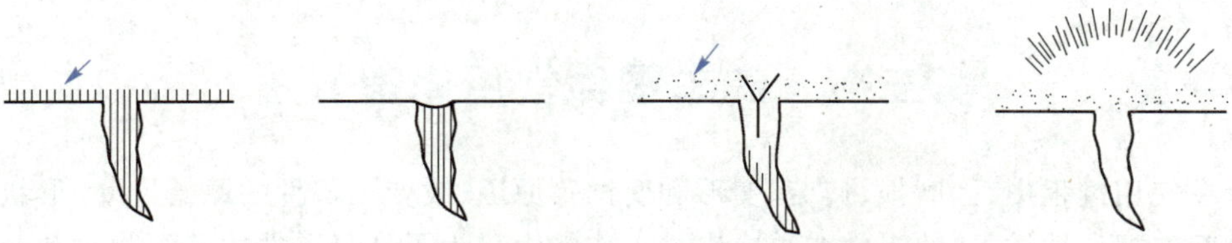

(a) 渗透　(b) 清洗后　(c) 吸附　(d) 显像

图 2.13　渗透探伤过程示意图

着色法所用渗透液按苏丹红∶硝基苯∶苯∶煤油 = 1 g∶10 mL∶20 mL∶70 mL 的比例组成。显像剂由锌白、火棉胶、苯和丙酮配制而成，其配方见表 2.8。

表 2.8　渗透探伤显像剂配方

类别 \ 品名	锌白	火棉胶	苯	丙酮	二甲苯	无水酒精
着色显像剂	5 g	70 mL	20 mL	10 mL	—	—
荧光显像剂	5 g	505 mL	9 mL	10 mL	6 mL	14 mL

（2）荧光法

荧光法在渗透液中加入荧光物质，显像剂也专门配制。渗透剂被吸出后，再用紫外线照射，便能发出鲜明的荧光，较清晰地显示裂纹。

荧光法所用渗透剂由荧光物质（拜耳荧光黄和塑料增白剂）、二甲苯、石油醚、邻苯二甲酸二丁酯组成，其配方见表 2.9。显像剂是在着色显像剂中增加了二甲苯和无水酒精，其配方见表 2.8。

表 2.9　荧光渗透液配方

牌号 \ 成分	荧光剂		溶剂		
	拜耳荧光黄	塑料增白剂	二甲苯	石油醚	邻苯二甲酸二丁酯
P - 100	0.2 g	0.1 g	25 mL	62.5 mL	12.5 mL
P - 102	2.5 g	1.6 g	66.5 mL	5 mL	28.5 mL

3. 敲击探伤法

敲击探伤法有两种方法。一种是靠敲击零件发出的声音来判别壳体零件、盘形零件有无裂纹。用小锤轻敲零件，如发出清脆的声音，说明零件无裂纹，如发出的声音沙哑，说明零件有裂纹。另一种方法是油浸敲击探测。检测时先将零件浸入煤油或柴油内约 3 ~ 5 min 后取出，擦干表面并撒上一层白粉（滑石粉或白粉），再用小锤轻轻敲击零件的非工作表面。由于振动，浸入裂纹的油渍被溅出，使裂纹的白粉出现黄色线痕，从而发现缺陷。这是检查汽车零件隐伤的最简便方法。

4. 水压试验

汽车修理中水压试验主要用于检查气缸体和气缸盖有无裂纹，试验方法与要求见气缸体和气缸盖的检修部分。

第三节 汽车零件常用修理方法

汽车在使用过程中，因磨损、疲劳、变形和腐蚀等原因，改变了零件的原始尺寸、形状、表面质量和零件间的配合性质，致使零件或总成丧失工作能力。为了恢复零件的工作能力和配合性质，可以用新的零件更换失效的零件（常称换件修理），也可以用修复方法恢复失效零件的性能和寿命（常称旧件修复）。尽管目前汽车修理过程中换件修理愈来愈多，但零件修理仍普遍存在。只要修理方法合适，零件修理仍具有修旧利废、节约原材料和降低维修费用的优点。

汽车零件的修理方法很多，如机械加工法、校正法、焊修法和喷涂、喷焊、堆焊、电镀、刷镀、粘接等。目前常用的修理方法有机械加工法、焊修法、校正法和粘接法。

一、机械加工修理法

机械加工是零件修理过程中最基本、最主要的方法。它既可以作为一种独立的手段直接修理零件，也可以是其他方法的准备或最后加工工序。汽车零件修理最常用的机械加工方法是修理尺寸法和镶套法。

（一）修理尺寸法

修理尺寸法即是在零件结构、强度和硬度允许的条件下，将配合副中主要零件的损伤表面进行机械加工至规定的尺寸，恢复其正确的几何形状和表面粗糙度，更换与其相配合的零件，从而恢复配合副配合性质的修理方法。零件加工后的尺寸叫修理尺寸，显然，修理尺寸已不同于零件的原基本尺寸，而是形成了一个对孔增大了，而对轴缩小了的新基本尺寸。

汽车零件开始在基本尺寸（又称公称尺寸、标准尺寸或原厂尺寸）下使用。当磨损超过配合副允许的极限尺寸时便可加工成第一级修理尺寸（或以下任一级修理尺寸）使用。当磨损又超过允许的尺寸界限时，再次进行修理，加工到上次修理尺寸以下的任一级修理尺寸，直至用到最后一级修理尺寸。因受到结构合理性及强度限制，不允许超过零件的最后一级修理尺寸。

使用修理尺寸法修理零件可降低修理成本，缩短修理时间，因此在汽车修理中广泛采用。在《汽车修理技术标准》中规定有35种主要零件，如缸体与缸套、气缸与活塞、曲轴与轴承、转向节主销与销孔和制动鼓等，其零件的修理方法可采用修理尺寸法。

1. 修理尺寸的分级与级差值

修理尺寸的大小与级别多少取决于汽车修理间隔期内零件的磨损量、加工余量、磨损造成的几何形状变化以及使用的安全可靠性。《汽车修理技术标准》规定，对于缸套和缸筒，汽油机分为6级修理尺寸，柴油机分为8级修理尺寸；对于曲轴主轴颈、连杆轴颈，汽油机分为8级修理尺寸，柴油机分为13级修理尺寸；活塞销分为4级修理尺寸，凸轮轴轴承孔内径分为2级修理尺寸。但应当指出，上述分级是标准允许的最多级数，现代汽车由于新车追求质量轻型化、性能指标最优化，其技术使用寿命大大延长，汽车零件修理的等级已大大减少，有的甚至无修理尺寸，只能更换新件进行修理。

汽车零件相邻两级修理尺寸的差值称为修理尺寸的级差值，零件修理尺寸的级差值主要根据配合副零件的磨损规律、加工余量和结构特点制定。修理尺寸的分级与级差值主要由汽车制造厂制定，为便于配件的生产和供应，已实行标准化。不同零件相同级别修理尺寸的级差值可能不同，同一零件不同级别修理尺寸的级差值也可能不同，但 0.25 mm 级差值的应用最为普遍。

2. 零件修理机械加工质量控制

由于零件修理的机械加工批量小(或是单件加工)，加工余量少，工件的表面硬度大，且零件可能存在变形，因此，为保证零件修理质量，在机械加工修理中除保证尺寸精度外还应注意以下几个问题：

(1) 正确选择定位基准

为保证待修表面的位置精度，基准的选择应注意与原加工基准尽量统一，或选择加工精度高、变形小、与待修理表面有较高位置精度要求的表面作为定位基准。

轴类零件原加工的定位基准多为轴两端的中心孔。修复轴类零件时，一般应沿用中心孔作为定位基准。在使用过程中已受损伤的中心孔应预先修正。修复轴类零件上的一个表面时，也可以选精度高，与待修表面有较高位置要求的表面作为定位基准。在修磨曲轴时，不仅要注意保证各轴颈的尺寸、形状精度，而且要注意保证各加工表面之间、加工表面与非加工表面之间的位置精度，如曲轴上的飞轮凸缘及后端轴承座孔与主轴颈的同轴度。

壳体类零件的制造，一般以一个大平面或几个平面作为定位基准。但在修理时，由于这类零件使用中经常发生变形，原来的定位基准一般不能直接使用。若确需用此平面做定位基准，则应首先以关键的轴线为基准，修整并恢复定位基准。例如气缸体变形后，原来的加工定位基准（下平面）已翘曲，不能直接使用，而应以曲轴主轴承座孔的轴线为基准，先修整下平面，再以修正后的下平面作为气缸体整形加工(如磨削上平面、镗削各气缸孔)的定位基准。

(2) 避免轴类零件过渡圆角过小

曲轴和转向节轴等承受冲击和交变载荷的轴类零件，在形状和尺寸的过渡断面上，对应力集中极为敏感。为了减轻和分散应力集中，在这些过渡断面上制有一定的过渡圆角。过渡圆角越大，应力集中系数越小，零件的疲劳强度也就越高。因磨削不慎，造成过渡圆角过小，在使用中容易产生疲劳断裂，但若过渡圆角过大，容易引起配合间隙增加。因此在修理轴类零件时应在原厂设计技术要求范围内尽量选取半径偏大的圆角，以减轻应力集中，提高零件的疲劳强度。

(3) 保证零件的表面粗糙度合格

零件经修复后应具有与新件相同的表面粗糙度。但在实际修理过程中，不少修复零件的表面粗糙度并未达到规定的要求。其原因，一是设备的精度低；二是维修人员未能引起足够的重视。零件表面过于粗糙，降低了零件的耐磨性，增加了功率损耗，减小了配合副的实际过盈，影响了零件的抗疲劳能力和抗腐蚀性能。

(二) 镶套法

镶套修理法是对磨损的孔或外圆表面进行机械加工，把内衬套或外衬套以一定的过盈装在孔内或轴颈上，再进行机械加工，从而恢复到原来尺寸的修复方法。镶套修理法能一次恢复较多的磨损量，具有工艺简单、操作方便、节约材料等优点，被广泛应用于汽车基础件或主要零件的局部磨损部位的修理，如气缸、气门座、气门导管这些易磨损件均用该方法修理。此外，绝大部分的螺孔均可用镶套法修复。

采用镶套修复应注意以下几个问题：

(1) 镶套的材料

镶套的材料要根据镶套部位的工作条件选择。如在高温下工作的部位,套的材料应与基体一致,二者的线膨胀系数尽可能相同,热稳定性好。如镶气门座圈,就要选择与机体膨胀系数相同的材料。

(2) 镶套的过盈量

镶套的过盈量应选择合适,因为镶套后,包容件受拉应力,被包容件受压应力,它们的应力大小与相对过盈量(单位直径尺寸上的过盈量)有关,过盈量越大,应力越大。当应力超过材料强度时,就会使零件产生裂纹而损坏;而过盈量不足,则配合又容易松动或脱落。根据相对过盈量的大小,镶套的配合分为四级,见表 2.10。其中中级过盈配合在汽车零件的镶套修理中应用最多。

表 2.10 镶套的过盈配合分级与应用

<table>
<tr><th>级别</th><th>相对过盈/mm</th><th>配合代号</th><th>装配方式</th><th>特点</th><th>应用</th></tr>
<tr><td>轻级</td><td>0.000 5 以下</td><td>H6/r5 H7/r6</td><td>压力机压入</td><td>传递力矩小,必要时再紧固</td><td>转向节轴、变速器中间轴齿圈</td></tr>
<tr><td>中级</td><td>0.000 5 ~ 0.001</td><td>H7/s6 H7/r6</td><td>压力机压入</td><td>能受一定转矩冲击,必要时再紧固</td><td>气缸套、气门导管、主销孔</td></tr>
<tr><td>重级</td><td>0.001</td><td>H8/s7</td><td>压力机压入</td><td rowspan="2">能承受很大转矩,分组选择装配</td><td rowspan="2">飞轮齿圈、气门座圈</td></tr>
<tr><td>特重级</td><td>大于 0.001</td><td>H7/s6</td><td>温差法</td></tr>
</table>

(3) 配合面的加工精度

镶套时其配合面应保证有良好的加工精度和表面粗糙度。加工精度低和表面粗糙度值大,配合的实际过盈量就小。为了保证准确的过盈量,对零件表面的加工精度和表面粗糙度应有一定的要求。通常,公差等级为 IT6 ~ IT8,表面粗糙度值 $Ra \leqslant 1.5 \sim 2.5\ \mu m$。

(4) 镶套操作

镶套前应检查配合件的尺寸和形状并做好除锈等清洁工作。镶入时应保证压入件垂直、平稳压入,切忌用锤重击砸入。

二、焊修法

焊修法是利用电弧或气体火焰的热量,将焊条和零件金属熔化,使焊丝金属填补在零件上,以修复零件的裂纹、裂缝、破裂、磨损和断裂的方法。汽车零件的焊修可分为补焊、堆焊、喷焊和钎焊,其中补焊在汽车修理中应用普遍。

1. 铸铁件的补焊

汽车维修中所焊修的铸铁零件主要是灰铸铁(如变速器壳、气缸体、气缸盖等)、可锻铸铁(如后桥壳、制动蹄、板簧支架等)和球墨铸铁(如曲轴)。铸铁的焊修可以是通常的气焊和电焊。

无论是灰铸铁还是球墨铸铁,其碳含量高并以游离状态石墨存在于铸铁中,塑性差、脆性大,对加热和冷却敏感性强。在铸铁零件焊修时,由于焊缝处冷却速度快,铸铁中的碳来不及以石墨形式析出，而以渗碳体的形式存在，形成白口，增加了产生裂纹的可能性。因此，焊修时应采取防止产生白口和裂纹的措施：

（1）采用专用铸铁焊条，如石墨化型铸铁焊条、铜铁铸铁焊条、镍基铸铁焊条。

（2）采用合理的焊接工艺，如用小电流，分段、分层焊并趁热进行锤击。

（3）降低焊缝冷却速度，如焊前预热工件，焊后采取保温措施和热焊。

（4）选择适当的加热减应力区域。

2. 铝合金件的补焊

汽车上采用铝合金的零件日益增多，如气缸体、气缸盖、飞轮壳和变速器壳等，因此，铝合金零件的焊修也日趋重要。

铝比较容易氧化，其表面有一层致密难熔的氧化铝薄膜。铝的熔点为650 ℃左右，而氧化铝薄膜的熔点高达2 050 ℃，焊接时很难熔化；氧化铝密度比铝大，容易造成焊缝金属夹渣。液态铝能溶解大量氢气，快速冷却及凝固时，氢气来不及析出，易产生气孔。铝的导热性好，焊修时需要高而集中的热源。铝热胀冷缩严重，易产生变形。铝在固液态转变时，无明显的颜色变化，焊修时不易根据颜色变化来判断熔池的温度。铝合金在高温下强度很低，焊修时易引起塌落和焊穿现象。因此，铝合金件的焊接性很差。

铝合金件的补焊可以是气焊、电焊、氩弧焊。

（1）铝合金的气焊

铝合金的气焊设备简单，操作简单，但质量较差，变形大，生产效率低，不易掌握。它主要用于腐蚀性要求不高、壁厚不大的小型铝合金零件。

为保证焊修质量，铝合金的气焊一般选用与基材成分相近的标准牌号焊丝，气焊时添加焊粉（如CJ 401）以消除氧化膜及其他杂质；根据工件厚度选取合适的焊嘴和焊丝直径；采用中性焰或微碳化焰；焊嘴与工件表面的夹角保持在30°左右，整条焊缝尽量一次焊完；焊前应用机械方法或化学方法清理工件边缘，用金属板挡牢，防止金属溢流。工件焊后要缓慢冷却，待工件完全冷却后，用热水把残留的焊粉熔渣洗净。

（2）铝合金的电焊

铝合金的电焊适合于焊修大型工件，其优点是生产率高，成本比气焊低。

为保证焊修质量，应根据零件材料和接头技术要求选用合适的铝合金电焊焊条；根据所用的电焊条选择焊接电流；施焊前要预热工件、烘干焊条药皮；焊接操作时，在保持电弧稳定燃烧的情况下，尽量用短弧快速施焊；焊后用小锤轻击，待完全冷却后用热水清洗焊缝周围。

（3）铝合金的氩弧焊

铝合金的氩弧焊是以不熔化的钨极和焊件分别作为电极，并以氩气作为保护气体的一种电弧焊接法，其构成如图2.14所示。

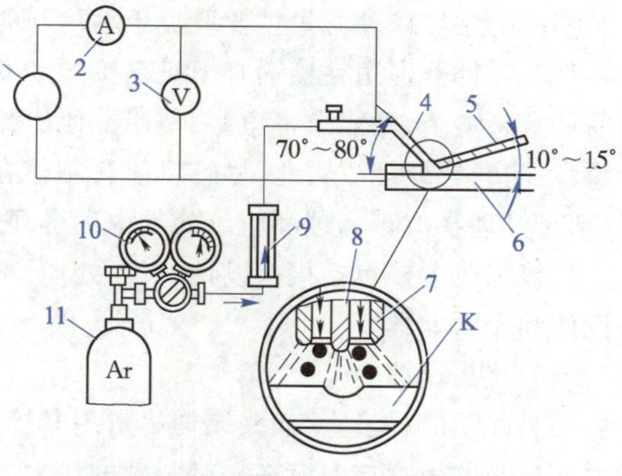

图2.14　铝合金氩弧焊示意图

1—电焊机；2—电流表；3—电压表；4—焊炬；5—焊丝；6—工件；7—气流罩；8—钨极；9—流量计；10—调压表；11—氩气瓶

铝合金零件焊接性差的根本原因是铝在高

温下极易氧化，如能将熔池与外界空气隔开，则可有效提高焊接质量，氩弧焊能实现这一目标。施焊时，氩气从喷嘴中喷出，在电弧和熔池周围形成连续封闭气流。氩气的密度大于空气，它既不与金属起化学反应，又不溶解于液体金属。氩弧焊焊接质量高，零件变形小，是一种比较完善的方法，在汽车铝合金零件焊修中得到广泛应用。

三、校正法和粘接法

1. 校正修理法

校正修理法是指利用外力或火焰使零件产生新的塑性变形，消除原有变形，恢复零件的正确形状的方法。校正方法有压力校正、火焰校正和敲击校正。汽车零件修理中常用的校正方法是压力校正，如用压力校正轴类零件、车架、连杆等。

零件的压力校正是利用金属材料的塑性，通过外加的静载荷使零件产生反向变形，恢复零件正确形状的校正方法。压力校正多在室温下进行，如果零件的塑性较差或尺寸较大，也可以进行适当加热。

在压力校正中，必须考虑金属材料的弹性和弹性后效现象，为此，在校正时应采取以下措施：

(1) 使零件的反变形量大于原来的变形量。

(2) 加压后不要立即卸压，应使零件保持一定时间的压负荷，保持时间可达几小时甚至一、二天。

(3) 零件校正后最好进行时效处理，以消除内应力。

2. 粘接修理法

粘接修理法是采用粘接剂把裂纹、裂缝、断裂或两个独立零件进行粘补或连接的一种工艺方法。在汽车修理中，粘接可用于缸体、水箱、蓄电池壳的堵漏密封，制动蹄与摩擦衬片的连接等。

粘接是利用粘接剂渗入被粘零件表面粗糙不平的空隙中，固化产生机械镶嵌作用、粘接剂分子间的相互吸引、粘接剂分子对被粘零件的扩散作用和化学反应的化学键作用，实现对被粘零件的粘补和连接。所以粘接修理具有材料适应性广，不改变基体的金相组织，无变形，不产生应力集中等优点。

零件的粘接修理质量主要取决于粘接剂的性能和粘接工艺。

汽车零件修理用粘接剂有无机粘接剂和有机粘接剂两类。随着化学工业的发展，有机粘接剂品种愈来愈多，性能愈来愈好，使用方便。此外，粘接剂密封性好，耐酸、碱、油、水腐蚀，不需进行防腐、防锈等处理。因此，尽管目前其还存在着粘接强度较低、耐高温和抗冲击性能较差等不足，粘接修理在汽车修理和应急处理中仍得到广泛的应用。

粘接工艺主要包括接头设计、表面处理、粘接剂采用、涂胶和固化，粘接修理操作的重点是接头设计和表面处理。

(1) 接头设计

接头面积应尽量大，接头结构尽量用套接、嵌接或扣合连接等形式，避免对接形式，以增加粘接力。接头的受力方向应在粘接强度的最大方向上，并尽量使其承受切应力。为提高粘接强度，必要时可采用粘－铆、粘－焊和粘－螺纹连接等复合形式的接头。

(2) 表面处理

清洁粘接表面，要保证粘接表面无油、无水，粘接表面要进行粗糙处理，对粘接强度要求较高的零件可采用化学处理。

四、其他修复法

为恢复已磨损零件的原始尺寸，可采用堆焊、喷涂、喷焊、电镀和刷镀等工艺对零件进行修复。

1. 堆焊

堆焊是焊接工艺的一种特殊应用，它的目的是在零件表面上堆敷一层金属，弥补基体上的损失或赋予零件表面一定的特殊性能。

目前常用的堆焊有手工电弧堆焊、手工氧－乙炔焰堆焊、振动堆焊等。手工堆焊靠手工操作进行，操作技术过程与普通焊接基本相同，它用于工件数量少、外形不规则和不具备自动堆焊设备的场合。振动堆焊的电弧引燃、焊丝送进、焊炬和工件的相对移动等全部由机械自动完成。

堆焊层性能的主要特点是堆焊层与基体呈冶金结合，结合强度高，耐磨性好，但工件热应力较大，变形大，堆焊层中存在裂纹和夹渣等缺陷，零件疲劳强度下降明显。

2. 喷涂

金属喷涂是用高速气流将被熔化或熔融的喷涂材料雾化成细小的颗粒，高速喷敷到经过准备的零件表面，形成一层涂敷层的过程。

根据加热热源的不同，金属喷涂分为氧－乙炔火焰喷涂、电弧喷涂、等离子喷涂等。喷涂层性能的主要特点是喷涂层组织疏松，孔隙多有良好的贮油性能，耐磨性好，工件热应力小，变形小；但喷涂层与基体呈机械结合，结合强度低。

3. 喷焊

喷焊就是将涂敷层加热重熔，实现涂层与工件表面冶金结合的工艺。它可克服喷涂层与基体结合强度低及堆焊修复零件变形大、对零件疲劳强度影响大的缺陷。喷焊有氧－乙炔火焰喷焊和等离子喷焊两种。喷焊时用高速气流将氧－乙炔火焰加热的金属粉末喷到工件表面并经一次重熔，在工件表面获得一层类似堆焊层的覆盖层。喷焊的焊层薄而均匀，表面光滑，成型好，避免了堆焊层的粗糙不平。可用于曲轴、凸轮轴、转向节等的修理。

喷焊所用材料都是自熔性合金粉末，有镍基、铁基、钴基等不同类别，它们都具有较低的熔点和良好的液态流动性，以便脱氧和净化，与基体表面有良好的润湿性。

氧－乙炔火焰喷焊过程中的重熔有两种方法。一种是将喷粉与重熔分两步进行，即两步法。第一步把合金粉末用轻微碳化焰喷涂在零件表面；第二步用中性焰或轻微碳化焰将涂层重熔获得喷焊层。这种方法适用于轴类零件及喷涂面积较大或批量较大的场合。另一种为一步法，它采用中性焰将喷涂与重熔两步在同一操作过程中完成。这种方法适用于喷焊面积小及不规则的零件。

4. 电镀

电镀就是将零件浸入电解质(酸类、碱类、盐类)溶液中，以工件为阴极通以直流电，在电流作用下，溶液中的金属离子（或阳极溶解的金属离子）从阴极上析出，沉积到工件表面，形成金属覆盖层的过程。按镀层材料的不同，电镀分为镀铬、镀铁等。

用电镀方法可得到性能较好的修复层，如镀铬层具有很高的硬度、较高的耐磨性、耐热性和耐腐蚀性，与基体的结合强度高，摩擦系数小。但总体而言，生产效率不高，镀层厚度有限制，且使用不太方便。

5. 刷镀

刷镀的基本原理和电镀相同，但刷镀不需要镀槽，故也称无槽电镀。

刷镀镀层形成过程如图 2.15 所示，工件 6 接阴极，并能转动，石墨镀笔杆 4 接阳极。刷镀时吸满镀液的镀笔与工件做相对运动，这时镀液中的金属离子在电场力作用下，向工件表面扩散，镀在工件表面形成镀层。

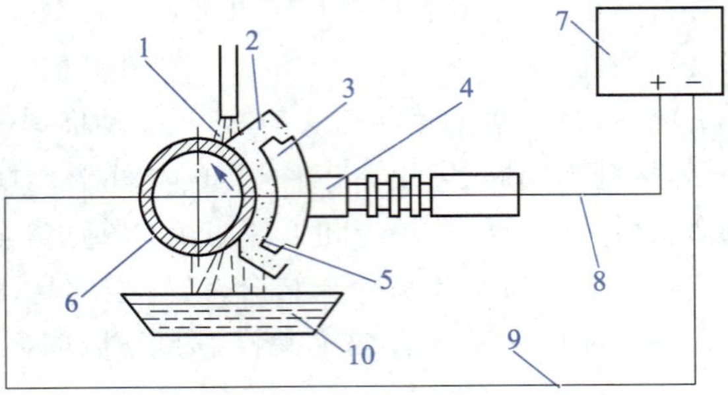

图 2.15 刷镀示意图

1—刷镀液；2—阳极包套；3—石墨阳极；4—石墨镀笔杆；
5—刷镀层；6—工件；7—电源；8—阳极电缆；
9—阴极电缆；10—储液盒

刷镀设备为便携式，使用灵活，可在现场作业，也能在零部件不解体或半解体状态下刷镀。与普通电镀相比，其修复效率高（有时称快速电镀）。通过选用适当的刷镀液和刷镀规范可得到满意的镀层性能。该方法特别适合于汽车上大型零件局部磨损部位的修复。

刷镀的工艺流程是：① 工件的电净处理；② 工件的活化处理；③ 刷镀底层（用于载荷大的工件，以使镀层有更好的结合力）；④ 刷镀工作层；⑤ 镀后处理。

第四节 汽车电控系统的检修注意事项

在对汽车电控系统进行检修时，应注意以下事项。

(1) 故障诊断遵循由外到内、先易后难、由直观到复杂的原则。

(2) 虽然汽车的很多系统都采用了电子控制技术，但汽车的很多故障都是由于非电路故障引起的，在故障诊断时往往要先排除传统结构可能存在的问题，如真空漏气、汽油泄漏、火花塞积炭和高压漏电等，然后再检查电子控制系统可能出现的故障。

(3) 在检查电路故障时，不能用传统的刮火方式来检查电路是否通断，否则容易损坏电器元件。

(4) 不可在发动机运转时拆下蓄电池，否则电路中的浪涌电压会击穿电器元件。

(5) 在点火开关处于“ON”的状态下，不可拆下或装上线路连接插头，尤其是那些带电感线圈的用电器插头，否则用电器的自感应电压可能会使某些电器元件击穿。

(6) 安装蓄电池时，千万不能将正负极接反，且蓄电池极柱夹一定要牢固固定，否则易烧毁蓄电池极柱或损坏电器元件。

(7) 对采用电子控制技术的车辆进行焊接时，要注意保护好各个控制系统的ECU，最好将其拆下来，等焊接完后再装上去。

(8) 清洗车辆时，不要让水洒到电路连接插头处，尤其是分电器上，否则易造成电路锈蚀、漏电和短路。

(9) 在对控制系统的元器件进行检测时，一般首先检查元器件的供电与搭铁电路是否正常，然后再检测元件的本身。

本章小结

我国现行汽车维修制度推行“定期检测，强制维护，视情修理”的方针。现行汽车维护划分为日常维护、一级维护及二级维护。

《汽车维护、检测、诊断技术规范》(GB/T 18344—2001)对汽车维护的周期、工艺过程、检测项目、作业内容和技术规范作出了明确的规定。在汽车二级维护时，必须进行检测诊断。根据检测结果进行汽车故障诊断，确定二级维护附加作业项目和作业内容，这是视情修理的一个重要方面。各大汽车制造商在使用维修手册中，对汽车所有的维护按行驶里程或时间确定维护项目，是一种科学合理的维护制度，应当优先采用。

汽车修理的原则是“视情修理”。根据作业范围和技术状况恢复程度的不同，汽车修理可分为汽车大修、总成大修、汽车小修和零件修理四类。汽车和各类总成的大修有规定的送修标志。按基本方法不同，汽车修理可分为就车修理法和总成互换修理法。

汽车零件的检验是指在汽车维修中按照修理技术标准的要求将所检测的零件划分为可用件、需修件和报废件三类，汽车零件的检验直接影响到汽车的维修质量和成本。汽车零件检验的方法可分为感官检验法、测量法和探伤法三类。汽车零件检验常用量具有直尺、游标卡尺、千分尺、百分表、塞尺等。汽车零件隐蔽缺陷检验的常用方法有磁力探伤法、渗透探伤法、敲击探伤法和水压试验。

目前常用的汽车零件修理方法有机械加工法、焊修法及校正法等。汽车零件修理最常用的机械加工方法是修理尺寸法和镶套法。铸铁零件和铝合金零件的可焊性差，必须从焊条、焊接工艺和焊接操作方法等方面采取措施，以保证修理质量。汽车零件还有堆焊、喷涂、喷焊、电镀、刷镀等修复工艺。

在对汽车电控系统进行检修时，一定要按照正确的操作规范进行作业，许多对传统汽车电器的检修方法一般不能应用在电子控制装置中，否则会造成人为的损坏。

复习与思考题

1. 我国现行汽车维修制度的原则和方针是什么？
2. 汽车维护的原则是什么？我国现行汽车维护分哪几级？
3. 汽车日常维护和一级维护的主要作业内容是什么？
4. 汽车二级维护的工艺过程是什么？二级维护前主要检测项目有哪些？二级维护主要作业内容是哪些？
5. 汽车修理的原则是什么？根据作业范围和技术状况恢复程度的不同，汽车修理分为哪几类？
6. 汽车和发动机总成的大修送修标志是什么？

7. 何为就车修理法？其工艺流程是怎样的？其特点是什么？
8. 何为总成互换修理法？其工艺流程是怎样的？其特点是什么？
9. 汽车零件检验的目的是什么？方法有哪些？
10. 汽车零件检验常用量具有哪些？怎样进行正确测量？
11. 汽车零件隐蔽缺陷的检验方法有哪些？各有何特点？
12. 汽车零件机械加工修复中应注意哪几方面问题？
13. 什么是修理尺寸法？修理尺寸如何确定？
14. 怎样保证铸铁零件和铝合金零件的焊修质量？
15. 汽车零件的恢复工艺有哪些？各自特点是什么？
16. 在检修汽车电控系统时，有哪些注意事项？

第三章

汽车故障诊断与维修设备

学习目标

了解常见汽车故障诊断设备的主要功能和在汽车故障诊断中的应用；了解常见汽车维护设备的主要功能和性能特点；了解常见汽车修理设备的主要用途。

汽车故障诊断设备扩大了汽车维修人员的感知能力；有的设备附有常见车型的技术数据，有利于提高维修人员对汽车技术状况判断的准确性；有的设备具有一定的分析判断能力，为实现汽车故障的快速、准确、有效诊断提供了技术支撑。汽车维修设备能有效地提高汽车维修的生产率和维修质量。本章简要介绍当前汽车故障诊断与维修常用的、具有一定先进性并反映了汽车故障诊断与维修发展方向的设备。

第一节　汽车故障诊断设备

一、发动机故障诊断设备

1. 发动机密封性检测设备

(1) 气缸压力表

气缸压力表用于检测气缸压力，根据测试结果可以判断气缸衬垫、气缸体与缸盖之间的密封状况、活塞环与缸壁配合状况以及燃烧室内积炭是否过多等与气缸有关的技术状况。常用的气缸压力表如图 3.1 所示。

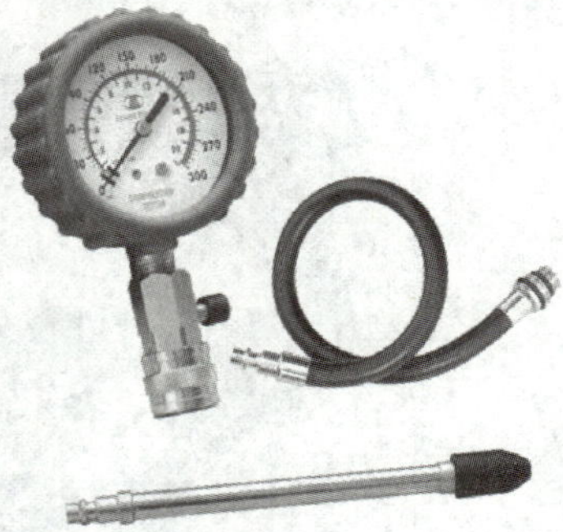

图 3.1　气缸压力表

(2) 真空表

真空表用于检测汽油发动机进气歧管的真空度，通过测量进气歧管真空度及其变化状况，可以诊断气缸密封性、进气系统的泄漏、配气机构密封性、催化转化器堵塞、排气消音器阻塞以及气门机构失调、混合气的稀或浓、点火时间和点火性能等诸多方面的故障。真空表如图 3.2 所示。

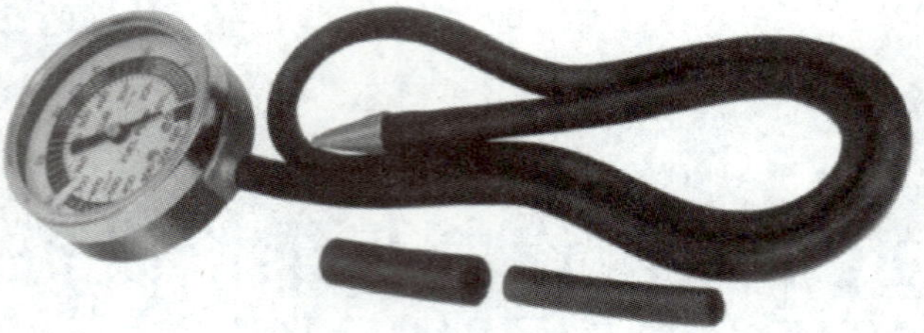

图 3.2 真空表

2. 燃油压力表

燃油压力表是用来诊断燃油喷射系统的仪表，可以测量油泵的出油压力、喷油系统的调节压力和喷油器压力。利用燃油压力表可以检测电动燃油泵或燃油压力调节器是否有故障，汽油滤清器是否堵塞等。6155 全车型燃油压力表如图 3.3 所示。

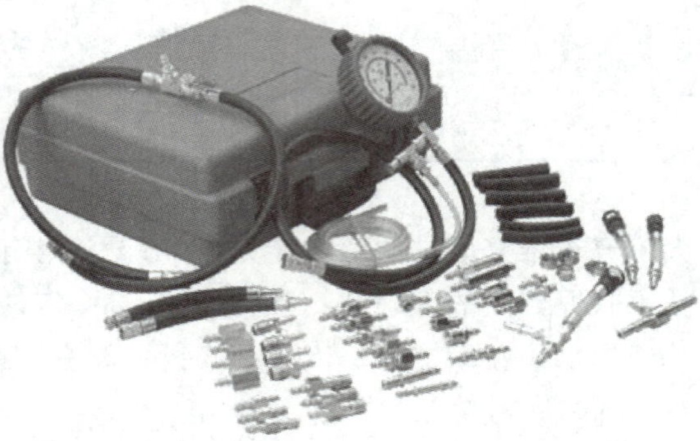

图 3.3 6155 全车型燃油压力表

3. 点火正时灯（枪）

点火正时一般用点火提前角（曲轴转角或凸轮轴转角）表示。点火正时灯（枪）可检测汽油机点火提前角，有的还能测试转速、点火导通（闭合）角和电压参量。点火正时灯如图 3.4 所示。

4. 发动机废气分析仪

发动机废气分析仪主要用于测量汽车发动机排气中的多种气体含量。这类仪器还可用于检查空燃比，检测催化转化器性能，检查燃油反馈系统及进、排气管泄漏等故障，帮助分析并排除发动机控制系统的故障以及确保车辆污染排放指标正常，根据检测气体种类的不同，发动机废气分析仪分为二气体、四气体和五气体分析仪。NHA501A 型发动机废气分析仪如图 3.5 所示。

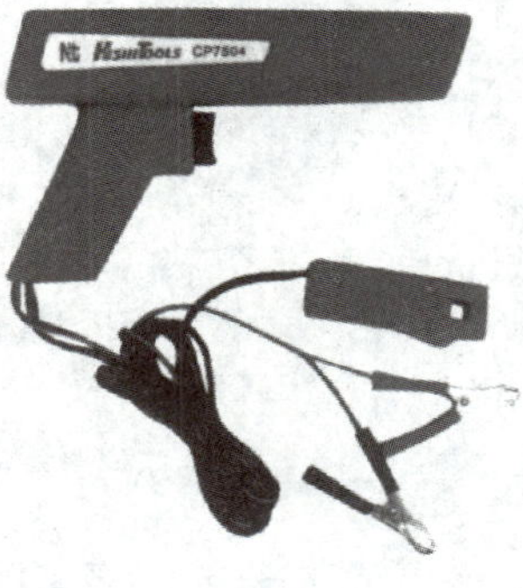

图 3.4 点火正时灯

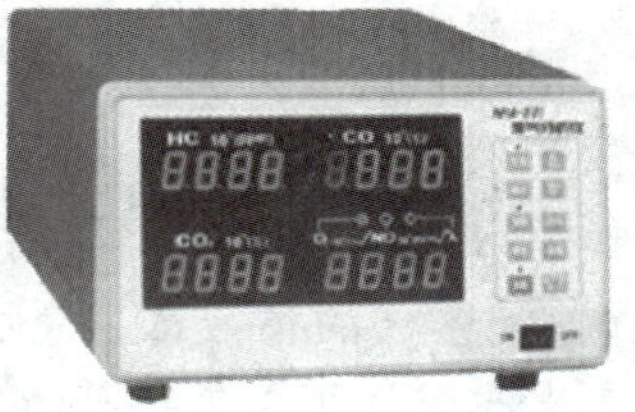

图 3.5 NHA501A 废气分析仪

5. 柴油机烟度计

柴油机烟度计用于检测柴油车的排气烟度，以便研究和分析柴油机的工作状况。烟度计可分为滤纸式烟度计、不透光式烟度计和重量式烟度计等多种，我国使用滤纸式烟度计和不透光式烟度计。YDJ－2000 型滤纸式烟度计如图 3.6 所示，NHT－2 型不透光烟度计如图 3.7 所示。

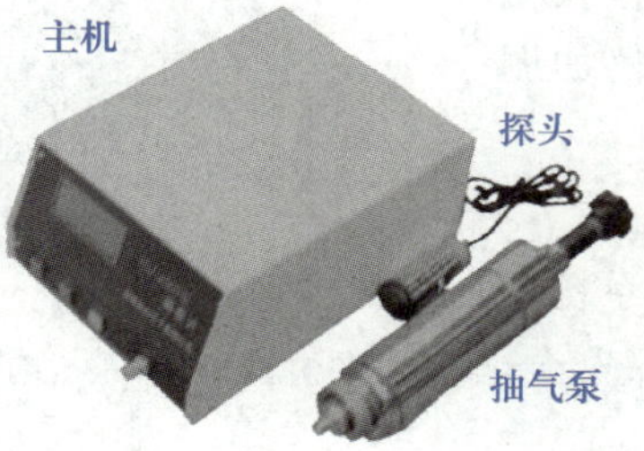

图 3.6　YDJ－2000 型滤纸式烟度计

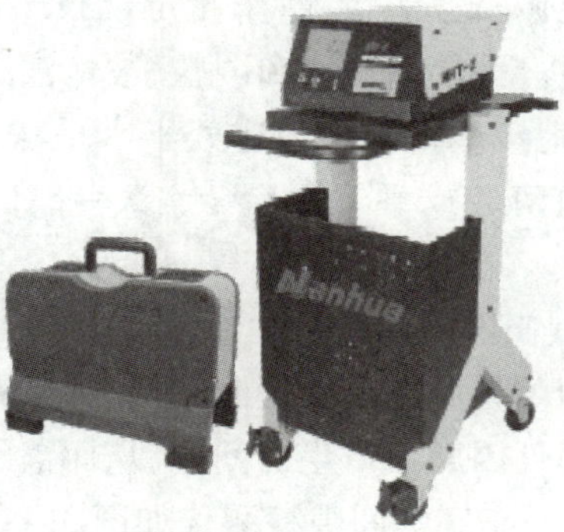

图 3.7　NHT－2 型不透光烟度计

6. 发动机综合分析仪

发动机综合分析仪有汽油机综合分析仪、柴油机综合分析仪和汽、柴油两用发动机分析仪等形式，可适用的发动机类型很广，可对起动和充电系统、点火系统、燃油系统、各缸压力分配和点火正时等多种项目进行精确测试。FEA－100 发动机综合分析仪如图 3.8 所示。

二、底盘故障诊断设备

1. 底盘测功机

底盘测功机一般用于检测各类汽车的底盘输出功率、驱动力、车速、加速性能、滑行性能以及车速表和里程表的准确性。若配以燃油流量计可检测油耗，配以排放分析仪可检测排放污染物成分含量，可综合评定汽车的动力性、经济性以及环保指标；配以曲轴箱窜气量检测仪和离合器频闪仪可进行发动机磨损检测和离合器打滑检测。现在的底盘测功机多采用电涡流测功器作为功率吸收装置，并用微机作为控制中心。图 3.9 所示为 DCG－2000 型底盘测功机。

图 3.8　FEA－100 发动机综合分析仪

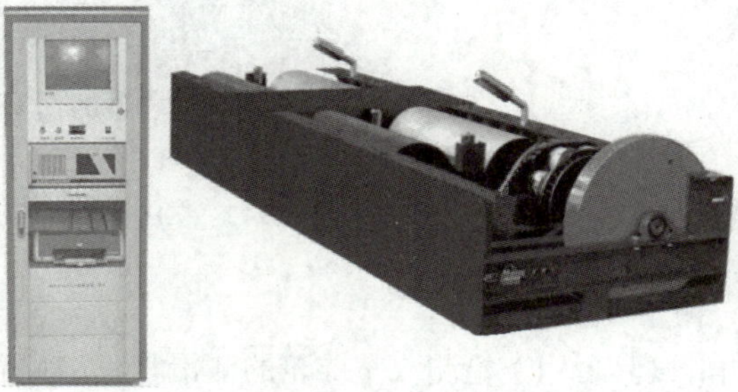

图 3.9　DCG－2000 型底盘测功机

2. 四轮定位仪

四轮定位仪用于测量车轮的各项定位参数，判断车轮定位的准确性，同时还可检验出车轮定位部件的故障。现用四轮定位仪一般存储大量流行车型的车轮定位参数的标准值和车轮定位调整方法指导，车轮定位技术状态判断方便，调整操作容易。为便于检测和调整，被检汽车需放在地沟或举升平台上，地沟或举升平台应处于水平状态，四轮定位仪则安装在地沟两旁或举升平台上。X－631 四轮定位仪如图 3.10 所示。

图 3.10　X－631 四轮定位仪

3. 底盘间隙检测仪

底盘间隙检测仪用于检测转向系统各关节、悬挂系统及底盘其他部件因磨损产生的间隙，从而消除隐患，确保安全。BTJ－10 型汽车底盘间隙检测仪如图 3.11 所示。

图 3.11　BTJ－10 型汽车底盘间隙检测仪

4. 制动试验台

制动试验台一般用于各种类型车辆的制动性能检测。测量参数包括：所有车轮的制动力、制动力差、车轮阻滞力、制动协调时间等。制动试验台有滚筒式和平板式两种。ZD－D 型系列汽车制动试验台如图 3.12 所示。

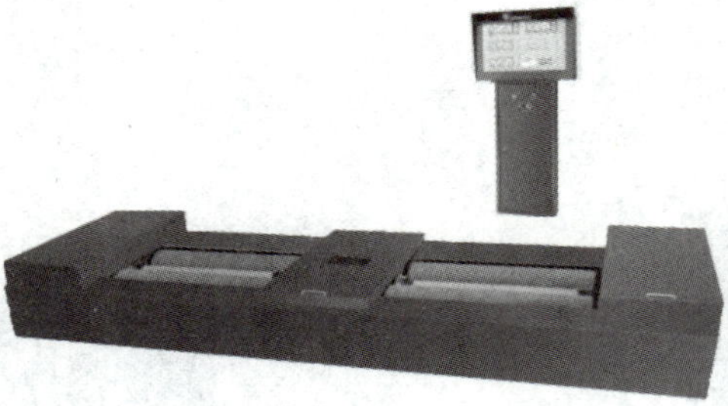

图 3.12　ZD－D 型系列汽车制动试验台

5. 侧滑试验台

侧滑试验台用于检测汽车前轮的侧滑量，以判断车轮定位中车轮前束和车轮外倾的配合是否得当。侧滑试验台有单板式和双板式两种，其中双板式应用普遍。汽车侧滑试验台如图 3.13 所示。

图 3.13　汽车侧滑试验台

三、汽车电控系统诊断设备

1. 汽车专用万用表

汽车专用万用表可检测充电、起动、燃油及空气、点火、电气、发动机管理、冷却等系统和各种传感器，检测参量包括电压、电流、电阻、电容、频率、脉宽、占空比、闭合角、转速、温度、压力等，并可检测线路通断。F867B 图形数字万用表如图 3.14 所示。

2. 汽车示波器

示波器可用于测试电池、传感器、ECM 信号的电压，测试火花塞线、传感器、继电器的电阻，测试保险丝、灯、导线、开关的线路通断。使用相应探头可测试温度和电流。FLUKE 98 型汽车万用示波器如图 3.15 所示。

图 3.14　F867B 图形数字万用表

图 3.15　FLUKE 98 型汽车万用示波器

3. 通用故障检测仪

通用故障检测仪（也称为汽车微机解码器）有美国生产的 Scanner 汽车微机解码器（俗称红盒子）和 OTC 汽车微机解码器、德国 BOSCHFS560 以及瑞典 Multi – Tester Plus 诊断仪。近年来，我国企业也推出了通用汽车故障检测仪，如 HY – 222B 修车王、431ME 电眼睛、检测王 2000M等。

这些通用故障检测仪备有车系检测卡（软件），并配有各种专用检测接口电缆。使用时，只需将被测汽车的牌号和车辆识别码输入故障检测仪，就能从软件中调出相应的检测程序。按照故障检测仪屏幕上的提示，将相应的故障检测接口电缆一端的插头和汽车上的检测插座连接，就可以根据汽车微机自诊断系统(OBD)的功能范围和检修要求，选择电喷发动机、电控自动变速器、制动防抱死装置等各控制系统，进行读取故障代码，查阅故障码内容，测试执行器工作情况，清除微机内存储故障代码等工作。X－431 系列检测仪如图 3.16 所示。

图 3.16 X－431 系列检测仪

4. 专用故障检测仪

专用故障检测仪是为各汽车厂家生产的专用测试设备。它除了具备读码、解码、数据扫描等功能外，还具有传感器输入信号和执行器输出信号的参数修正、计算机控制系统参数调整以及系统匹配和标定、防盗密码设定等专业功能，如用于大众车系检测的 V. A. G. 1551 及 V. A. S. 5054A 型电子故障检测仪等。

第二节 汽车维护修理设备

一、汽车维护设备

1. 发动机燃油系统免拆清洗机

该设备配合汽车的定期维护和特别除炭维修，不需拆卸发动机，只需将接头与发动机供油、回油管连接。机器内的专用清洗剂可溶解喷油器针阀和燃烧室各组件的积炭、油泥、胶质等污染物，经燃烧后由汽车的排放系统排出，使汽车燃油供给系统得到彻底清洗。这类仪器一般可以清洗多种汽油机以及柴油机的燃油系统，有的还可以检查燃油压力，确定系统是否堵塞。

2. 发动机润滑系统免拆清洗机

在汽车的定期维护中，不需拆卸发动机，只需用接头与发动机机油过滤器和油底壳螺孔相连，利用空气动力和专用清洗剂，在发动机静态时进行清洗。只要 12 min 就可将发动机润滑系统油泥、积炭和杂质一并清除，恢复发动机效率，减少磨损和有害废气的排放。

3. 发动机冷却系统清洗机

发动机冷却系统清洗机利用轻微液压冲击原理，对发动机冷却系统进行冲击清洗、循环清洗、再循环清洗和更换冷却液。可清除发动机冷却系统的污垢，恢复发动机冷却系统性能。

4. 自动变速器油更换机

目前最新的自动变速器油更换机为气动、可调压、可调流量机型。全新的自动变速器油更换机可以调节空气压力和进出油量、油压，能控制变速器内的需求油量，完全解决了手工更换变速器油不彻底(多数变速器内的油液不能手工更换)和油量不准确的问题。

5. 汽油机喷油器清洗机

汽油机喷油器清洗机适用于汽油发动机电子喷射喷油器的清洗，清除喷油嘴的积污，从而解决喷油器或喷油嘴堵塞问题。这种设备一般都是利用超声波的作用来清洗喷油器，利用超声波的冲击和振荡来溶解和排除喷油器内的胶质物，并能清理喷油嘴的积污，而且能够反向清洗，使清洗更彻底，且操作方便。有的清洗机还具有喷油器测试功能，能模拟发动机运转过程，测试发动机转速、喷油器开启时间、脉冲数供给、喷油器电阻或喷油模式、喷油器电压和供油压力等。超声波清洗机如图 3.17 所示。

图 3.17 超声波清洗机

6. 柴油机喷油泵试验台

柴油机喷油泵试验台用于检测调试各种类型的喷油泵。这种设备一般可检测各缸供油量及其不均匀度、出油阀的开启压力和喷油泵体的密封性及调速器的性能，并能检测喷油泵供油开始点及供油间隔角。EM279 型喷油泵试验台如图 3.18 所示。

图 3.18 EM279 型喷油泵试验台

7. 轮胎平衡机

轮胎平衡机可用于汽车各类型车轮的平衡调试，可以获得动、静态下的精密测试和准确的平衡。此类设备一般都采用微机控制，具有较高的精确度，能自动测定出轮胎两个校正平面上的动不平衡度。SBM7040 轮胎平衡机如图 3.19 所示。

8. 汽车清洗及打蜡机

汽车清洗及打蜡机主要用于中小型车辆的刷洗、打蜡和吹干等。这类设备能自动识别车头、车尾,能进行正、反转的反复刷洗,且都是微机全自动程序控制,操作方便。

9. 汽车空调冷媒加注回收设备

汽车空调冷媒回收加注机主要用于汽车空调系统,可对空调系统进行抽吸、循环、抽真空和充注作业。广达 GDLM－120AT 汽车制冷剂回收加注机如图 3.20 所示。

图 3.19 SBM7040 轮胎平衡机

图 3.20 广达 GDLM－120AT 汽车制冷剂回收加注机

二、汽车修理设备

1. 气门修磨机

气门修磨机用于汽车发动机气门锥面的磨削加工。操作简便,能保证气门研磨和支承点的准确性。TM(47)SIQP4－60 型气门修磨机如图 3.21 所示。

2. 镗缸机

气缸镗削的目的是恢复气缸原有的正确圆度、圆柱度和表面粗糙度,保证各缸中心线与主轴承孔中心线在一个平面内,并互相垂直。目前常用的镗缸设备有固定式镗缸机和移动式镗缸机两种。推荐使用固定式镗缸机。T716 固定式镗缸机如图 3.22 所示。

3. 磨缸机

磨缸机用于镗缸后缸壁表面的最后一次磨削精加工,以消除气缸镗削加工时留下的刀痕,减小气缸壁的表面粗糙度值,达到气缸加工的最终要求,延长气缸和活塞的使用寿命。目前一些企业开始使用激光加工设备对气缸孔进行激光加工处理,激光加工处理前后都要进行磨削加工。

4. 曲轴磨床

曲轴磨床用于汽车发动机曲轴的主轴颈和连杆轴颈的磨削加工,也可用于一般外圆磨削。

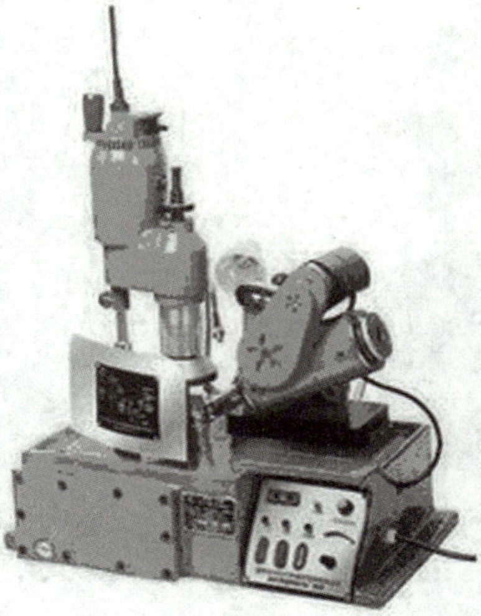

图 3.21　TM(47)SIQP4－60 型气门修磨机

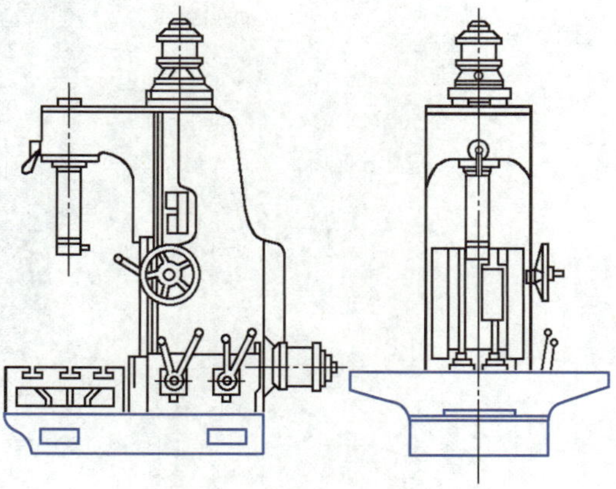

图 3.22　T716 固定式镗缸机

5. 激光加工系统

激光加工系统用于汽车发动机气缸孔、缸套内表面、曲轴、凸轮轴轴颈和凸轮工作面等零部件表面的激光加工处理。处理后的零件表面提高了硬度和耐磨性,同时也能更好地存油润滑,使用寿命大幅度延长。Laserdyne ® 790 型激光加工系统如图 3.23 所示。

6. 制动鼓镗床

制动鼓镗床是用于镗削汽车制动鼓和制动蹄片的设备。这类设备具有加工范围广,刚度高,加工精度高,操作简便的特点。T8358(A)型制动鼓镗床如图 3.24 所示。

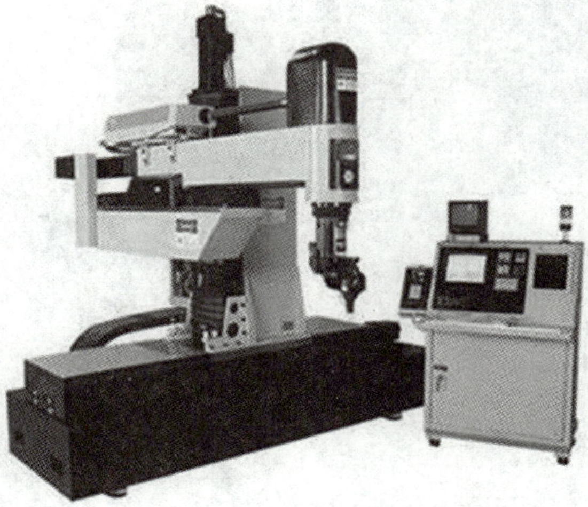

图 3.23　Laserdyne ® 790 型激光加工系统

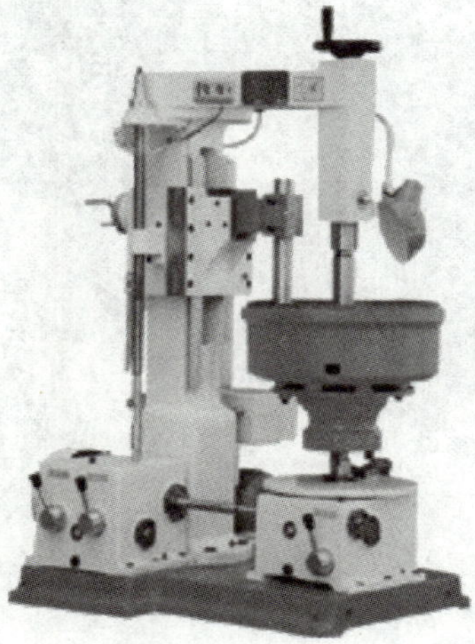

图 3.24　T8358(A)型制动鼓镗床

7. 制动器车床

制动器车床是维修制动器的专用动力工具,用于加工和修整制动盘、制动蹄表面和制动鼓表面。REL S2000 型制动器车床如图 3.25 所示。

图 3.25 REL S2000 型制动器车床

8. 自动变速器维修设备

自动变速器维修设备用于台架模拟自动变速器在汽车上的实际运行工况,同时利用电脑模拟汽车对自动变速器的控制,发出控制指令对自动变速器进行相关的换挡、油压调整等控制,再根据相应的诊断参数判定自动变速器的功能是否正常。AGT-30A 汽车自动变速箱总成测试机如图 3.26 所示。

图 3.26 AGT-30A 汽车自动变速箱总成测试机

9. 车身、底盘矫修仪

车身及底盘矫修仪除可实现整形汽车快速多点定位固定、全方位牵引校正外,还配有测量基准定位系统、专用量具和专用测量触头,可实现车身上各测量点的三维坐标精确测量,并备有常见车型测量基点分布图及车身及底盘数据，为提高车身整形速度和质量提供了保证。ZF800 系列车身及底盘矫修仪如图 3.27 所示。

图 3.27　ZF800 系列车身及底盘矫修仪

本章小结

常用汽车发动机故障诊断设备有：气缸压力表、真空表、燃油压力表、点火正时灯（枪）、发动机废气分析仪、柴油机烟度计和发动机综合分析仪。

常用汽车底盘故障诊断设备有：底盘测功机、四轮定位仪、底盘间隙检测仪、制动试验台和侧滑试验台。

常用汽车电控系统诊断设备有：汽车专用万用表、汽车示波器、通用故障诊断仪和专用故障诊断仪。

常用汽车维护设备有：发动机燃油系统免拆清洗机、发动机润滑系统免拆清洗机、发动机冷却系统清洗机、自动变速器油更换机、汽油机喷油器清洗机、柴油机喷油泵试验台、轮胎平衡机、汽车清洗及打蜡机和汽车空调冷媒加注回收设备。

常用汽车修理设备有：气门修磨机、镗缸机、磨缸机、曲轴磨床、激光加工系统、制动鼓镗床、制动器车床、自动变速器维修设备和车身及底盘矫修仪。

复习与思考题

1. 常用发动机气缸密封性检测诊断的仪器有哪些？
2. 常见发动机综合分析仪有哪些主要功能？
3. 底盘测功机在汽车检测诊断中有哪些用途？
4. 常用汽车电控系统诊断设备有哪些？各自的特点是什么？
5. 发动机免拆清洗设备有哪些？各有何优点？

第二篇

发动机故障诊断与维修

第四章

曲柄连杆机构和配气机构故障诊断与维修

学习目标

掌握曲柄连杆机构和配气机构常见故障的主要原因；理解常见故障的人工诊断思路和仪器诊断方法；掌握气门间隙调整方法；掌握缸体和缸盖裂纹、翘曲变形检验方法；了解缸体主要位置误差检验方法；掌握气缸正常磨损的特征和原因、气缸磨损的检验方法、修理尺寸的确定方法和气缸镗磨修理的质量要求；了解气缸镗磨和镶套工艺；掌握活塞环选配方法和连杆弯扭变形校验方法；掌握曲轴和凸轮轴的检验方法、曲轴轴颈修理尺寸的确定方法和磨修质量要求；了解曲轴磨修工艺；理解气门检查方法；掌握气门座更换、铰磨、气门研磨和气门密封性检查方法；理解液压挺柱、摇臂、摇臂轴和气门弹簧的检修方法。

案　　例

现象：一辆东南得利卡 11 座旅行车，装用三菱 4G63 型汽油发动机，发动机工作时排气管冒蓝烟。

诊断：询问驾驶员得知该车发动机大修后仅行驶 16 000 多千米；拆下各缸火花塞检查，3 缸火花塞清洁，1 缸火花塞有轻微积炭，2、4 缸火花塞有较重的积炭；检查气缸压力，各缸气缸压力均正常；拆下气缸盖，发现 2、4 缸各缸的两个进气门（该机为每缸 4 个气门，进、排气门各 2 个）和活塞顶上均有严重积炭，1 缸 1 个进气门和活塞顶上有积炭；拆检有积炭进气门发现气门杆磨损超限，气门油封老化。此故障是由发动机大修时气门和气门油封质量不佳造成的。

排除：更换全副气门和气门油封。

第一节　概　　述

曲柄连杆机构由气缸体与曲轴箱组、活塞连杆组和曲轴飞轮组组成。气缸体与曲轴箱组主要包括气缸体、气缸套、气缸盖、气缸盖衬垫等机件；活塞连杆组主要由活塞、活塞环、活塞销、连杆和连杆轴承等组成；曲轴飞轮组主要包括曲轴、曲轴轴承、飞轮和扭转减振器等机件。

配气机构由气门组和气门传动组组成。气门组主要包括气门、气门座、气门导管和气门弹簧;气门传动组则因气门、凸轮轴布置形式和曲轴与凸轮轴的传动方式的不同而有较大区别,凸轮轴、凸轮轴正时齿轮、挺柱和曲轴正时齿轮是其基本零件。一汽奥迪 100 轿车发动机的曲柄连杆机构和配气机构组成见图 4.1。

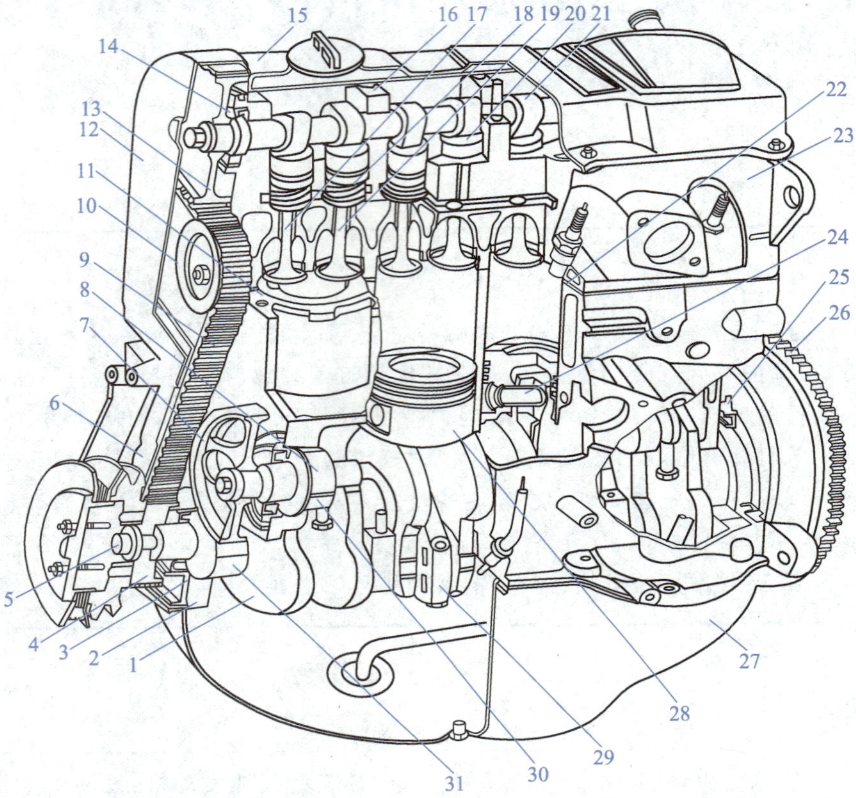

图 4.1 一汽奥迪 100 轿车发动机的曲柄连杆机构和配气机构

1—曲轴;2—曲轴轴承盖;3—曲轴前端封油挡板;4—曲轴正时齿轮;5—正时齿轮拧紧螺栓;6—正时齿轮下罩盖;7—中间轴正时齿轮;8—中间轴;9—正时带;10—偏心轮张紧机构;11—气缸体;12—正时齿轮上罩盖;13—凸轮轴正时齿轮;14—凸轮轴前端油封;15—凸轮轴罩盖;16—凸轮轴轴承盖;17—排气门;18—气门弹簧;19—进气门;20—液压挺柱总成;21—凸轮轴;22—气缸盖衬垫;23—气缸盖;24—活塞销;25—曲轴后端封油挡板;26—飞轮齿环;27—油底壳;28—活塞;29—连杆总成;30—中间轴轴瓦;31—曲轴主轴瓦

曲柄连杆机构和配气机构中的气缸体与曲轴箱组是发动机各机构和系统的安装基体,又是燃料系、润滑系和冷却系的组成部分;气缸盖、气缸体内壁、活塞、活塞环和气缸盖衬垫构成的燃烧室是发动机的心脏,热负荷和机械负荷大。气缸体与曲轴箱组的技术状态对发动机的各项性能都有影响,发动机常见故障为气缸压力过低、气缸压力过高和发动机异响。

常见故障部位是燃烧室周围的密封部位零件(如气缸、活塞、活塞环、气门、气门座、气缸盖和衬垫)和曲轴、轴瓦等。

第二节　常见故障诊断

一、气缸压力过低

1. 故障现象

发动机不易起动甚至不能起动，怠速不稳，动力不足，机油和燃油消耗增加，尾气排放超标。测量气缸压力，测量值低于允许极限。

2. 故障主要原因及处理方法

(1) 空气滤清器过脏、堵塞，清洁或更换空气滤清器滤芯；

(2) 气缸、活塞环、活塞磨损过大，密封不良，检修或更换气缸、活塞环、活塞；

(3) 气门和气门座工作面磨损或烧蚀，密封不良，检修或更换气门和气门座；

(4) 气缸衬垫损坏，更换气缸垫；

(5) 气缸盖变形，检修或更换气缸盖；

(6) 气门间隙或配气正时不当，调整气门间隙或配气正时。

3. 故障诊断方法

气缸压力过低故障诊断的方法有人工经验诊断法和仪器仪表诊断法两种。气缸压力过低故障的人工经验诊断过程见图 4.2。

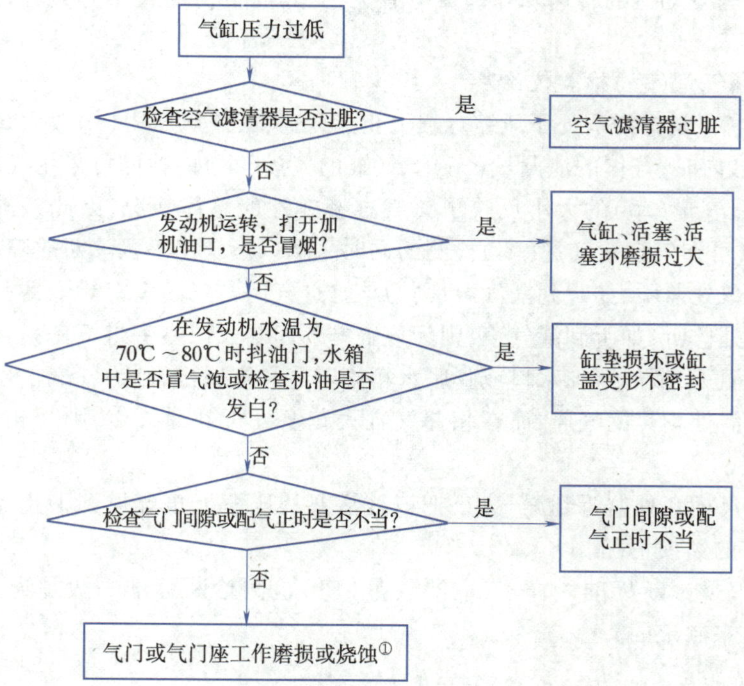

说明：

① 若气门与气门座漏气严重，如气门杆顶弯，不能关闭，则可能出现回火、放炮现象。

图 4.2　气缸压力过低故障诊断流程

人工经验诊断法适于故障现象较明显、故障程度较严重的故障诊断，为提高诊断精度和效率，应采用仪器仪表诊断法。诊断气缸压力过低故障的常用仪器仪表是气缸压力表，此外还可用窜气量测量仪、气缸漏气量（率）检验仪和真空表。

（1）用气缸压力表诊断

向气缸压力过低的气缸火花塞（或喷油器）孔内注入 20～30 mL 机油，然后用气缸压力表重测气缸压力并记录。

如果重测的气缸压力比第一次高，接近于标准压力，则表明是气缸、活塞环、活塞磨损过大或活塞环对口、卡死、断裂及缸壁拉伤等原因造成气缸不密封。

如果重测的气缸压力与第一次相近，表明是进、排气门或气缸衬垫密封不好。

如果某相邻两缸两次检测的气缸压力都相当低，说明是两缸相邻处的气缸衬垫烧损窜气。

为保证气缸压力测量准确，测量时一定要使发动机达到规定的转速，一般发动机转速应不低于 200 r/min。

（2）用窜气量测量仪诊断

曲轴箱窜气量是指气缸内的工作介质和燃气从气缸与活塞间不密封处窜入曲轴箱的量。曲轴箱窜气量可用窜气量测量仪检测，测试时，密封曲轴箱通风系统，只留加注机油口。曲轴箱内气体通过软管从加注机油口处导出，输入窜气量测量仪。若曲轴箱窜气量过大，说明气缸活塞组磨损严重。

需要说明的是，曲轴箱窜气量的诊断标准一般是通过具体车型的测量，逐渐积累资料来制定的；曲轴箱窜气量与发动机的转速和外部负荷有关，尤其与负荷的大小有关，因此测定时须严格按照规范进行。

（3）用气缸漏气量（率）检验仪诊断

气缸漏气量（率）是指活塞处于压缩行程上止点，将具有一定压力（一般为 588～883 kPa）的压缩空气充入气缸内时，气体的泄漏量（率）。气缸漏气量（率）的检测可采用气缸漏气量（率）检验仪进行。气缸漏气量（率）的大小反映了该气缸密封性的总体情况，因此，若被测气缸的气缸漏气量（率）过高，可在气缸漏气量（率）检测的同时采取以下辅助手段诊断故障部位。

① 在进气管口处监听，如听到漏气声，则为该缸进气门与气门座密封不良；

② 在消音器处监听，如听到漏气声，则为该缸排气门与气门座密封不良；

③ 在正常水温下，散热器加水口或膨胀水箱中若有气泡冒出，则为气缸盖衬垫漏气；

④ 若进排气门处均无漏气声，而在相邻气缸火花塞处听到漏气声，则为相邻两气缸之间的缸垫烧蚀漏气；

⑤ 如在机油尺插孔处监听到漏气声，把该缸活塞从压缩上止点摇到下止点，根据漏气声的变化，可估计气缸的磨损情况。

与曲轴箱窜气量诊断标准一样，气缸漏气量（率）检测诊断标准一般是通过具体车型的测量，逐渐积累资料来制定的。

（4）用真空表诊断

进气管真空度是发动机的重要诊断参数之一，检测发动机进气管真空度可用真空表。进气管真空度的检测是一项综合检测，能检测诊断的内容较多，下面仅对根据真空表的指示情况来分析判断气缸和进气管密封性方面的应用作一介绍。

① 发动机在海平面高度下(下同)怠速运转时,若真空表指针稳定地指在 57 ~ 71 kPa 之间,则说明发动机密封性正常。海拔高度每增加 1 000 m,真空表读数相应降低约 10 kPa。迅速开启和关闭节气门时,若真空表指针能随之在 7 ~ 84 kPa 之间摆动,则进一步表明发动机在各工况下密封性良好。

② 发动机怠速时,若真空表指针有规律地跌落 3 ~ 23 kPa,表示存在气门与气门座密封不良的故障。

③ 发动机转速升至 2 000 r/min,突然迅速开启节气门,若真空表指针迅速跌落至 6 ~ 16 kPa 以下,且当关闭节气门时,指针不能回复到 84 kPa,则说明活塞环或气缸磨损严重。

④ 发动机怠速时,若真空表指针从正常值突然跌落超过 33 kPa,则表明某气缸的气缸衬垫窜气。

注意:检测前应检查点火系和供油系,保证其技术状态良好。

二、气缸压力过高

若气缸压力测量值超过原厂规定标准值,则为气缸压力过高。一般发动机气缸压力过高的原因主要是燃烧室内积炭过多,导致燃烧室容积减小,其检修方法是清除燃烧室内的积炭。刚大修后的发动机气缸压力过高的原因主要是气缸衬垫过薄或气缸盖与气缸体接合表面因加工过度,厚度太薄,导致燃烧室容积太小。其排除方法是更换气缸衬垫或气缸盖。

三、曲柄连杆机构与配气机构异响

1. 故障现象与原因

发动机工作时有不正常响声,有时还伴有发动机动力性、经济性和排放性能的下降及机油压力的降低。曲柄连杆机构与配气机构异响的基本原因是配合副间隙过大或配合面有损伤,发动机工作过程中相配的零件间有冲击,导致零部件振动,产生声波并进行传播。异响声音的音量(响亮程度)和音调(主频率的高低和频率分布)与发动机工作中零件间相互冲击的剧烈程度、零件的材料及发生的部位(内、外)有关。由于曲柄连杆机构与配气机构中的配合副类型多、数量多,零件材料品种也多,工作中的受力方式各不相同;另外即使是同一对配合副发生异响,其引起冲击的主要原因也可能不同,如活塞敲缸响的主要原因可能是活塞与缸壁的间隙过大,也有可能是连杆弯曲或点火过早;因此,曲柄连杆机构与配气机构异响的外在表现形式多种多样。引起曲柄连杆机构与配气机构异响的常见主要原因的类型、主要特征及变化规律见表 4.1。

2. 故障诊断方法

曲柄连杆机构与配气机构异响的诊断方法有仪器诊断法和人工经验诊断法两种。利用仪器实现异响的快速、准确诊断一直是人们追求的目标,但现有异响诊断仪器尚难满足实际诊断需要。因此,异响诊断仍靠人工经验诊断法。

从表 4.1 可知,各种异响与发动机的转速、温度、负荷和润滑条件等有关,并具有各自的特点和规律。异响的人工经验诊断方法就是由诊断人员综合响声的固有特征(音调)、易听清晰的部位、改变发动机的转速、温度、负荷和润滑条件时响声的变化情况和自身的知识与经验,对故障部位和原因作出判断。由于异响现象的模糊性、现象和成因之间关系的复杂性,使其成为汽车故障诊断中的难点,诊断人员必须经过大量诊断实践才能提高诊断水平。

表 4.1 常见曲柄连杆机构与配气机构异响现象及其原因

声响种类	听诊部位	主要特征及变化规律	辅助诊断措施	主要原因
曲轴主轴承响	气缸体下部靠近曲轴分开处	稳定运转不响，转速突然变化时，发出低沉连续的“噠噠”声，转速越高，声响越大，有负荷时，声响明显	单缸断油，声响无明显变化，相邻两缸断火时声响明显减弱，但不一定消失，观察机油压力是否变化	主轴承盖螺栓松动；轴承磨损，径向间隙过大，润滑不良等原因造成轴承合金烧毁或脱落
曲轴连杆轴承响	机油加注口处	转速突然变化时，有明显连续“当当”声（比主轴承响要轻、清、短），怠速较小，中速较明显，转速越高，声响越大，有负荷时，声响明显	单缸断油，声响明显减弱或消失，观察机油压力有无变化	连杆轴承盖螺栓松动；轴承磨损径向间隙过大，轴承尺寸不符或质量不佳；轴承变形或接触面积过小等原因造成合金脱落或烧毁
活塞敲缸响	气缸上部或机油加注口处	通常怠速时较明显清晰，并伴随有节奏的“吭吭”声；转速升高时杂碎甚至消失；一般温度低时声响明显，温度升高时，声响明显减弱或消失	单缸断油，声响减弱或消失，机油加注口是否冒烟，排气管有无蓝烟，可疑气缸加少量浓机油声响减弱或消失	活塞裙部与气缸壁间隙过大；活塞销与连杆衬套装配过紧；连杆弯曲变形
活塞销响	气缸上部或机油加注口处	怠速时或略高于怠速时有较清晰、明显并有节奏的“嗒嗒”声响；转速变化，响声也周期性变化，加速时响声明显，温度升高，响声不减，甚至更明显，点火过早响声明显	单缸断油，声响减弱或消失，在“复火”瞬间声响特别清晰，将点火时间略提早一点，声响更加明显	活塞销与销座或衬套配合松旷；活塞销润滑不良；活塞销两端销环脱落使销窜动
气门杆响	气门室附近	怠速时发出有节奏的“哆哆”声，转速升高，声响也升高；单缸断油，声响不变	怠速时用手提起挺柱或插入厚薄规，若声响减弱或消失，即为该气门间隙过大	气门间隙过大；凸轮磨损，挺杆、挺柱跳动；气门杆与导管磨损松旷
液力挺柱响	气门室附近	有节奏的“嗒嗒”声，怠速时明显，转速升高，声响减弱以至消失	拆检	机油压力低；液力挺柱油道有空气；液力挺柱失效

续表

声响种类	听诊部位	主要特征及变化规律	辅助诊断措施	主要原因
气门挺柱响	气门室附近	有节奏的间响、清脆的“嗒嗒”声，怠速时明显，中速时减弱或消失，断油及温度变化与之无关	用铁丝钩住可疑挺柱，若声响消失或减弱，即为该挺柱故障	挺柱与孔配合松旷；挺柱端部磨损，出现沟槽；挺柱不能自由转动
凸轮轴响	缸体侧或气门室附近	中速时，可听到有节奏而较钝的“嗒嗒”声，高速时消失；单缸断油，声响不变	拆检	凸轮轴及轴承配合松旷；凸轮轴弯曲变形；凸轮轴轴向间隙过大
正时链条响	气缸前部	声音清脆，怠速或低速时较明显，并随转速的升高而增大，响声与温度无关	按紧张紧器，声响减弱	链条过松，链条和链轮磨损，张紧器严重磨损

为提高诊断的准确性和速度，必须了解发动机的转速、温度、负荷和润滑条件对异响的影响关系。

(1) 转速

一般情况下，转速越高机械异响越强烈。尽管如此，高转速时各种响声混杂在一起，听诊时反而不易辨清某些异响。所以，诊断转速不一定是高速，要具体异响具体对待。如听诊气门响和活塞敲缸响时，在怠速或低速下就能听得非常明显；当主轴承响、连杆轴承响和活塞销响较为严重时，在怠速和低速下也能听到。总之，诊断异响应在响声最明显的转速下进行，并尽量在低转速下进行，以减少不必要的噪声和损耗。

(2) 温度

有些异响与发动机温度有关，而有些异响与发动机温度无关或关系不大。在机械异响诊断中，对于热膨胀系数大的配合副要特别注意发动机的热状况，最典型的例子是铝活塞敲缸。在发动机冷起动后，该响声非常明显，然而一旦温度升高，响声即消失或减弱。所以，诊断该响声应在发动机低温下进行。热膨胀系数小的配合副所产生的异响(如曲轴主轴承响、连杆轴承响、气门响等)，发动机温度的变化对异响的影响不大，因而对诊断温度无特别要求。

(3) 负荷

许多异响与发动机的负荷有关。如曲轴主轴承响、连杆轴承响和活塞敲缸响等，均随负荷增大而增强，随负荷减小而减弱。但是，也有些异响与负荷无关，如气门响和凸轮轴轴承响等，负荷变化时异响并不变化。

(4) 润滑条件

不论什么机械异响，当润滑条件不佳时，异响一般都显得严重。有些异响本身会引起润滑条件的恶化，如较严重的曲轴主轴承响和连杆轴承响常伴有机油压力降低。

常见曲柄连杆机构与配气机构异响的故障诊断过程如图 4.3 所示。

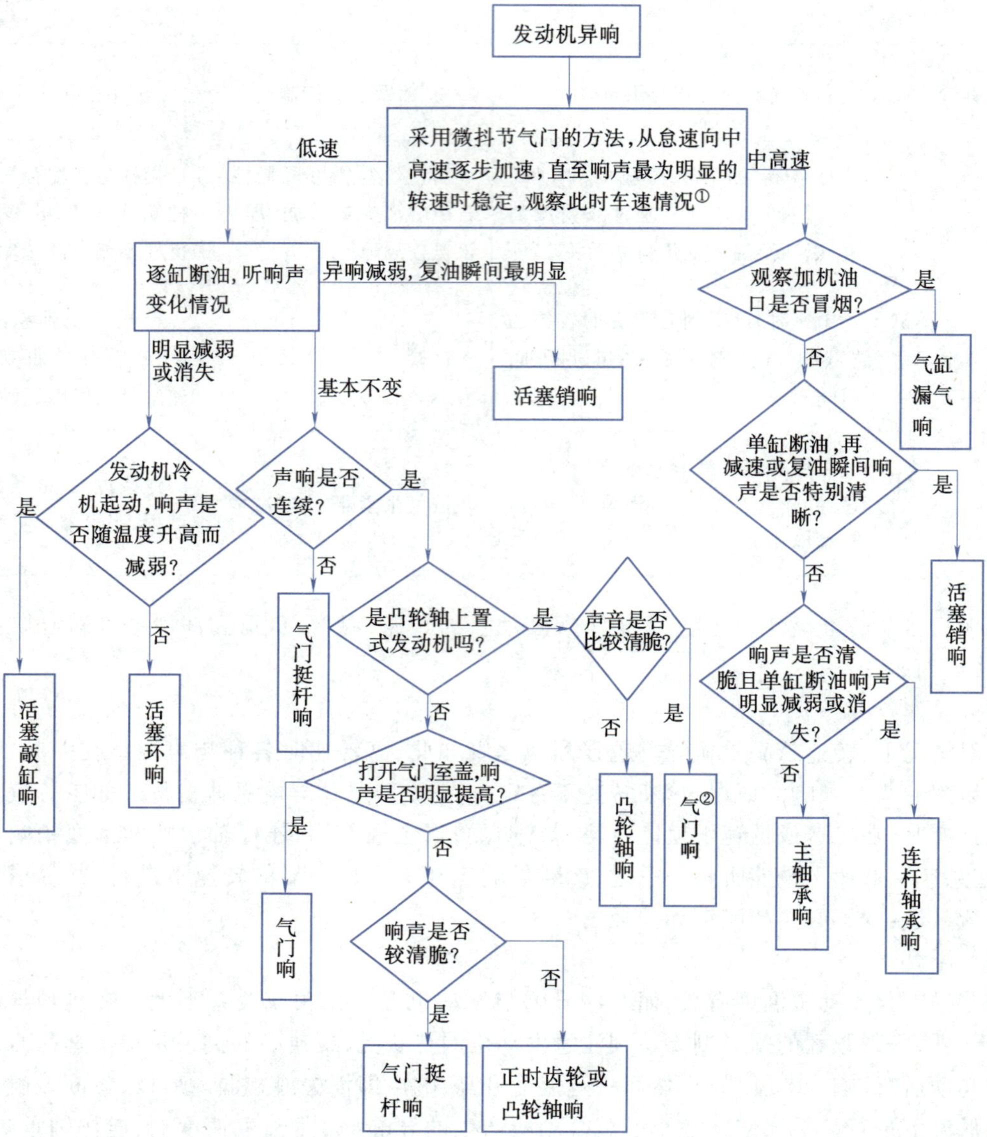

说明：

① 加速时应仔细察听响声变化，并观察机油压力表或机油压力报警灯，逐级缓慢加速，以免造成新的更严重故障。

② 若是链传动式配气机构，还有可能是凸轮轴上的正时齿轮响。

图 4.3 曲柄连杆机构与配气机构异响故障诊断过程

第三节 曲柄连杆机构和配气机构的维护

一、维护作业内容

在发动机维护中曲柄连杆机构和配气机构的主要维护作业内容是：

（1）检测发动机气缸压力或发动机功率，视情确定发动机二级维护附加作业内容；

（2）按规定次序和扭紧力矩校紧气缸盖螺栓；

（3）检查和调整气门间隙。

二、气门间隙调整

气门间隙的调整在气门完全关闭的条件下进行。用旋具转动气门调整螺钉，同时用塞尺在气门杆端与摇臂（或凸轮）间测量，调好后将锁紧螺母锁紧，最后再用塞尺检查一遍。

常用气门间隙调整方法是逐缸调整法，即按发动机点火顺序逐缸调整，每调完一个气缸的气门，转曲轴一定角度，调下一气缸的气门。具体方法为：将曲轴转至一气缸压缩行程上止点，使进、排气门全关，调整进、排气门间隙；转动曲轴一定角度（720°/气缸数），如四缸发动机转过 180°，六缸发动机转过 120°，调整下一点火缸的进、排气门间隙。依此类推逐气缸调整进、排气门的间隙。

三、VTEC 机构的检修

1. VTEC 机构的结构和工作过程

VTEC 是可变配气正时及气门升程电子控制配气机构。VTEC 配气机构在发动机工作时，排气门的工作情况与普通配气机构相同，而同一缸的两个进气门受 VTEC 机构分别控制，发动机控制微机根据发动机转速、负荷等变化来控制 VTEC 机构工作，实现单进气门工作或双进气门工作，改变进气门的配气相位及升程。

F23A3 发动机中该机构的结构如图 4.4 所示，主要由主摇臂、中间摇臂、次摇臂、正时活塞、同步活塞、阻挡活塞、回位弹簧、VTEC 电磁阀、正时板等组成。

VTEC 机构的工作过程是：VTEC 不工作时，正时活塞、同步活塞 A 停留在主摇臂油缸孔内，与中间摇臂等宽的同步活塞 B 停留在中间摇臂的油缸孔内，阻挡活塞和弹簧则停留在次摇臂的油缸孔内。正时活塞的一端与液压油道连通，液压油来自油泵，油道的开、闭由微机通过电磁阀控制。发动机低速运转时，微机（ECM 或 PCM）不发出指令，电磁阀使油道关闭，摇臂油缸内无油压，各活塞分别停留在各自的油缸孔内，3 个摇臂彼此分离独立，受各自的凸轮驱动工作。此时，主凸轮通过主摇臂驱动主进气门，供给发动机低速时所需的混合气；中间摇臂虽随中间凸轮大幅度摆动，但不影响气门的正常开闭；次凸轮的升程非常小，通过次摇臂驱动次进气门微量开闭，其目的是防止次进气门附近积聚燃油（因喷油器为双孔喷油）。即在低速时，VTEC 不工作，配气机构处于单进、双排气门工作状态，单进气门由主凸轮驱动。

当发动机高速运转，且发动机转速、负荷、冷却水温度及车速达到设定值（转速 2 300～2 500 r/min，负荷达 25%，水温达 60 ℃以上，车速达 10 km/h 以上）时，微机向 VTEC 电磁阀供电，使电磁阀开启。来自油泵的液压油进入正时活塞一侧，由正时活塞推动两同步活塞和阻挡活塞移动。两同步活塞分别将主摇臂与中间摇臂、次摇臂与中间摇臂串联成一体，成为一个同步工作的组合摇臂。由于中间凸轮升程最大，气门的提前开启角和滞后关闭角也大，所以组合摇臂受中间凸轮驱动，两个进气门同步工作，且实现了进气门的配气相位和升程的变化，满足了发动机高速工作时的进气要求。

当发动机转速下降到设定值时，微机切断 VTEC 电磁阀电流，正时活塞一侧的油压降低，各摇臂油缸孔内的活塞在回位弹簧作用下回位，3 个摇臂又彼此分离，独立工作。

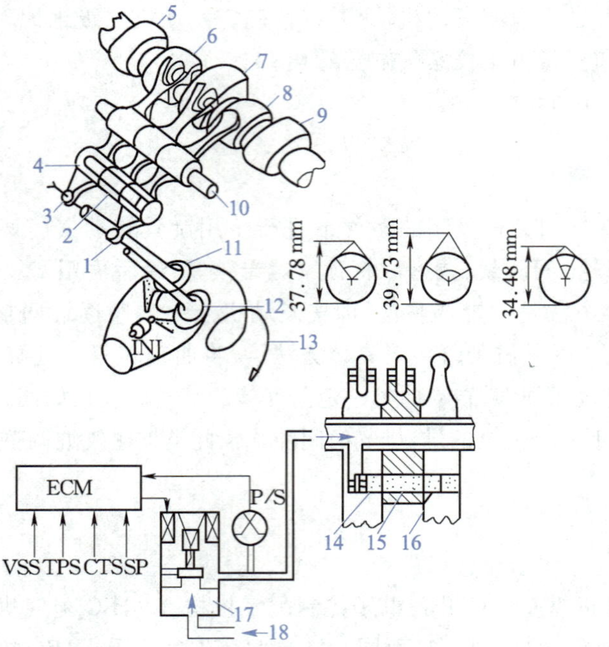

图 4.4 VTEC 配气机构

1—次摇臂;2—中间摇臂;3—主摇臂;4—柱塞;5—排气凸轮;6—主凸轮;7—中间凸轮;8—次凸轮;
9—排气凸轮;10—摇臂轴;11—主进气门;12—次进气门;13—进气涡流;14—正时柱塞;
15—同步柱塞;16—限位柱塞;17—VTEC 电磁阀;18—主油道油压

2. VTEC 配气机构的检修

VTEC 配气机构的主要检修内容是:

(1) 油压的检查

接好 VTEC 电磁阀插头,拆下电磁阀上的 M10 螺栓,将专用接头和压力表连接到电磁阀油路上,如图 4.5 所示。然后起动发动机,当达到正常工作温度(冷却液温度 95 ℃,冷却电风扇转动)后,检查发动机转速分别为 1 000 r/min、2 000 r/min 和 4 000 r/min 时的机油压力。机油压力应均不低于 49 kPa,否则说明电磁阀未开启,必要时更换电磁阀。若上述测得的机油压力正常,则关闭点火开关,拆下 VTEC 电磁阀插头,直接给电磁阀通电。然后起动发动机,测量转速为 3 000 r/min时的机油压力。机油压力应达到 250 kPa 以上,否则说明机油泵工作不良或润滑系统有泄漏。

(2) VTEC 电磁阀检查

从气缸盖上拆下电磁阀总成,检查电磁阀滤清器,若滤清器有堵塞现象,应更换滤清器和发动机润滑油,电磁阀密封垫一经拆下必须更换新件。

拆开 VTEC 电磁阀,用手指检查阀的运动是否自如,若有发现卡滞现象,应更换电磁阀。

(3) 进气摇臂的检查

转动曲轴使一缸处于压缩行程上止点,凸轮轴正时齿形带轮上的正时标记与气缸盖上平面平齐,UP 标记朝上。用手按压第一气缸的中间摇臂,如图 4.6 所示,应能与主摇臂和次摇臂分离,单独运动。然后依次按点火顺序(1—3—4—2)和做功间隔角对各气缸进气摇臂进行检查,均应符合要求。若中间摇臂不能与其他摇臂分离，应分解检查进气摇臂总成，必要时成组更换 3 个进气摇臂。

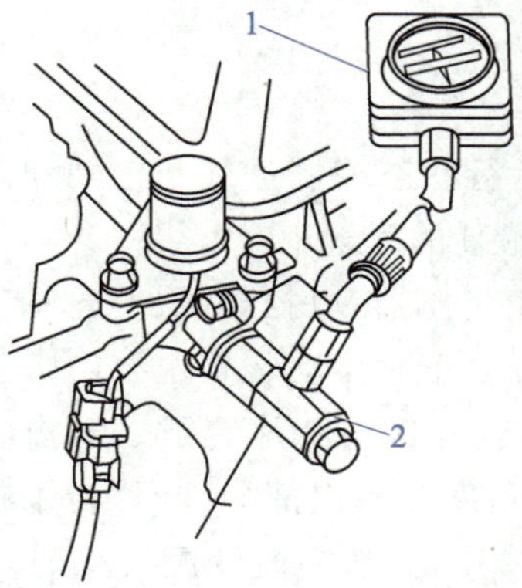

图 4.5　油压的检查

1—专用压力表；2—压力表接头

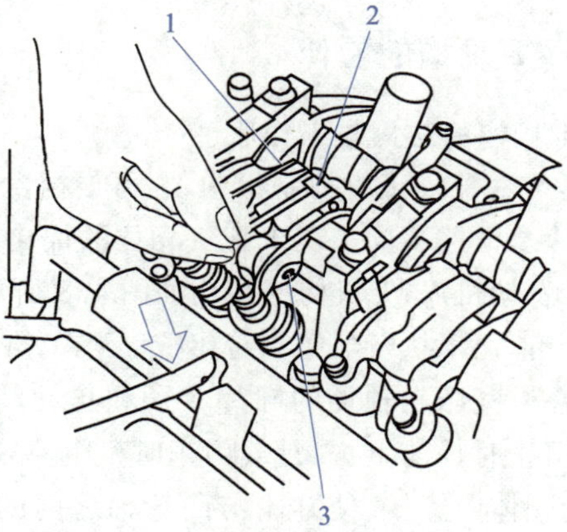

图 4.6　中间摇臂的检查

1—主摇臂；2—中间摇臂；3—次摇臂

用专用堵塞堵住油道减压孔，拆下检查孔处的螺栓，在螺栓孔处连接专用进气检查接头，接头另一端连接压缩空气源。然后拧松专用接头上的阀门，通入压力为 400 kPa 的压缩空气。加上稳定的压缩空气压力后，用手推动正时板端部，使其向上移动 2 ~3 mm。此时从 3 个摇臂的缝隙中观察同步活塞的结合情况。当气缸内活塞处于压缩上止点位置，3 个摇臂并列平行时，同步活塞应将 3 个摇臂连接为一体，用手按压中间摇臂，该摇臂应不能单独运动。

停止施加压缩空气压力后，再推动正时板，使其向上移动，摇臂内的同步活塞应迅速回位。按上述方法和发动机的工作顺序，分别对处于压缩上止点位置的气缸进气摇臂进行检查，均应符合要求。否则应分解检查摇臂总成，必要时成组更换进气摇臂。

正时板安装在主摇臂一侧，如图 4.7 所示。正时片的功用是：正时活塞处于初始位置（图 4.7a）和工作位置（图 4.7b）时，靠回位弹簧使正时片插入正时活塞相应的槽中，使正时活塞定位。

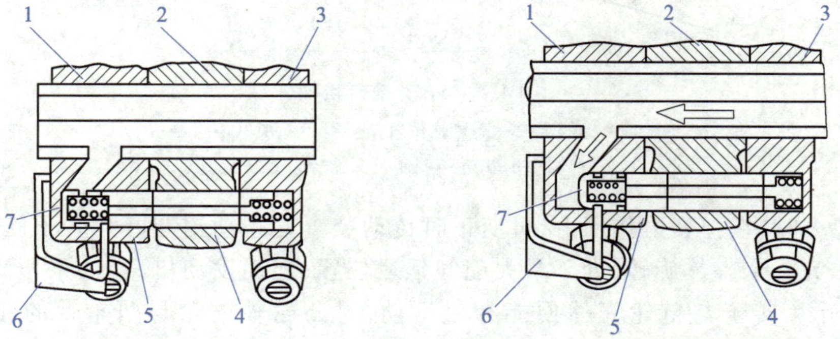

(a) 活塞位于初始位置　　(b) 活塞位于工作位置

图 4.7　正时板的位置

1—主摇臂；2—中间摇臂；3—次摇臂；4—同步活塞 B；

5—同步活塞 A；6—正时片；7—正时活塞

进气摇臂总成分解后,主要检查正时活塞和同步活塞在摇臂的油缸孔内是否运动自如,若有卡滞现象,应成组更换进气摇臂总成。

四、VVT 机构的检修

1. VVT 机构的结构与工作原理

VVT 是可变配气正时控制机构,它可根据发动机的运行状态控制进气凸轮轴和曲轴的相位角,实现高速及低速不同工况下配气相位的优化,以获得最佳的配气正时。

丰田系发动机 VVT 机构的结构如图 4.8 所示,主要由传感器、电控单元、凸轮轴正时机油控制阀(OCV)和 VVT 执行器等部分组成。VVT 执行器的可变正时传动装置主要由带正时链轮的壳体、固定在进气凸轮轴上的叶片转子和止动销组成,链轮壳体与叶片转子之间构成两个液压室:一是气门正时提前室,二是气门正时延迟室。在一定角度范围内部分,叶片转子在油压作用下能在链轮壳体内旋转,使链轮与凸轮轴之间的位置连续变化,从而改变配气正时。OCV 是一电磁柱塞滑阀,调节输入 OCV 线圈电流的大小,可改变气门正时提前室或气门正时延迟室的供油通道,从而控制两室的机油压力。

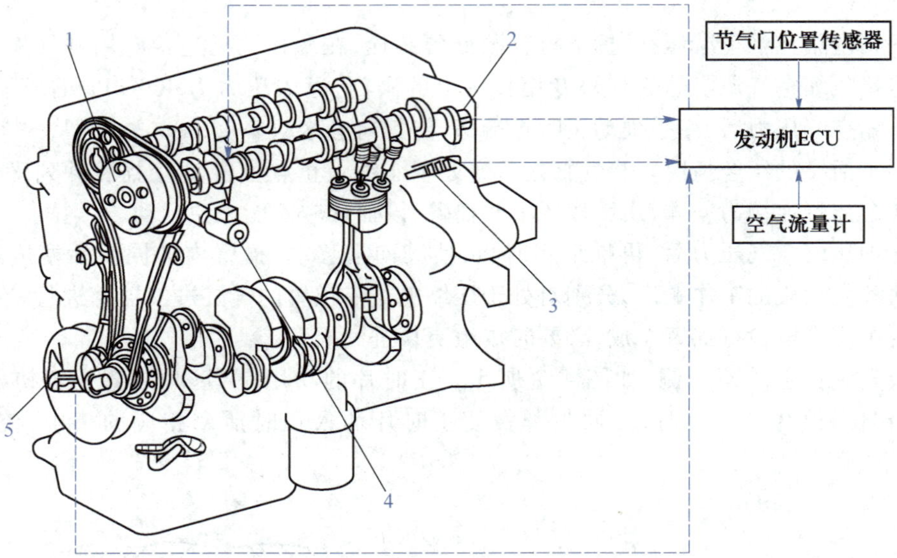

图 4.8 VVT 配气机构

1—VVT 执行器;2—凸轮轴位置传感器;3—水温传感器;
4—凸轮轴正时机油控制阀;5—曲轴位置传感器

发动机熄火时,在弹簧力作用下,可变正时传动装置的止动销与叶片转子啮合,凸轮轴链轮与凸轮轴作为一个整体旋转,处于最大配气延迟位置;起动发动机,当油泵压力升高并且止动销脱离时,叶片转子与链轮壳体便能相对运动,对凸轮轴链轮与凸轮轴的相应角度进行调节。

发动机工作过程中,电控单元根据各传感器信号反映的发动机工况,输出控制 OCV 电磁线圈电流的信号,调节 OCV 的滑阀的位置,改变 VVT 执行器气门正时提前室和延迟室的供油通道,控制两室的机油压力,促使叶片转子与链轮壳体相对转动,从而连续不断地改变进气气门正时。气门正时提前和延迟时可变正时传动装置中叶片转子与链轮壳体的相对位置分别如图 4.9 所示。

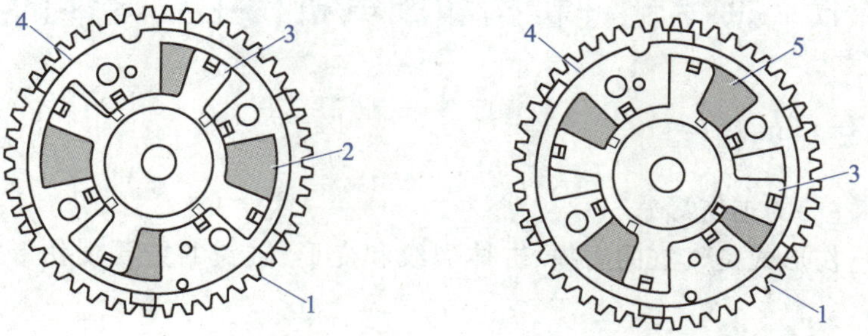

(a) 提前　　(b) 延迟

图 4.9　可变正时提前与延迟传动装置位置

1—可变气门正时传动装置；2—气门正时提前室；3—转子；4—壳；5—气门正时延迟室

2. VVT 机构的检修

（1）OCV 的检查

使用万用表测量 OCV 端子间电阻，断开 OCV 和 ECU 连接器，测量 OCV 与 ECU 之间连接导线的电阻、导线与车身搭铁之间的电阻。一汽花冠用 3ZZ－FE 和 1NZ－FE 发动机的 OCV，在 20 ℃时，OCV 端子间电阻值为 6.9～7.9 Ω，OCV 与 ECU 之间连接导线的电阻应小于 1 Ω，导线与车身搭铁之间的电阻应大于 1 MΩ，否则，更换新的 OCV。

从 12 V 蓄电池正负极引线接到 OCV 插接器端子，OCV 的滑阀应能迅速移动；否则应更换新的 OCV。

（2）VVT 执行器检查

用虎钳夹住凸轮轴，确认凸轮轴被锁紧；用橡胶垫塞住凸轮轴凹槽里的两个油孔，用尼龙胶带包住凸轮轴颈的 4 个油路；断开与凸轮轴凹槽相对一侧的正时提前与延迟油路的带子，同时向提前与延迟油路的油孔充入大约 150 kPa 的压缩空气，如图 4.10 所示；释放止动销，若给正时延迟油路减压，凸轮轴正时齿轮总成向提前方向转动，则正常。如图 4.11 所示。

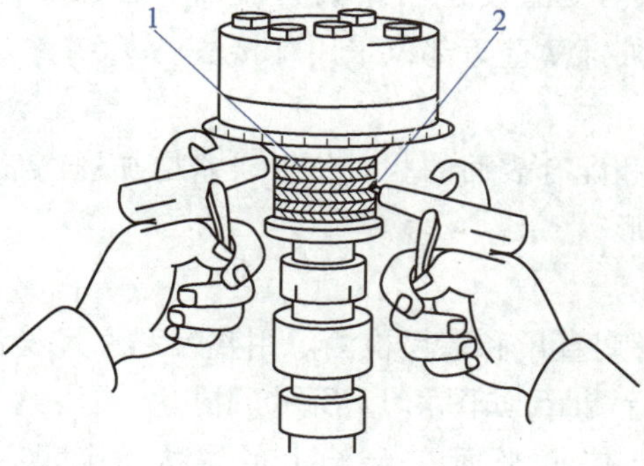

图 4.10　将压缩空气同时施加在提前室和延迟室

1—延迟油路；2—提前油路

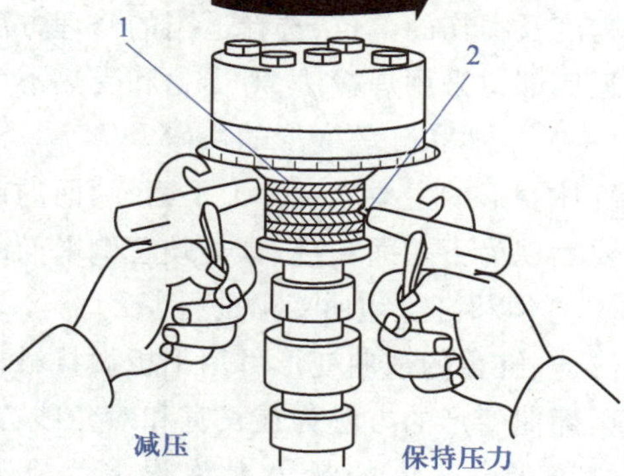

图 4.11　给正时延迟油路减压时正时齿轮的转动

1—延迟油路；2—提前油路

第四节 曲柄连杆机构和配气机构主要零件的检修

一、缸体和缸盖的检修

（一）缸体和缸盖的损伤形式

缸体的主要损伤形式是气缸的磨损、缸体裂纹和变形，缸盖的主要损伤形式是气门座磨损、变形和裂纹。

为了保证修理质量，在镗缸或更换缸套、气门座和导管前应先进行缸体和缸盖的外部检修。

（二）缸体和缸盖的裂纹检修

缸体和缸盖的裂纹大多出现在气门座圈附近和水套的薄壁处。缸体和缸盖裂纹检查的常用方法是水压试验。试验时（如图 4.12 所示），将缸盖和衬垫装在缸体上，将专用的盖板装在缸体进水口处，并用水管与水压机相连，用水压机加压。在 0.3～0.4 MPa 的压力下，保持约 5 min，观察有无渗漏现象，有渗漏即存在裂纹。在没有水压机的情况下，可在水套内加入水后，用压缩空气进行加压试验。经过修补及镶配了气门座圈、气门导管或气缸套后的缸体和缸盖均应再进行一次水压试验。

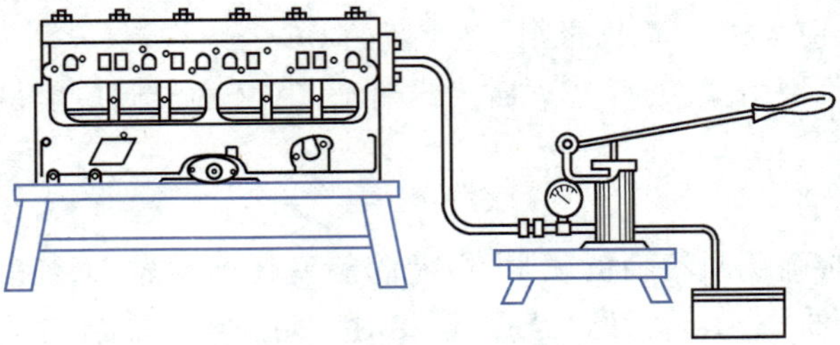

图 4.12 缸体和缸盖的水压试验

缸体和缸盖裂纹和破裂的修理方法有焊接、粘接、堵漏剂堵漏和螺钉填补等几种。应根据破裂的程度及损伤的部位，选择适当的修理方法。通常，对受力较大、工作温度较高的燃烧室、气门座附近等部位采用焊接法，对受力和受热不大的缸体外部薄壁等部位采用粘接法。

（三）缸体和缸盖变形的检修

缸体变形的主要表现为上平面、端面的翘曲变形和配合表面的相对位置误差增加；缸盖变形的主要表现为下平面和进、排气歧管侧平面的翘曲变形。

1. 缸体和缸盖翘曲变形的检修

缸体、缸盖的翘曲变形可用平板做接触检验，或者用直尺和塞尺检测。用直尺和塞尺检测缸盖平面翘曲变形的方法为在长宽和对角线方向上进行测量，如图 4.13 所示。捷达、桑塔纳等发动机缸盖在全长上的最大允许误差为 0.10 mm，缸体上平面在全长上的最大允许误差为 0.05 mm。

缸体、缸盖平面变形后，可根据变形程度采取不同的修理方法。缸体、缸盖平面的平面度误差在整个平面上不大于 0. 05 mm 或仅有局部不平时，可用刮研法修复；平面度误差较大时可进行磨修，但加工量不能超过规定值，否则会使发动机燃烧室容积过小。对于经过磨修的缸盖，一般都应检查燃烧室容积，燃烧室容积一般不得小于标定容积的 95%，同一缸盖各缸燃烧室容积差不大于平均容积的 1% ~2%，否则更换新缸盖。

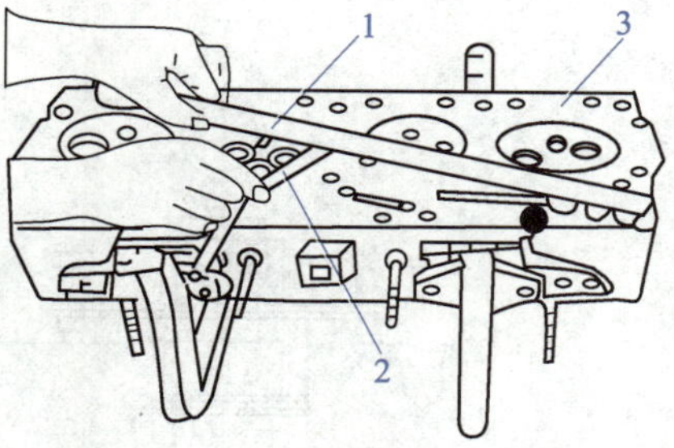

图 4. 13 缸盖变形的直尺和塞尺检测法

1—平尺；2—厚薄规；3—气缸盖

2. 缸体位置误差的检验

在缸体检修中，如果条件许可还应该进行以下项目的检验：

（1）缸体高度检验

可用高度游标卡尺对缸体上、下平面之间的距离进行测量。缸体高度影响发动机压缩比，北汽 4G64 发动机要求该高度为(290 ±0. 1) mm。

（2）缸体主轴承座孔同轴度检验

用量棒或同轴度检验仪进行检验。用同轴度检验仪进行检验的方法如图 4. 14 所示。缸体主轴承座孔同轴度影响曲轴主轴颈与轴承的配合，其要求是：所有主轴承座孔的同轴度误差不大于 0. 15 mm，相邻两个主轴承座孔的同轴度公差应不大于 0. 10 mm。

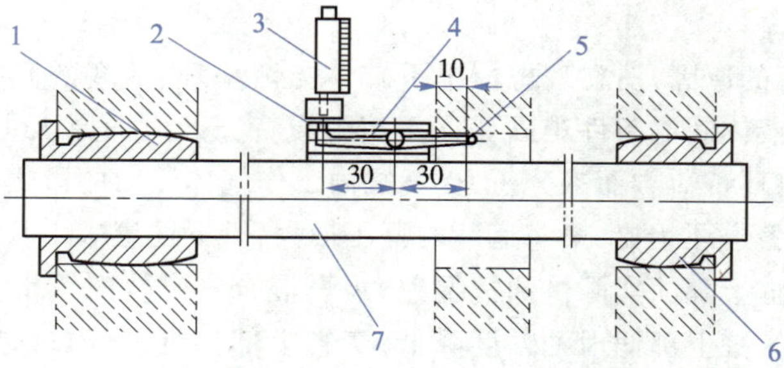

图 4. 14 缸体主轴承座孔同轴度检验

1、6—定心轴套；2—本体；3—百分表；

4—等臂杠杆；5—球形触头；7—定心轴

（3）气缸与主轴承座孔轴线的垂直度检验

用气缸孔垂直度检验仪对气缸与主轴承座孔轴线的垂直度进行检验的方法如图 4. 15 所示，该垂直度直接影响气缸和曲轴的使用寿命。气缸轴线对气缸两端主轴承座孔轴线的垂直度误差应不大于 0. 05 mm。

（四）气缸磨损的检修

1. 气缸磨损的特征及原因

气缸正常磨损的特征如图 4. 16 所示。气缸孔沿高度磨损成上大下小的倒锥形，最大磨损部位是活塞在上止点时第一道活塞环对应的位置，该位置以上几乎无磨损，磨损到一定程度有明显的“缸肩”；在气缸孔横截面上四周磨损也不均匀，形成不规则的椭圆形，一般在磨损量最大处，磨损最不均匀，有时相差 3 ~5 倍。

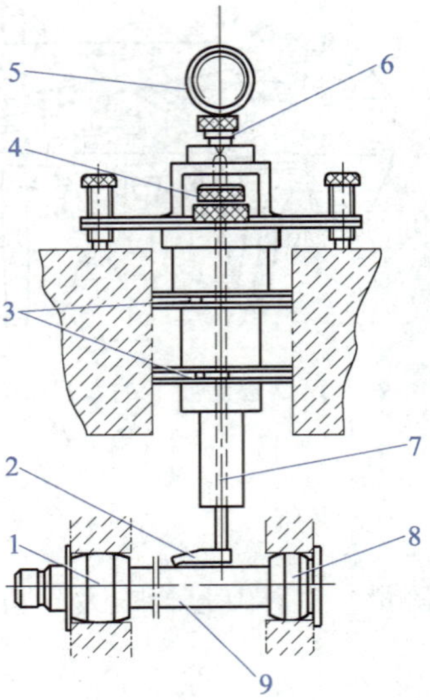

图 4.15 气缸与主轴承座孔轴线的垂直度检验

1—后定心轴套;2—测量头;3—气缸定心器;
4—转动手柄;5—百分表;6—百分表触头;
7—柱塞;8—前定心轴套;9—定心轴

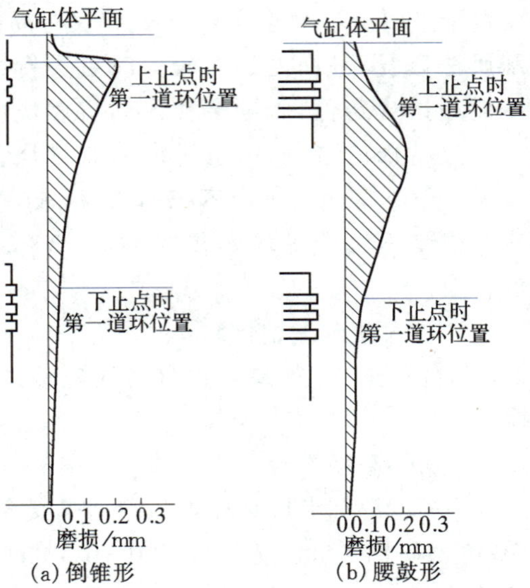

图 4.16 气缸磨损的特征

形成上述磨损特征的原因是:在理想情况下缸体与活塞环、活塞的润滑状态是液体润滑,但在发动机实际工作时,液体润滑条件难以保证。其磨损特征产生的原因主要可从影响液体润滑的因素来分析。从活塞环负荷方面来分析,受气缸内工作气体压力的影响,活塞在上止点附近时各道环的背压最大;与各道环相比,第一道环的背压最大,以下逐道减小。从润滑油方面来分析,由于采用飞溅润滑,气缸上部的实际供油情况差,可燃混合气燃烧时润滑油也会有部分烧损;气缸上部温度比下部高,气缸上部润滑油粘度降低;气缸上部接近进气口,进气的冲击作用可能使润滑油分布不均匀。这些因素都不利于液体润滑的建立,从而增加了摩擦,加剧了磨损。此外,燃烧废气还会引起腐蚀磨损,特别是发动机水温较低时,低温进气对气缸壁的激冷可能产生电化学腐蚀磨损;进气中带进的硬质颗粒会导致磨料磨损,严重时会使气缸磨损成上、下小,中间大的"腰鼓"形。

2. 气缸磨损的检测

根据气缸磨损的特征,一般用圆度和圆柱度两个指标来反映气缸的磨损程度,也有如桑塔纳、捷达等汽车一样以标准尺寸和气缸磨损后的最大尺寸的差值来衡量。测量气缸的磨损量,测量位置很重要,通常气缸的测量位置和要求如图 4.17 所示。即:在气缸上部距气缸上平面 10 mm处,气缸中部和气缸下部距缸套下口 10 mm 等处的三个截面,按 *A*、*B* 两个方向分别测量一次,其中,*A* 方向与曲轴轴线平行,*B* 方向与曲轴轴线垂直。若考虑汽车使用情况的复杂性,气缸磨损可能异常,为测出最大磨损尺寸,从上而下最好每隔 10 mm 测一个截面;每个截面上最好测量八个点,即每隔 45°测量一点。根据测量值求得圆度、圆柱度和最大磨损量,同一横截面上不同方向测得的最大直径与最小直径差值的一半作为该缸的圆度,同一气缸表面任意方向所测得的最大直径与最小直径差值的一半即为该缸的圆柱度,测量值的最大值与标准值之差为该缸的最大磨损量。

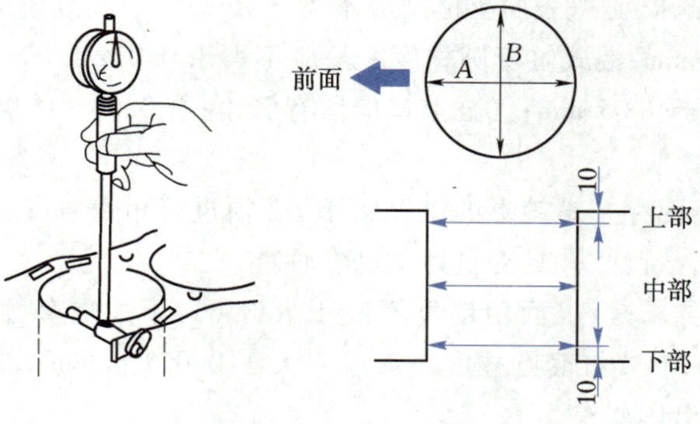

图 4.17　气缸内径测量部位

当发动机中磨损量最大一气缸的圆柱度或圆度超过规定标准时(如一般汽油机的圆柱度超过 0.175 mm,或圆度超过 0.05 mm,柴油机的圆柱度超过 0.25 mm,或圆度超过 0.063 mm,或如桑塔纳、捷达等汽车,其标准尺寸和气缸磨损后的最大尺寸的差值超过 0.08 mm),则应进行镗缸或更换缸套修理。

3. 气缸镗磨修理尺寸的确定

气缸镗削加工推荐采用同心加工法,其修理尺寸的确定方法分两步:

(1) 按式(4.1)计算得到加工后气缸直径的计算值

$$D_r = D_m + 2(\rho\delta + C) \tag{4.1}$$

式中:D_r——气缸修理尺寸计算值;

D_m——气缸的基准尺寸(标准尺寸或上次修理后的修理尺寸);

ρ——磨损不均匀系数(范围为 0.5 ~ 1,根据气缸偏磨程度确定);

δ——气缸磨损量;

C——单侧加工余量(包括镗削余量和磨削余量)。

(2) 将上述计算值与汽车制造厂规定的气缸修理尺寸比较,选择大于计算值的最小修理尺寸作为该缸的修理尺寸。注意,同一缸体同一次修理时,各气缸修理尺寸应统一,即选用各缸中的最大一级修理尺寸作为该缸体的修理尺寸,以保证各缸工作性能的一致性。部分机型气缸修理尺寸见表 4.2。

表 4.2　部分机型气缸修理尺寸　mm

发动机型号	桑塔纳 Vista BKT	奥迪 A4 2.0TBPJ	东风本田 CR - V K24A4	别克君威 2.0L34
标准尺寸	81.01	82.51	87.00	86.00
修理尺寸	81.51	83.01	87.25	86.50

4. 气缸的镗磨加工

(1) 气缸的镗削加工

因为活塞和气缸的配合要求较高,所以都是采用修配法加工,即按活塞的实际尺寸进行气缸的镗削加工。

气缸镗削加工质量要求：缸壁表面粗糙度应不大于 *Ra*2.5；干式缸套圆度应不大于 0.005 mm，圆柱度应不大于 0.007 5 mm；湿式缸套圆柱度一般应不大于 0.012 5 mm；气缸轴线对两端主轴承座孔轴线的垂直度不大于 0.05 mm；气缸上口应留有倒角；有 0.03 ~ 0.05 mm 的磨缸余量。

(2) 气缸的珩磨

气缸镗削加工后，表面存在螺旋形的细微刀痕，必须进行珩磨加工。通过珩磨，使气缸具有合理的表面粗糙度和配合特性，并具有良好的磨合性能。

气缸珩磨后的技术要求是：表面粗糙度不高于 *Ra*0.63；干式缸套圆度不大于 0.005 mm，圆柱度不大于 0.007 5 mm；湿式缸套圆柱度一般应不大于 0.012 5 mm；如有锥度，应上小下大；与活塞的配合间隙应符合出厂要求。

(3) 气缸激光热处理

为提高气缸耐磨性，延长发动机使用寿命，近年来在气缸修理中推广应用激光热处理新工艺。采用激光热处理工艺，能在气缸表面形成超细化的淬火屈氏体，表面硬度可达 HRC60 左右，淬火层可达 0.10 ~ 0.35 mm，从而使气缸的耐磨性大为提高，使用寿命可延长 2 ~ 3 倍。气缸激光热处理需在专用淬火机床上进行，其工艺流程是镗缸—珩磨—磷化—激光淬火—珩磨，直到要求尺寸。

5. 气缸镶套

气缸用修理尺寸法修理超过最后一级时，可用镶套法恢复至原始尺寸。

干式缸套镶配工艺要点与技术要求：缸套的支承孔内径应为原设计尺寸或同一级修理尺寸，孔表面粗糙度应不超过 *Ra*1.25；配合过盈量应符合规定，无规定者，一般为 0.05 ~ 0.10 mm，有凸缘的气缸套，可取 0.05 ~ 0.07 mm，无凸缘者可取 0.07 ~ 0.10 mm；镶配时应在配合表面涂以机油；压入时应放正，防止压偏；压入过程中若突然增加阻力，应查明原因，以防压坏缸体或缸套；气缸套上平面应不低于气缸体上平面，也不得高出 0.10 mm；压入气缸套前后应对气缸体进行水压试验。

湿式缸套镶配工艺要点与技术要求：必须清除支承孔与缸套各配合表面处的铁锈、积垢，直至露出光洁表面；检查定位台肩状况，腐蚀严重时应锪平加垫，对铝合金缸体应加软铝垫，勿用铜垫；检查缸套上平面应高出气缸体上平面，并符合规定，无规定时，一般高出量为 0.13 ~ 0.18 mm，各缸高出差应不大于 0.03 ~ 0.05 mm；不符合规定时可视情况在定位台阶处用垫片调整或车削缸套上平面；缸套与支承孔配合间隙应符合规定，无规定者一般为 0.05 ~ 0.15 mm；防水圈装入缸套槽中应无扭曲，高出槽量应不小于 0.8 ~ 1.0 mm，推入气缸时应在其表面涂肥皂水进行润滑，缸套应用手压入；装后应进行水压试验。

二、活塞环的选配

1. 活塞环的损伤形式

活塞环长期在高温、重载和高速下工作，润滑条件较差，其主要损伤形式是磨损。随着磨损的加剧，活塞环的弹力逐渐减退，端隙、侧隙、背隙增大。此外，活塞环还可能断裂。

2. 活塞环的选配检验

除有标准尺寸的活塞环以外，还有与各级修理尺寸气缸、活塞相对应的加大尺寸的活塞环。发动机修理时，应按照气缸的标准尺寸或修理尺寸，选用与气缸、活塞同级别的活塞环。在大修时，优先使用活塞、活塞销及活塞环成套供应配件。

在选配活塞环时，应进行活塞环端隙、侧隙、背隙、弹力及活塞环与缸壁配合漏光度的检查，重点检查前三项。

（1）活塞环端隙的检查

活塞环端隙是指活塞环装入气缸后在开口处呈现的间隙。检查活塞环端隙时，将活塞环平正地放入气缸内，用活塞顶部把它推平，然后用塞尺测量开口处的间隙，如图 4.18 所示。

图 4.18 活塞环端隙的测量

活塞环端隙的大小与气缸直径和活塞环的材料等因素有关。部分机型活塞环的端隙应符合表 4.3 的规定。端隙大于规定时，应另选活塞环；小于规定时，可对环口的一端加以挫修。挫修时，应注意环口平整，挫修后环外口应去掉毛刺，以防锋利的环口刮伤气缸。

表 4.3 部分机型活塞环装配间隙表 mm

发动机型号	活塞环开口间隙			活塞环侧隙		
	第一道气环	第二道气环	油环	第一道气环	第二道气环	油环
桑塔纳 Vista BKT	0.20～0.40	0.20～0.40	0.25～0.50	0.06～0.09	0.06～0.09	0.03～0.06
皇冠 3GR－FE	0.23～0.33	0.50～0.60	0.10～0.40	0.020～0.070	0.020～0.060	0.020～0.065
奥迪 A4 2.0T BPJ	0.20～0.40	0.20～0.40	0.25～0.50	0.06～0.09	0.06～0.09	0.03～0.06
奥迪 2.4 BDW	0.60～0.80	0.60～0.80	0.25～0.50	0.02～0.08	0.02～0.08	0.02～0.08
别克君威 2.0 L34	0.30～0.50	0.30～0.50	0.40～1.40	0.02～0.04	0.02～0.04	0.01～0.03
丰田凯美瑞 2AZ－FE	0.22～0.32	0.47～0.62	0.10～0.35	0.02～0.07	0.02～0.06	0.07～0.15
比亚迪 483QB	0.15～0.30	0.25～0.40	0.20～0.70	0.04～0.08	0.04～0.08	0.05～0.09
三菱 4G64	0.25～0.35	0.25～0.35	0.40～0.55	0.02～0.06	0.02～0.06	0.10～0.40
康明斯 ISBe	0.25～0.54	0.63～1.62	0.28～0.77	0.045～0.095	0.045～0.095	0.040～0.085

（2）活塞环侧隙的检查

活塞环侧隙是活塞环在相应的活塞环槽内上、下方向的间隙。检验时，将活塞环放入环槽内，用厚薄规按图 4.19 所示的方法测量。

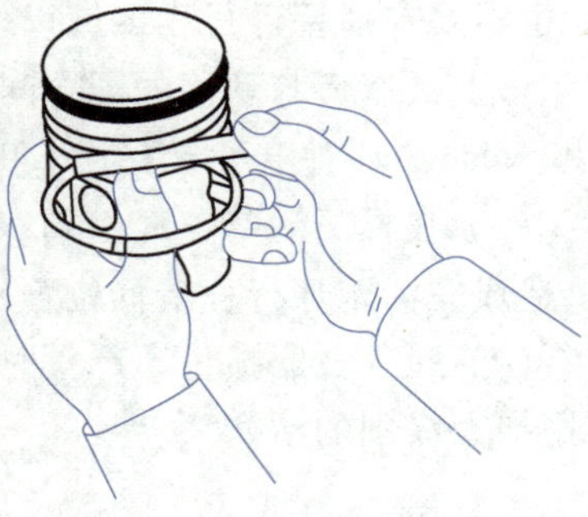

图 4.19 活塞环侧隙检测

部分机型活塞环的侧隙应符合表 4.3 的规定。如侧隙过小，可将活塞环放在有平板的砂布上研磨，不允许加工活塞；如侧隙过大，则应另选活塞环。

（3）活塞环背隙的检查

活塞环的背隙是指活塞环安装在活塞上放入气缸以后，

活塞环因弹性而伸展紧贴气缸壁时活塞环背面与环槽底之间的间隙。此间隙难以直接测量,可计算求得。计算活塞环背隙的公式为

$$活塞环背隙 = (气缸直径 - 活塞环槽底直径 - 2 \times 活塞环径向厚度)/2$$

活塞环的背隙一般为 0 ~ 0.35 mm。

在实际测量中,活塞环背隙通常以槽深和环厚之差来表示。气环一般应低于环槽岸边 0 ~ 0.35 mm。

检验活塞环侧隙和背隙的经验方法是:将活塞环插入环槽内,如活塞环低于环槽岸,能转动自如,且无松旷感觉,则间隙合适。

(4) 活塞环弹力和漏光度的检查

活塞环端隙、侧隙和背隙检查是活塞环选配的基本检查,必要时还应进行活塞环的弹力检验和漏光度检验。

活塞环的弹力是指在活塞环开口的垂直方向施加压力,使开口达到规定端隙时在活塞环直径方向施用的作用力。活塞环的弹力可用活塞环检验仪检验。活塞环的弹力应符合规定的要求。

活塞环漏光度用于检查活塞环的外圆与缸壁贴合的良好程度。漏光度的检查方法如图 4.20 所示,将活塞环平正地放入气缸内,用活塞顶部把它推平,在气缸下部放置一发亮的灯泡,在活塞环上放一直径略小于气缸内径,能盖住活塞环内圆的盖板,然后从气缸上部观察漏光处及其对应的圆心角。

一般要求活塞环局部漏光每处不大于 25°;最大漏光缝隙不大于 0.03 mm;每环漏光处不超过 2 个,每环总漏光度不大于 45°;在活塞环开口处 30°范围内不允许有漏光现象。

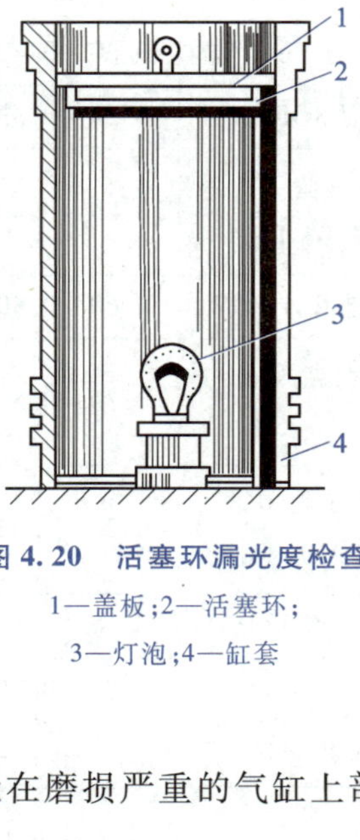

图 4.20 活塞环漏光度检查

1—盖板;2—活塞环;3—灯泡;4—缸套

3. 活塞环的小修

使用经验证明,活塞环的磨损失效寿命比气缸短,因此,在发动机的一个大修周期内应更换一次(一般只允许一次)活塞环。通常在气缸磨损达到每 100 mm 缸径 0.18 ~ 0.22 mm 时,应更换活塞环,以改善发动机的动力性能和经济性。在更换活塞环时,应注意以下几点:

(1) 检查活塞环的端隙应在活塞环行程内的最低位置进行,不能在磨损严重的气缸上部检验,也不要在活塞环行程区域以外检验。

(2) 活塞环与环槽的配合间隙也可放宽要求。侧隙可放宽到 0.125 mm;气环背隙可放宽到 0.80 mm,油环背隙可放宽到 1.00 mm。

(3) 在拆下活塞连杆组前,应用刮刀刮除缸肩,并用砂布将缸口磨光。若气缸磨损比较严重,造成在活塞环行程最低位置也有明显的台阶时,也应刮除和磨光。

(4) 在气缸磨损量不严重时,更换的活塞环只能使用原标准(或修理)尺寸的活塞环,禁止使用加大级别的活塞环。

三、连杆的检验与校正

1. 连杆的损伤形式

连杆在工作中，会发生杆身的弯曲、扭曲变形损伤，发生大小端内孔出现椭圆和锥形及连杆大头侧面磨损等损伤，其中杆身的弯曲、扭曲变形最为常见。

2. 连杆弯曲和扭曲变形的检验

连杆弯曲和扭曲变形的检验一般在连杆检验仪上进行，其检验方法如图 4. 21 所示。

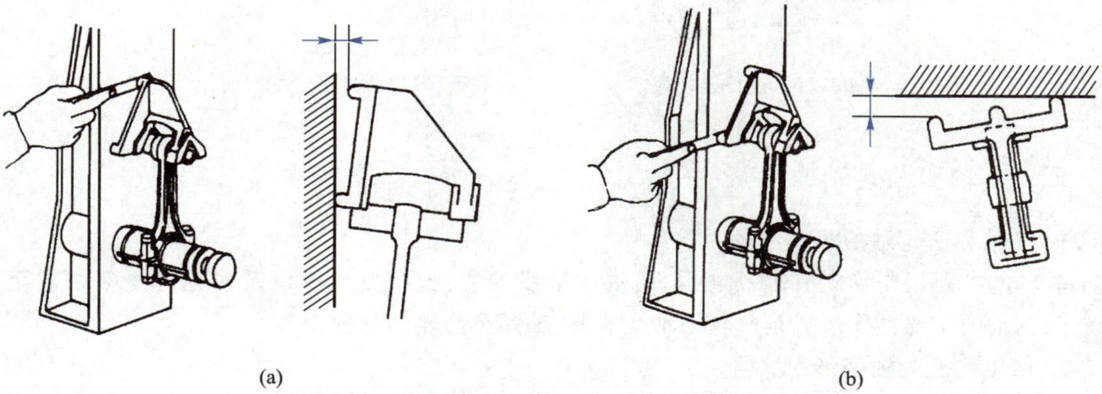

图 4. 21　连杆弯曲和扭曲变形检验

（1）将连杆大头的轴承盖装好（不装轴承），按规定力矩把螺栓拧紧，检查连杆大头孔的圆度和圆柱度应符合要求，装上已修配好的活塞销。

（2）把连杆大头装在检验器的横轴上，拧紧调整螺钉使定心块向外扩张，把连杆固定在检验器上。

（3）将 V 形检验块两端的 V 形定位面靠在活塞销上，观察 V 形检验块的三个接触点与检验仪平面的接触情况，即可检查出连杆弯扭方向和弯扭量。例如，检验块的下端二支点与平面接触，而上端支点有间隙，即表明连杆向外弯曲；其弯曲量可用塞尺测量上支点间隙，如图 4. 21a 所示，其值即为每 100 mm 的弯曲量。又如，检验块的下端二支点不能同时与平面接触或间隙不等时，即表明连杆有弯曲变形；其扭曲量可用塞尺测量下支点的间隙或间隙差，如图 4. 21b 所示，其值即为每 100 mm 的扭曲量。一般要求连杆的弯扭变形量每 100 mm 弯曲不超过 0. 03 mm，扭曲不超过 0. 06 mm。若不符合要求，则应进行校正。

3. 连杆弯曲和扭曲变形的校正

经过检查，如连杆的弯曲或扭曲超过规定，应记住弯曲、扭曲的方向，并予以校正。

连杆弯曲的校正可在压床或弯曲校正器上进行，用弯曲校正器校正连杆弯曲的方法如图 4. 22 所示。

连杆扭曲的校正可将连杆夹在虎钳上，用扭曲校正器、长柄扳钳或管子钳进行校正，用扭曲校正器校正连杆扭曲的方法如图 4. 23 所示。

在常温下校正连杆会发生弹性变形和弹性后效作用，即卸去负荷后，连杆有恢复变形的可能。因此连杆校正后最好进行加温定型处理，即将校正后的连杆用喷灯稍许加热。

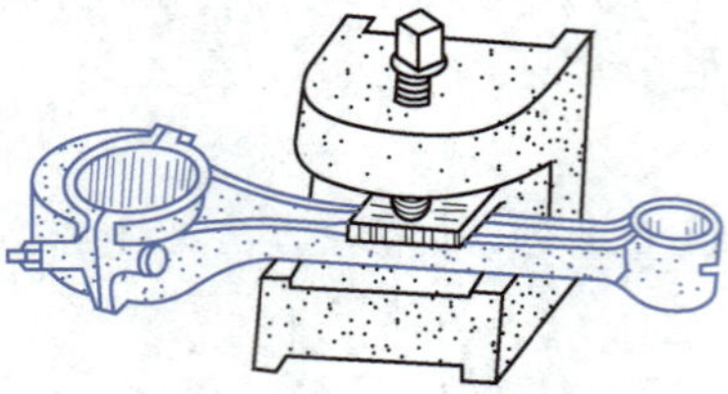

图 4.22 校正连杆弯曲

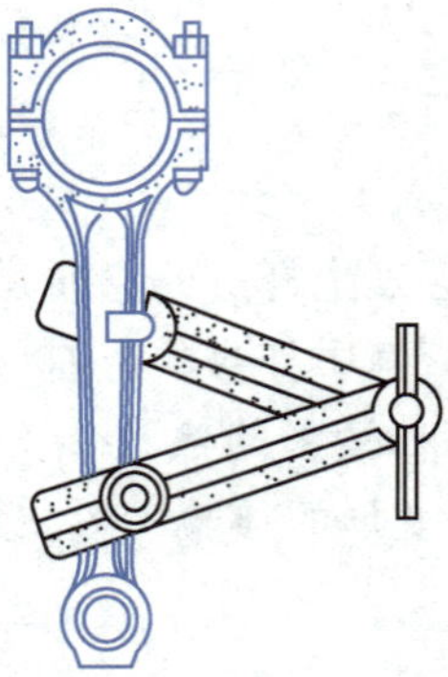

图 4.23 校正连杆扭曲

四、曲轴和凸轮轴的检修

1. 曲轴和凸轮轴的损伤形式

曲轴的主要损伤形式有轴颈磨损、曲轴主轴线的弯曲、扭曲变形以及曲轴产生裂纹甚至折断。凸轮轴的主要损伤形式是凸轮轴轴线弯曲、轴颈和凸轮的磨损。

2. 曲轴和凸轮轴变形的检修

曲轴变形的形式有曲轴主轴线的弯曲和扭曲变形，凸轮轴变形的形式是凸轮轴轴线弯曲。

曲轴和凸轮轴轴线弯曲变形的检查方法是测量其中间轴颈对两端轴颈的径向圆跳动，具体检测方法如图 4.24 所示。将曲轴或凸轮轴两端的轴颈用 V 形铁块支撑在平台上，把百分表的触针垂直抵在中间的轴颈上。转动曲轴或凸轮轴，先记下百分表的最小读数，再旋转曲轴 180°，记下百分表的最大读数。百分表最大读数与最小读数之差即为径向圆跳动。

曲轴的径向圆跳动不得大于 0.15 mm，当测得的径向圆跳动误差小于 0.15 mm 时，可结合光磨曲轴加以修正；若径向圆跳动误差大于 0.15 mm，则应在曲轴修磨前进行校正。凸轮轴的径向圆跳动不得大于 0.10 mm，若超限则应进行校正。若轴颈需修磨，则校正应在修磨前进行。

曲轴和凸轮轴轴线弯曲变形的校正常用冷压校正，通常在压床上进行。将曲轴或凸轮轴置于压床上，用 V 形铁块支撑两端轴颈，在曲轴或凸轮轴弯曲的相反方向对轴颈加压，如图 4.25 所示。校正后，曲轴的径向圆跳动不得大于 0.05 mm，凸轮轴的径向圆跳动不得大于 0.03 mm。

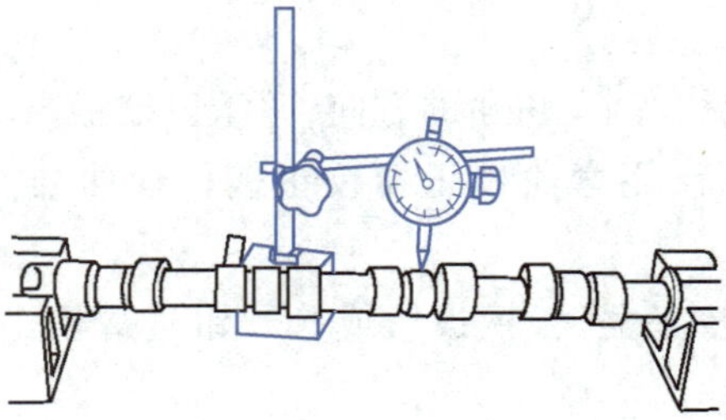

图 4.24 凸轮轴弯曲变形的检查

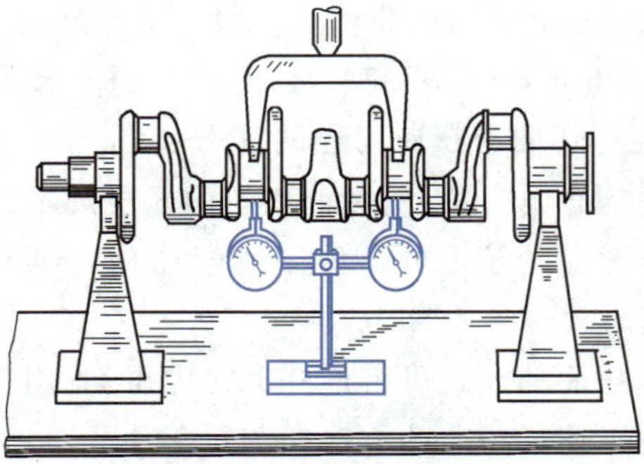

图 4.25 曲轴弯曲冷压校正

在压校的过程中,加压压力、弯曲度的大小与曲轴和凸轮轴的材料和弯曲变形的大小有关,必须根据曲轴和凸轮轴的实际情况确定。当曲轴和凸轮轴弯曲变形较大时,校正必须分步、反复多次进行,直到符合要求为止,以防止因压校弯曲度过大而折断。冷压校正过的轴,为了防止因弹性后效作用而重新弯曲,应进行时效处理。为减少曲轴冷压校正过程产生的内应力,在校正时,可用手锤轻击曲柄臂。

曲轴主轴线扭曲变形检查的支撑方法与弯曲检验一样,保持曲轴水平,使两端同一曲柄平面内的两个连杆轴颈位于水平位置,然后用高度游标尺或带支座的百分表测量两轴颈最高点至平板的高度差,据此求得曲轴主轴线的扭曲角。检查的一般要求是:以曲轴装正时齿轮的键槽中心线为基准,第一道连杆轴颈的轴心线偏移不得大于 ±30′;以第一道连杆轴颈轴心线为基准,各道连杆轴颈的分配角度偏差不得大于 ±30′。

曲轴主轴线扭曲变形很难校正,一般都结合连杆轴颈的修磨予以纠正。

3. 曲轴和凸轮轴磨损的检修

(1) 曲轴和凸轮轴磨损的特点

曲轴磨损的主要部位是主轴颈和连杆轴颈,主要表现为径向磨成椭圆,轴向磨成锥形。曲轴轴颈的不均匀磨损是由曲轴的结构、载荷、润滑油的质量和使用条件等因素决定的,但磨损数值取决于发动机的结构,不同型号的发动机其磨损量是不一样的。曲轴轴颈磨损的一般规律如图 4.26 所示。连杆轴颈径向椭圆磨损的最大部位在各轴颈的内侧面上,即位于曲轴中心线侧;连杆轴颈沿轴线方向磨损的最大部位一般在机械杂质沉积侧和各个轴颈受力大的部位。主轴颈磨损后主要呈椭圆形,最大磨损部位往往在靠近连杆轴颈一侧,主轴颈沿轴向的不均匀磨损一般没有规律性。使用经验证明,一般直列式发动机,连杆轴颈的磨损比主轴颈的磨损快。

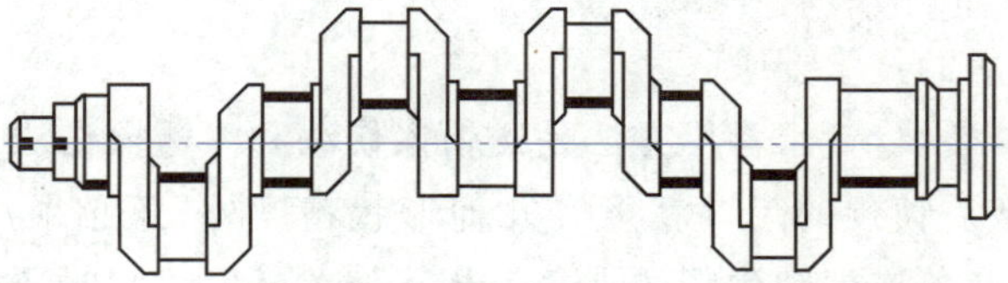

图 4.26　曲轴轴颈磨损规律示意图

凸轮轴磨损的主要部位是轴颈和凸轮工作面。一般凸轮轴轴颈的磨损比较缓慢;凸轮工作面磨损是其主要损伤形式,凸轮表面磨损会有麻点、毛糙和沟槽等痕迹。

(2) 曲轴和凸轮轴轴颈磨损的检验

曲轴和凸轮轴轴颈的磨损情况的检验,主要是用外径千分尺测量轴颈的直径、圆度误差和圆柱度误差。一般根据圆柱度误差确定轴颈是否需要修磨,同时也可确定修理尺寸。测量通常是按磨损规律进行,先在轴颈磨损最大的部位测量,找出最小直径,然后在轴颈磨损最小的部位测量,找到最大直径。主轴颈和连杆轴颈磨损后,圆柱度误差大于 0.012 5 mm 时,应进行曲轴的光磨修理。

另外,还可以用眼看、手摸来发现轴颈表面的擦伤、起槽、烧蚀和较严重的裂纹等损伤。在小修时,轴颈的某些较轻的表面损伤,可以用油石、细锉刀或砂布加以修磨。

(3) 凸轮轴凸轮工作面磨损的检查

凸轮轴凸轮工作面磨损情况的检查主要是用外径千分尺测量凸轮的高度和升程。若凸轮的高度或升程低于允许值,应对凸轮进行修磨,或更换新凸轮轴。凸轮的修磨在专用的凸轮轴磨床上进行。凸轮工作面的某些较轻的表面损伤,可以用油石、细锉刀或砂布加以修磨。

4. 曲轴轴颈的修磨

(1) 曲轴轴颈的修理尺寸

发动机大修时,对轴颈磨损已超过规定的曲轴,可用修理尺寸法对曲轴主轴颈和连杆轴颈进行光磨修理。曲轴轴颈的光磨是在专门的曲轴磨床上进行的。曲轴主轴颈和连杆轴颈的修理尺寸一般以每缩小 0.25 mm 为一级。部门机型发动机曲轴轴颈修理尺寸见表 4.4。

表 4.4 部分机型发动机曲轴轴颈修理尺寸 mm

发动机型号/轴颈		标准尺寸	修理尺寸			
			1	2	3	4
桑塔纳 Vista BKT	主轴颈	$54.00^{-0.017}_{-0.037}$	$53.75^{-0.017}_{-0.037}$	$53.50^{-0.017}_{-0.037}$	$53.25^{-0.017}_{-0.037}$	——
	连杆轴颈	$47.80^{-0.022}_{-0.042}$	$47.55^{-0.022}_{-0.042}$	$47.30^{-0.022}_{-0.042}$	$47.05^{-0.022}_{-0.042}$	——
别克君威 2.0 L34	主轴颈	$58.00^{-0.005}_{-0.026}$	$57.75^{-0.005}_{-0.018}$	$57.50^{-0.005}_{-0.018}$	——	——
	连杆轴颈	$49.00^{-0.012}_{-0.030}$	$48.75^{-0.012}_{-0.030}$	$48.50^{-0.012}_{-0.030}$	——	——
奥迪 A4 1.8T	主轴颈	$48.00^{-0.017}_{-0.037}$	$47.75^{-0.017}_{-0.037}$	$47.50^{-0.017}_{-0.037}$	$47.25^{-0.017}_{-0.037}$	——
	连杆轴颈	$42.00^{-0.022}_{-0.042}$	$41.75^{-0.022}_{-0.042}$	$41.50^{-0.022}_{-0.042}$	$41.25^{-0.022}_{-0.042}$	——
康明斯 ISBe	主轴颈	$83.00^{+0.013}_{-0.038}$	——	——	——	——
	连杆轴颈	$69.00^{+0.01}_{-0.04}$	$68.75^{+0.01}_{-0.04}$	$68.50^{+0.01}_{-0.04}$	$68.25^{+0.01}_{-0.04}$	$68.00^{+0.01}_{-0.04}$

(2) 曲轴轴颈修磨后的技术要求

曲轴光磨前,应检查裂纹情况,常用方法是磁粉探伤法和渗透探伤法。

光磨轴颈,除了要恢复轴颈的尺寸精度和几何形状精度外,还必须注意恢复各轴颈的同心度、平行度、曲柄半径以及各连杆轴颈间的夹角等相互位置精度。同时还应保证曲轴中心线的位置不变,以保持曲轴原有的平衡性。轴颈光磨后应符合下列技术要求:

① 同名轴颈应选用同一级修理尺寸;

② 各轴颈的直径应加工到与选定的轴承内径相适应的尺寸,一般各同名轴颈的直径差应不大于 0.02 mm,轴颈长度应不超过标准长度的 0.03 mm;

③ 各轴颈圆柱度不得大于 0.005 mm,粗糙度应不超过 *Ra*0.40;

④ 轴颈过渡圆弧半径必须符合技术要求,一般为 2 ~ 3 mm,圆弧表面粗糙度不得超过 *Ra*0.80;

⑤ 轴颈上的油孔口应有 1×45°的倒角,无毛刺;

⑥ 各轴颈无横向裂纹,无裂至两端圆角处或油孔边缘处的轴向裂纹;

⑦ 各道连杆轴颈中心线对于主轴颈中心线的平行度应不大于 0.01 mm,两轴心线之间的距离应符合规定。

曲轴修理后,有条件的还应进行飞轮的静平衡试验及曲轴的动平衡试验。把曲轴、飞轮及离合器装合在一起后,应该再次做总成的动平衡试验。取得平衡的主要方法是在飞轮上钻孔或在离合器连接螺栓上加装平衡片(不多于3片)。组装后的飞轮、曲轴、离合器总成,只有当其不平衡量在一定的限度内时,才允许用加平衡片的方法进行调整,否则应将其拆散,分别重新进行平衡试验,合格后再组合进行平衡。

五、气门组零件的修理

1. 气门组零件的损伤形式

气门组零件的主要损伤形式是气门和气门座工作面因磨损而起槽、变宽,甚至烧蚀后出现斑点和凹陷;气门杆弯曲和磨损;气门导管配合松旷;气门弹簧自由长度缩短,弹力减退,产生弯曲变形,甚至折断等。

2. 气门的检修

(1) 气门工作面磨损起槽或烧蚀出现斑点,应进行光磨。严重时换新件。

(2) 用千分尺检查气门杆的磨损。通常磨损量超过0.05 mm,或用手触摸有明显的阶梯状感觉时,应更换气门。部分机型气门杆标准直径见表4.5。

表4.5　部分机型气门杆标准直径　　mm

发动机型号	进气门	排气门
桑塔纳 Vista BKT	6.98 ±0.007	6.985 ±0.007
皇冠 3GR－FE	$5.5^{-0.015}_{-0.030}$	$5.5^{-0.020}_{-0.035}$
奥迪 A4 2.0T BPJ	$6.0^{-0.03}_{-0.05}$	$6.0^{-0.05}_{-0.06}$
别克君威 2.0 L34	$6.0^{-0.030}_{-0.045}$	$6.0^{-0.040}_{-0.055}$
比亚迪 483QB	$6.0^{-0.015}_{-0.030}$	$6.0^{-0.020}_{-0.035}$
康明斯 ISBe	$7.0^{+0.01}_{-0.04}$	$7.0^{+0.01}_{-0.04}$

(3) 气门杆弯曲和气门头部歪斜检查。可用百分表来测定,如图4.27所示。清除气门积炭并将气门擦净,将气门杆支承在两个距离约100 mm的V形块上,然后用百分表触头测量气门杆中部的弯曲度,许用弯曲度误差为0.05 mm;在气门头部用百分表测量,转动气门一圈,最大和最小读数之差的1/2即为气门头部的倾斜度误差,许用倾斜度误差为0.02 mm。气门杆弯曲或气门头部歪斜超过规定范围后,一般需更换气门。

3. 气门导管的检修

在更换气门后,若它与气门导管的配合间隙仍然较大,应检修气门导管。配合间隙的检查方法是:将气门提起至气缸盖平面上的一定高度(一般为气门导管长度的一半),用百分表触头抵在气门头的边缘处,如图4.28所示;然后往复摆动气门,用百分表测得一个摆差,即为气门导管的磨损情况。一般进气门摆差不得超过1.00 mm,排气门摆差不得超过1.30 mm。

气门导管过度磨损后应更换。新导管的选择,要求导管的内径应与气门杆的尺寸相适应,其外径与导管支承孔的配合应有一定的过盈,通常取过盈量为导管外径的2%～3%。导管的过盈量可用新旧导管对比的办法进行测量,新导管要比压出来的旧导管大0.01～0.02 mm。

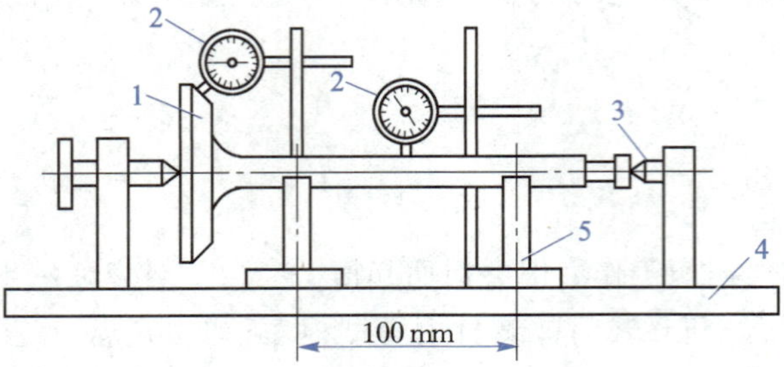

图 4.27 气门杆弯曲和气门头部歪斜的检测

1—气门;2—百分表;3—顶针;4—平板;5—V 形块

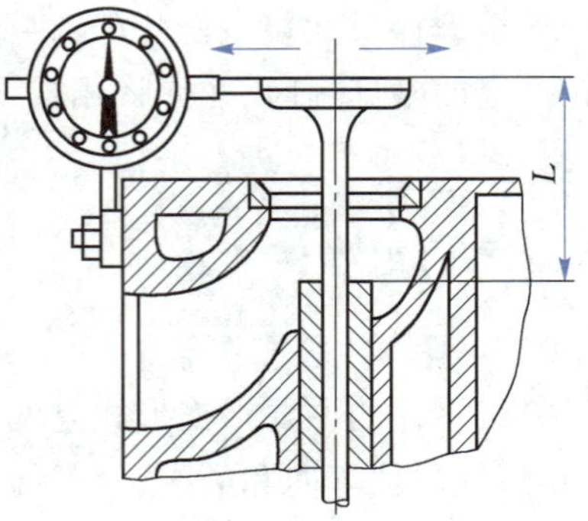

图 4.28 气门杆与导管配合间隙的检查

更换气门导管的方法是:用专用工具将旧气门导管从气缸盖压出,将选定的新导管外壁涂上一层机油,压入导管支承孔内。带有台肩的导管压入时的压力不能大于 10 kN,否则会使台肩断裂。不带台肩的气门导管压入后,露出部分的长度应符合规定。

导管更换后,应检查气门杆与导管的配合间隙是否符合要求(正常为 0.02 ~ 0.04 mm)。其经验检查方法是将气门杆和导管孔擦净,在气门杆上涂一薄层机油,放入导管内,上下拉动几次后拉出,松手后气门能借自身重量徐徐下降落座,则认为配合适当。

如果气门与气门导管的配合间隙过小,可用铰削的方法进行扩孔。

4. 气门座的检修

气门导管是检修气门座的定位基准。为了保证气门座各斜面与气门导管的同轴度,铰削(或磨削)气门座斜面时,必须先修理或更换气门导管。

(1) 气门座的镶配

气门座圈经多次修理,工作面会逐渐下陷,如果气门座工作面低于气门座圈原平面 1.5 mm 以上,应更换气门座圈。

更换气门座的步骤如下:

① 拆下旧气门座。可用铰刀削薄气门座或在气门座内侧点焊几个焊点,敲击焊点,拆下气门座。

② 测量座圈孔直径,按直径大小选择新座圈。为了防止松脱,新座圈与座孔应有 0.075 ~ 0.125 mm 的过盈。

③ 镶配气门座。通常采用冷缩法或加热法将气门座圈镶入座孔内。冷缩法是将气门座圈在液氮中冷冻至 -195 ℃后,压入气门座支承孔。热压法是将座圈支承孔加温到 100 ℃左右,然后将座圈支承孔涂油,垫以软金属迅速将座圈压入支承孔。气门座圈镶入后,应将高出气缸盖平面的部分修平。

(2) 气门座的铰磨

气门座工作面磨损变宽超过允许值或工作面烧蚀出现斑点、凹陷时,应进行铰削或修磨。

通常使用气门座铰刀进行气门座铰削,如图 4.29 所示。铰磨前应先将气门导管孔及气门座圈擦净,以导管为基准,选择适合于导管孔径的定心杆插入导管孔,不允许有摇摆或偏斜现象,然后按下述角度和要求进行修磨(不同车型角度略有不同)。

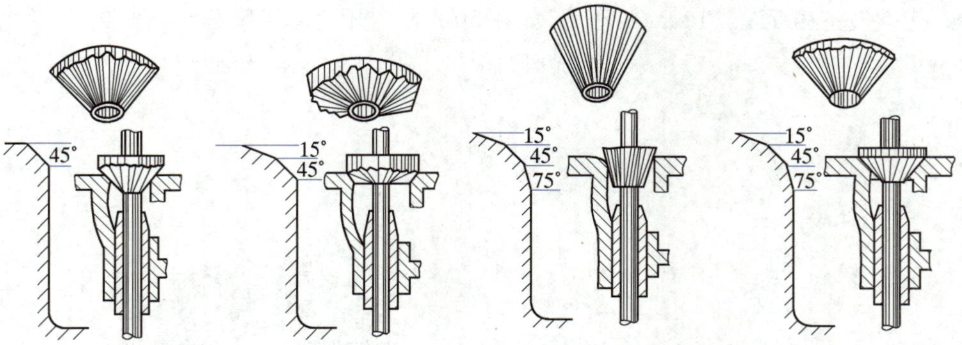

(a) 铰 45°锥面　(b) 铰 15°锥面　(c) 铰 75°锥面　(d) 铰 45°锥面

图 4.29　气门座的铰削方法

先初铰，将烧蚀、斑点等缺陷铰去。然后用新气门或光磨过的气门进行试配，要求接触面应在气门工作锥面的中部略靠小端，且宽度符合要求（如桑塔纳发动机进气门宽度为 2.00 mm，排气门宽度为 2.4 mm），如图 4.29 所示。

如果接触面偏向气门大端，应铰削 15°锥面，使接触面下移；如果接触面偏小端，可铰削 75°锥面，使接触面上移；最后用 45°的细刃铰刀精铰或在铰刀上垫细砂布铰磨，以降低接触面的粗糙度。

气门座除使用铰削加工外，还可用光磨机进行磨修。光磨机磨修气门速度快、质量好，特别是修磨硬度高的气门座效果更好，但需经常修整砂轮。

（3）气门研磨

为提高气门与气门座配合面密封性能，常进行气门研磨。气门研磨方法见图 4.30，在工作表面涂一层薄薄的研磨膏，将气门插入气门导管内，用橡皮碗吸住气门头部，然后在相配的气门座上往复旋转，以手捻橡皮碗杆进行研磨。研磨时旋转方向与上下方向保持一致，轻轻拍打，不断旋转。第一次涂粗研磨砂研磨至工作面出现一圈印迹，此时应清洗磨屑，换用细研磨膏研磨。研磨时应边研磨边检查，直到表面出现一圈连续、均匀的暗灰无光泽环带为止。最后将气门研磨膏清洗掉，用机油再研磨一段时间即可。研磨好后还须进行气门的密封性检查。需要注意的是，有的气门锥面上有合金层，不能研磨，只蹭不磨。

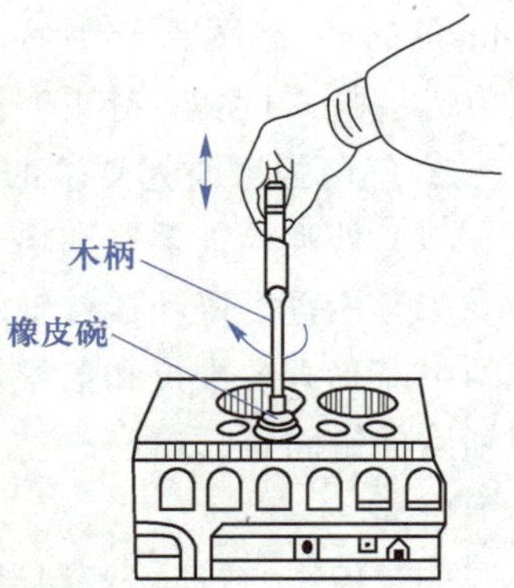

图 4.30　气门研磨方法

气门密封性检查的常用方法是画线法、汽油渗漏法和压缩空气法等。

画线法是用软笔在气门工作面上约每隔 8 mm 画一条线，插入相配的气门导管内，用起子顶住气门头的凹槽，用力下压，捻转气门少许，观察线条被切断的情况。若所画线条均被切断，如图 4.31 所示，则合乎要求。

汽油渗漏法是将气门装配好，在燃烧室内倒入汽油，观察有无汽油渗漏，如没有汽油渗漏即为合适。

压缩空气法是将气门装配好，将图 4.32 所示检验仪的空气室罩在气门座上并用手压紧，挤压橡皮球,使空气室内具有 70 kPa 的压力,如在 30 min 内压力不下降,即为合格。

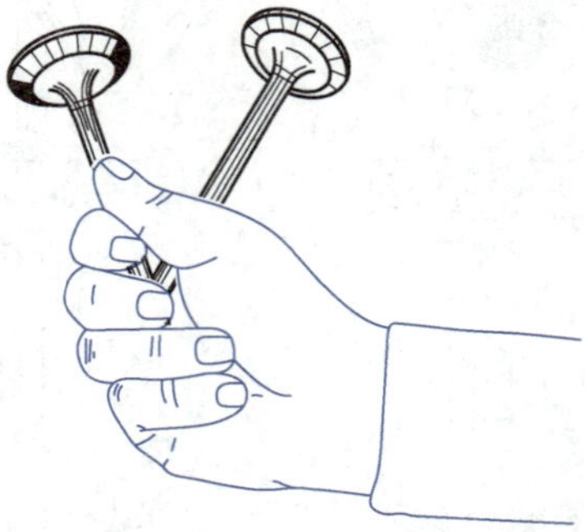

图 4.31 画线法检查气门密封性

图 4.32 压缩空气法检查气门密封性

六、其他零件的检修

1. 液压挺柱的检测

在维修中首先要检查挺柱顶部的磨损情况。如果磨损严重或出现沟槽,需进行更换。另外还要检查挺柱与挺柱孔的配合间隙。若配合间隙超过 0.1 mm,应更换挺柱总成。

液压挺柱中的柱塞和油缸是一对精密偶件,其配合间隙不超过 0.005 mm。若间隙过大应更换。检查液压挺柱的密封性时,先将挺柱浸在油液中,反复推拉,使挺柱内空气排净。把排出空气后的挺柱放在试验台上,在柱塞上施加 200 N 的压力,使其滑下 2 mm 左右后,测量它每下滑 1 mm的时间,如图 4.33 所示。在 20 ℃的条件下,其标准值为 7 ~ 50 s/mm;如果测得的值低于标准值,说明密封性差,应更换液压挺柱。

2. 气门摇臂与摇臂轴的检修

(1) 外观检查摇臂和摇臂轴工作面有无磨损导致的凹坑,若有必须修磨或更换。

(2) 检查摇臂和摇臂轴之间的磨损。图 4.34 所示为用手感检查摇臂与摇臂轴的配合情况。按图中箭头方向推拉和摇摆摇臂,如有间隙感说明摇臂与摇臂轴之间磨损较大。这时可以将摇臂轴用虎钳固定,以百分表在摇臂上测量摇臂和摇臂轴间的间隙。如果测得间隙超过 0.15 mm,必须更换。

(3) 检查、疏通摇臂润滑油孔。

(4) 检查调整螺钉螺纹是否完好。若损坏须更换。

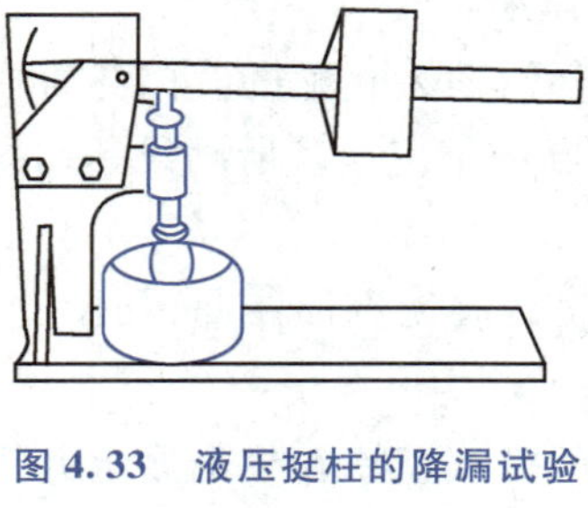

图 4.33 液压挺柱的降漏试验

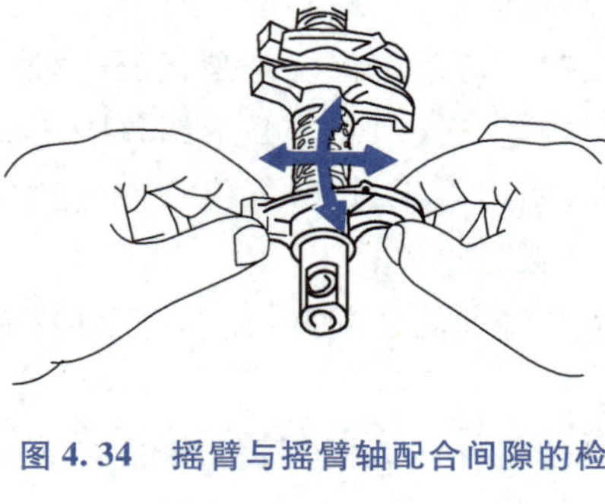

图 4.34 摇臂与摇臂轴配合间隙的检查

3. 气门弹簧的检验

气门弹簧的损伤形式是弹簧的自由长度缩短、弹力减退、簧身歪斜以至变形和折断。检验的主要项目是气门弹簧的自由长度和弹力。

气门弹簧的自由长度和弹力可用气门弹簧检验仪进行检验,也可用新旧对比的方法检验。即取一只标准张力弹簧与被检弹簧一起放在平板上,看其自由长度是否一样;然后在两只弹簧之间垫一块铁板,一起夹在虎钳上,压缩后若二者长度一致或相差不多,即为弹力合格。若气门弹簧的弹力和自由长度不符合规定,应更换。

气门弹簧的变形检验测量在弹簧自由状态下弹簧轴线对支承面的垂直度。其要求是误差不得超过 2°;各道弹簧圈的外径应在同一平面上,其误差不得超过 1 mm。检查方法如图 4.35 所示。将被检查的气门弹簧的一端放在角规的底面,垂直地贴在角规的另一边,看全靠的程度。气门弹簧的上端与角规垂直板贴合的间隙不得超过一定值。弹簧也不得有裂纹,否则应更换。

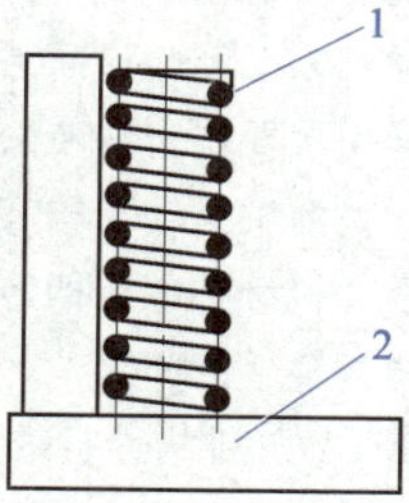

图 4.35　气门弹簧的变形检查

1—被检气门弹簧;2—角规

本章小结

曲柄连杆机构和配气机构的常见故障有气缸压力过低、气缸压力过高和异响。常见故障部位是燃烧室周围的密封部位零件、曲轴和轴瓦等。

气缸压力过低故障诊断的方法有人工经验诊断法和仪器仪表诊断法两种。人工经验诊断法适于故障现象较明显、故障程度较严重的故障诊断;仪器仪表诊断法常用气缸压力表、窜气量测量仪、气缸漏气量(率)检验仪和真空表进行诊断。异响故障诊断的常用方法是人工经验诊断法。

在发动机维护中曲柄连杆机构和配气机构的主要维护作业内容是:按规定次序和扭紧力矩校紧气缸盖螺栓,检查和调整气门间隙。对 VTEC、VVT 可变配气机构进行维护时应检查油压、电磁阀和执行器。

缸体主要损伤形式是气缸的磨损、缸体裂纹和变形,缸盖主要损伤形式有气门座磨损、变形和裂纹。检查缸体和缸盖裂纹的常用方法是水压试验,裂纹的修理有粘接和焊接等方法。

气缸正常磨损后具有一定的特征,一般用圆度和圆柱度两个指标来反映气缸的磨损程度。气缸的镗磨修理采用修理尺寸法,有条件时气缸表面可采用激光热处理等新工艺。镶套法可恢复气缸至原始尺寸,气缸镶套修复后应进行水压试验。

在活塞环选配时应进行活塞环端隙、侧隙、背隙、弹力及活塞环与缸壁配合漏光度的检查和修正。连杆杆身的弯曲和扭曲变形,可在压床或校正器上进行校正。

曲轴和凸轮轴的常见损伤形式是轴颈和凸轮工作面的磨损及主轴线的弯曲变形。若轴线弯曲变形超限,则常用冷压校正法进行校正。曲轴轴颈和凸轮轴轴颈及凸轮工作面磨损超限后,轴颈可按修理尺寸法进行磨修,凸轮工作面磨修应保证凸轮的升程。

气门组零件的主要损伤形式是气门和气门座工作面因磨损而起槽、变宽,烧蚀后出现斑点和凹陷,气门杆弯曲和磨损;气门导管配合松旷。气门工作面磨损或轻微烧蚀可光磨,气门座工作面磨损或烧蚀可铰磨。

液压挺柱若挺柱顶部磨损严重或出现沟槽，需进行更换；若挺柱与挺柱孔的配合间隙过大应更换挺柱总成。气门弹簧主要检验气门弹簧的自由长度、弹力和变形，若不合要求则更换。

复习与思考题

1. 曲柄连杆机构和配气机构的常见故障有哪些？常见故障部位是哪些？
2. 怎样用人工经验诊断法诊断气缸压力过低的故障？
3. 怎样用仪器仪表诊断法诊断气缸压力过低的故障？
4. 发动机曲轴主轴承响、活塞敲缸响、气门脚响有哪些特点？怎样进行异响故障诊断？
5. 在发动机维护中曲柄连杆机构和配气机构的主要维护作业内容有哪些？
6. 怎样调整气门间隙？
7. VTEC 配气机构进行维护时的检查项目有哪些？
8. 怎样检查 VVT 执行器的技术状况？
9. 缸体和缸盖的变形情况怎样检查和修理？
10. 气缸正常磨损的特征是什么？其原因是什么？
11. 怎样进行气缸磨损量的检测？如何确定气缸的修理尺寸？气缸镗磨修理的技术要求是什么？
12. 怎样进行气缸套的镶配操作？
13. 怎样进行活塞环选配？
14. 怎样进行连杆变形的检验与校正？
15. 怎样进行曲轴磨损量的检测？如何确定曲轴的修理尺寸？曲轴磨修的技术要求是什么？
16. 怎样进行曲轴弯曲变形的检验和校正？怎样检查曲轴的裂纹？
17. 怎样进行气门座圈的更换、气门座工作面的铰修、气门密封性的检查？
18. 怎样检查液压挺柱、摇臂和摇臂轴、气门弹簧的技术状况？

第五章

进排气系统故障诊断与维修

学习目标

掌握进排气系统的常见故障和原因;理解常见故障诊断思路和方法;掌握进排气系统维护和主要部件检修方法。

案　　例

现象:一辆迈腾 1.8 T 自动舒适型轿车,行驶里程:50 000 km。发动机怠速抖动严重,并有异响。

诊断:起动发动机,发现发动机怠速抖动严重,发动机上部偶尔发出“唧、唧”的异响,似有缺缸故障。使用诊断仪读取发动机控制单元存储的故障,为 3 缸和 4 缸有断火故障;读取数据流,发现氧传感器反馈动态电压常处在 0.45 V 以下,过低;数据流 14、15、16 组断火次数一直增加。使用废气分析仪对尾气成分进行测量,O_2、HC 值高于标准值,CO_2 值低于标准值,推测混合气过稀导致发动机气缸失火。用真空表测量发动机怠速时进气管真空度,偏小,且空气流量传感器数值也偏小,说明发动机进气系统有泄漏。经过仔细检查,发现用手堵住进气歧管上曲轴箱通风管后,怠速正常,异响消失。拆下 PCV 阀,检查发现其膜片破裂,怠速时 PCV 阀开度过大,漏气。

排除:更换 PCV 阀。

第一节　概　　述

传统进排气系统主要由空气滤清器、进气歧管、排气歧管、排气管和消声器等组成。现代电控发动机的进排气系统,在传统进排气系统的基础上,可能增设进气谐振室、进气歧管可变长度转换阀、节气门体、EGR 阀、废气涡轮增压器、催化转化器、二次空气喷射系统、曲轴箱强制通风系统和汽油蒸发控制系统等。一汽大众 Audi 200 1.8T 轿车用 ANZ 型发动机的进气系统组成如图 5.1 所示;常见现代汽油发动机排气系统组成如图 5.2 所示。

发动机进排气系统常见故障为进气歧管压力过低、进气歧管压力过高和排气背压过高,发动

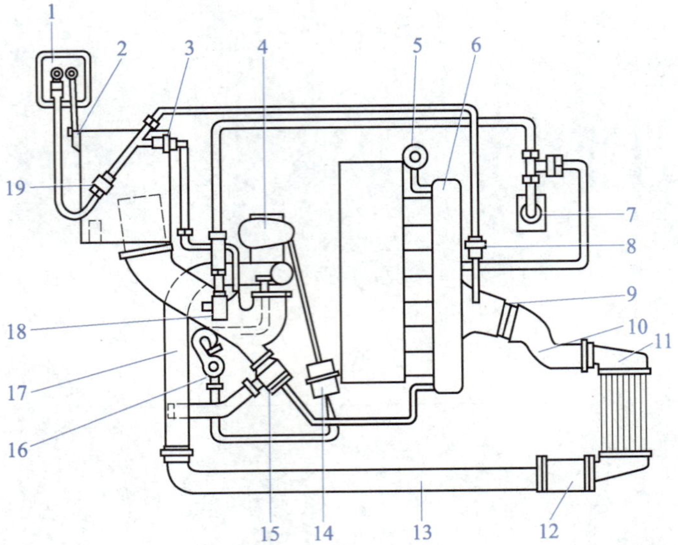

图 5.1 ANZ 型发动机进气系统

1—活性炭罐；2—通风管（来自油箱）；3、8—活性炭罐单向阀；4—涡轮增压器；5—燃油压力调节器；6—进气歧管；7—曲轴箱通风管；9—节气门控制单元；10、12、17—进气软管；11—中冷器；13—进气钢管；14—进气压力调节装置；15—废气再循环阀（EGR 阀）；16—进气压力控制电磁阀；18—PCV 阀；19—活性炭罐电磁阀

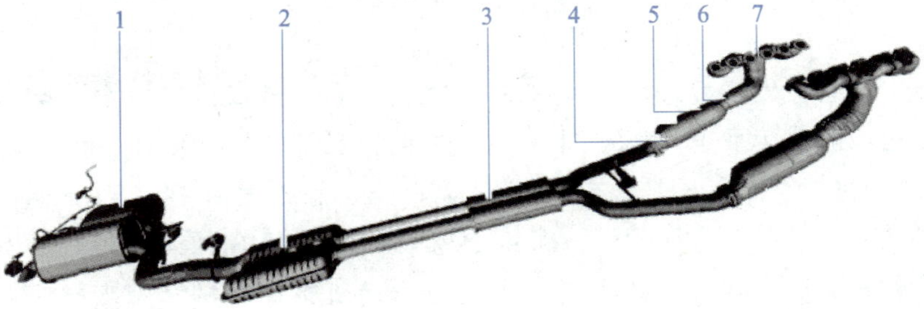

图 5.2 排气系统

1—后消音器；2—中间消音器；3—前消音器；4—监控氧传感器；5—三元催化转化器；6—宽带氧传感器；7—排气歧管

机不能起动或起动困难，怠速运转时发抖，转速不稳；发动机动力不足，加速不灵，排气管冒黑烟或放炮，发动机有时回火，水温过高，油耗增加。

发动机进排气系统故障常见部位为空气滤清器、电子节气门、EGR 阀、废气涡轮增压器、PCV 阀、催化转化器和汽油蒸发控制系统。

第二节 进排气系统常见故障诊断

一、进气歧管压力过低

1. 故障现象

发动机运转时，进气歧管压力过低或真空度过高；发动机怠速运转时发抖，转速不稳；发动机动力不足，加速不灵，排气管冒黑烟或放炮，油耗增加。

2. 故障主要原因及处理方法

① 空气滤清器过脏或堵塞，清洁或更换空气滤清器滤芯；

② 电子节气门开度不足或打开动作迟缓，清洁、初始化电子节气门、电子节气门电路，更换节气门电动机、加速踏板位置传感器；

③ 涡轮增压器增压效果不良，检修或更换进气压力传感器、涡轮增压器的泄（限）压装置或涡轮增压器；

④ 增压器后进气道泄漏或中冷器堵塞，检查、紧固进气道各连接处，清洁中冷器；

⑤ PCV 阀发卡不能开启或 PCV 阀滤清器脏堵，清洁或更换 PCV 阀或 PCV 阀滤清器。

3. 故障诊断方法

进气歧管压力过低故障诊断流程如图 5.3 所示。

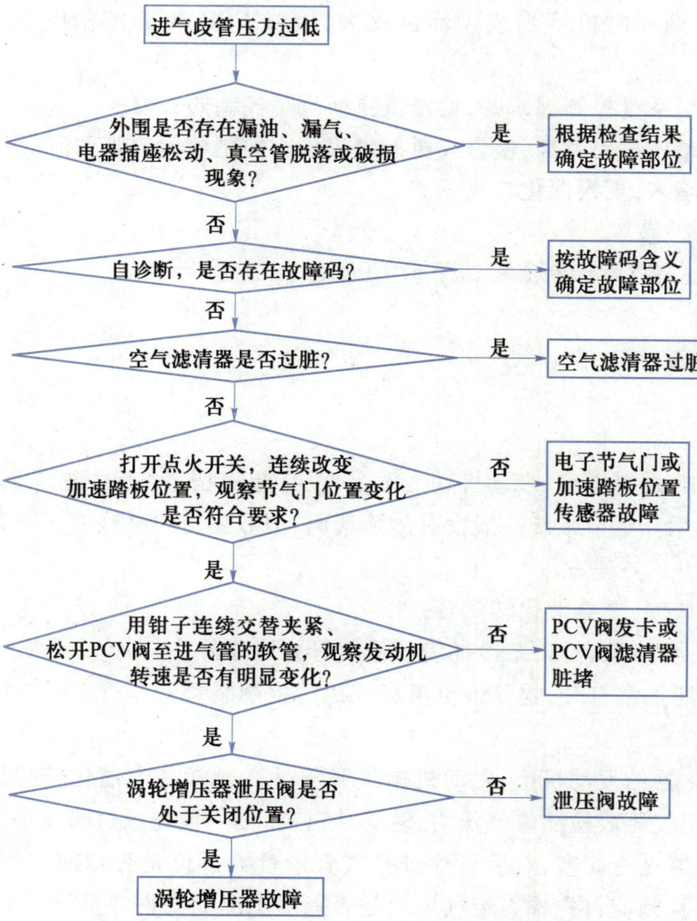

图 5.3 进气歧管压力过低故障诊断流程

二、进气歧管压力过高

1. 故障现象

发动机运转时,进气歧管压力过高或真空度过低;发动机怠速不稳;发动机动力不足,加速不灵;发动机有时回火;水温过高。

2. 故障主要原因及处理方法

① 进气系统泄漏,检查、紧固或更换废气再循环、汽油蒸气排放系统、涡轮增压器、可变进气道或进气涡流控制装置、制动助力装置等的真空控制器或执行器所用的各个真空软管;

② 电子节气门关小动作迟缓,清洁、初始化电子节气门、电子节气门电路,更换节气门电动机、加速踏板位置传感器;

③ PCV 阀发卡在大开度位置,清洁或更换 PCV 阀;

④ EGR 阀废气循环时机不当或循环量过大,检修 EGR 阀的控制电气部件,清洗或更换 EGR 阀;

⑤ 汽油蒸发控制系统控制阀常开,检修或更换炭罐控制阀;

⑥ 涡轮增压器增压压力过高,检修或更换增压压力控制单元软管和泄(限)压装置;

⑦ 催化转化器堵塞,更换催化转化器。

3. 故障诊断方法

进气歧管压力过高故障诊断流程如图 5.4 所示。

三、排气背压过高

1. 故障现象

发动机起动困难,怠速不稳;发动机动力不足,没有超速挡;加速时进气管“回火”,急加速熄火;进气管向外冒白烟。电控系统一般没有故障代码,但数据流中往往有多项数据不正常。

2. 故障主要原因及处理方法

① 催化转化器堵塞,更换催化转化器;

② 消音器堵塞,更换消音器,寒冷环境下排气管冰堵除外;

③ 废气风门不能正常打开,检修或更换废气风门控制装置。

3. 故障诊断方法

在装有催化转化器的发动机上,发动机排气背压过高通常是由催化转化器堵塞引起的。因此,拆下氧传感器,用气压表检测排气压力,若确认过高,则一般先通过敲击法或内窥镜检查法等方法,检查催化转化器是否堵塞,然后再检查排气管消音器部位是否堵塞。当然,若该发动机排气系统装有废气风门,则应首先检查废气风门是否能随工况变化正常打开。

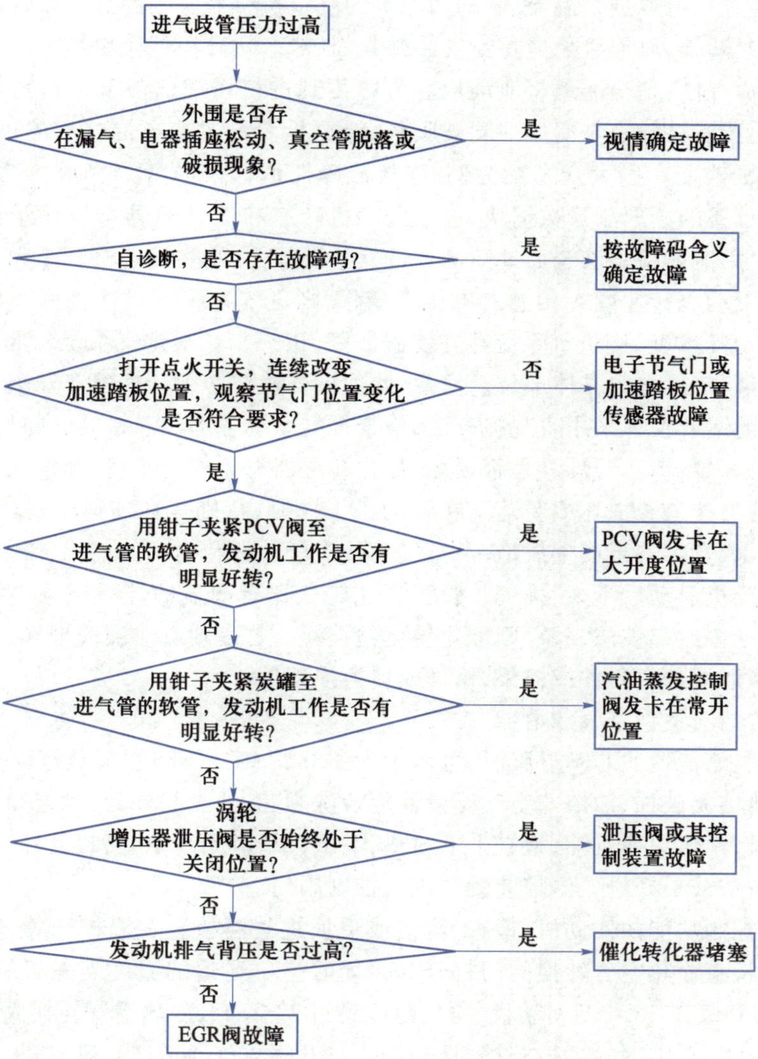

图 5.4　进气歧管压力过高故障诊断流程

第三节　进排气系统的维修

一、进排气系统的维护

在发动机维护中，进排气系统的主要维护作业内容包括：

(1) 检查和修理进排气系统的泄漏或损坏

进气系统泄漏或损坏的检查方法通常有直观检查法和泄漏检验液检查法两种。

直观检查法，通过看、听、摸等方法检查进气系统是否存在漏气现象，重点是检查各个连接在进气歧管上的真空软管是否脱落，是否破损漏气等。例如：控制废气再循环、汽油蒸气排放系统、涡轮增压器、可变进气道或进气涡流、制动助力等的真空执行器所用的真空软管是否脱落或破损漏气。若发现有泄漏处,对连接处应重新安装并紧固,对老化破损件应更换。

泄漏检验液检查法,是全面地将泄漏检验液喷洒到进气系统部件上,发动机工作时,由于进气系统的真空度,泄漏检验液与漏气一同被吸入,泄漏检验液改变了混合气的可燃性,会导致发动机 λ 值和转速的改变。以大众车系为例,连接故障阅读器 V. A. G. 1551(V. A. G. 1552),选择发动机电子控制单元的读取测量数据块,进入发动机转速和 λ 传感器电压显示界面。在发动机怠速运转状态下,用泄漏检验液全面地喷洒到进气系统部件,观察发动机转速和 λ 传感器电压的变化情况。如果发动机转速或 λ 传感器电压不变化,则进气系统密封性良好。如果发动机转速下降或 λ 传感器电压改变,则进气系统存在泄漏故障,进一步检查进气系统各部件表面泄漏检验液的变化情况,可确定泄漏的具体部位。注意,此项检查操作必须严格遵守安全规定。

排气系统的泄漏或损坏采用直观检查法,检查排气系统各部件连接处、密封件或衬垫是否泄漏,排气歧管是否开裂,消音器焊缝是否损坏,催化转化器有无外壳压扁、开裂或严重腐蚀之类的外观损坏,排气管吊挂是否损坏或脱落。在发动机工作时,特别是在加速时,排气系统的泄漏处通常会有尾气溢出,有时甚至产生放炮声,排气管接头松动处和损坏的催化转化器内可能会产生异响。若发动机冷机起动后不久,排气歧管至催化转化器有明显的烧红现象,发动机冷却后,催化转化器前部有泛蓝或起铁屑现象,则催化转化器损坏。若发现有泄漏或损坏,则应紧固部件到规定的扭矩,更换泄漏的密封件或衬垫,修理或更换损坏件。

(2) 检查、清洁与更换空气滤清器

纸质干式空气滤清器滤芯不过脏时,可用不大于 0.5 MPa 压缩空气从里向外吹净空气滤清器滤芯,滤芯应清洁无破损;油浴式空气滤清器应清洗滤芯、油盘和外壳,检查和调整机油液面高度,检查机油质量,视情更换机油;检查上下衬垫,上下衬垫应无残缺,密封良好,否则应更换。

(3) 检查、清洁或更换进气温控装置和进气控制阀门

有进气恒温控制功能的发动机,检查、清洁或更换进气温控装置温控开关、转换阀门执行装置和连接管路。检查冷热空气转换阀门打开和封闭暖空气通道的温度点是否符合规定的要求。如:上海大众 POLO 轿车 BCC 型发动机,空气温度超过 23 ℃时,冷热空气转换阀门应封闭暖空气通道;空气温度低于 10 ℃时,冷热空气转换阀门应打开暖空气通道。否则,应检查软管和接头是否连接可靠,有无破损和泄漏等,如有上述问题,则应更换。若管路良好,则应检查或更换进气温控开关和转换阀门执行装置。

若发动机进气系统装有可变惯性进气系统(VIS)或可变涡流控制系统(VTCS),则应检查 VIS、VTCS 的翻板阀门是否转动灵活,工作是否正常。可以采用给真空控制器加真空或电动控制器通电的方法检查;也可拆下执行器连杆,采用人工方法检查。若不灵活或不正常,则应清洗翻板阀门,或更换。

(4) 检查、清洁与初始化电子节气门

1) 基本检查

① 检查节气门的连接是否平滑、有无卡滞现象;

② 检查节气门电动机能否运转。打开点火开关,转动加速踏板位置传感器拉杆,细听是否有电动机动作的响声;

③ 检查发动机怠速。起动发动机后,在发动机暖机至正常工作温度、空调开关在关闭状态、

变速器处于空挡位置时，检查发动机怠速转速是否符合标准值；

④ 检查加速踏板位置传感器。转动加速踏板位置传感器拉杆至全开位置，检查当前数据菜单下的节气门开度数值是否符合标准。

完成上述基本检查后，进行试机，检查节气门的开、闭状况与发动机工况是否协调。若有故障提示，应读取故障码，根据故障码对电气元件进行检测。

2）清洁电子节气门

将电子节气门体拆下来,使用专用的电子节气门清洁剂,将内部的节气门和进气道表面附着的灰尘和积炭等去除,并清除阀体背面的灰尘。清洗时,重点清洗节气门体腔、节气门及节气门轴等部位,直至没有污物为止。清洗后反复扳动节气门操纵机构,检查节气门开关是否自如。另外,还要清洗进气道与节气门体的接合面,清洗前先拆下密封胶圈,以防被腐蚀。

3）电子节气门总成的初始化

电子节气门总成在下列情况下需要进行初始化:清洗、更换或修复了电子节气门总成;蓄电池断电;更换了发动机电控单元;对发动机电控单元进行了编程或编码。

电子节气门总成初始化的一般条件为:点火开关打开,发动机关闭;蓄电池电压超过 10 V;油门踏板松开;车辆静止(无车速信号);水温在 5 ℃ ~100 ℃之间;进气温度高于 5 ℃。

丰田系列发动机电子节气门总成的初始化方法如下:将点火开关置于“ON”位置并保持 30 s(注意:在此过程中不得踩加速踏板);断开点火开关 15 s(发动机电控单元在 EEPROM 中记录节气门初始化参数),然后拔下点火开关钥匙(注意:在断开点火开关的 15 s 时间内不能重新接通点火开关)。

帕萨特 B5 轿车发动机电子节气门初始化的具体操作过程如下：

① 连接电脑解码器,打开点火开关；

② 选择“发动机系统”,按“Q”键确认；

③ 选择“基本调整功能”,按“Q +”键确认；

④ 输入组号“098”,按“Q”键确认。

按下“Q”键后,电子节气门初始化开始进行,节气门控制器运行到最大、最小开度及中间开度等几个位置。ECU 在存储器内记下多个节气门角度,随后节气门短时间保持在起动位置,然后关闭。

(5) 清洗进气系统

进气系统的清洗有两种方法:一种是把部件拆下来清洗,这种方法应用于脏污程度较严重的情况;另一种是使用专用设备和清洗剂的免拆卸清洗,由于正确使用该方法,既省时省力,效果也好,而且不会破坏原有的装配状态,在汽车维护中应用越来越多。

目前进气系统的免拆卸清洗装置及清洗液种类很多,常用的免拆卸清洗装置有两种:一种是利用空气加压代替燃油泵,给发动机提供清洗剂;另一种是在发动机运转时,利用进气歧管中的真空吸力,通过软管将清洗剂吸入进气歧管中。发动机运转过程中,清洗剂可有效清除节气门、进气道、气门、喷油器、燃烧室等部位的积炭、油泥等脏污。

评价进气系统免拆卸清洗作业的质量,不仅要关注积炭、油泥等脏污的清洗效果,还要考虑清洗剂对发动机内的油封及其他密封件是否造成损伤、清洗作业对发动机原有润滑效果和三元催化转化器的影响等。

保证进气系统免拆卸清洗取得良好效果的措施主要有两条：一是选用功效好的清洗剂；二是严格按清洗规程进行操作。进行免拆卸清洗前，最好能拆下三元催化转化器。

二、电子节气门的检修

不同型号的电子节气门，其结构及电路参数也不同，因此，很难用一种简单而统一的方法对其进行检查及测量。所以，对电子节气门的检查应根据其工作原理、电路特点、功能以及在车上的具体连接、工作情况，选用适当的方法进行故障检查和判断。现以大众车系结合系统电路图5.5讲述电子节气门检修方法。

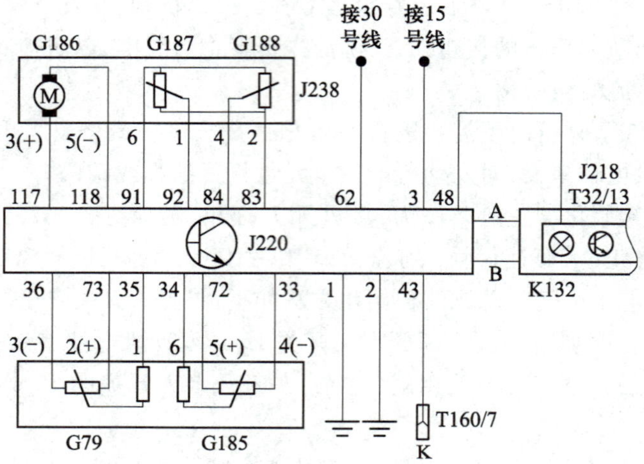

图 5.5 电子节气门系统电路

A—高位 CAN 数据总路线；B—低位 CAN 数据总路线；G79—加速踏板位置传感器 1；G185—加速踏板位置传感器 2；G186—步进电动机；G187—节气门位置传感器 1；G188—节气门位置传感器 2；J218—组合仪表内组合处理器；J220—发动机电控单元；J238—节气门控制单元；K—自诊断连接器；K132—电子节气门故障警报灯

1. 节气门位置传感器的信号检测

电子节气门中的节气门位置传感器需输入一定电源电压才能工作，因此，首先要检查其供电电压是否正常。其方法是：拔下节气门控制单元线束侧连接器，如图5.6所示，将点火开关置于ON位，用电压表测量节气门控制单元线束侧连接器端子2与6或端子2与地间的电压，均应为5 V左右。若供电电压过低，应检查相关导线接头、电阻及发动机ECU。若供电电压正常，用欧姆表测量该传感器端子间电阻，其值应符合标准电阻值。若阻值不符合要求，则应更换节气门位置传感器。若阻值符合要求，可进一步检查节气门位置传感器的输出电压信号。检查方法是：将5 V直流电源的正、负极分别接到节气门控制单元的2与6端子，改变节气门开度，用示波器或电压表测量两个节气门位置传感器输出端子1与4的信号。输出端子1的信号电压，应为3% ~97%，怠速时为8% ~18%；输出端子4的信号电压，应为3% ~97%，怠速时为82% ~92%。在检测过程中，如将节气门缓慢转至全开，则输出端子1的信号电压应均匀升高(3% ~

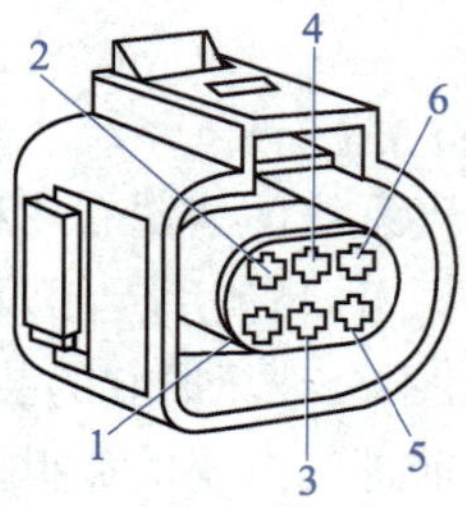

图 5.6 节气门控制单元线束侧连接器的端子位置

97%);输出端子 4 的信号电压应均匀下降(97% ~3%),其变化趋势与端子 1 相反,两个端子输出电压的变化量之和接近 0。

2. 节气门控制电机的检测

首先检查节气门控制电机的供电电压是否正常。其方法是:拔下节气门控制单元线束侧连接器,如图 5.6 所示,将点火开关置于 ON 位,用电压表测量节气门控制单元线束侧连接器端子 3 与 5 或端子 3 与地间的电压,均应为 10 V 以上。若供电电压过低,应检查相关导线接头、电阻及发动机 ECU。若供电电压正常,拆下节气门控制电机接头,用欧姆表分别测量节气门电机的电阻,电阻值应符合标准。否则,应更换节气门电机。若电阻值符合标准,用手转动节气门,转动应灵活。否则清洁、润滑节气门执行机构中的传动装置、节气门轴等,或更换节气门执行机构。若转动灵活,可进一步检查节气门控制电机。检查方法是:间断性将 12 V 直流电源的正、负极分别接到节气门控制单元的端子 3 与 5,观察电机运转及节气门开度变化情况。若正常,则重新核实控制电机的供电电压(有可能是虚电压),若仍不正常,则更换节气门控制单元及电机。

三、PCV 阀的检修

用真空表或压力表在机油塞尺处检查怠速和 50% 额定转速时的曲轴箱压力,真空度或压力不得超过正常范围,如超过,则应进一步查明曲轴箱强制通风装置各部件的工作状况,特别是 PCV 阀的技术状况。

PCV 阀的技术状况检查有两种方法:就机检查法和离机检查法。

就机检查法,在发动机怠速时,用手指或钳子轻轻夹住 PCV 阀与进气歧管之间的软管,确认 PCV 阀中发出"咔哒"声响。如果不发出"咔哒"声响,则检查 PCV 阀的密封圈是否破裂或损坏,如果密封圈正常,则更换 PCV 阀并重新检查。

或者在发动机怠速运转时,将 PCV 阀从座上拔下,用手指堵住阀的进气口,如果手指能感到较强的真空吸力,并能听到"嘶嘶"的声响,则说明 PCV 阀工作正常,否则应予以更换。

离机检查法,将 PCV 阀拆下,将清洁的软管连接到 PCV 阀上,从进气口侧向阀内吹气,如图 5.7 所示,用手感觉空气,空气应该很容易通过该阀。若从出气口侧向阀内吹气,如图 5.8 所示,空气应该很难通过该阀。用手甩动 PCV 阀,若听到"咔哒"声,说明 PCV 阀灵活可用。否则应更换 PCV 阀。通常不要将 PCV 阀清洗后再次使用。

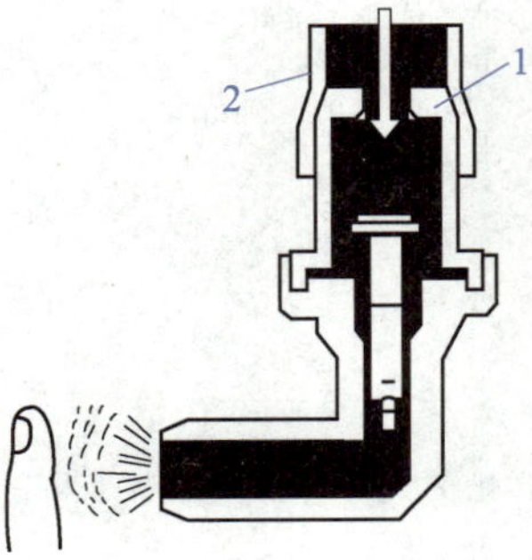

图 5.7　从进气口侧向阀内吹气

1—进气口侧;2—干净的软管

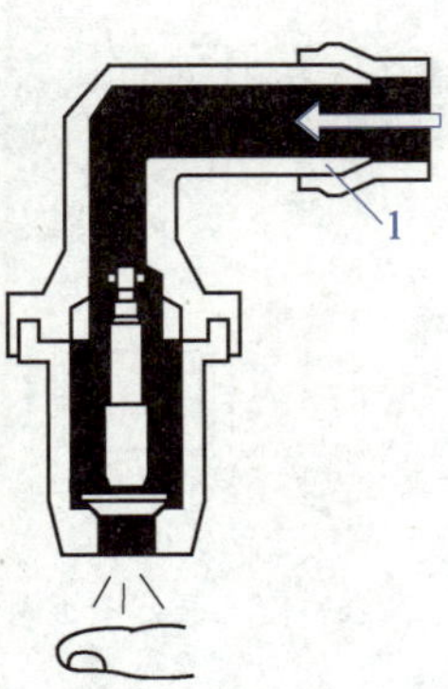

图 5.8　从出气口侧向阀内吹气

1—出气口侧

发动机维护时，应检查曲轴箱强制通风装置连接管路是否完好，胶管是否有破裂、老化、脱落，如有，应更换和紧固；检查每根软管是否畅通，在曲轴箱强制通风系统中软管堵塞是一个主要故障，若发现某根软管堵塞，可用高压空气吹，或用细铁丝进行疏通，也可用专用清洗剂清洗。注意，更换的软管要具有相应规定的型号和规定的耐机油腐蚀性能。

检查 PCV 阀滤清器是否脏堵，如脏堵应立即更换，有一些丝网状的 PCV 阀滤清器脏堵后可用清洗剂清洗，除去污垢后，涂上少许机油继续使用。

曲轴箱强制通风系统中如安装了油气分离器，则要检查油气分离器是否脏堵或严重变形，油气分离器回油管是否脏堵。若油气分离器或回油管脏堵则应进行清洗；若油气分离器严重变形，则需更换。

四、EGR 阀的检修

不同型号发动机的废气再循环系统，其 EGR 阀的结构、工作方式及参数不同，下面以奥迪 A6 为例，介绍 EGR 阀的检测方法。奥迪 A6 采用电控 EGR 系统，如图 5.9 所示。发动机工作时，ECU 根据发动机转速、负荷、温度、氧、EGR 阀开度等传感器的输入信号，结合各种工况下理想的 EGR 阀开度控制目标，通过调节 EGR 控制电磁阀的电流，改变施加到 EGR 阀的真空，实现对再循环废气量的控制。

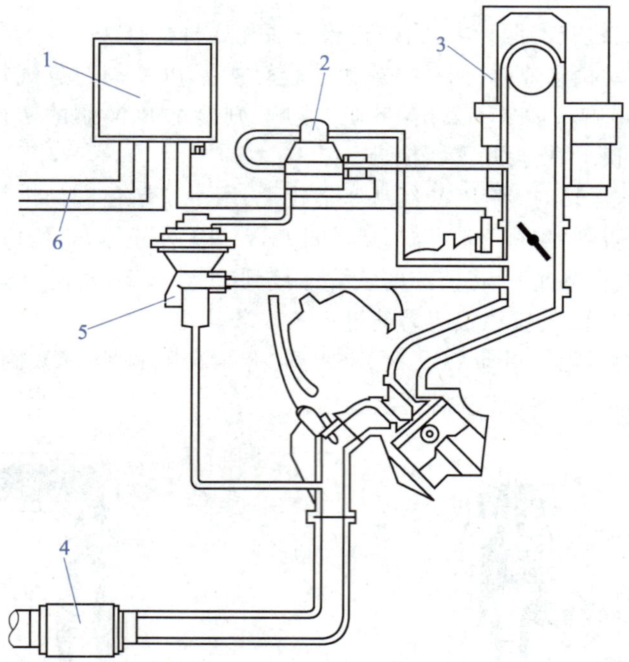

图 5.9 奥迪 A6 EGR 系统

1—ECU；2—EGR 控制电磁阀；3—空气滤清器；4—三元催化转化器；5—EGR 阀；6—传感器信号

1. 废气再循环系统状态的检查

检测之前应确保所有电插头和真空管接头连接正确和可靠。

(1) 起动发动机,并以怠速运转。将手指伸入 EGR 阀,按在膜片上。

(2) 在冷车状态下踩下加速踏板,使发动机转速上升至 2 000 r/min 左右,此时 EGR 阀应不开启。

(3) 发动机热车后(水温高于 50 ℃),踩下加速踏板,使发动机转速上升至 2 000 r/min 左右,此时 EGR 阀应开启,手指可感觉到膜片的动作。

2. 各部件的检修

(1) EGR 阀的检修

使发动机怠速运转,拔下 EGR 阀上的真空软管,用手动抽真空器对 EGR 阀膜片室施加约 20 kPa的真空度,若此时发动机怠速运转情况变差甚至熄火,说明 EGR 阀状况正常;若发动机运转情况无变化或变化对应的真空度过低,说明 EGR 阀损坏,应更换。

拆下 EGR 阀,从排气入口侧向阀内吹气,空气应该很难通过该阀,否则,说明 EGR 阀损坏,应更换。

(2) 废气再循环控制阀的检测

将点火开关置于 OFF 位置,拆下控制电磁阀线束接头,测量两引脚间电阻,应为 20 ~ 35 Ω,若不符合标准,则更换。

拆下废气再循环控制阀,检查管口之间通气情况。在电磁阀线圈不接电源时,通大气口应关闭,进气歧管与 EGR 阀真空室相通;电磁阀线圈通电时,进气歧管的真空通道关闭,通大气口打开,EGR 阀真空室与大气相通。否则,电磁阀损坏,应更换。

(3) EGR 温度传感器的检测

拆下 EGR 温度传感器,放入 80 ~ 100 ℃水中,测量其电阻值,应为 80 ~ 160 kΩ,否则不正常,应更换。

五、废气涡轮增压器的检修

1. 涡轮增压器工作情况的就车检查

当发动机出现功率不足、润滑油消耗过快、排气冒黑烟或蓝烟和工作噪声过大等故障现象时,应进行废气涡轮增压系统的检修。在拆下涡轮增压器进行检修前,应在发动机上进行以下检查:

1) 检查空气滤清器是否过脏、机油压力是否过低或机油污染是否严重、涡轮增压器系统油管和接头是否有渗漏等现象;有条件时还可检测进气和排气压力。若有上述现象应先排除。

2) 检查涡轮增压器是否有漏油、漏气现象,增压器壳体是否有过热、变色、裂纹等现象,如有,应立即查明原因,并加以排除或更换。起动发动机,使其在怠速和中等转速下运转,观察涡轮增压器的工作情况,应运转均匀,无金属撞击或摩擦声,无喘振或强烈的振动现象,涡轮增压器的压气叶轮端(冷端)和外壳的温度不应烫手。当涡轮增压器出现异响时,决不能继续使用,应找出原因,加以排除。

3) 发动机怠速运转熄火后,应能听到涡轮增压器的均匀运转声。

4) 用手指拨动压气机叶轮,转子回转应当不发涩,无卡滞,无碰擦,并可依靠惯性旋转 3 圈以上。

5）检查转子轴的轴向间隙和径向间隙。轴向间隙的检查方法是：将磁性表座吸附于涡轮壳上，使百分表触头与涡轮端面接触，用手轴向推动转子，即测得转子轴的轴向间隙。索菲姆发动机用 Garrett TA03 型增压器转子轴的正常轴向间隙为 0.076～0.165 mm，康明斯用 HIC8253AF/E18DA11 型增压器转子轴的正常轴向间隙为 0.026～0.076 mm。

径向间隙的检查方法是：将磁性表座吸附于涡轮壳上，使长节杆的百分表触头从机油口中与转子轴接触，上下推动转子轴，即可测得径向间隙。索菲姆发动机用 Garrett TA03 型增压器转子轴的正常径向间隙为 0.025～0.102 mm，康明斯用 HIC8253AF/E18DA11 型增压器转子轴的正常径向间隙为 0.30～0.46 mm。

若与以上后四点不符，则应拆下涡轮增压器进行检修。

2. 涡轮增压器的解体和零件清洗

1）由于涡轮、压气机叶轮均为精密部件，拆卸前要检查或做好转子轴、涡轮、压气机叶轮之间的相配位置记号。

2）拆卸时要用铜棒或塑料锤轻击压气机壳的周边，不许磕碰，以防影响修复后的性能。

3）清洗零件时，要用干净的汽油或非碱性清洁剂和软刷清洗，并用压缩空气吹干。

3. 机件的检查及处理

1）检查涡轮壳是否因过热、咬合、变形或其他损伤而产生裂纹，如有应更换涡轮壳。

2）检查涡轮和压气机叶轮是否弯曲、有毛刺、损坏、腐蚀，或背面有接触痕迹，如有应成组更换涡轮或压气机叶轮。

3）检查转子轴和轴承是否弯曲、磨损或损坏，如有应更换转子轴或轴承。

4）检查密封圈（环）、挡油环、止推套和止推轴承是否损坏或磨损超限，如有应更换密封环、挡油环、止推套和止推轴承。

4. 涡轮增压器的组装

1）装配前，所有零件必须清洗干净，各摩擦面应涂润滑油。

2）装配转子总成时要使原记号对正，若更换过涡轮、压气机叶轮或转子轴，则在装配前必须进行转子总成动平衡校验。

3）检查转子轴的轴向间隙和径向间隙，必须符合规定要求。

4）检查限压阀，采用发动机上使用时的相同压力，检查增压废气限压阀操作杆的动作是否灵活、不发卡，行程是否适当。索菲姆发动机用 Garrett TA03 型增压器在压力为 7.4～8.0 MPa 时，限压阀开启最大行程应为 1.27 mm。

5）在将涡轮增压器安装到发动机上时，应更换各进出油、气口的密封件，以保证良好的密封性。切勿使任何异物进入增压器或发动机的进、排气系统内，以防造成叶轮和涡轮损坏，失去平衡，造成更大的机械故障。安装后，应先在进油口处加一定量的润滑油，并用手转动叶轮，使各轴承表面充分润滑。

六、三元催化转化器的检测

（1）敲击或内窥镜检查

将汽车升举，用橡胶锤或拳头敲击，也可以用手晃动催化转化器，如果能听到内部有物体移动的声音，说明其蜂窝载体已经破裂。拆下催化转化器，将工业纤维内窥镜探头插入催化转化器内部，观察内部有无结胶、熔化或破碎等现象。

（2）用数字温度计检测

用数字温度计测量三元催化转化器的进气口与出气口温度，三元催化转化器正常工作时，出气口温度应比进气口温度至少高出 40 ℃。如果三元催化转化器进气口与出气口的温度差值低于规定值，则表明该三元催化转化器工作不良。应将其更换或对其进行修理。当三元催化转化器工作不正常时，应检查空气泵系统。以确保在发动机工作温度正常时，能保持向三元催化转化器泵入空气。

（3）用废气分析仪检测

测试三元催化转化器技术状况的最精确方法是用废气分析仪测量排气管的废气成分。三元催化转化器有故障时，会导致废气中的 HC、CO 和 NOx 成分含量升高。特别是 HC 正常，而 NOx 成分偏高时，可能性最大的故障部位是三元催化转化器。

本章小结

发动机进排气系统常见故障为进气歧管压力过低、进气歧管压力过高和排气背压过高等，常见故障部位为空气滤清器、电子节气门、EGR 阀、废气涡轮增压器、PCV 阀、催化转化器和汽油蒸发控制系统。

进气歧管压力过低故障诊断应从进气不畅和增压不良两个方面展开。进气歧管压力过高主要是由进气系统泄漏、真空管脱落和增压器压力控制装置失效引起。排气背压过高主要故障原因是催化转化器或消音器堵塞。

进排气系统的主要维护作业内容包括：检查和修理进排气系统的泄漏或损坏，检查、清洁与更换空气滤清器，检查、清洁与初始化电子节气门，清洗进气系统等。发动机进排气系统主要检修作业内容包括：电子节气门的检修，PCV 阀的检修，EGR 阀的检修与废气涡轮增压器的检修等。

复习与思考题

1. 进气歧管压力过低的原因有哪些？怎样诊断？
2. 进气歧管压力过高的原因有哪些？怎样诊断？
3. 排气背压过高的原因有哪些？怎样诊断？
4. 举例说明电子节气门总成初始化的方法。
5. 怎样就机检查 PCV 阀的技术状况？
6. 怎样检测奥迪 A6 废气再循环控制阀的技术状态？
7. 怎样就车检查涡轮增压器的工作情况？
8. 怎样判断三元催化转化器的技术状况？

第六章

汽油机电控系统故障诊断与维修

学习目标

掌握汽油发动机故障诊断的思路、方法、步骤和流程，掌握各主要元件的检测与维修方法，理解发动机电子控制系统的控制机理和各种传感器信号变化对发动机性能的影响，了解发动机电子控制系统的组成、发动机常见故障的现象特征和主要元器件的损坏形式，学会应用必要的仪器和工具去诊断、排除因电子控制系统引起的发动机故障。

案　例

现象：一辆凌志 LS400，采用 1UZ－FE 汽油发动机，发动机起动后很快熄火。

诊断：首先读取故障代码，发现 ECU 中存有一个故障代码 14，该代码的含义是点火器连续 6 次没有点火确认信号输送到 ECU。于是检查高压火，发现有一侧分电器有高压火，而另一侧分电器无高压火，再检查该侧的点火器，发现 ECU 已经向该点火器发送了点火控制信号 IGt，但点火器无反馈信号 IGf 进入 ECU。很明显，故障应该在点火器上，是点火器的晶体管放大器损坏，不能正常地控制点火线圈初级回路的导通和截止，从而使点火线圈无法产生高压火，同时也无法产生点火确认信号，当发动机起动后因为有一半的气缸不工作而熄火。

排除：更换点火器后再试，故障排除。

第一节　概　　述

汽油发动机电控系统可以分为三个子系统，即进气系统、供油系统和控制系统。进气系统的作用是调节并检测进入发动机的空气量，一般由空气滤清器、空气流量计（或进气管绝对压力传感器）、进气软管、节气门体、进气总管、稳压箱、进气歧管等组成，在节气门体上还有怠速空气调节器和怠速调节螺钉，如图 6.1 所示。供油系统的作用是将油箱中的汽油泵到发动机的汽油分配管，以便向喷油器供油，同时调节汽油压力，一般由汽油箱、汽油泵、油管、汽油滤清器、汽油分配管、油压调节器、回油管、喷油器等组成，如图 6.2 所示。电子控制系统的作用是通过传感器检测发动机运行的各项参数，经过 ECU 的处理、计算和判断后，控制执行器动作，完成对发动机喷油、点火、怠速、排放等的控制。其中传感器一般有节气门位置传感器、空气流量计传感器(或进气歧管绝对压力传感器)、冷却液温度传感器、空气温度传感器、氧传感器、爆震传感器、曲轴位置传感器、凸轮轴位置传感器等。执行器一般有喷油器、炭罐电磁阀、点火线圈或点火器、怠速空气调节器、继电器、EGR 阀等,如图 6.3 所示。

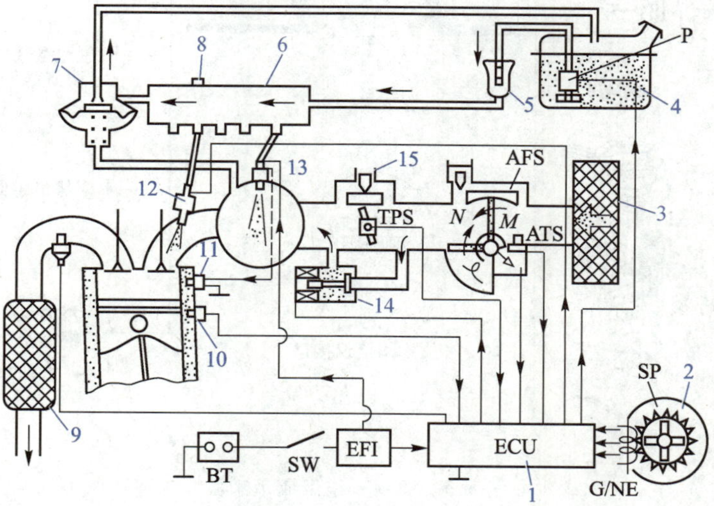

图 6.1　L 型喷射系统的组成

1—计算机;2—分电器;3—空气滤清器;4—汽油箱;P—电动汽油泵;5—汽油滤清器;6—汽油分配管;7—油压调节器;8—测压孔;9—三元催化器;10—水温传感器;11—温控开关;12—喷油器;13—冷起动喷油器;14—怠速空气调节器;15—怠速调节螺钉;TPS—节气门位置传感器;AFS—空气流量计;*M*—气流力矩;*N*—扭簧力矩;ATS—气温传感器;EFI—主继电器

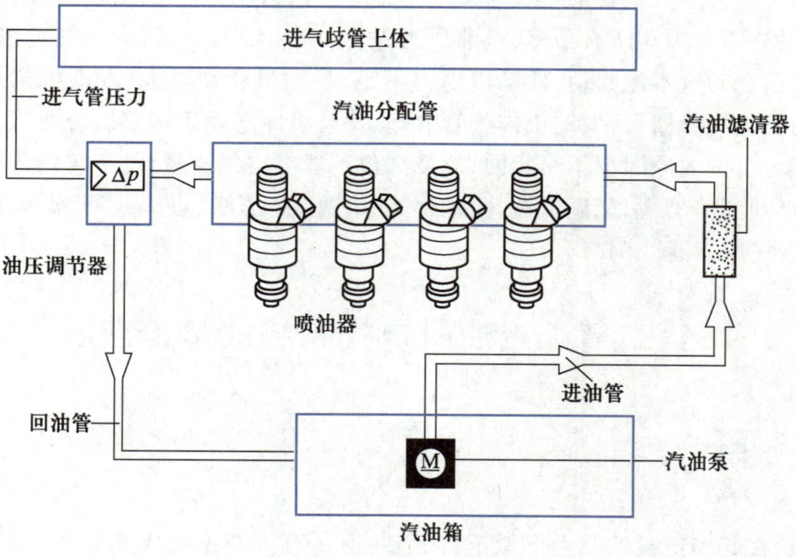

图 6.2　供油系统组成示意图

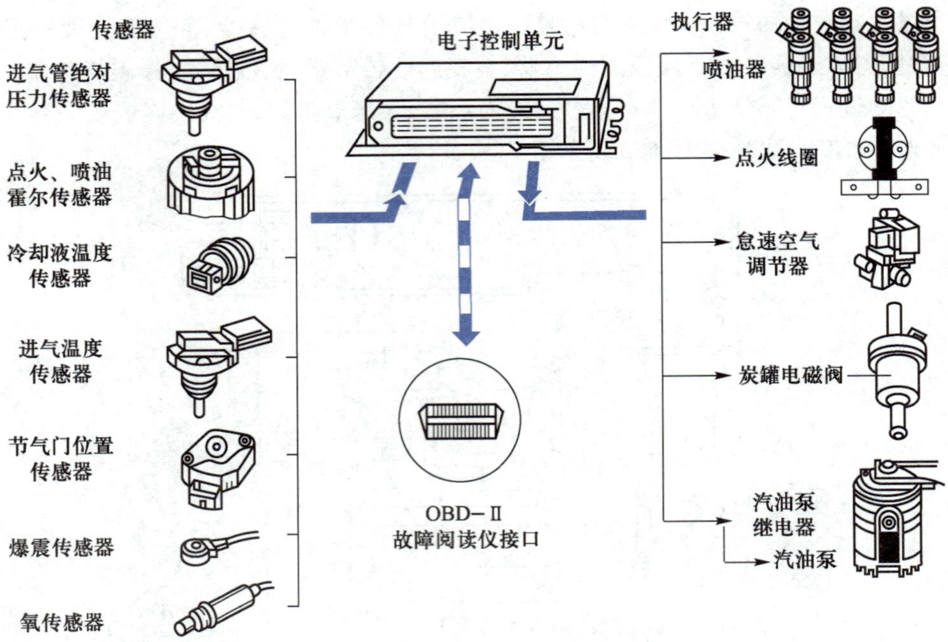

图 6.3 控制系统组成示意图

故障诊断的基础是熟悉整个控制系统的组成与工作原理,熟悉每个组成元件的结构、工作原理及参数的变化对发动机性能的影响。同时,还要掌握故障诊断的思路与方法,从故障的现象入手,分析每一步检测的结果,最后检查出故障的具体部位。诊断时要紧紧抓住汽油发动机正常工作的三个要素:气缸密封性能的好坏、空燃比的好坏、点火性能的好坏。每个元件、部件或子系统发生故障,都是通过上述三个要素对发动机产生影响。根据发动机的故障性质与现象特征,可以将发动机的常见故障分为高压火不良,汽油压力过低,汽油压力过高,混合气过浓和混合气过稀等局部故障,以及发动机不能起动,发动机动力不足,发动机耗油量大,发动机怠速过高,发动机怠速不良,发动机进气管回火,发动机排气管放炮,发动机冷起动困难等综合故障。

不同的故障,引发的原因也不尽相同,故障部位一般有空气流量计、节气门体、冷却液温度传感器、汽油泵、汽油滤清器、油压调节器、喷油器、火花塞、高压线、点火线圈、点火放大器、氧传感器、ECU、怠速空气调节器、EGR 阀等。

第二节 汽油机电控系统故障诊断

一、高压火不良

1. 故障现象

发动机曲轴在起动电机的驱动下能正常旋转,但所有火花塞都无高压火,或高压火弱,致使发动机运转不正常。

2. 故障主要原因及处理方法

引起点火系统高压火不良的部位一般为点火器、点火线圈、曲轴位置(或凸轮轴位置)传感器、ECU 等，也可能是上述元件的线路故障。元件故障的处理方法一般为更换，线路故障的处理方法一般为检修。

3. 故障诊断流程

故障诊断流程如图 6.4 所示。

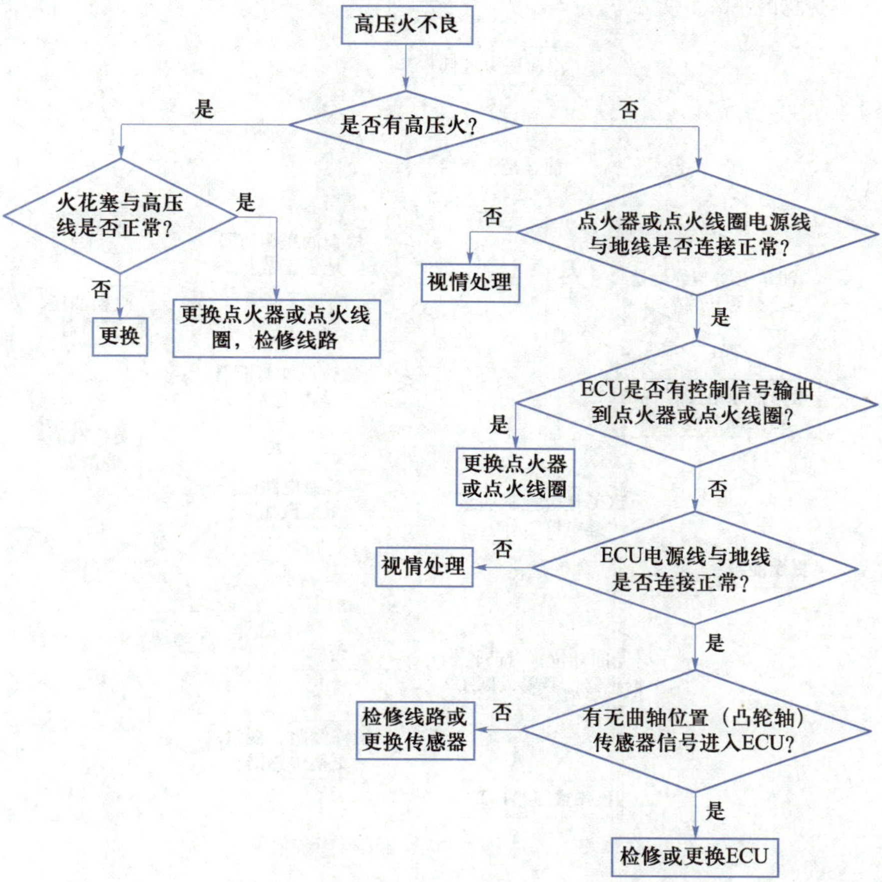

图 6.4　高压火不良故障诊断流程图

4. 解释说明

所有元件的检测、维修方法见相关章节的内容。

多数车辆的点火器与点火线圈集成在一起，形成一个点火模块，若出现故障，应整体更换。部分车辆的点火器集成在 ECU 中，可单独对点火线圈进行检查和更换。

在正常情况下起动发动机时，ECU 只要接收到曲轴位置传感器信号就会控制点火器和点火线圈点火，采用示波器观察 ECU 的输入与输出信号的波形，很容易找到无高压火故障的部位。

二、汽油压力过低

1. 故障现象

发动机的曲轴在起动电机的驱动下较长时间旋转，但燃油系统压力过低，甚至没有压力。

2. 故障主要原因及处理方法

引起燃油系统压力过低的部位一般为汽油泵、油泵继电器、汽油滤清器、油压调节器以及相关元件的电路。电路故障的处理方法一般为检修,元件故障的处理方法一般为更换。

3. 故障诊断流程

故障诊断流程如图 6.5 所示。

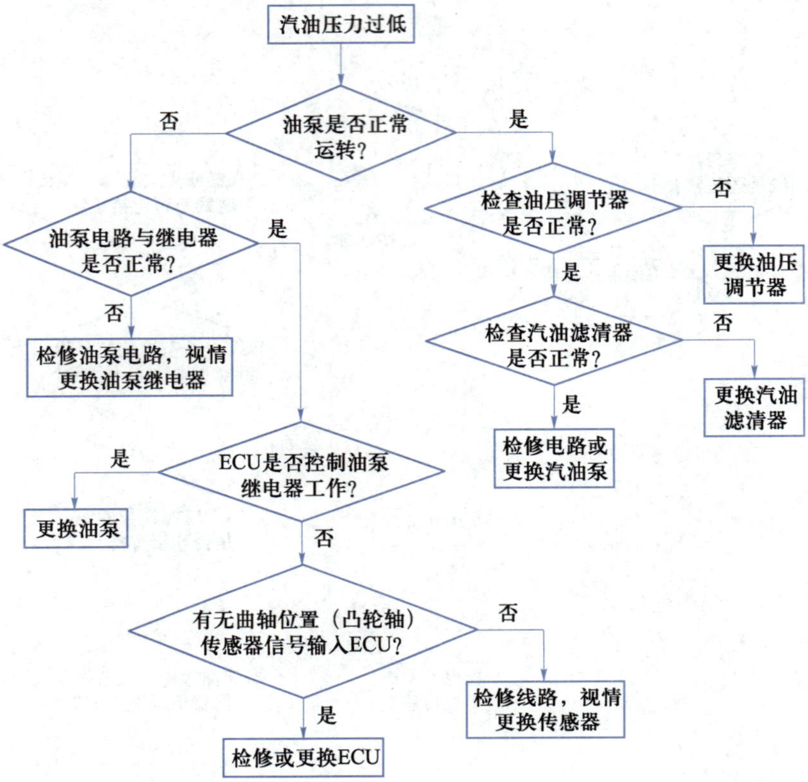

图 6.5 汽油压力过低故障诊断流程图

4. 解释说明

所有元件的检测、维修方法见相关章节的内容。

多点喷射式发动机在怠速运转时,燃油系统压力一般为 250 kPa 左右,突然加大节气门开度时,油压会瞬时增高后回落,如果真空管脱落,油压会接近 300 kPa。

采用叶片式空气流量计的发动机,在流量计上有一个油泵触点,起动和运转时,触点会导通,使油泵正常工作。其他发动机一般采用 ECU 控制主继电器的方式控制油泵的工作。有些发动机在点火开关旋转到"ON"位置时,主继电器工作 3 ~5 s 后停止,使油泵在发动机运转前提前泵油,当发动机运转时,主继电器一直工作。

有些发动机无油压调节器和回油管,油泵输出的油压是恒定的,不能根据负荷的变化而变化。

三、汽油压力过高

1. 故障现象

发动机在起动或怠速运转时,燃油系统压力过高。

2. 故障主要原因及处理方法

引起燃油系统压力过高的部位一般为油压调节器、油压调节器真空管路、回油管路以及相关元件的电路。电路故障的处理方法一般为检修,元件故障的处理方法一般为更换。

3. 故障诊断流程

故障诊断流程如图 6.6 所示。

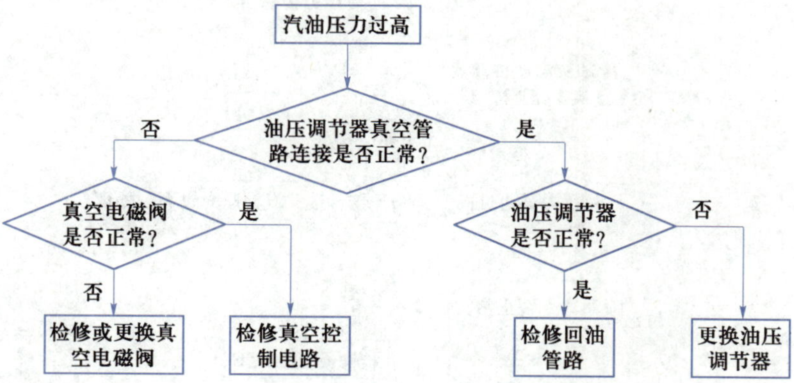

图 6.6　汽油压力过高故障诊断流程图

4. 解释说明

所有元件的检测、维修方法见相关章节的内容。

油压过高的故障比较少见,多数由油压调节器引起。部分发动机油压调节器的真空管路通过一个电磁阀控制,在起动时,真空管路关闭,使油压增高,以增加喷油量并改善雾化效果,利于发动机的起动。

四、混合气过浓

1. 故障现象

发动机怠速时突然加大节气门开度,排气管冒黑烟,或者火花塞发黑,或用尾气分析仪测量的过量空气系数小于 1。

2. 故障主要原因及处理方法

引起混合气过浓的部位一般为喷油器、油压调节器、空气流量计或进气歧管绝对压力传感器、氧传感器、冷却液温度传感器和 ECU 等,也可能是上述元件的线路故障。元件故障的处理方法一般为更换,线路故障的处理方法一般为检修。

3. 故障诊断流程

故障诊断流程如图 6.7 所示。

4. 解释说明

所有元件的检测、维修方法见相关章节的内容。

五、混合气过稀

1. 故障现象

用尾气分析仪检测到的过量空气系数大于 1,火花塞发白,有时伴有加速回火或发动机过热现象。

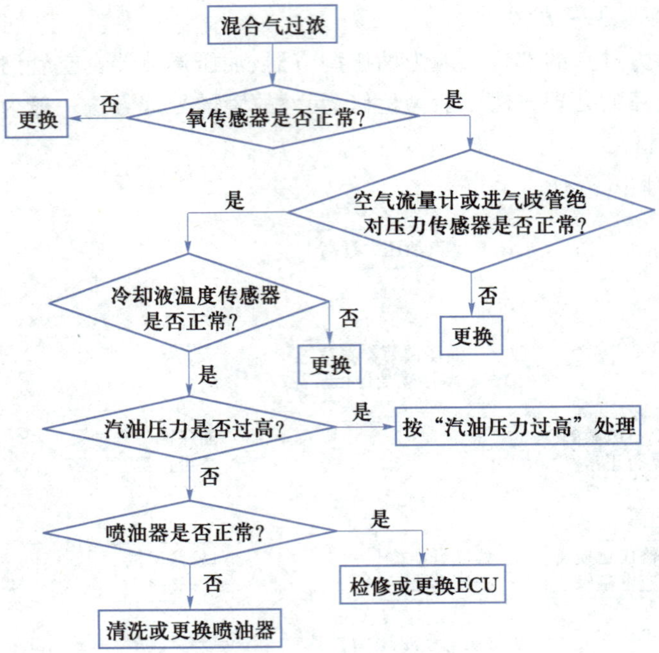

图 6.7 混合气过浓故障诊断流程图

2. 故障主要原因及处理方法

引起混合气过稀的部位一般为喷油器、油压调节器、空气流量计或进气歧管绝对压力传感器、氧传感器、冷却液温度传感器和 ECU 等,也可能是上述元件的线路故障。元件故障的处理方法一般为更换,线路故障的处理方法一般为检修。

3. 故障诊断流程

故障诊断流程如图 6.8 所示。

4. 解释说明

所有元件的检测、维修方法见相关章节的内容。

六、发动机不能起动

1. 故障现象

曲轴转动正常,有起动转速,但发动机长时间不能起动。

2. 故障主要原因及处理方法

电子控制系统引起发动机不能起动的基本原因是无高压火,点火正时严重失准和不喷油。引起无高压火的故障部位一般为火花塞、点火放大器与点火线圈、曲轴位置(或凸轮轴位置)传感器、ECU 以及上述元件的线路故障。引起点火正时严重失准的故障部位一般为曲轴位置(或凸轮轴位置)传感器及电路。引起不喷油的故障原因一般为喷油器及其电路、汽油泵及其电路、油压调节器故障或点火信号丧失等。处理的方法一般为更换相应的元器件。

3. 故障诊断流程

故障诊断流程如图 6.9 所示。

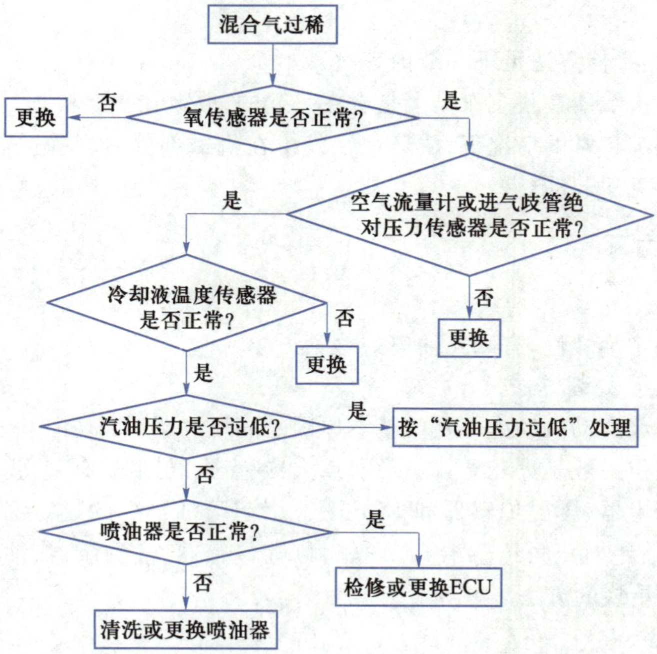

图 6.8 混合气过稀故障诊断流程图

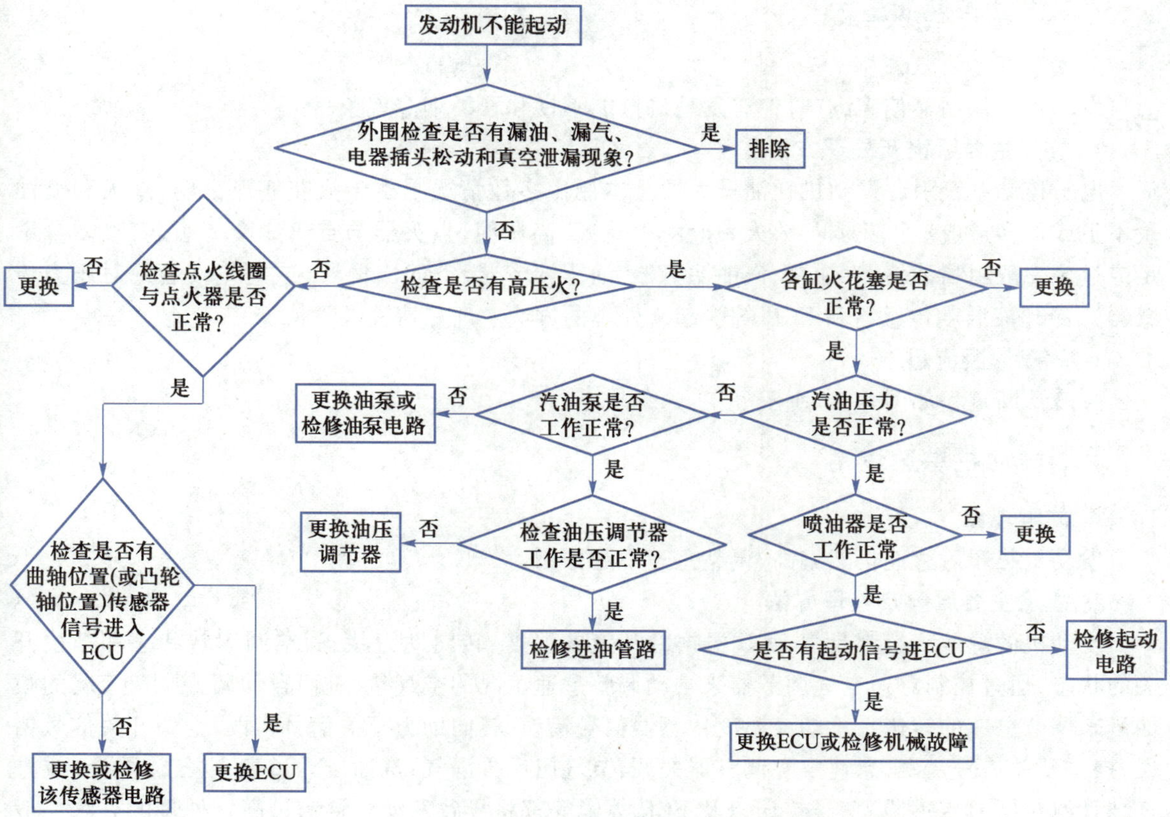

图 6.9 发动机不能起动故障诊断流程图

4. 解释说明

所有元件的检测、维修方法见下一节内容。

点火放大器与点火线圈在很多车型上是合在一起的，故放在一起检查。

在电子控制系统都正常的情况下，故障往往发生在机械部分，如气缸压力过低、分电器装配错位等将造成发动机无法起动。

七、发动机动力不足

1. 故障现象

车辆加速时速度增加缓慢，有踩空油门的感觉。

2. 故障主要原因及处理方法

电子控制系统引起发动机动力不足的基本原因是高压火弱，点火正时失准，喷油量少等。引起高压火弱的故障部位一般是火花塞、高压线、点火器、点火线圈和 ECU 等。引起点火正时失准的故障部位一般是分电器、爆震传感器和 ECU 等。引起喷油量少的故障部位一般是喷油器、空气流量计（或进气歧管绝对压力传感器）、节气门位置传感器、汽油泵、汽油滤清器、油压调节器和 ECU 等，一般采取更换的方法来处理。

3. 故障诊断流程

故障诊断流程如图 6.10 所示。

八、发动机耗油量大

1. 故障现象

发动机油耗明显偏高，有时伴有发动机性能不良和冒黑烟等现象。

2. 故障主要原因及处理方法

电子控制系统引起发动机耗油量大的基本原因多数情况是由于火花塞点火弱，缺火和喷油量不足或过多造成。火花弱与缺火一般由火花塞、高压线、点火器与点火线圈等引起，喷油量不足或过多一般由喷油器、汽油泵、汽油滤清器、油压调节器、空气流量计（或进气歧管绝对压力传感器）、冷却液温度传感器和 ECU 等引起。处理的方法一般是清洗或更换。

3. 故障诊断流程

故障诊断流程如图 6.11 所示。

九、发动机怠速过高

1. 故障现象

发动机热车后怠速仍然偏高，调整怠速不起作用。

2. 故障主要原因及处理方法

发动机的怠速一般都是由 ECU 根据冷却液的温度、转向助力状态、空调运转状态和挡位开关的状态，通过控制怠速空气调节器来自动调整怠速工况的空气量，进而自动调整怠速工况的喷油量来调节怠速的转速。冷却液温度传感器信号错误，转向助力开关信号错误，空调开关信号错误，挡位开关信号错误，怠速空气调节器失调，节气门后方漏气，汽油压力过高，空气流量计（或进气歧管绝对压力传感器）信号错误以及 ECU 故障等都将导致发动机怠速过高。处理的方法一般是清洗和更换。

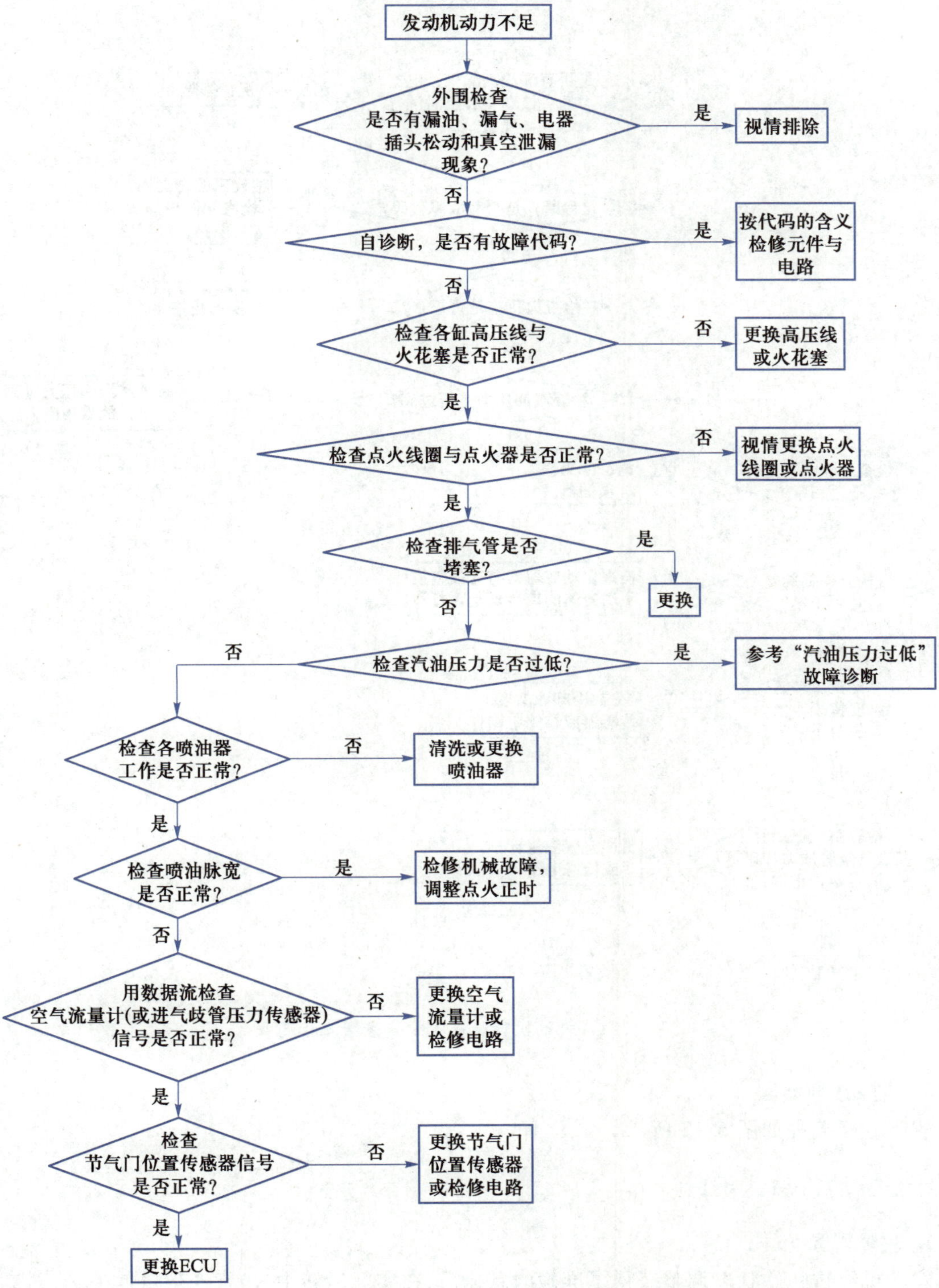

图 6.10　发动机动力不足故障诊断流程图

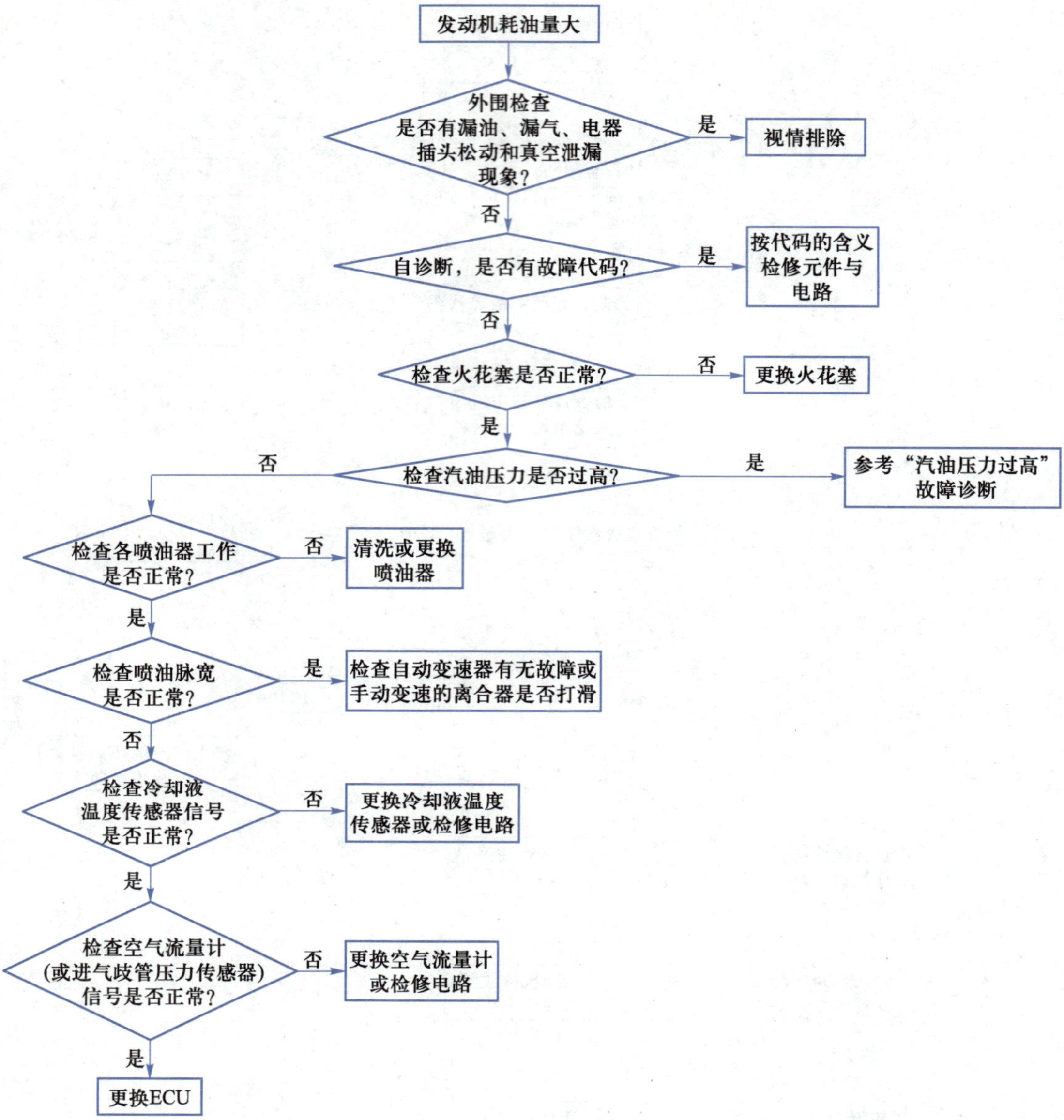

图 6.11 发动机耗油量大故障诊断流程图

3. 故障诊断流程

故障诊断流程如图 6.12 所示。

十、发动机怠速不良

1. 故障现象

发动机经过初始状态调整获得了准确的怠速后，在实际运转中，经常产生怠速偏低、抖动、游车或熄火现象，发动机低温、空调运转与转向助力的时候都有提速现象，但都不是很稳定，有时在其他工况下还伴有动力不足的现象。

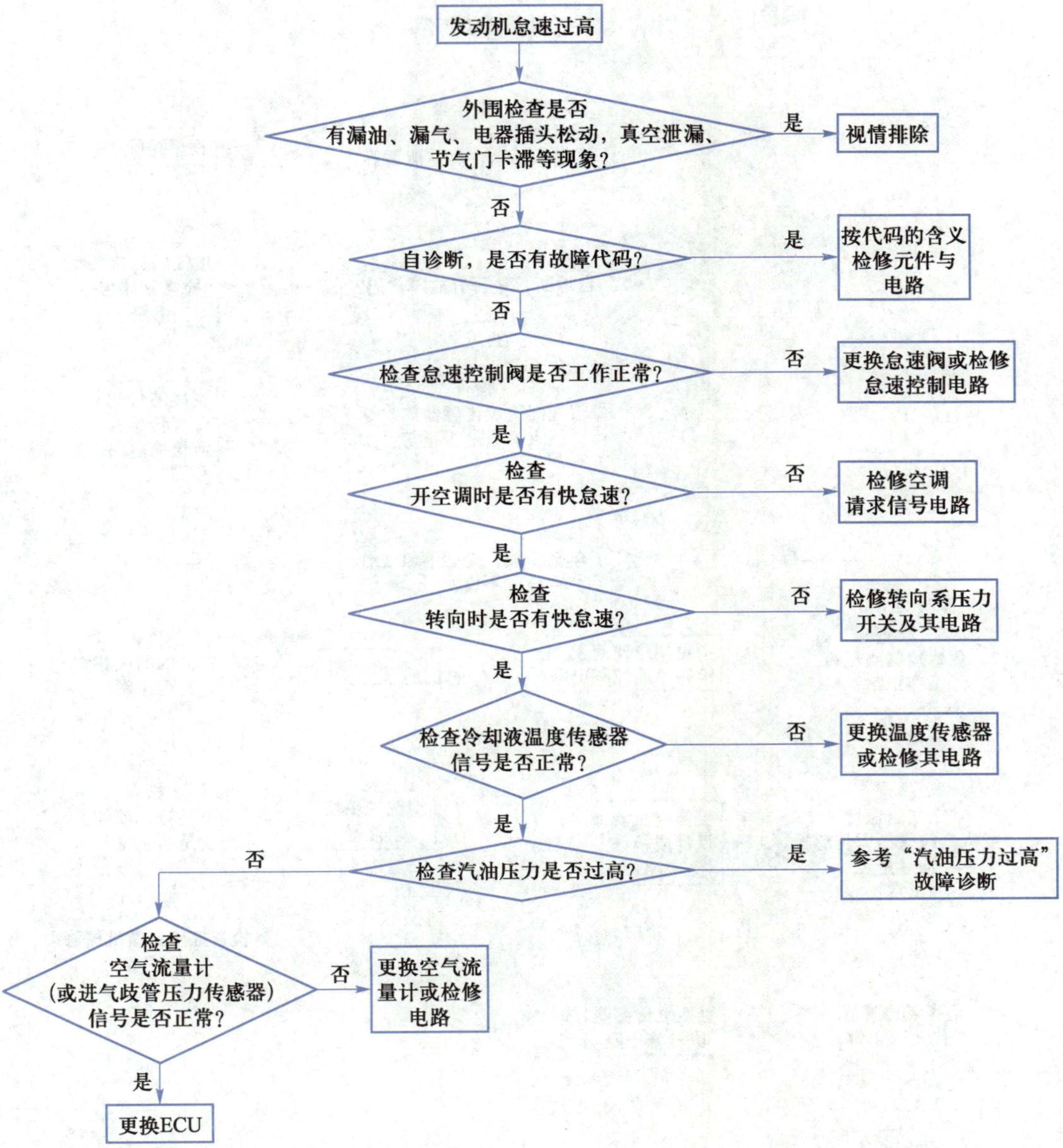

图 6.12 发动机怠速过高故障诊断流程图

2. 故障主要原因及处理方法

怠速不良往往由发动机在怠速时所发出的动力较小，难以克服发动机自身运转与附件运转的摩擦阻力而引起。引起发动机怠速动力故障的原因有个别缸不工作或工作不良，怠速进气量较少或怠速时混合气浓度不正常等。引起上述情况的故障部位有火花塞、高压线、汽油泵、油压调节器、汽油滤清器、喷油器、怠速空气调节器、空气流量计（或进气歧管绝对压力传感器）、氧传感器、节气门位置传感器等。处理的方法一般是清洗、调整和更换。

3. 故障诊断流程

故障诊断流程如图 6.13 所示。

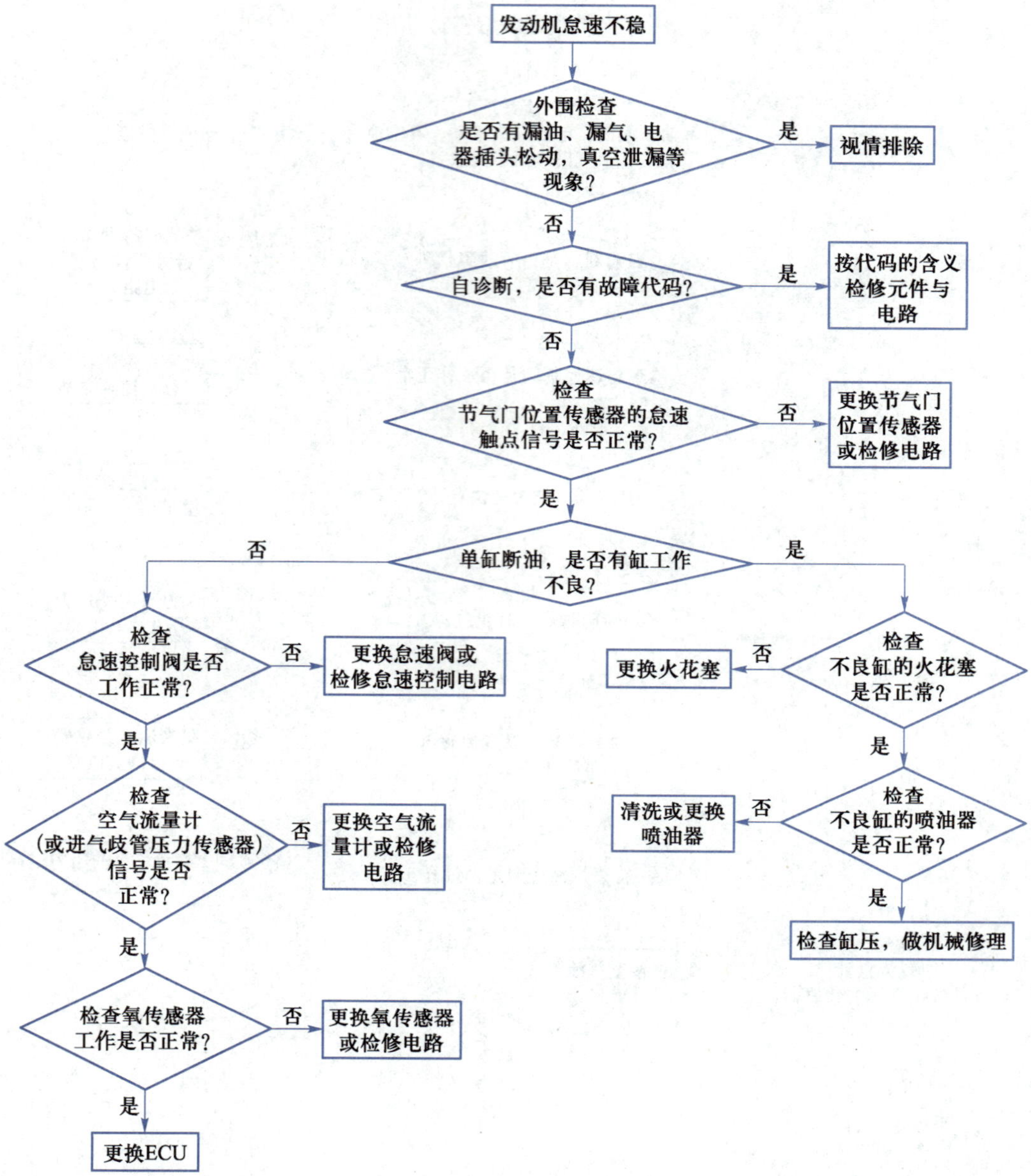

图 6.13 发动机怠速不良故障诊断流程图

十一、发动机进气管回火

1. 故障现象

发动机工作不正常，迅速增加节气门开度时进气管有回火，加速无力。

2. 故障主要原因及处理方法

如果混合气过稀，混合气的燃烧速度下降，燃烧火焰会延续到下一次进气门打开，使进气歧管内的可燃混合气燃烧，造成进气管内有回火现象。引起混合气过稀的主要故障部位是进气系统、汽油泵、汽油压力调节器、汽油滤清器、喷油器、节气门位置传感器、空气流量计（或进气歧管绝对压力传感器)和气缸等。处理的方法一般是清洗、检修、调整和更换。

3. 故障诊断流程

故障诊断流程如图 6.14 所示。

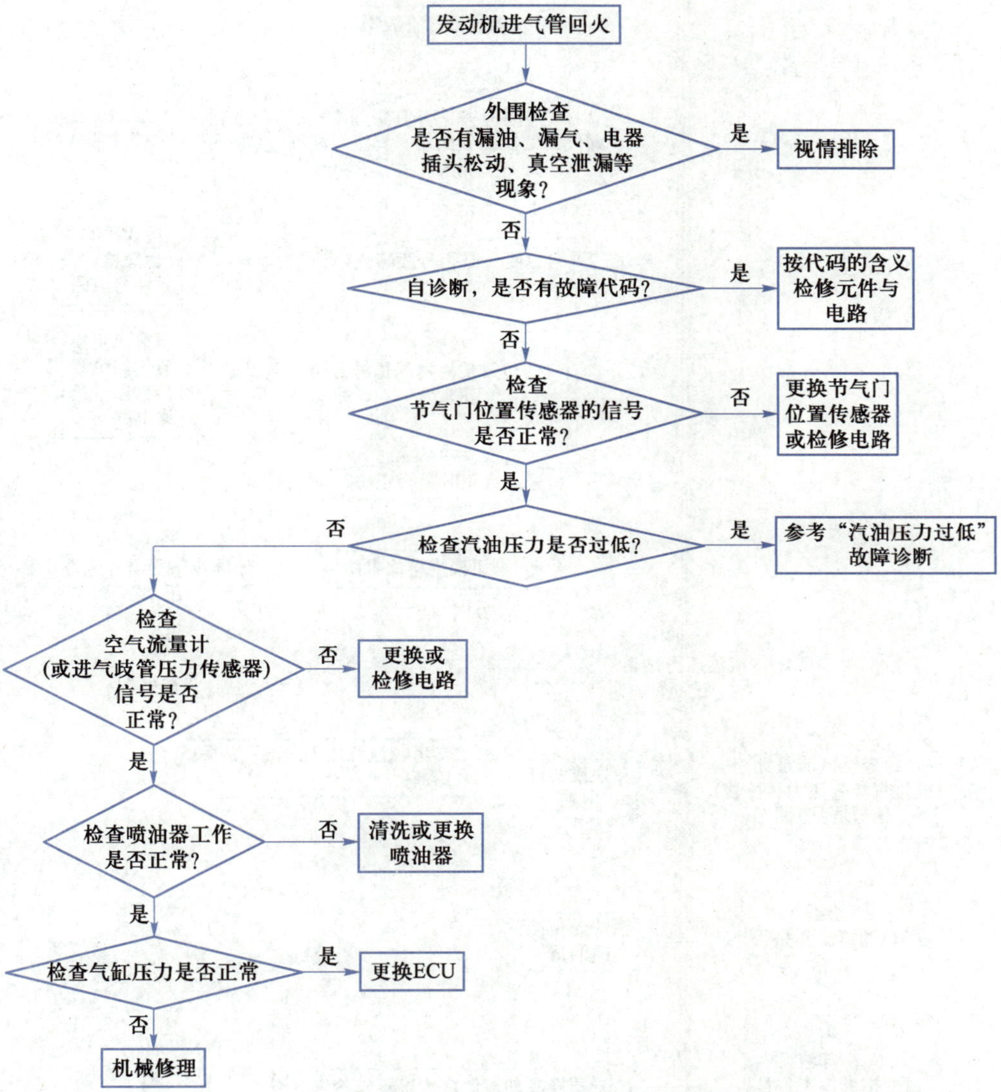

图 6.14　发动机进气管回火故障诊断流程图

十二、发动机排气管放炮

1. 故障现象

发动机工作不正常,排气管放炮,同时伴随有冒黑烟现象,发动机动力下降,油耗增加。

2. 故障主要原因及处理方法

当可燃混合气的浓度过高或点火过迟时,混合气在做功行程未燃烧彻底,进入排气管后继续燃烧,并产生放炮声。引起混合气过浓的部位有喷油器、油压调节器、空气流量计(或进气歧管绝对压力传感器)、节气门位置传感器、冷却液温度传感器等。处理方法一般为检修、调整和更换。

3. 故障诊断流程

故障诊断流程如图 6.15 所示。

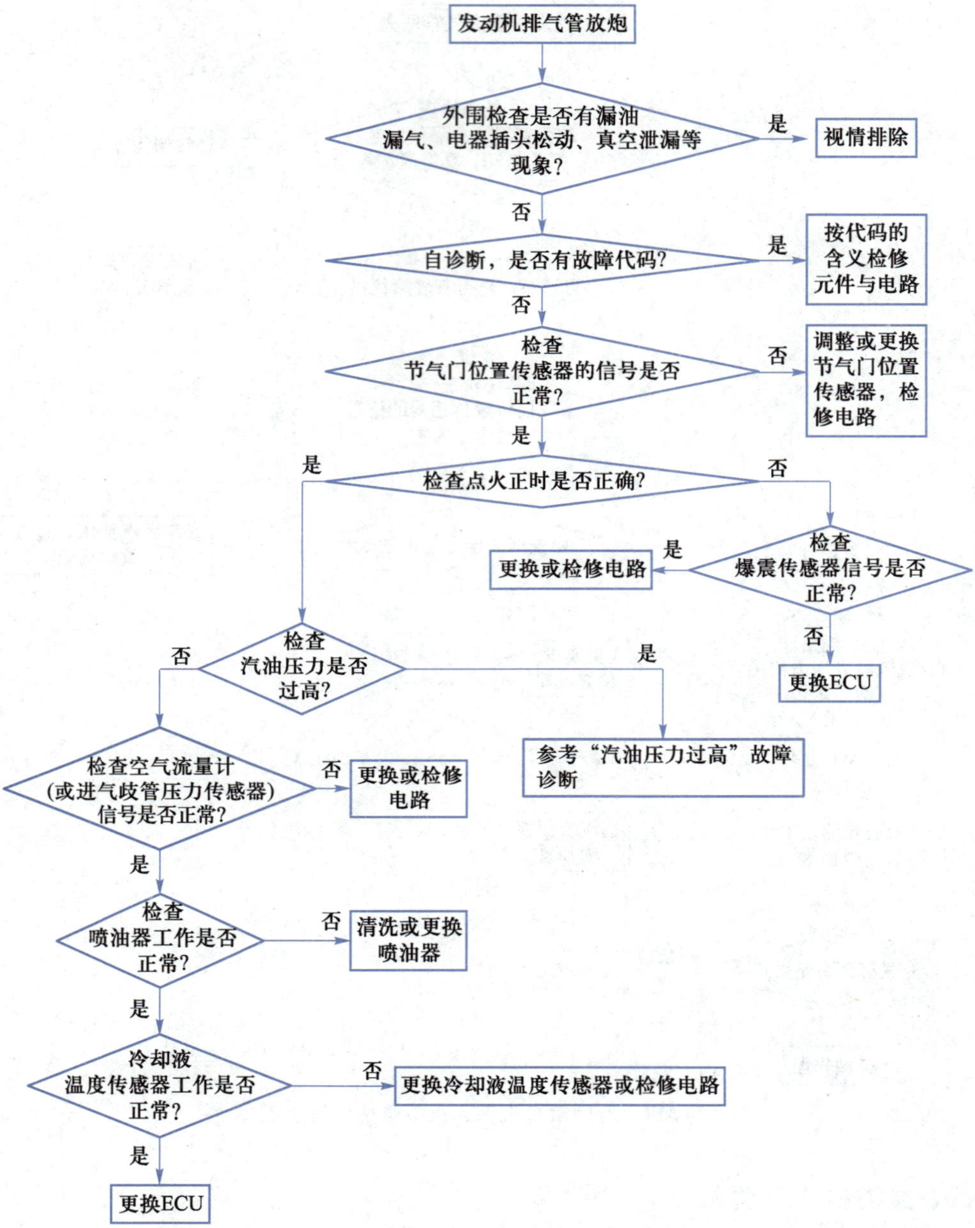

图 6.15 发动机排气管放炮故障诊断流程图

十三、发动机冷起动困难

1. 故障现象

发动机在热车时起动正常,而冷态时需要经过较多次、长时间地转动起动机,但起动后发动机运转正常。

2. 故障主要原因及处理方法

造成冷起动困难的基本原因是混合气浓度不够，火花塞跳火弱，气缸压力偏低，汽油雾化不良等。引起混合气浓度低的故障部位有冷却液温度传感器、进气系统、喷油器、油压调节器、冷起动喷油器及其温控开关(部分车型装备)、起动控制电路(向 ECU 输送起动信号)等。引起火花塞跳火弱的故障部位有火花塞、高压线、点火线圈与点火器等。引起气缸压力低的原因是机械故障。引起汽油雾化不良的主要原因是喷油器故障。处理方法一般是检修、清洗和更换。

3. 故障诊断流程

故障诊断流程如图 6.16 所示。

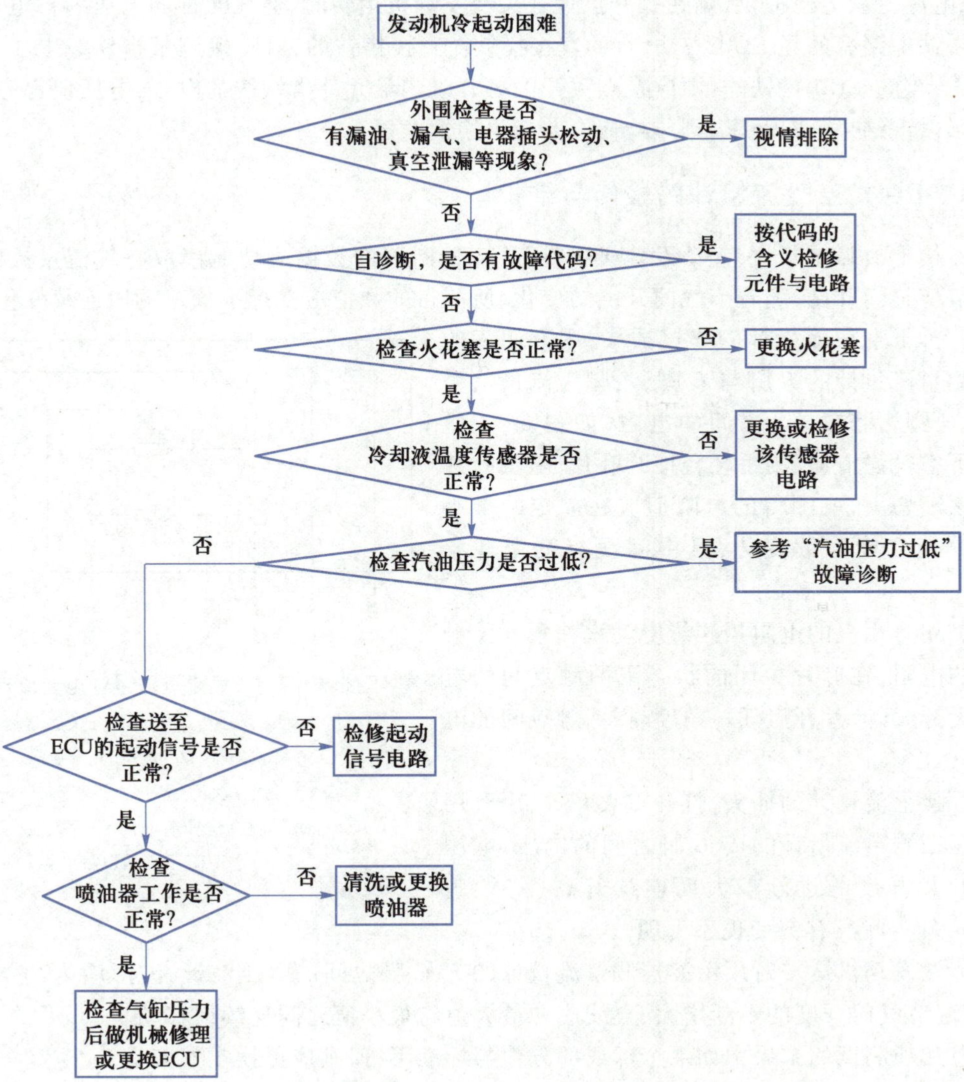

图 6.16　发动机冷起动困难故障诊断流程图

4. **解释说明**

起动时的喷油量是由 ECU 程序设定的，并根据冷却液温度传感器信号进行修正，所以要重点检查冷却液温度传感器，并检修送至 ECU 的起动信号电路。

第三节 汽油机电控系统主要元件的检修与维护

在对控制系统的主要元件进行检修时，一般首先检查元件的供电与搭铁电路是否正常，然后再检测元件的本身是否正常。

如果元件的电源由 ECU 提供，则在打开点火开关时，通往元件的电压多数为 5 V，也有 10V 的；如果电源由蓄电池提供，则在打开点火开关或发动机运转时，通往元件的电压为蓄电池电压。元件的搭铁电路有的经 ECU 搭铁，有的直接搭铁。直接搭铁的，可直接测量搭铁线电压，正常值应为 0 V。经过 ECU 搭铁的，则应在点火开关打开时测量元件搭铁线的电压，电压值也应为 0 V。

如果以上结果不符要求，则应检修电路或更换继电器。

一、叶片式空气流量计的检修与维护

(1) 接上故障诊断仪，起动发动机，利用故障诊断仪的数据流功能读取空气流量计的数值，同时调节节气门开度，随着节气门开度的变化，所测得的数值应在标准值范围内连续变化。

(2) 拆下空气流量计的连接插头，用万用表的电阻挡测量流量计的 *F* 脚与 *C* 脚（*F* 脚为流量信号输出端，*C* 脚为搭铁端）之间的电阻，如图 6.17 所示。拆下空气滤清器，用手轻轻推开叶片，随着叶片开度的逐渐增大，所测得的电阻值应在规定的最小值到最大值之间连续变化，且中间没有突变现象出现。

(3) 用万用表的电阻挡测量电动汽油泵开关触点之间的电阻，在叶片关闭的状态下两触点间的电阻应为无穷大，叶片开启任一角度时，两触点间的电阻应为 0 Ω。

(4) 接上流量计的插头，打开点火开关，用万用表的电压挡测量流量计的 *F*、*C* 脚之间的电压，电压应随着叶片开度的逐渐增大而连续升高（一般为 0 ~ 5 V），且中间没有突变现象出现。

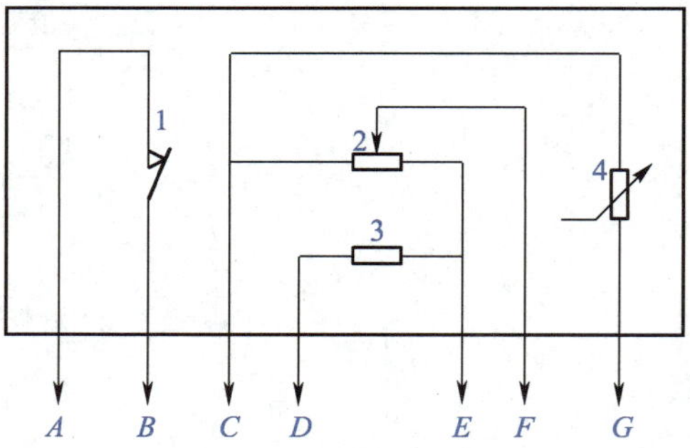

图 6.17 叶片式空气流量计电路原理图

A—搭铁端子；*B*—电动汽油泵开关触点端子；*C*—搭铁端子；*D*—电压修正端子；*E*— 5 V 参考电压端子；*F*—空气流量信号端子；*G*—进气温度信号端子；1—油泵开关；2—可变电阻；3—固定电阻；4—热敏电阻

(5) 在发动机运转时用示波器测量流量计的 *F*、*C* 脚之间的电压波形，波形应为一条水平的直线，随着节气门开度的不断增大，直线应在最大值与最小值之间连续地移动。

以上几项测试的结果中如果全部或部分值与标准不符，则应更换空气流量计。

二、热线式与热膜式空气流量计的检修与维护

(1) 接上故障诊断仪，起动发动机，利用故障诊断仪的数据流功能读取空气流量计的数值，

同时调节节气门开度，随着节气门开度的变化，所测得的数值应在标准值范围内连续变化。

（2）在发动机运转时，用万用表的电压挡测量流量计的信号输出端脚与搭铁端脚之间的电压，例如红旗车，2 号脚为输出端，4 号脚为搭铁端，如图 6.18 所示。电压应随着节气门开度的增大而连续升高（如红旗车一般为 1 ~5 V），且中间没有突变现象发生。

（3）在发动机运转时，用示波器测量流量计的信号输出端脚与搭铁端脚之间的电压波形应为一条水平的直线，随着节气门开度的增大，直线应在最小值与最大值之间连续地移动。示波器的波形应在最小值与最大值之间呈一条单调升高的直线或曲线。

以上两项测试的结果如果全部或部分值与标准不符，则应更换空气流量计。

三、卡门涡流式空气流量计的检修与维护

（1）拆下空气流量计的连接插头，用万用表的电阻挡测量流量计进气温度信号的输出端脚与搭铁端脚（如反光镜检测式的 *D* 脚与 *E* 脚）之间的电阻，如图 6.19 所示，电阻应随着温度的逐渐升高而连续减小，且中间没有突变现象发生。

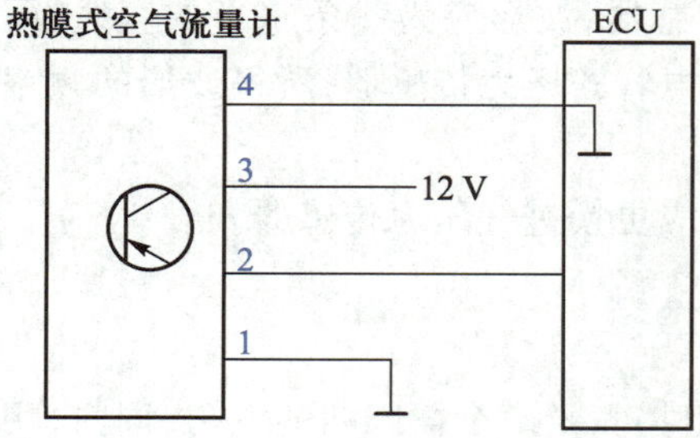

图 6.18　热膜线空气流量计的电路原理图

1—搭铁端子；2—流量计信号端子；
3—供电端子（12 V 由汽油泵继电器提供）；
4—传感器信号搭铁端子

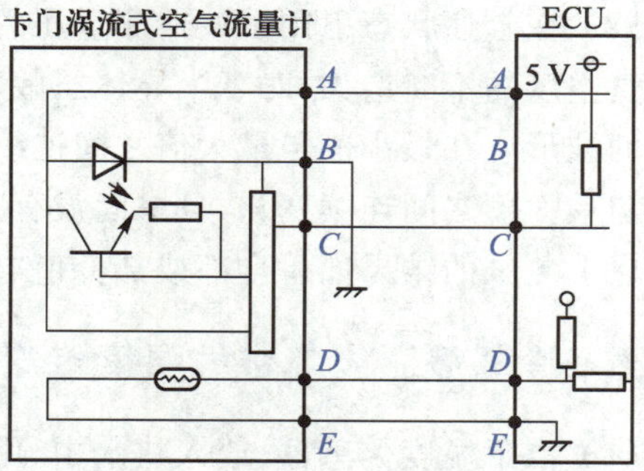

图 6.19　卡门涡流式光电空气流量计的电路原理图

A—5 V 电压端子；*B*—搭铁端子；
C—空气流量信号端子；*D*—进气温度信号端子；
E—搭铁端子

（2）发动机运转时，用万用表的电压挡测量流量计的信号输出端脚与搭铁端脚（如反光镜检测式的 *C* 脚与 *B* 脚）之间的电压，迅速变化节气门开度，以调节通过流量计的空气量（注意防止发动机转速过高），所测得的电压应随着节气门开度的增大而连续变化，且中间没有突变现象发生。

（3）发动机运转时，用示波器测量空气流量计的信号输出端脚与搭铁端脚（如反光镜检测式的 *C* 脚与 *B* 脚）之间的信号波形，波形应为一条水平的直线。同样迅速改变节气门开度，以调节通过流量计的空气量（注意防止发动机转速过高）。随着节气门开度的逐渐增大，示波器的波形应在最小值与最大值之间连续地移动。

以上两项测试的结果如果全部或部分值与标准不符，则应更换空气流量计。

四、进气压力传感器的检修与维护

（1）打开点火开关，发动机不运转，拆下真空软管，接上真空泵，用万用表测量压力传感器的

信号输出端脚与搭铁端脚之间的信号(对于半导体压敏电阻式,则用电压挡测电压值,对于电容式,则用频率挡测信号的频率),如图6.20所示。随着真空度的不断增大,所测得的结果应在标准值规定的范围内,且没有突变现象发生。

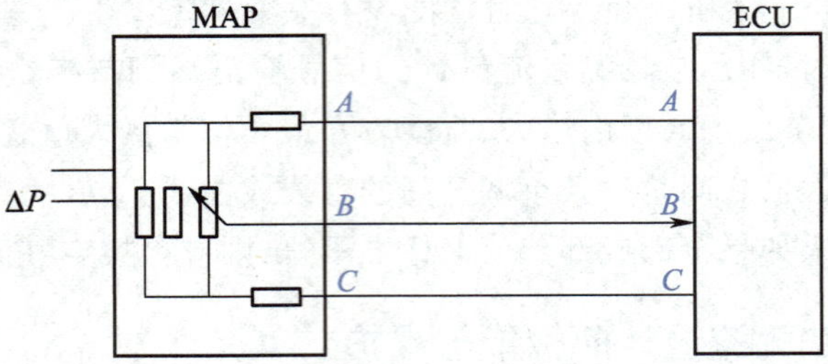

图6.20 进气歧管绝对压力传感器的连接示意图

A—5 V参考电压端子;B—传感器信号端子;C—搭铁端子

(2)在上述状态下用示波器测量压力传感器的信号输出端脚与搭铁端脚之间的信号波形,随着真空度的不断增大,对于半导体压敏电阻式压力传感器,波形应为一条水平的直线,而且示波器的波形应在最小值与最大值之间连续地移动;对于电容式压力传感器,所得波形的频率在最小值与最大值之间连续变化,且中间没有突变现象发生。

以上测试的结果如果全部或部分值与标准不符,则应更换进气压力传感器。

五、冷却液温度与进气温度传感器的检修与维护

(1)取下温度传感器,放入热水中,用万用表的电阻挡测量两个插脚间的电阻,同时,用温度计测量水的温度。随着热水温度的下降,所测得的电阻值应符合各温度下的标准电阻值。如桑塔纳2000型乘用车的冷却液温度传感器,在20 ℃时,电阻值为2400 Ω;在80 ℃时,电阻值为320 Ω。且电阻随温度的变化应连续,中间没有突变现象发生。

(2)在上述条件下将传感器接上ECU,并打开点火开关,用万用表的电压挡测量两个插脚间的电压值,随着热水温度的下降,所测得的电压值应符合各温度下的标准电压值,且电压的变化应连续,中间没有突变现象发生。

以上两项测试的结果如果全部或部分值与标准不符,则应更换温度传感器。

六、节气门位置传感器的检修与维护

(1)拆下节气门位置传感器的连接插头,用万用表的电阻挡测量传感器的信号输出端脚与搭铁端脚之间的电阻,如图6.21所示,同时连续、缓慢地改变节气门的开度,所得电阻应随节气门开度的增大而连续增大,且中间没有突变现象发生。

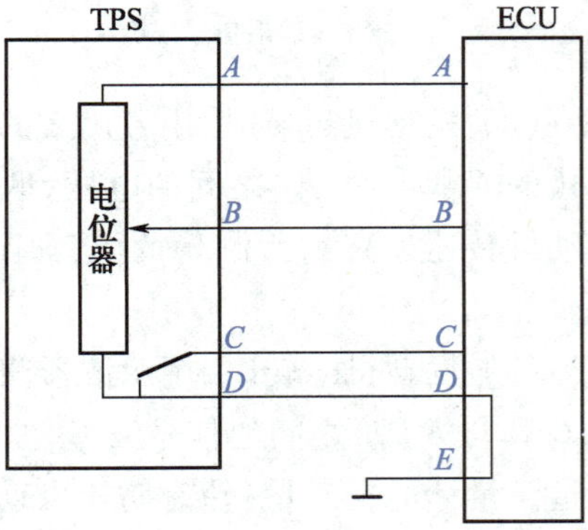

图6.21 节气门位置传感器的连接原理图

A—5 V参考电压端子;B—传感器信号端子;C—怠速触点信号端子;D—搭铁端子

(2) 打开点火开关,发动机不运转。用万用表的电压挡测量传感器的信号输出端脚与搭铁端脚之间的电压,同时连续、缓慢地改变节气门的开度,所得电压值应随节气门开度的增大而连续增大,且中间没有突变现象发生。

(3) 对于有怠速触点的节气门位置传感器,拆下连接插头,用万用表的电阻挡测量传感器的怠速触点(IDL)信号输出端脚与搭铁端脚之间的电阻。节气门为关闭状态时,电阻应为0 Ω,节气门从打开微小的一个开度一直到全开,电阻都应为无穷大。

以上测试结果如果部分或全部与标准不符,则应更换节气门位置传感器。

七、曲轴位置与凸轮轴位置传感器的检修与维护

曲轴位置传感器与凸轮轴位置传感器属于同一类型的传感器,根据结构与原理的不同可分为三种,即电磁感应式、霍尔效应式和光电式。三种传感器输出的都是脉冲信号,只是波形不同而已,检测方法基本相同,此处以霍尔式为例介绍其检修方法。

发动机运转时,用示波器测量位置传感器的信号输出端脚与搭铁端脚之间的信号波形,例如桑塔纳2000型乘用车,2号脚为输出,3号脚为搭铁,如图6.22所示。示波器上的波形应为方波,幅值在0～5 V之间。随着发动机转速的增加,只是波形的频率增加,而幅值没有变化,如图6.23所示。

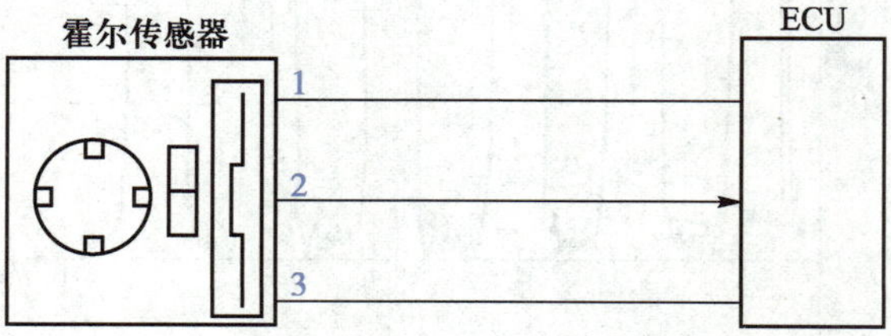

图 6.22　霍尔传感器的连接原理图

1—5 V参考电压端子;2—传感器信号端子;3—搭铁端子

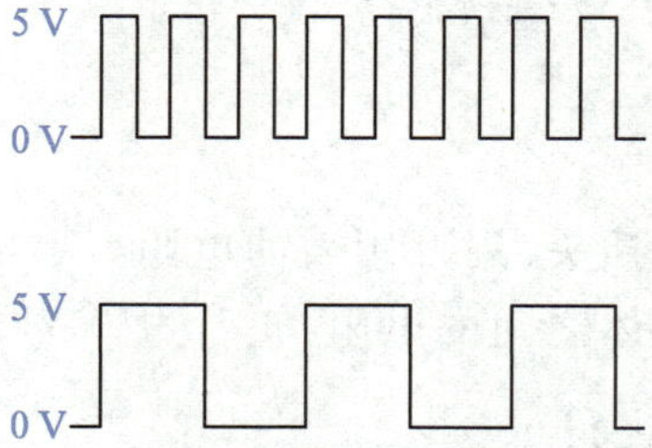

图 6.23　霍尔传感器的输出信号波形

如果所得波形与标准不符,则应更换曲轴位置传感器。

八、氧传感器的检修与维护

(1) 接上故障诊断仪,起动发动机并运转到正常工作温度,打开节气门使发动机保持在2500 r/min的转速下运转2 min以上,此时操作故障诊断仪读取氧传感器的信息,氧传感器的状态应在浓与稀之间连续变化。

(2) 对于二氧化锆式氧传感器，拆下连接插头，用万用表的电阻挡测量传感器信号输出端与发动机搭铁之间的电阻值，一般应为无穷大。装好并连接，起动发动机并运转到正常温度，然后使发动机以 2500 r/min 的转速运转 2 min 以上，并保持该转速，此时用万用表的直流电压挡测传感器信号输出端与搭铁间的电压，读数应在大于 0.25 ~ 0.75 V 的范围内不断变化，且 10 s 内的变化次数不低于 4 次。怠速时，该信号电压值应为(450 ± 50) mV 。

(3) 对于二氧化钛式氧传感器，起动发动机并运转到正常温度，用万用表的直流电压挡测传感器两信号线之间的电压，读数应在大于 0.5 ~ 4.5 V 的范围内不断变化，且 10 s 内的变化次数不低于 10 次。

(4) 将发动机运转到正常的工作温度，对于二氧化锆式氧传感器，使发动机在 2500 r/min 转速下运行 2 min 以上，此时，用示波器测量氧传感器的输出信号波形，波形的幅值范围应超过 0.25 ~ 0.75 V 的范围，变化的频率应超过规定的频率，如图 6.24 所示。对于二氧化钛式氧传感器，用示波器测量氧传感器的两信号线间的信号波形，波形的幅值范围应超过0.5 ~ 4.5 V的范围，变化的频率应超过规定的频率(比二氧化锆式氧传感器的信号频率高)。

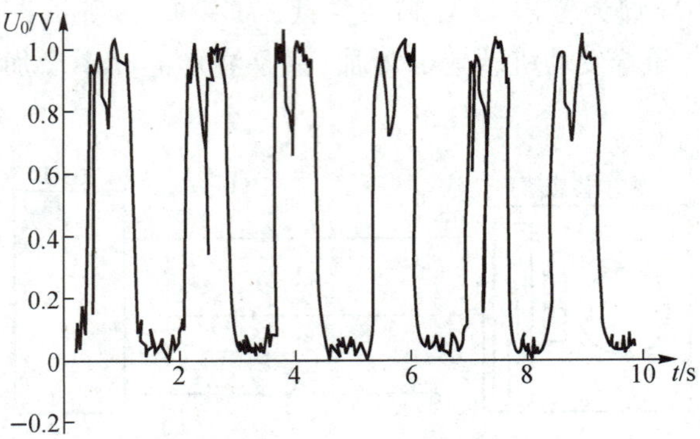

图 6.24 氧传感器的信号波形

如果以上测试结果不符合要求，则应更换氧传感器。

九、爆震传感器的检修与维护

(1) 拆下爆震传感器的连接插头，用万用表的电阻挡测量传感器的信号输出端与壳体之间的电阻，正常电阻应为无穷大。

(2) 拆下爆震传感器连接插头，用木槌敲击传感器附近的缸体，同时用示波器测量信号输出端与发动机搭铁之间的波形，应得到如图 6.25 所示的信号波形，随着敲击强度和节奏的变化，波形的幅值与频率应该相应地变化。

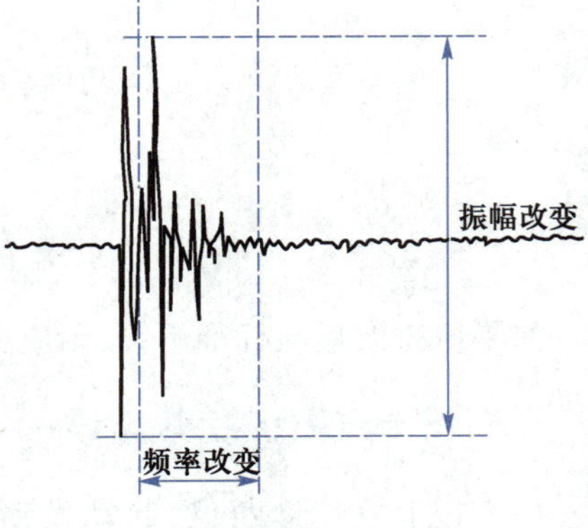

图 6.25 爆震传感器的信号波形

(3) 如果没有示波器，用木槌敲击传感器附近的缸体，同时用万用表的微电压挡测量信号输出端与发动机搭铁之间的电压，万用表上应有微量电压显示，读数越高越好，最高不大于 1 V。

如果以上测试结果与要求不符合，则应更换爆震传感器。

十、喷油器的检修与维护

（1）拆下喷油器的连接插头，接上 LED 试灯，起动发动机，试灯应闪烁。

（2）接上故障诊断仪，打开点火开关，利用故障诊断仪的数据流功能，对喷油器进行测试，测试时，应能够听到各喷油器顺序动作的“嗒嗒”声。

（3）拆下喷油器，将其装在喷油器清洗检测仪上，检测喷油器的工作情况。喷油雾化应良好，停止喷油时，出油口应没有滴漏，且在一定的喷油次数下，各喷油器累计喷油量之间的误差应小于规定值。

（4）拆下喷油器连接插头，用万用表的电阻挡测量喷油器两插脚之间的电阻，电阻值应在规定的范围内。

如果以上测试结果与要求不符合，则应检修电路或更换喷油器。

十一、汽油泵与油压调节器的检修与维护

（1）拆下汽油泵继电器，起动发动机运转到自动熄火，使汽油管路卸压，将汽油压力表接到油压测试口上（无油压测试口的车型，可将汽油压力表接到滤清器出油端与油管之间），再装上汽油泵继电器，并起动发动机，观察汽油压力表的读数，其值应在 250 kPa 左右（多点喷射式）。

（2）如果油压过低，用钳子夹住油压调节器的回油管，使回油管不通，如果油压没有升高，则说明汽油泵有故障，需要更换；如果油压升高，则说明油压调节器有故障，需要更换。

（3）增加节气门的开度，油压值应随之增大，取下油压调节器上的真空管，油压应该迅速由 250 kPa 增长为 300 kPa 左右，否则油压调节器有故障，需要更换。

（4）使发动机熄火，10 min 后观察油压表，油压应不低于 250 kPa，否则应更换汽油泵。

（5）按上述方法使汽油管卸压，拆下汽油滤清器的进油端油管，并接一个量筒，在汽油泵继电器处外接蓄电池电压并给汽油泵通电 30 s，量筒内的油量应不低于规定值，否则需要更换汽油泵。

十二、ECU 的检修与维护

对于 ECU 的检查，一般首先检查 ECU 的供电与搭铁，只有在 ECU 的供电与搭铁良好的前提下，讨论 ECU 的性能才有意义。ECU 的供电线路至少有两条，一条是常火线，即从蓄电池有一条线路直接通到 ECU，不受点火开关或继电器的控制；另一条是受点火开关控制的供电线路，通过点火开关或经继电器供电。ECU 的搭铁线至少有两条，一条是 ECU 功率输出控制的搭铁，另一条是传感器的搭铁，检查时要将其区分开。

用万用表的电压挡测量 ECU 连接插头处的电源线电压，其值应为蓄电池电压值，再检查 ECU 连接插头处的搭铁线，应为零电压。如果测量结果与上述不符，则线路中有接触不良或断路现象，需要检修或更换。

由于 ECU 的内部电路相当复杂，一般没有直接的方法来检测，在修理作业中，常常采用间接法或排除法，方法如下：

(1) 间接法。检测的前提是 ECU 的供电、搭铁、故障指示灯及电路良好。打开点火开关,位于仪表台上的故障诊断指示灯应该点亮,如果不亮,则 ECU 有故障。

(2) 接上故障诊断仪,输入车型信息后,如果故障诊断仪无法与 ECU 进行通信,则 ECU 有故障。

(3) 在外围电路良好的情况下,有输入信号(如曲轴转速信号),没有输出信号(如点火或喷油信号),则 ECU 有故障。

如果出现以上情况之一,则需更换 ECU。

十三、继电器的检修与维护

对于具有 5 个端脚的继电器,取下继电器,用万用表的电阻挡测量继电器端脚 86 与 85 之间的电阻,电阻应在规定值范围内(约 1.5 Ω);端脚 30 与 87a 之间的电阻应为 0 Ω;端脚 30 与 87 之间的电阻应为无穷大。给 86 与 85 之间通 12 V 电压使继电器工作,此时,端脚 30 与 87 之间的电阻应为 0 Ω,端脚 30 与 87a 之间的电阻应为无穷大。具有 4 个端脚的继电器比 5 端脚的继电器少一个 87a 端脚,检测方法与 5 端脚基本一样。如果结果不符合要求,则更换继电器。

十四、怠速空气调节器的检修与维护

(1) 拆下连接插头,测量怠速空气调节器线圈的电阻值应与标准相符。

(2) 发动机在怠速状态下,接上和拆下怠速空气调节器的连接插头,发动机的转速应该有明显的变化,变化范围约 150 r/min,并且随着发动机工作温度的由低到高,发动机的怠速转速应该由高到低发生明显的变化。

(3) 拆下怠速空气调节器并接上连接插头,以观察怠速空气调节器的动作。同时,用工具部分堵住怠速通道,起动发动机,调整工具的部位,使发动机工作在正常怠速的转速下。此时打开空调,观察怠速空气调节器,调节器的开度应该发生明显的变化。

(4) 发动机正常熄火后拆下怠速空气调节器,步进电机式怠速空气调节器的上阀杆应处在最小位置,使怠速空气通道畅通,以备下次启动时能迅速起动发动机。

如果以上测试结果不符合要求,则应检修电路或更换怠速空气调节器。

十五、活性炭罐电磁阀的检修与维护

(1) 拆下电磁阀的连接插头,用万用表的电阻挡测量电磁阀的电阻,结果应该在标准值范围内。

(2) 用试灯替换电磁阀,起动发动机,设定运转条件,使电磁阀进入工作状态,此时电磁阀应该亮或闪烁。

(3) 接上故障诊断仪,打开点火开关,用故障诊断仪的数据流功能测试电磁阀的工作情况,应该听到电磁阀“嗒嗒”的动作声。

(4) 接上示波器,起动发动机,设定运转条件,使电磁阀进入工作状态,此时电磁阀两个端脚上的信号电压应与标准波形一致。

如果以上测试结果不符合要求,则应检修电路或更换电磁阀。

第四节 点火系故障的仪器诊断——波形分析法

用仪器诊断汽车发动机故障,最早是从点火系故障开始的,目前许多发动机综合分析仪和汽车专用示波器都具有点火系诊断功能。

一、点火系诊断原理

由一定结构和性能参数元件组成的点火系,在工作过程中,其初、次级电压随时间变化呈现一定的规律。其中元件的结构和性能参数的改变必然引起点火系初、次级电压波形发生变化,且两者之间具有对应关系。据此,将点火系实测的初、次级电压波形和标准波形进行对比,就可确定点火系的技术状况,并确定故障部位和原因。而且由于点火波形明显地受到点火条件(混合气浓度、压力、温度)的影响,所以通过点火波形分析还能够有效地检测出发动机机械部件和燃油系统部件的故障。

点火系诊断有点火系初级电压波形分析法和次级电压波形分析法两种方法。两方法各有特点,习惯上,次级电压波形分析法较为常用,而初级电压波形分析法特别适合单独点火方式(即每个气缸的火花塞配用一个点火线圈,点火线圈产生的高压电,直接送至火花塞进行点火)的点火系统的故障诊断。

二、点火次级波形分析法

1. 标准单缸次级电压波形

因点火系的基本结构、控制原理和性能要求不同,不同的点火系统,其次级电压标准波形会有不同,在具体诊断前,必须熟悉诊断对象的标准正常波形。常见的点火系标准单缸次级电压波形如图 6.26 所示。

图 6.26a 波形解释如下:

ab 为点火器功率三极管导通导致的负电压,*a* 点对应点火器输出功率三极管导通的始点,初级电路开始闭合,电流开始流入点火线圈初级线圈并增长。初级电路中电流的突然产生,初级线圈会产生反向自感电势,导致次级电路产生负电压 *ab*,初级电流增长,向初级线圈充磁,次级电路产生振荡,即形成闭合振荡。部分克莱斯勒汽车的电子点火系统,其次级点火波形图线上,没有点火器功率三极管导通起始阶段所产生的次级电压变化阶段,这一点与其他的电子点火系统的特征明显不同。

c 点为初级电流从增长状态向定值状态转化的时刻,也就是点火器中恒(限)流控制功能起作用的时刻点。一般具有恒(限)流控制功能的点火器,当初级电流增长到设定的初级电路电流控制目标值(相当于点火线圈充磁饱和)时,点火器会产生限流作用,使初级电流不再增长,对应初级电流增长状态的变化,在次级电压波形上,会产生一个小的驼峰或阶跃平台上升。若点火器无恒(限)流控制功能,则无此现象。

de 为火花塞击穿电压或跳火电压,点火器的输出功率三极管在 *d* 点截止,初级电路电流快速下降,初级线圈产生较大的正向自感电势,通过互感应,次级电压急剧上升。次级电压送到火花塞,作用于火花塞的中心电极及侧电极之间,当该电压达到火花塞的击穿电压时,火花塞的间隙

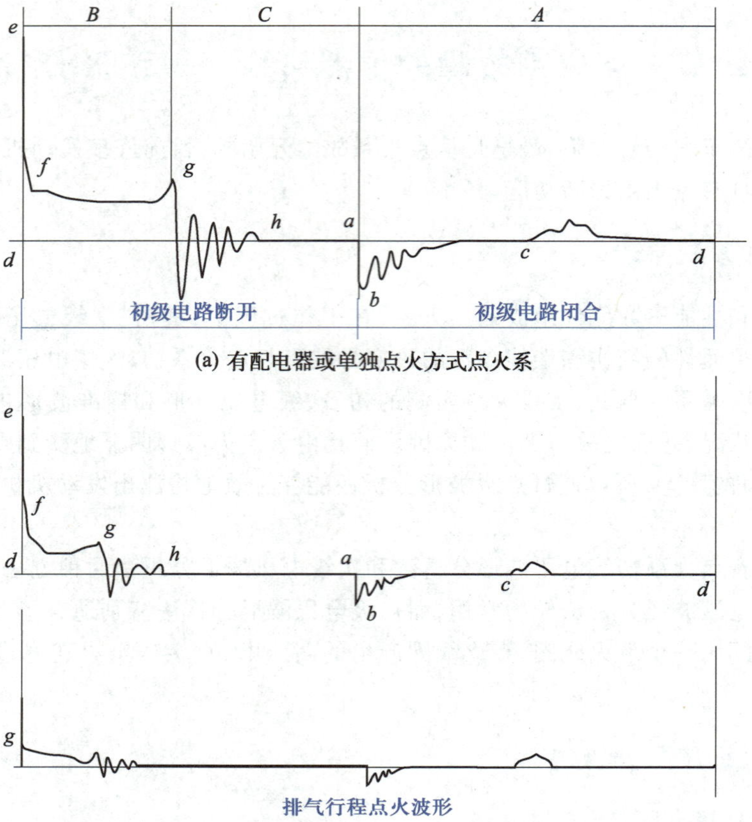

(a) 有配电器或单独点火方式点火系

(b) 双火花塞同时点火方式点火系

图 6.26 常见点火系标准单缸次级电压波形

被击穿，*de* 为火花塞击穿电压。

efg 为火花线或燃烧线，火花塞间隙被击穿后，火花塞电极间形成火花放电并持续一段时间，点燃可燃混合气。火花塞放电过程包含电容放电和电感放电前后两个阶段，电容放电阶段电压急剧下降，电感放电阶段电压变化不大，在次级电压波形上表现为电压下降先快后缓的火花线或燃烧线，其中 *fg* 段的最低电压称为火花电压或燃烧电压，*efg* 段对应的时间为火花（燃烧）持续时间。

gh 为点火线圈能量的衰减振荡线，随着电感放电的进行，当储存在点火线圈中的磁场能量消耗到不足以继续维持放电时，火花塞停止跳火。由于火花塞电极间等离子减少、电阻增大，导致波形中火花线终了时电压轻微上升。当跳火停止后，点火线圈中的剩余能量以阻尼振荡的形式消耗，直至耗尽。在次级电压波形上表现为低频衰减振荡线 *gh*，能量耗尽后电压为 0，直至点火器功率三极管再次导通，开始下一个点火循环，见 *ha* 线。

在一个点火循环中，从左至右，*da* 为点火器功率三极管截止、初级电路断开的全部时间，*ad* 为点火器功率三极管导通、初级电路闭合的全部时间。如果点火波形横坐标不用时间表示，而用分电器凸轮轴或发动机凸轮轴转角表示，则 *da* 称为初级电路断开角，*ad* 称为初级电路闭合角。

2. 点火次级电压波形主要观察区域与检测参数

对点火次级电压波形，除观察波形形状外，重点观察分析的区域及参数包括：

1）火花塞击穿或跳火电压：不同的车型，其电压高低可能有较大差别，检测时要注意积累经验。对于有配电器或单独点火方式的点火系统，发动机匀速运转时，一般正常值为 8～15 kV，发动机急加速时，有明显升高。在双火花塞同时点火方式点火系统中，在排气行程的火花塞击穿电压要比在做功行程的火花塞击穿电压低 3～5 kV。观察各单缸火花塞击穿电压是否符合要求，在同一转速或加速工况下，各缸火花塞击穿电压是否保持相对一致性，通常各缸差值应小于 2 kV。

影响火花塞击穿电压的主要因素是火花塞电极间隙大小、清洁干燥程度、击穿时刻火花塞电极间混合气的浓度、压力和温度。若火花塞电极间隙小、电极间有积炭或油渍、击穿时刻火花塞电极间混合气的浓度高、压力小、温度高，则火花塞击穿电压降低；反之，则火花塞击穿电压升高。

在实际测量中，点火次级电压波形上显示的火花塞击穿电压，还与测量有效段内次级电路的电阻、电路中的间隙和次级电路的绝缘性能有关。测量有效段内次级电路的电阻小、电路中的间隙小，则火花塞击穿电压降低；反之，则火花塞击穿电压升高。因此，测量时传感器在点火系中的安装位置应尽量统一，以避免次级电路电阻和间隙对测量结果的影响。

如果点火系次级电路的绝缘性能不良，在次级电压上升到火花塞击穿前，其他部位发生击穿跳火，则次级电压波形上的击穿电压肯定降低。本质上，它并不是真正击穿火花塞电极间隙的电压。

若实测点火次级电压波形如图 6.27 所示，次级电压达到最大值后，没有明显的火花线，紧接着就是衰减振荡，则表明次级电压未能有效击穿火花塞电极间隙。观察次级电压值，若次级电压不足，则可能是初级电路或点火线圈故障，若次级电压达到要求，则可能是火花塞电极间隙过大、次级电路中间隙或电阻过大。

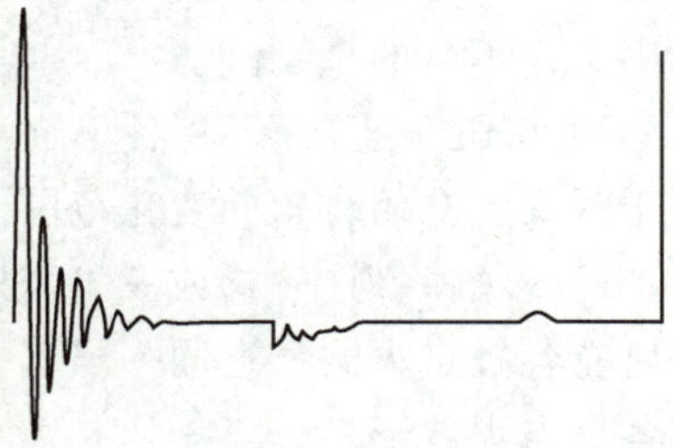

图 6.27　火花塞不能击穿时次级电压波形

2）火花（燃烧）电压和火花持续时间：正常的火花线或燃烧线应较平直而且十分“干净”；火花（燃烧）电压是火花塞击穿（跳火）电压的 1/4 左右，为 1～4 kV，并保持相对一致；火花持续时间是 0.75～2.4 ms。

若火花线起始段波形明显向下倾斜，大部分情况是由火花塞脏污、积炭、陶瓷体破裂、高压线漏电或高压回路电阻过大引起的。若火花线结束段波形明显向上倾斜，可能是喷油器损坏或火花塞过热。若火花线伴有较多的杂波，则该气缸可能漏气，如气门密封不严或气缸垫烧坏，泄漏造成的混合气流动使放电电弧向流动方向伸长，并对电极起冷却作用；若杂波波动较大，则可能存在火花塞断火后又再跳火的现象。

若火花（燃烧）电压过高，可能是高压电路间隙太大、混合气过浓或气缸压力过低；若火花（燃烧）电压过低，则可能是火花塞间隙太小、积炭、混合气浓度过稀。

火花持续时间过长，可能存在混合气浓、点火过早、火花塞间隙太小、火花塞温度过热和气缸压力过低等故障；火花持续时间太短，则可能存在混合气稀、点火过迟、火花塞间隙太大、火花塞测试过冷和高压线电阻太大等故障。

3）衰减振荡波数：当火花塞停止跳火后，点火线圈中的剩余能量会以逐渐衰减的振荡波释放出来，在次级点火波形中，火花线的后面最少两个，最好多于三个振荡波形。如果衰减振荡波数少于两个，则表明点火系初级电路电阻过高或点火线圈性能不良。

4）初级电路闭合振荡及闭合角：初级电路闭合时，波形下降沿应保持相对的一致性，若波形下降沿差别过大，则表明各缸闭合角以及点火正时差别较大。闭合振荡应是负值范围内的衰减振荡，若振荡波前出现小的多余波形，或振荡波呈上下振荡形式，则故障多为低压线路有接头（含搭铁）松动现象，若振荡波小而少，则点火电路电阻太大。初级电路闭合角直接影响点火线圈的充电时间，虽然电子点火控制中闭合角不需要进行人工调整，但是由于各传感器及其线路系统和点火控制模块都可能出现故障，所以初级点火闭合角测试仍然是有必要的。总体来说，各缸闭合角相对的一致性要好，当发动机负荷和转速变化时，闭合角的变化应符合一般规律，如在中低转速范围内，转速升高，闭合角应增大。

5）单缸次级开路电压，即将某分缸高压线火花塞端悬空时测得的次级电压，一般电子点火系要求大于 30 kV。

3. 试验方法及波形显示方式

起动发动机或路试汽车，使行驶性能故障或点火不良等情况出现，并调整检测仪器幅值、频率等相关参数设置，使需要观察的点火波形清楚、较稳定地显示在显示屏上。

为提高故障诊断速度，发动机综合分析仪和汽车专用示波器一般都具有以下四种实测波形显示方式：

1）多缸平列（陈列）波形，从左至右按点火顺序将所有各缸点火波形首尾相连在同一屏幕上显示的方式。主要用于各缸火花塞击穿电压的测量，及其一致性初步检查，发现各缸共性问题或找出工作不良的个别缸。

2）多缸重叠波形，将各单缸波形之首对齐并重叠在一起且在同一屏幕上显示的方式。主要用于观察各缸闭合角的变化范围。

3）多缸并列（阶梯或三维）波形，将各单缸波形之首对齐且从上（前）到下（后）按点火顺序将所有各缸点火波形在同一屏幕上显示的方式。主要用于观测各缸闭合角的变化范围，大致观察各缸点火波形。

4）单缸波形，全屏只显示一个单缸波形的方式。一般用于在多缸平列波形或并列波形上发现问题后，对点火系进行深入分析。

需要说明的是：在实际检测诊断中并非每种波形显示方式都要用到，一般首先用多缸平列波形或并列波形大致观察各缸情况，若发现个别缸工作不良就用单缸波形进行深入诊断。

4. 点火系故障的波形分析法诊断举例

图 6.28 为几个实测点火系故障的波形，现作分析诊断如下：

图 6.28a 图中带圈缸火花塞击穿电压过低。其故障部位和原因是：该缸火花塞电极间隙过小。

图 6.28b 火花持续时间（火花线）过长。其故障部位和原因是：混合气过浓或气缸压力过低。

图 6.28c 无低频衰减振荡波。其故障部位和原因是：点火线圈匝间短路或点火系初级电路电阻过高。

图 6.28d 火花线波形过度下斜。其故障部位和原因是：火花塞积炭脏污、次级电路电阻过高。

图6.28e火花线波形过度上斜。其故障部位和原因是:喷油器部分堵塞或火花塞过热。

图6.28f火花线上有较多严重的杂波。其故障部位和原因是:气门漏气,若相邻两缸波形相似,则气缸垫烧坏。

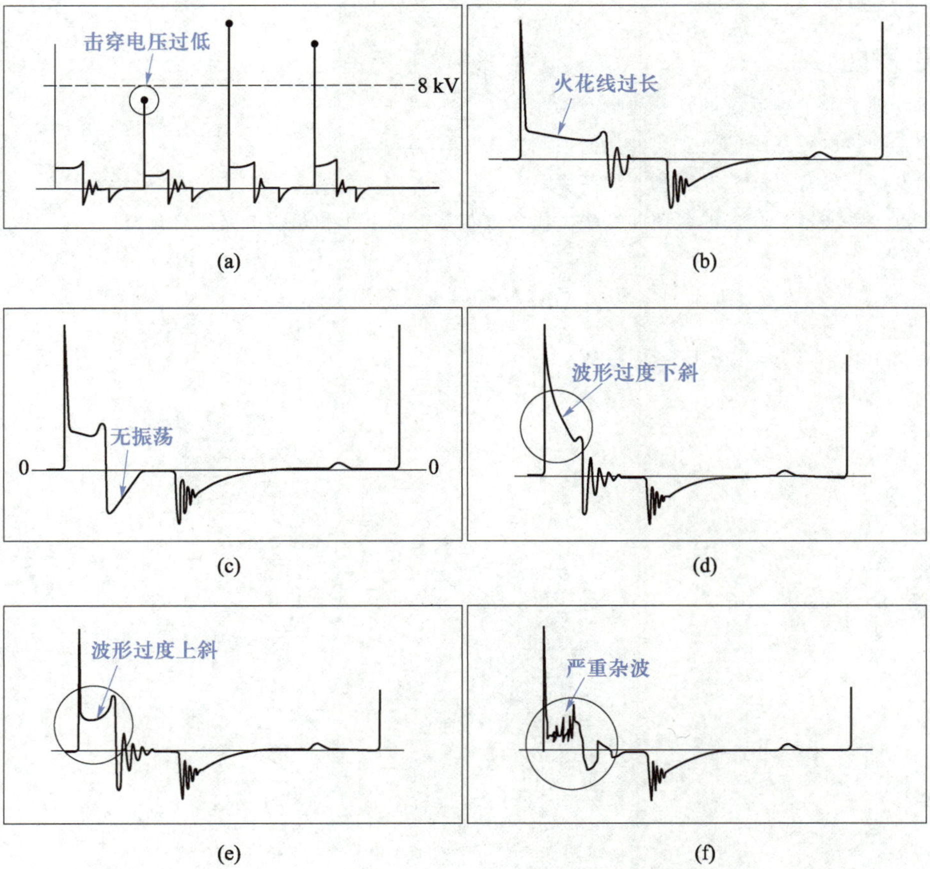

图6.28　实测点火系故障的波形

本章小结

汽油发动机电控系统由传感器、ECU和执行器等组成,根据功能可以分为进气子系统、燃油子系统和控制子系统三部分。本章将汽油机电控系统的故障分为局部故障和综合故障,局部故障有高压火不良、汽油压力过低、汽油压力过高、混合气过浓、混合气过稀等,综合故障有发动机不能起动、发动机动力不足、发动机耗油量大、发动机怠速过高、发动机怠速不良、发动机进气回火、发动机排气管放炮、发动机冷起动困难等。通过故障诊断流程图可以找出各故障的发生部位。

本章介绍的主要元件的检测和维修方法,基本列举了常见车型的常见元件,其检测的方法也是多样的,可以根据自身的条件,采用不同的方法。如果在实践中遇到特殊结构的元件,可参照上述同类元件的检测方法,结合工作原理图与电路图,找到合适的检测方法。

点火系波形分析诊断法就是将点火系实测的初、次级电压波形和标准波形进行对比,以确定点火系的技术状况、故障部位和原因；点火系波形诊断时通常是波形形状观察和诊断参数测量相结合。常用诊断参数有火花塞击穿或跳火电压、火花（燃烧）电压和火花持续时间、衰减振荡波数、初级电路闭合角和单缸次级开路电压等。

复习与思考题

1. 汽油发动机的电控系统的常见故障有哪些？
2. 汽油发动机电控系统的主要元件如何检测？
3. 汽油发动机的常见故障有哪些？如何诊断？
4. 简述点火系波形诊断法的原理和方法。何为火花塞击穿电压和初级电路闭合角？

第七章

柴油机供油系统故障诊断与维修

学习目标

掌握柴油机燃料供给系结构、工作原理和常见故障及其原因；理解常见故障诊断的思路、方法、步骤和流程；掌握柴油机燃料系维护的主要作业内容；理解柴油机燃料系技术状况的检查方法；了解喷油泵和调速器检修和调试方法；掌握电控柴油机燃料供给系各主要元件的检测与维修方法。

案　例

现象：一辆依维柯 40－10 型汽车，当车速在 40 km/h 以下时，车速有明显的波动现象，当车速在 40 km/h 以上时，车速波动现象逐渐消失，同时伴有加速迟缓现象。

诊断：用单缸断油法检测各缸工作情况，无明显稳定的个别缸工作不良；检查供油正时，供油提前角略有波动，但基本正常，改变发动机转速，供油提前角有变化，且基本符合要求；检测喷油泵泵腔油压，油压正常，拆下各缸喷油器检查，其喷油压力和喷雾情况良好；检测各缸气缸压力，各缸正常；在认真拆检喷油泵时，发现调速杆总成上的球销的圆柱部分与起动杠杆的安装孔磨损间隙过大。

排除：更换喷油泵调速杆总成。

第一节　柴油机传统供油系统故障诊断与维修

一、概述

柴油机传统供油系统一般由柴油箱、输油泵、低压油管、柴油滤清器、喷油泵、高压油管、喷油器、回油管路等组成，如图 7.1 所示。

柴油机燃料供给系常见故障为混合气过浓、混合气过稀、怠速不稳、飞车、加速不良等。

柴油机燃料供给系故障常见部位为喷油泵、喷油器、输油泵等。

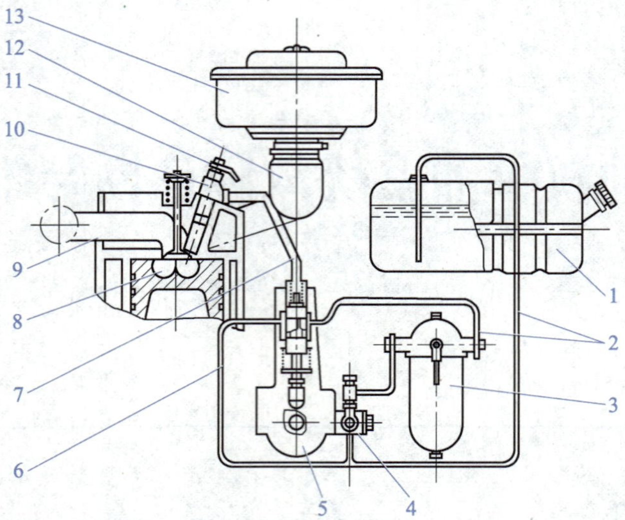

图 7.1 柴油机传统供油系统的组成

1—柴油箱;2—低压油管;3—柴油滤清器;4—输油泵;5—喷油泵;6、11—回油管;7—高压油管;8—燃烧室;9—排气管;10—喷油器;12—进气管;13—空气滤清器

二、常见故障诊断

(一) 混合气过浓

1. 故障现象

发动机不易起动,燃烧室积炭严重;排气管冒黑烟或放炮;发动机工作粗暴;发动机加速不灵,动力不足,油耗增加。

2. 故障主要原因及处理方法

(1) 空气滤清器过脏堵塞,清洁或更换空气滤清器滤芯。

(2) 废气涡轮增压器系统增压强度不足,检修废气涡轮增压器系统。

(3) 喷油器喷油压力调得过低,调高喷油压力。

(4) 喷油泵的供油量过大,调低喷油泵供油量。

3. 故障诊断方法

混合器过浓故障诊断过程为:首先检查空气滤清器是否过脏堵塞,如不堵塞则检查废气涡轮增压器系统。首先察听涡轮增压器运转是否正常,然后检查系统总管有无泄漏和堵塞。若增压系统正常则检查喷油器喷油压力是否过低,检查调整喷油器喷油压力后若仍然过浓,则为喷油泵的供油量过大。

(二) 混合气过稀

1. 故障现象

发动机不能或不易起动;动力不足,加速不灵;发动机水温过高,汽车行驶中柴油机运转无力,排气管排烟不正常。

2. 故障主要原因及处理方法

(1) 输油管路漏油或堵塞,清理输油管路并检修漏油部位。

(2) 输油泵滤网或柴油机滤清器堵塞,清洗滤网和滤清器。

(3) 输油泵故障,检修输油泵。

(4) VE 泵的输油泵压力调整过低,重新调整泵油压力。

(5) 喷油泵油量调节机构卡滞在不供油位置,检修油量调节机构。

(6) 喷油泵供油量过小,重新调整喷油泵供油量。

(7) 喷油器喷油压力调整过高,重新调整开启压力。

(8) 调速器故障,检修调速器。

3. 故障诊断方法

混合气过稀故障诊断流程如图 7.2 所示。

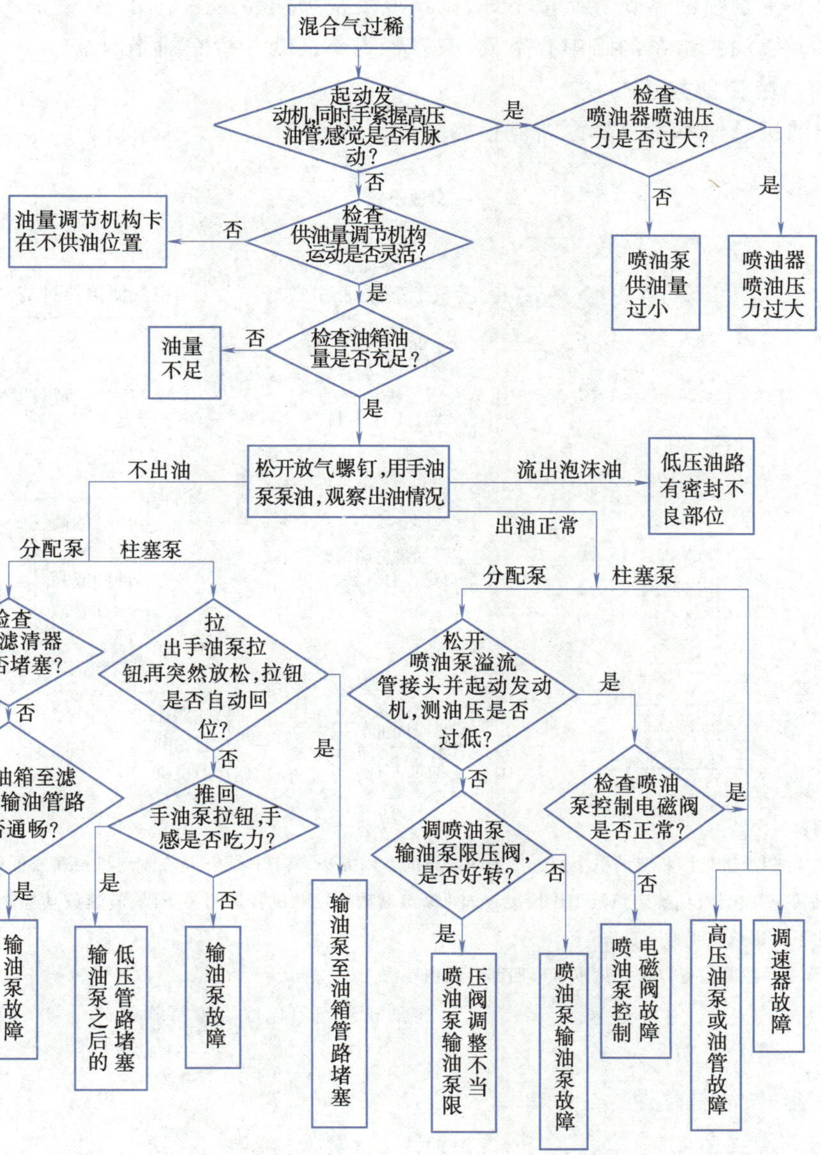

图 7.2　混合气过稀故障诊断流程

(三) 怠速不稳

1. 故障现象

所谓怠速不稳就是怠速运转时发动机发抖,转速不稳。

2. 故障主要原因及处理方法

(1) 柴油牌号不对或柴油质量差,重新更换柴油。

(2) 空气滤清器堵塞,清洁或更换空气滤清器。

(3) 喷油泵怠速供油量调整不当,重新调整喷油泵。

(4) 调速器性能不良,检修或更换调速器。

(5) 个别喷油器喷雾质量不好,调试或更换喷油器。

(6) 燃油供给系油路中有空气,检修密封不良处并清除油路内空气。

3. 故障诊断方法

柴油机怠速不稳故障诊断流程如图 7.3 所示。

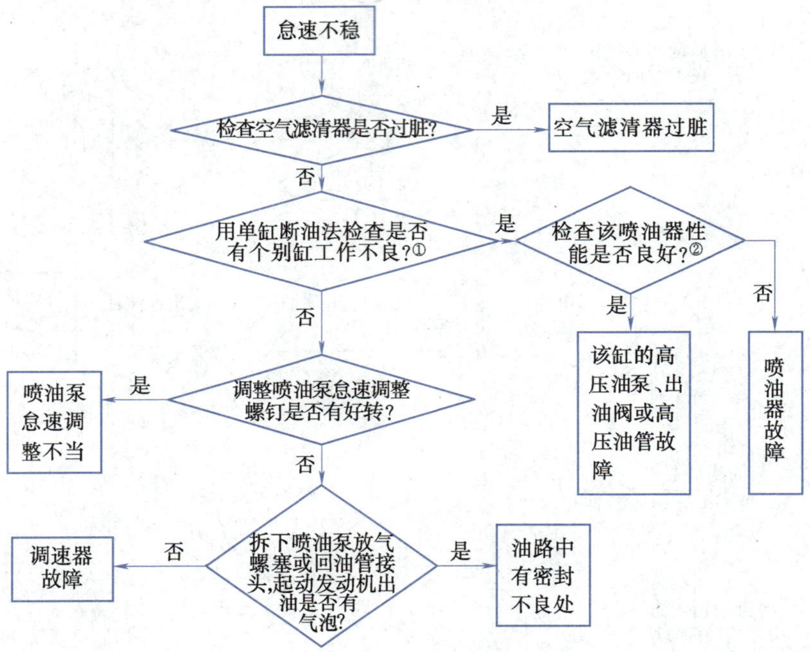

说明:

① 单缸断油法是诊断柴油机个别缸不工作故障的常用方法,其具体操作是在发动机怠速或低速运转状态下,逐缸断油,观察发动机转速变化情况,确定该缸工作情况。如果某缸断油后发动机转速明显下降,转速波动加剧,则该缸工作良好;反之,若转速变化不大则该缸工作不良。

② 喷油器性能检查方法详见本节第四部分的内容。

图 7.3 柴油机怠速不稳故障诊断流程

(四) 柴油机超速

1. 故障现象

柴油机在汽车运行或自身空转过程中,尤其在全负荷或超负荷运转突然卸荷后,转速自动升高超过额定转速而失去控制的现象,俗称"飞车"。柴油机"飞车"会发出巨大声响,严重时导致机件损坏报废,十分危险。

2. 故障主要原因及处理方法

柴油机"飞车"的主要原因有两方面。一是喷油泵调速器本身的故障使其丧失了正常的调速特性,如喷油泵供油拉杆(或齿杆)卡在额定供油位置不回位,或喷油泵内连接装置松动或脱落。另一方面是柴油机在运转过程中有额外柴油或机油进入燃烧室燃烧,如预热电磁阀失效,将导致热机后仍额外供应柴油;或增压器油封损坏,机油进入燃烧室燃烧。

无论是正在行驶的汽车还是停驶的汽车,一旦出现"飞车",首先应采取紧急措施,设法使发动机立即熄火,避免发生事故。制止超速的紧急措施有:

(1) 迅速将加速踏板收回到停车位置,拉出灭火按钮;

(2) 将正在行驶的汽车及时挂入高速挡,踏下制动踏板,缓抬离合器,使发动机熄火;

(3) 设有减压装置的,应迅速将减压手柄拉到减压位置;

(4) 供油拉杆或齿杆外露的喷油泵,可迅速将拉杆推回到停油位置;

(5) 进、排气管道装有阀门的可将阀门关闭,如果没有阀门,可拆下空气滤清器,堵住进气管道;

(6) 迅速松开各缸高压油管或低压油路的油管接头,停止供油。

3. 故障诊断方法

柴油机"飞车"故障诊断过程为:首先在停机状态下迅速松开加速踏板,观察踏板能否迅速回位,若不能则为油门操纵机构故障;然后用手扳喷油泵操纵臂,若扳不动,则喷油泵故障,若能扳动则检查涡轮增压器是否漏油,低温起动预热电磁阀是否漏油,否则为喷油泵内连接装置松动或脱落。

(五) 加速不良

1. 故障现象

发动机加速不灵敏,踩下加速踏板后,转速不能提高到规定值。

2. 故障主要原因及处理方法

(1) 柴油牌号不对,更换柴油。

(2) 加速踏板拉杆行程不能保证供给最大供油量,调整加速踏板行程。

(3) 废气涡轮增压器系统增压强度不足,检修废气涡轮增压器系统。

(4) 调速器损坏或加速调整不当,检修或更换调速器。

(5) 输油泵故障,检修或更换输油泵。

3. 故障诊断方法

柴油机发生加速不良故障时应首先检查柴油牌号是否适合,再踩油门到底,观察喷油泵是否能到最大供油位置。如不能,则应调整加速踏板行程,然后检查废气涡轮增压器系统。首先察听涡轮增压器运转是否正常,然后检查系统总管有无泄漏和堵塞。若增压系统正常则最后检查输油泵和调速器。

三、柴油机供油系故障的仪器诊断——波形分析法

与汽油机点火系相似,柴油机供油系的故障也可用波形分析法进行诊断。采用柴油机专用示波器、柴油机综合测试仪和汽柴油机综合测试仪等,均能在柴油机不解体的情况下测得各缸高

压油管中的压力波形，以供分析诊断。

（一）柴油机供油系故障诊断原理

由高压喷油泵和喷油器等主要部件组成的柴油机供油系，在工作过程中高压油管中的压力变化具有规律性。柴油机供油系主要部件性能发生变化后，必然会引起高压油管中的压力变化方式发生变化。对比实测高压波形和标准波形就可确定故障部位和原因。

（二）柴油机高压油管压力波形和诊断参数

柴油机高压油管压力波形是指高压油管中油压随喷油泵凸轮轴转角变化而变化的波形。全周期单缸高压油管压力波形是指喷油泵凸轮旋转360°时某缸高压油管中的压力变化波形。其标准波形如图 7.4 所示。

在柴油机供油系故障的实际诊断工作中，除了观察实测高压波形，并与标准波形进行外形对比外，还可测量一些诊断参数，以便判断喷油泵、喷油器故障和各缸喷油过程的均匀性。常用的诊断参数见图 7.4，它们是：喷油器开启压力 p_0、喷油器关闭压力 p_b、最高压力 p_{max}、残余压力 p_r。

（三）柴油机供油系故障诊断

柴油机供油系故障诊断波形分析法与点火系波形分析法基本相似。其高压油管压力波形的显示方式也有多缸平列波形、多缸并列波形、多缸重叠波形和全周期单缸波形四种。常见的几种故障波形如图 7.5 所示，现分析如下，供诊断时参考。

图 7.5a 中最高压力 p_{max} 过低，无喷油器开启和关闭抖动。其故障部位和原因是：喷油泵不供油或喷油器在开启位置“咬死”。

图 7.5b 中最高压力 p_{max} 偏高但无喷油器开启和关闭抖动。其故障部位和原因是喷油器在关闭位置不能开启。

图 7.5c 中喷油器在开启前有多余抖动点。其故障部位和原因是喷油器在正式喷油前有滴漏。

图 7.5d 中最高压力 p_{max} 和残余压力 p_r 都偏低，且残余压力上下抖动。其故障部位和原因是高压油路密封不严。

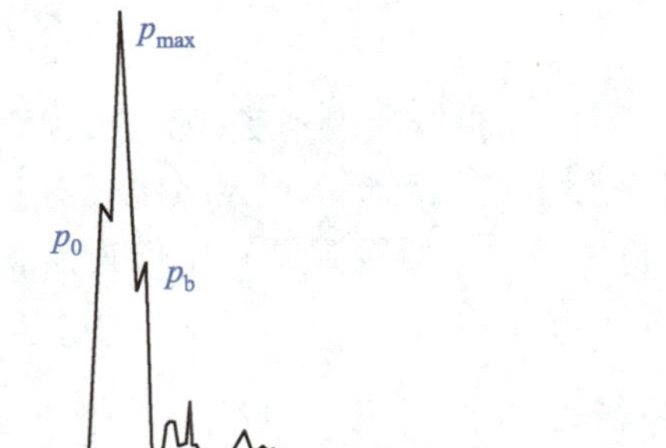

图 7.4　标准全周期单缸高压油管压力波形

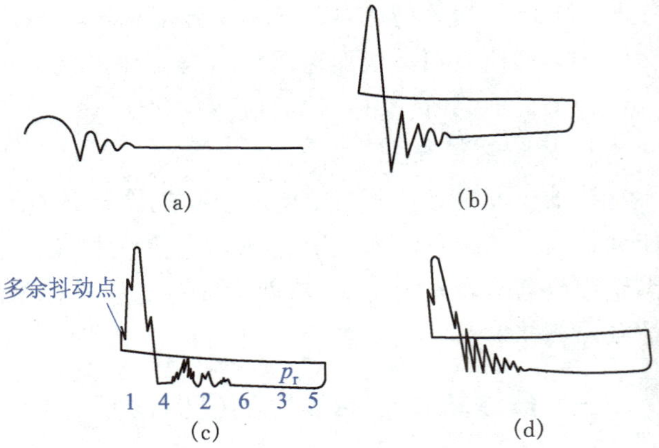

图 7.5　柴油机高压油管压力故障波形

四、柴油机燃料供给系的维修

（一）柴油机燃料系的维护

1. 柴油机燃料系维护作业内容

（1）检查、清洁或更换发动机空气滤清器，空气滤清器清洁有效，安装可靠。

（2）检查燃料系接头及密封情况，接头无破损、渗漏，牢固可靠；清洁柴油滤清器，并视情更换；检查输油泵供油压力，必要时更换。

（3）检查喷油器和喷油泵的作用，必要时检查喷油压力和喷油状况，视情调整供油提前角。

（4）检查和校紧气缸盖和进排气歧管各连接部位的螺栓和螺母，各衬垫应完好有效。

（5）检查和清洁增压器及中冷器。

2. 柴油机燃料系技术状况的检查

可用柴油机专用示波器、柴油机综合测试仪或汽柴油机综合测试仪等，测试各缸高压油管中的压力波形，对柴油供给系进行综合分析诊断。在没有检测仪器的情况下，也可将各缸喷油器从发动机上拆下，再装上各分缸高压油管，用起动机带动喷油泵旋转，观察各喷油器的喷油质量。若各喷油器喷油油束雾化好，锥角适当，喷油声响清脆，喷油量一致性好，则喷油质量较好。若压力波形异常或喷油器的喷油质量不良，则应进一步深入诊断，确定附加检修项目。

3. 柴油机燃料系低压油路的检查

将油压表安装在输油泵和喷油泵之间的燃油管路或放气螺塞孔上，检测规定转速下低压油路中燃油的最大压力，判断输油泵、柴油滤清器、燃油箱及油管的技术状况和连接情况。该压力值应符合车型的技术要求。若压力过低，首先检查柴油滤清器是否脏堵，若脏堵则应清洗或更换；其次检查油管接头是否有破损或渗漏，若有则应紧固或更换；最后检修输油泵，必要时检修或更换。

若将油压表安装在 VE 泵的放气螺塞孔上，测量规定转速下 VE 泵泵腔内的油压，并与测得的低压油路中的燃油压力进行对比分析，可确定 VE 泵内叶片泵和调压阀的技术状况。如若低压油路压力正常，而 VE 泵泵腔内油压偏低，则叶片泵或调压阀应检修或调整。

4. 柴油机供油正时检查与调整

供油正时指喷油泵正确的供油时刻，可用供油提前角表示。供油提前角则指喷油泵开始供油时，该缸活塞距压缩行程上止点所对应的曲轴转角。供油提前角的大小对柴油机的工作性能有很大影响。供油提前角过大，发动机工作粗暴，功率下降，油耗增加，怠速不良，加速不灵并且起动困难；供油提前角过小，发动机功率下降，油耗增加，加速无力并且发动机易过热。

供油提前角的检测有柴油机正时灯检测、发动机综合测试仪检测和人工经验检查校正三种方法。

（1）柴油机正时灯检测法——频闪法

检测时，供油正时灯的油压传感器串接于 1 缸高压油管与喷油器之间或外卡于高压油管，使油压脉冲信号转变为电信号，并触发正时灯闪光。闪光一次，则 1 缸供油一次，二者具有相同频率。用正时灯对准1缸压缩终了上止点标记，调整正时灯上的电位计，使飞轮或曲轴带轮上的供油提前角标记与1缸压缩终了上止点标记对齐，仪器即能测出供油提前角的大小。

(2) 发动机综合检测仪法——缸压法

使用发动机综合检测仪，采用缸压法可快速检测发动机1缸或某缸的供油提前角。其基本原理是：用缸压传感器确定某缸压缩压力最大点(即该缸活塞上止点)，用油压传感器确定该缸的供油时刻。二者之间所对应的曲轴转角即是该缸供油提前角的数值。

测量时，拆下所测缸的喷油器，并在其座孔上安装缸压传感器；把油压传感器按要求串接在所测缸的喷油器和高压油管之间，使喷油器向外喷油；把发动机转速稳定在规定转速，根据仪器使用说明书的要求选择按键，即可在屏幕上显示出所测缸供油提前角的检测值。

(3) 人工经验检查校正

1) 柱塞式喷油泵的一般检查校正。

在确认喷油泵调试合格后对供油提前角进行一般检查校正的步骤如下：

① 摇转曲轴使1缸活塞处于压缩行程，当飞轮或曲轴带轮上的上止点标记与发动机外壳上的标记对准时，停止转动。

② 检查喷油泵联轴器从动盘上的刻线记号是否与泵壳前端面上的刻线对齐，如图7.6所示。若二者对齐，说明喷油器供油时刻正确；若从动盘刻线位于泵壳前端固定刻线之前，则1缸供油过迟；反之，则1缸供油过早。

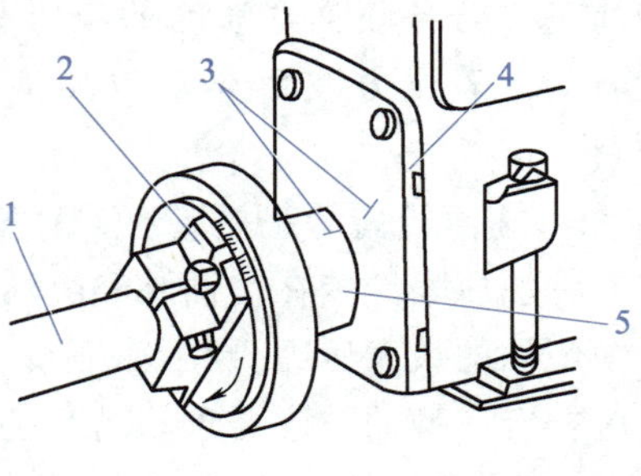

图7.6　喷油泵1缸开始供油的记号

1—驱动轴；2—联轴器主动盘；3—1缸开始供油记号；4—泵壳前端面；5—联轴器从动盘

③ 当1缸供油过早或过迟时，松开喷油泵联轴器固定螺钉，使活动记号与固定记号对齐后紧固，并起动发动机进行路试。

④ 选择平坦、坚硬的直线道路或专用跑道作为供油提前角的试验道路，待汽车走热后以最高挡、最低稳定车速行驶，而后将加速踏板猛踩到底使汽车急加速。如果此时柴油机有轻微的着火敲击声，并能在短时期内自行消失，则供油提前角正确；若着火敲击声强烈，且在短时间内不能自行消失，则供油提前角太大；若听不到着火敲击声，且加速无力、排气管冒白烟，则供油提前角太小。当发动机供油提前角过大或过小时，可停车松开喷油泵联轴器固定螺栓，使喷油泵凸轮轴或壳体逆转动方向或顺转动方向转动少许后固定，反复试车调试直到供油时刻正确为止。

2) 喷油泵供油开始时刻和供油间隔角的精确检查。

喷油泵供油开始时刻的检查方法是：

① 拆下靠喷油泵一端的第1缸高压油管。

② 排净空气并使油道充满燃油。

③ 慢慢转动曲轴，观察喷油泵第1缸高压油管接头内油面微动时停止转动曲轴。

④ 此时第1缸活塞处于压缩上止点前的曲轴转角位置即为第1缸开始供油的时刻。该数值应与具体机型的供油提前角相同，否则应调整供油提前角或进行喷油泵的试验台调试。

喷油泵供油间隔角的检查方法是：

a. 在曲轴传动带轮上贴一张 360°刻度的纸盘，并在油底壳前端固定螺母上安装一个指针。

b. 按发动机曲轴旋转的方向转动曲轴，观察第 1 缸高压油管中油面微动时指针所指的刻度，并做好记录。

c. 继续转动发动机曲轴，观察依照发动机工作顺序喷油泵各高压油管接头内燃油的油平面微动时指针所指刻度，计算前后两次供油时指针所指刻度差，此差值即为前后两缸的供油间隔角。供油间隔角应符合规定的曲轴转角（根据发动机缸数不同，该值也不同），否则说明供油间隔角不一致，应对喷油泵进行试验台调试。

3）VE 泵供油正时的人工检查和调整。

① 将发动机摇转至第 1 缸压缩行程上止点位置。

② 用专用扳手卸下高压泵头中的放气螺钉，拆下一根或几根高压油管，安装分配泵预行程调整仪，预压缩至规定值，如图 7.7 所示。

③ 将发动机反转至预行程调整仪指针不动为止，再将预行程调整仪的百分表在预压缩1 mm的情况下，调到零位。

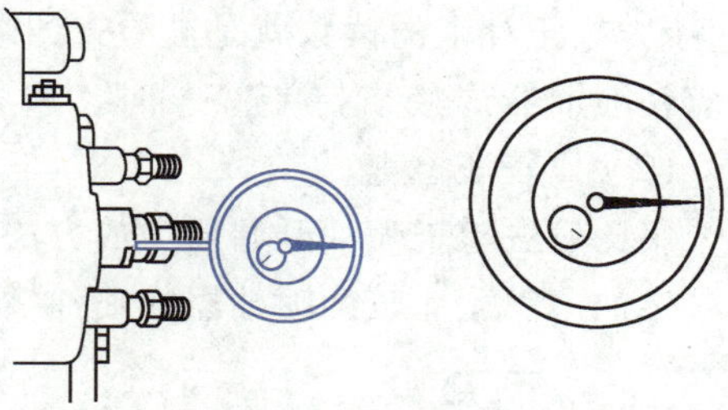

图 7.7　安装预行程调整仪

④ 将发动机回转（按正常旋转方向转动）至第 1 缸压缩上止点；观察预行程调整仪指针回转的读数；正时销插入时（上止点位置）的读数即为柱塞的行程。如果该读数不符合车型技术要求，则应调整柱塞的预行程。调整的方法为：用专用扳手拧松分配泵法兰盘的紧固螺栓，然后转动泵体，直到预行程调整仪显示的读数相当于正确的柱塞行程为止，再按规定扭矩拧紧法兰盘紧固螺栓。重复一次上述检测程序，以保证分配泵供油正时的实际准确性。

⑤ 拆下预行程调整仪，用专用扳手按规定扭矩装上放气螺钉。

4）PT 燃油供给系喷油正时的调整。

康明斯 B 系列柴油机装用 PT 燃油供给系，PT 燃油供给系的喷油量计量、定时和喷射功能都由喷油器完成。做功顺序为 1—5—3—6—2—4 的康明斯 B 系列柴油机 PT 燃油供给系喷油正时的一般调整方法为：

① 沿发动机运转方向转动曲轴，使曲轴附件带轮上的“A”标记或“1—6VS”标记与前齿轮盖上的箭头对齐。若第 5 缸的两个气门摇臂都是活动的，则可调第 3 缸喷油器，否则再转动曲轴 360°，对准标记。

② 将专用千分表支架安装在摇臂室上，将千分表接杆装在第 3 缸喷油器柱塞上。注意，应将接杆正确地装入仪表量杆，而且不应碰到摇臂。

③ 松开第 3 缸喷油器摇臂调整螺钉锁紧螺母，用螺丝刀将调整螺钉拧入，直到柱塞针阀与喷油器锥体接触，即柱塞针阀到达喷油器的底部，此时将千分表对“0”。

④ 用螺丝刀退回喷油器摇臂调整螺钉，直到喷油器柱塞升程达到规定值。

⑤ 用螺丝刀顶住喷油器摇臂调整螺钉并保持不动，按规定力矩拧紧调整螺钉锁紧螺母；再驱动摇臂 2 ~ 3 次，检验柱塞升程，若不当应重新调整，直到检验正确为止。

⑥ 调整好一个缸的喷油器后,按上述相同的方法,依次调整各缸的喷油器柱塞升程。

需要说明的是:上述调整从第 3 缸喷油器开始,实际上调整工作可从任何一缸开始;一般在调整喷油器柱塞升程时,还可调整气门间隙,但应注意调整顺序,应先调整喷油器柱塞升程,后调整气门间隙。

5. 喷油器喷油开始压力的车上检查

喷油开始压力的车上检查方法有压力校正计检查法和比较法检查法两种。

(1) 用压力校正计检查

用压力校正计检查喷油开始压力的方法是:

① 如图 7.8 所示,将压力校正计安装在喷油泵上。

② 松开压力校正计的转把,使喷油泵供油。

③ 逐渐拧紧压力校正计转把,直到被检查的喷油器与压力校正计喷油器同时喷油为止。此时,压力校正计上的读数就是被检查的喷油器的喷油开始压力。如果压力低于车型技术要求值,则应在喷油器试验器上调整喷油压力。

(2) 比较法检查

用比较法检查喷油开始压力的方法是:用图 7.9 所示的三通管接头将喷油器连接好,并使喷油泵供油,观察、比较两喷油器的喷油情况。

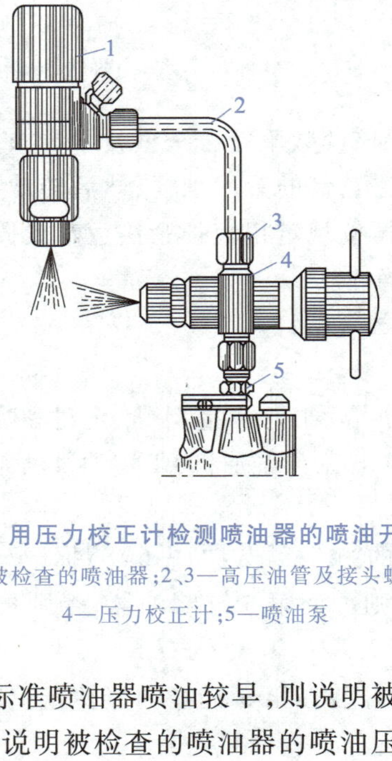

图 7.8 用压力校正计检测喷油器的喷油开始压力

1—被检查的喷油器;2、3—高压油管及接头螺母;
4—压力校正计;5—喷油泵

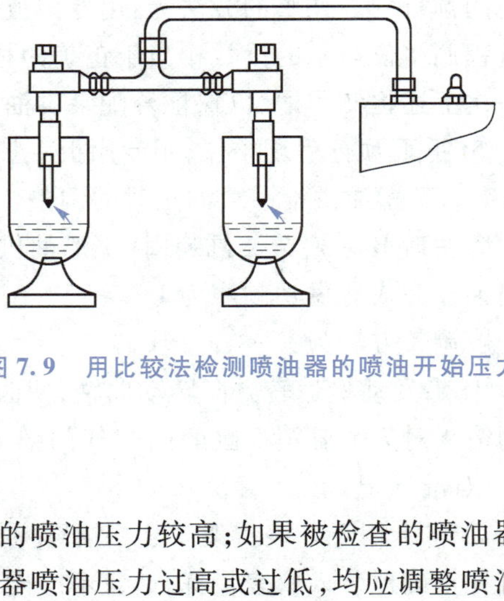

图 7.9 用比较法检测喷油器的喷油开始压力

如果标准喷油器喷油较早,则说明被检查的喷油器的喷油压力较高;如果被检查的喷油器喷油较早,则说明被检查的喷油器的喷油压力较低。喷油器喷油压力过高或过低,均应调整喷油器的喷油开始压力。

在进行喷油开始压力检查的同时,还可检查喷油雾化质量、干脆程度和喷雾锥角。

喷油器喷出的油雾应细小均匀,且油束向下直射,不得偏向一边;喷油器处应没有油滴流出,在喷油过程中,多孔式喷油器会发出断续的“砰、砰、砰”的声音,而轴针式喷油器则会发出断续的“唧、唧、唧”的声音;喷油器的形式不同,喷雾锥角有所不同,可用同类型的新喷油器做对比试验,也可以在距喷油器 100 ~ 200 mm 处放一张白纸,测出油迹的直径即得喷雾锥角。如果检测结果与上述情况不符,则应维修或更换喷油器。

(二) 柴油机燃料系主要部件的检修与调试

1. 喷油器的检修

(1) 解体

喷油器的针阀偶件为精密配合零件,在使用中不许互换。解体前,应确认缸序标记,按缸序拆卸喷油器,并保证能正确装回原位,避免错乱。

(2) 清洗

解体后在清洁的柴油中清洗针阀偶件。清洗时,可用木条清除针阀前端轴针上的积炭;对阀座外部的积炭用铜丝刷清除;不得用手接触针阀的配合表面,以免手上的汗渍遗留在精密表面,引起锈蚀。

(3) 检验

① 针阀和座的配合表面不得有烧伤或腐蚀等现象。

② 针阀的轴针不得有变形或其他损伤。

③ 针阀偶件的配合可按图 7.10 的方法检验。将针阀体倾斜 60°左右,针阀拉出 1/3 行程;放开后,针阀应能靠其自重平稳地滑入针阀座之中。重复进行上述动作。每次转动针阀至不同位置,如针阀在某位置不能平稳下滑,说明针阀座变形或表面损伤;若下落速度太快,说明其配合间隙因磨损而过大。出现以上两种现象,应更换针阀偶件。

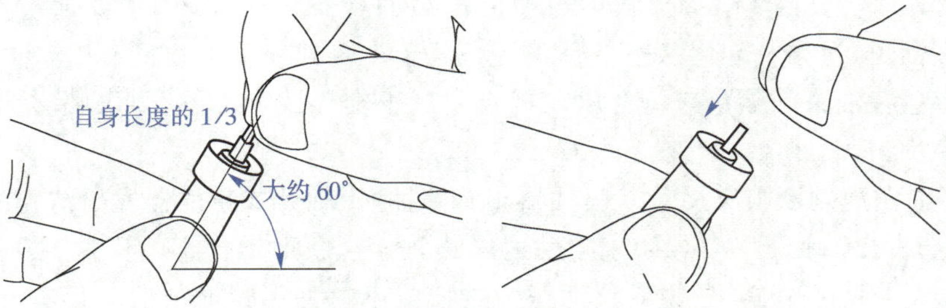

图 7.10　针阀的检验

(4) 喷油器的检查调试

喷油器的检查调试应在喷油实验器上进行。喷油实验器结构如图 7.11 所示,由手油泵、压力表和贮油罐等组成。油箱内的柴油经滤清后进入手油泵,经过手油泵加压后的高压柴油流入喷油器喷出。

在喷油器检查调试前,首先应对喷油实验器的密封性进行检查。堵住喷油实验器的出油口,压动手柄,压力达 28 MPa 时停止压手柄,油压在 3 min 内下降不大于 980 kPa 为正常。

1) 喷油压力检查调试。

检查时,将喷油器上的调压弹簧调整螺钉的锁紧螺母旋松,将喷油器装到试验器上,放气并将连接部位拧紧。快速按下试验台手柄若干次,等喷油器内的细小杂质和油污排出后,再缓慢地按动手柄(以 60 次/min 为宜),同时观察压力表。当读数开始下降时,即为喷油器的开启压力,其数值应符合技术条件。同一台发动机中各喷油器的喷油压力差异应不超过 0.025 MPa。如果喷油压力不符合规定要求，应视喷油器的结构按以下方法加以调整：

用调整螺钉调整喷油压力的喷油器，可拧动调整螺钉进行调整。拧入调整螺钉，压力增高，反之则相反。当调至规定值时，旋紧锁紧螺母。

用垫片调整喷油压力的喷油器，可用增减垫片的方法进行调整。加厚垫片，喷油压力增高，反之则相反。采用垫片调整喷油压力时，每只喷油器只能用一只垫片。

喷油器调整后，应旋紧锁紧螺母，并重新检验喷油压力，无误时拧上螺母，用防护罩堵好进油口，以防杂物进入。

2）喷雾质量的检查。

喷油器喷雾质量的检查，主要检查喷油器在规定压力下，能否把柴油喷射为细小、均匀的雾状油束。检查项目有：喷雾锥角、射程、均匀性、油滴尺寸及尺寸分布。最常用的检查方法是目测喷雾形状，倾听喷雾响声，检查喷雾锥角。

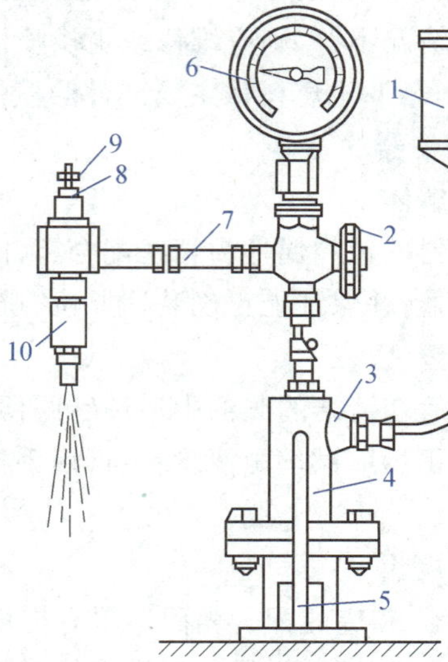

图 7.11 喷油实验器

1— 油罐；2—开关；3—放气螺钉；4—喷油泵；5—泵油手柄；6—压力表；7—高压油管；8—调节螺钉；9—锁紧螺母；10—喷油器

① 目测喷雾形状。目测喷雾形状可与喷油压力的检查同时进行，主要通过观察油束的轮廓，来判断喷雾锥角、射程及雾化状态是否正常。对于多孔式喷油器，各喷孔应形成一个雾化良好的小锥状油束，各油束间隔角应符合原厂规定。对于轴针式喷油器，要求喷雾为圆锥形，不得偏斜，油雾细小均匀。

② 根据喷油响声判断喷雾质量。喷油器正常喷油时，轴针式喷油器发出清脆的“唧、唧”声；多孔式喷油器会发出“砰、砰”声。如果喷油时响声沙哑，说明喷油器喷雾不良或针阀运动不灵活；如果响声微弱或听不到响声，说明喷油压力过低或不喷油。喷油前后不得有滴油现象，多次喷油后，喷孔附近应保持干燥或稍有湿润。

③ 喷雾锥角的检查。各种形式的喷油器有不同的喷雾锥角，通常喷雾锥角标注在喷油器体的显著部位。若需要比较准确地测量喷雾锥角，可在距喷油器喷孔 100 ~ 200 mm 处放一张白纸，纸面应与喷油器轴线垂直，然后快速压动油泵手柄，做一次喷射，使油雾喷射在纸上，量出纸面到喷油器针阀端面的距离和纸上的油迹直径就可计算得到喷雾锥角。

2. 喷油泵和调速器的检修

（1）喷油泵解体

喷油泵解体之前，应用汽油、煤油或柴油认真清洗外部，但不得用碱水清洗。喷油泵解体时，应注意以下问题：

1）尽量使用专用工具。

2）零件拆下后，要按部位顺序放置。尤其是柱塞副和出油阀等零件，在解体和以后清洗时，更应该非常仔细，避免磕碰，并绝对不允许互相倒换。

3）对有装配位置要求的零件，如齿条、调整螺钉等零件，应作标记标明原来的装配位置，防止装配时装错位置。

4）喷油泵总体包括分泵、输油泵、调速器、供油提前角自动调节装置等部件，在解体时应分解成部件，然后结合检验修理作进一步分解。

（2）柱塞副的检修

1）柱塞副的外观检验。

柱塞副外观检视发现有以下情况时应更换。

① 柱塞表面有明显的磨损痕迹。

② 柱塞弯曲或头部变形。

③ 柱塞或柱塞套有裂纹。

④ 柱塞头部斜槽、直槽及环槽边缘有剥落或锈蚀等现象。

⑤ 柱塞套的内圆表面有锈蚀或显著的刻痕。

⑥ 齿杆式油量调节机构的柱塞副，其柱塞下端凸耳与旋转套筒的配合间隙超过 0.15 mm（标准为 0.02 ~0.10 mm）。

2）柱塞的滑动性能试验。

先用洁净的柴油仔细清洗柱塞副，并涂上干净的柴油后进行试验。如图 7.12 所示，将柱塞套倾斜 60°左右，并拉出柱塞全行程的 1/3 左右。放手后，柱塞应在自重作用下平滑缓慢地进入套筒内。然后转动柱塞，在其他位置重复上述试验，柱塞均应能平稳地滑入套筒内。

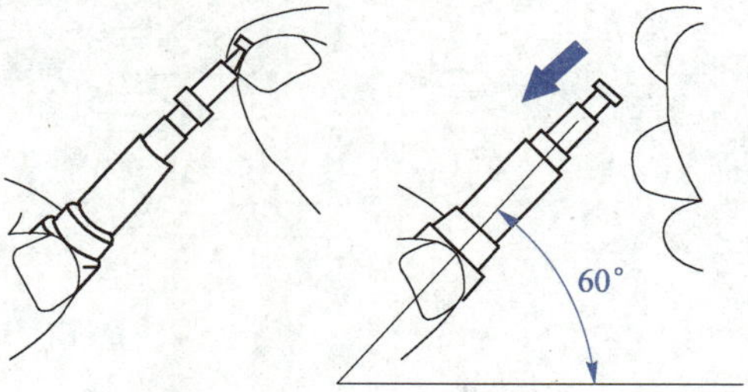

图 7.12　柱塞的滑动性试验

如下滑时在某个位置有阻滞现象，可用抛光剂涂在柱塞表面，插入柱塞套内研配。若柱塞顶部边缘部分有毛刺而产生阻滞时，可用细质油石磨去毛刺，然后清洗干净，涂上抛光剂与柱塞套互研至无阻滞时为止。如果下滑很快，说明磨损过甚，必须成对更换。

3）柱塞的密封性试验。

① 将各分泵机构中的出油阀拆除，放出泵内的空气，将喷油器试验器的高压油管接入出油阀接头。

② 移动供油量调节机构的齿条或拉杆，使喷油泵处在最大供油位置。转动喷油泵凸轮轴，使被测柱塞移动到行程的中间部位，柱塞顶面应完全盖住进油孔和回油孔。

③ 将喷油器试验器的压力调至 20 MPa 后停止泵油，测定压力下降至 10 MPa 时所用时间应不小于下式计算的结果

$$时间 = 48\ \text{s} - (4 \times d)\ \text{s}$$

式中，d 为柱塞直径，mm。例如，H 号喷油泵的柱塞直径为 9 mm，则上述试验所测得的时间不得少于(48 −4 ×9)s =12 s。同一喷油泵的所有柱塞副的密封性误差应在 5% 的范围内。

无试验设备时，也可用手指盖住柱塞套的顶部和进、出油口，使柱塞处于最大供油位置，另一只手将柱塞由最上方位置向下拉，此时应感到有明显的吸力；放松柱塞后，柱塞应能迅速回到原位。否则，应更换新柱塞副。

(3) 出油阀的检修

1) 出油阀偶件的外观检验。

发现有下列情况之一时应更换出油阀偶件。

① 出油阀的减压环带有严重的磨损痕迹;

② 锥面磨损过多,并有金属剥落痕迹和划痕;

③ 出油阀体和阀座端面及锥面有裂纹;

④ 阀体或阀座锥面锈蚀。

2) 出油阀滑动性试验。

将出油阀及阀座在柴油中浸泡后,拿住阀座,并在竖直位置向上抽出阀体约 1/3,松开时阀体应能在自重作用下落座。以在几个不同位置上试验都能符合上述要求为良好。如图 7.13 所示,将出油阀从出油阀座拉出约 5 mm(减压环带与出油阀座平齐)堵住出油阀座的下孔然后用力压出油阀入座。压时费力,松开时出油阀能自动弹出为正常,否则为不密封。

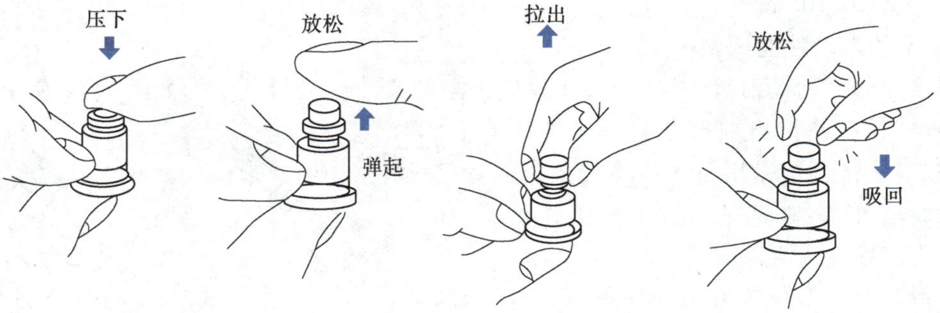

图 7.13 出油阀密封性试验

或者,先堵住出油阀座下孔,拉出出油阀约 5 mm(减压环带与出油阀座平齐),然后放松出油阀,出油阀能自动吸回为正常。

这种试验法多用于检查出油阀偶件的磨损程度,因为出油阀的减压环带很窄,稍有磨损就能对密封性产生很大的影响。

(4) 输油泵的检修

输油泵解体后,检查进出油阀和阀座的磨损情况,如有破裂或严重磨损时,应予更换。如磨损轻微可研磨修复。

输油泵活塞与壳体由于磨损出现配合松旷和运动不平稳时,应更换新泵。

输油泵装复后,要进行性能试验。

1) 密封性试验。

试验时,旋紧手油泵手柄,堵住出油口,将输油泵浸没在清洁的柴油中,从进油口通入 147 ~ 196 kPa 的压缩空气。若输油泵密封性能良好,则在推杆与泵体的间隙中只会有微小的气泡冒出。如气泡的直径超过 1 mm,表示漏气量将超过 30 mL/min,说明输油泵的密封性能过差,应更换新泵。

2) 吸油能力的试验。

以内径 $\phi 8$ mm、长 2 m 的软管为吸油管,从水平高度低于输油泵 1 m 的油箱中用输油泵供油，能在30个活塞行程内出油为合格。

3）输油量的检验。

将输油泵装回喷油泵，输油泵的出口接油管。油管出口插入容量为500 mL的量杯中，量杯的位置必须高于输油泵0.3 m。喷油泵转速为1000 r/min时，测量15 s内流入量杯内的燃油量，并与技术条件规定的流量相比较，判断出油量是否合格。

4）输油压力的检验。

在输油泵出油口上接压力表，在规定的转速条件下，检验输油泵的输油压力是否符合原厂规定。

（5）调速器的检修

调速器中的零件大多是运动零件，这些零件的连接或接触部位在运动中会发生各种损伤。

1）调速弹簧的检验。

调速器弹簧出现扭曲、裂纹、弹力减弱及折断等，应换新件。

2）飞块支架及铰链连接部位检修。

对采用飞块结构的双速调速器，应保证飞块、支架及销轴三者的配合间隙。如果飞块支承孔和飞块推脚磨损严重，将使飞块实际摆动中心向内偏移，飞块推脚半径缩短。在发动机转速一定的情况下，调速套筒的位移量将较未磨损前小，从而影响调速器的调速特性。若上述三者的配合达不到技术条件的要求，可通过铰削飞块销轴孔，更换加粗的销轴来解决。

3）调速套筒检修。

在调速弹簧为拉力弹簧的调速器中，其调速套筒环槽与浮动杠杆横销将产生磨损，配合间隙超过规定时，可将浮动杠杆上的横销和调速套筒一起拆下，然后转动90°再装复，可以减小配合间隙。

调速器套筒的内孔磨损后，应更换新衬套。修理后，调速套筒在轴上应运动自如，无卡滞。调速套筒端面的推力轴承，应视情更换。

调速器各操纵连接部位应连接可靠，运动灵活，配合间隙符合规定，在操纵臂位置不变动的情况下，供油拉杆或齿杆的轴向位置游动量应在0.5～1 mm以内。

（6）喷油泵和调速器的调试

喷油泵和调速器在使用过程中由于零件的磨损和故障的出现，会使其技术状态变坏，因此需要定期检查、调整和修理，以保证发动机的正常工作。

喷油泵和调速器的调试应在喷油泵试验台上由专人调试，其主要调试项目有：

1）供油时间的调试，包括第1缸开始供油位置调试和各缸供油间隔角调试。

2）供油量的调试，主要内容是额定转速供油量调试和怠速供油量调试。额定转速供油量是保证柴油机在额定工况时所需的供油量。怠速供油量是维持柴油机怠速运转所要求的供油量。在对供油量进行调试时，各缸供油量应均匀稳定，其均匀性用各缸供油不均匀度表示。各缸供油不均匀度可按下式计算

$$各缸不均匀度=[(最大供油量-最小供油量)/平均供油量]\times 100\%$$

供油均匀性的调整以额定转速供油不均匀度最为重要，一般应不大于3%。其次是怠速的供油不均匀度，但由于怠速总油量较小，故规定其不均匀度不大于30%。

3）调速器的调试，调试内容主要是高速和怠速起作用时的转速，其次是全程调节、起动加

浓、校正加浓及各部位限止位置的检查与调整。

由于喷油泵供油量与调速器交互影响，因此供油量与调速器的调整需要反复校核。喷油泵和调速器调试后，应对所有试验项目进行复验，如出现问题要及时排除。调试合格后，要将各部紧固螺钉、调整螺钉仔细拧紧，以防在发动机工作中出现松动，在各重要调整部位加铅封。

第二节 柴油机电控供油系统故障诊断与维修

案 例

现象：一辆江铃顺达 2.8 L 货车，发动机型号为 JX493 ZLQ3，2008 年生产，采用了德尔福高压共轨电控系统。行驶 7 万公里后，出现冷车起动困难甚至无法起动的现象，如果借助起动液，发动机就能顺利起动，但在热车时，能正常起动。

诊断：经检查，冷却液温度传感器能根据温度的变化而改变电阻和电压值，起动时采用示波器观察信号，其他各传感器和执行器的信号在冷车与热车状态下都差不多，都在正常范围内，这说明油轨中的高压柴油供应正常，ECU 对喷油器的控制也正常，采用柴油机气缸压力表检查各气缸压力，也在正常范围内，最后将喷油器在试验台上检测，发现各喷油器都有不同程度的堵塞，且都雾化不良。

排除：更换喷油器，故障排除。

一、概述

电控柴油发动机先后经历了电控喷油泵技术、电控泵喷嘴技术和高压共轨喷射技术，后两种技术是现在最主要的柴油机电控喷射技术。虽然电控泵喷嘴技术具有喷油压力非常高（可以达到 200 MPa），可实现分段式预喷射，且预喷量很小等特点，但其喷油压力受柴油机转速影响。使用蓄压系统的高压共轨技术可以解决这个问题，且控制灵活、排放性能好、适应任意缸数的发动机喷油压力调节，其使用范围越来越广。本章仅介绍电控高压共轨柴油发动机。

柴油机高压共轨电控供油系统主要由低压油路、高压油路和电子控制系统组成。其中，低压油路由输油泵、低压油管、滤清器及回油管组成；高压油路由高压泵、高压油管、油轨（共轨）、限压阀、流量限制器组成；电子控制系统由曲轴位置传感器、凸轮轴位置传感器、加速踏板位置传感器、进气温度传感器、冷却液温度传感器、燃油温度传感器、空气流量计、油轨压力传感器、增压压力传感器、柱塞切断电磁阀、油压调节阀、喷油器、EGR 调节器、增压压力调节器、预热时间控制器、预热塞以及电子控制单元 ECU 等组成。图 7.14 是 BOSCH 电控共轨供油系统的组成示意图。

低压油路中的电动输油泵负责向高压泵提供一定压力的燃油，压力约为 0.05 ~ 0.15 MPa，油路中的滤清器对燃油进行过滤，多余的燃油通过回油管流回油箱。电动输油泵由 ECU 通过继电器控制，当点火开关由“OFF”挡旋转到“ON”挡时，输油泵将工作 5 ~ 6 s，当发动机起动和工作

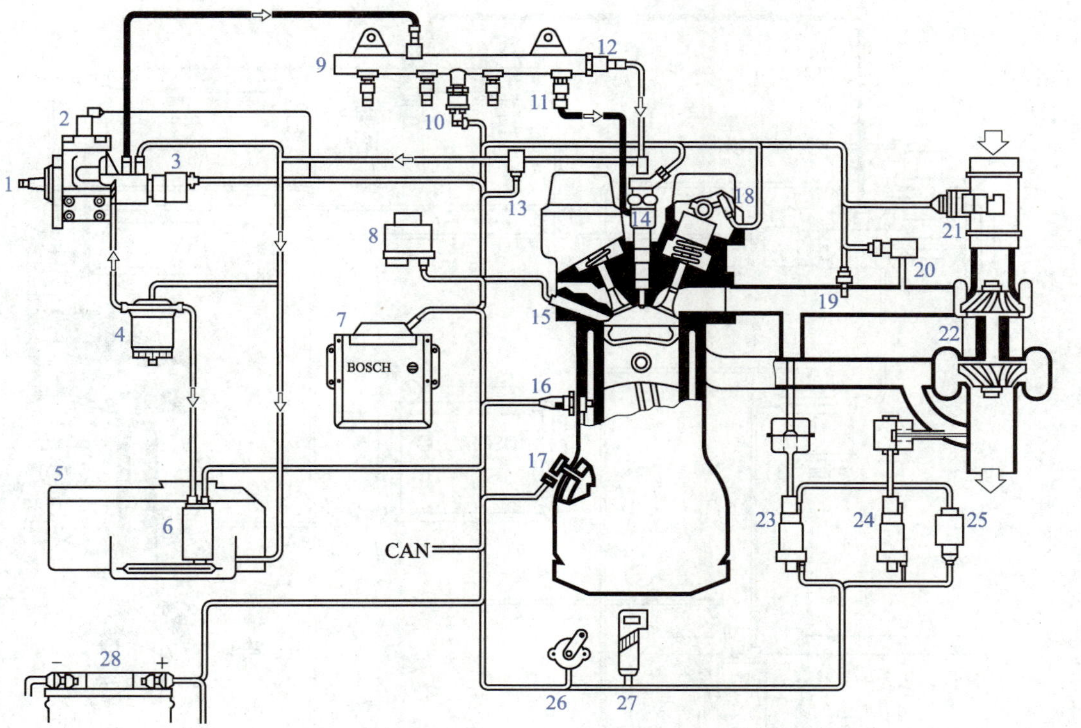

图 7.14　BOSCH 高压共轨柴油发动机电控系统组成示意图

1—高压泵；2—柱塞切断电磁阀；3—油压调节阀；4—燃油滤清器；5—油箱；6—电动输油泵；7—ECU；8—预热时间控制器；9—油轨；10—油轨压力传感器；11—流量限制器；12—限压阀；13—燃油温度传感器；14—喷油器；15—预热塞；16—冷却液温度传感器；17—曲轴位置传感器；18—凸轮轴位置传感器；19—进气温度传感器；20—增压压力传感器；21—空气流量计；22—涡轮增压器；23—EGR 调节器；24—增压压力调节器；25—真空泵；26—加速踏板位置传感器；27—诊断显示/诊断仪接头；28—蓄电池

时，输油泵连续泵油。

当发动机旋转时，高压泵在曲轴的带动下转动，高压泵向高压管路提供高达 135 MPa 的高压燃油，燃油经油轨分配给各缸的高压油管和喷油器，当压力过高时，通过限压阀泄压。在发动机工作时，油轨中始终充满着高压燃油，电子控制单元 ECU 根据传感器的信号通过油压调节阀控制油轨中的燃油压力，通过喷油器控制各缸的喷油量与喷油时刻。高低压油路的组成如图 7.15 所示。

电控系统的传感器负责采集发动机的运行工况和司机的驾车意图，ECU 将这些信息汇总后根据内设的控制策略计算出喷油脉冲宽度、喷油提前角、油轨压力、增压需求、起动预热需求、EGR 控制需求等信息，并向执行器发出控制指令，实现各项功能的精确控制，控制功能如图 7.16 所示。

需要说明的是，对于现今带有 EGR 的增压柴油机来说，配备节气门已经成为一种主流趋势。带有 EGR 的电控高压共轨柴油机配备了节气门之后，可以起到如下作用：

① 保证在各种工况下的 EGR 率。特别是在低速情况下，如果增压压力较高，而排气背压较低，则 EGR 率无法保证，甚至会出现气流倒流，所以通过节气门节流降压的原理保证 EGR 率；

② 消除关机一瞬间由于空气在缸内的弹簧效应而产生的喘振现象；

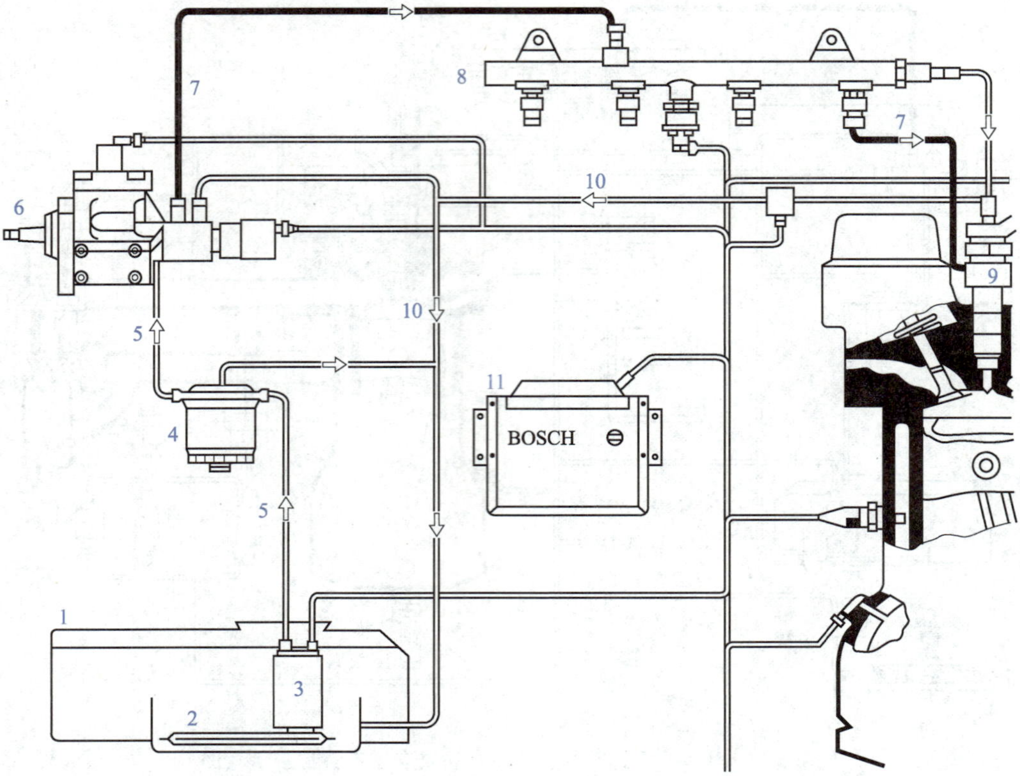

图 7.15 共轨电控供油系统组成简图

1—燃油箱；2—滤网；3—电动输油泵；4—燃油滤清器；5—低压油管；6—高压泵；7—高压油管；8—油轨；9—喷油器；10—回油管；11—ECU

③ 在低温冷起动时，适当关闭节气门，使其进入少量低温气体，提高柴油机的冷起动性能。

二、常见故障诊断

柴油机高压共轨系统的故障可能发生在两个部分：电控系统和机械部分。对电控发动机机械部分的故障诊断与非电控发动机的机械故障诊断相差不大。一般来说，如要诊断排除一个可能涉及电控系统的柴油机故障，应先按柴油机没有电控系统检查可能引起故障的各个方面，否则，遇到本来与电控系统无关的简单故障，却去检查电控系统的传感器、执行器与 ECU，不仅花费了时间，而且可能浪费金钱。

（一）发动机不能起动或起动困难

1. 故障现象

曲轴能正常转动，而且有起动转速，但发动机长时间不能起动或尝试多次才能着火起动。

2. 故障主要原因及处理方法

要使电控柴油发动机能正常起动，要满足以下几个条件：足够的气缸压力、合适的喷油量与喷油时刻、预热系统工作正常。由电控系统引起发动机不能起动或起动困难的主要部位包括：曲轴位置传感器、凸轮轴位置传感器、喷油器、油压调节器、预热塞、油轨压力传感器和 ECU 等，以及这些元件的线路故障。线路故障的处理方法一般为检修，元件故障的处理方法一般为更换。

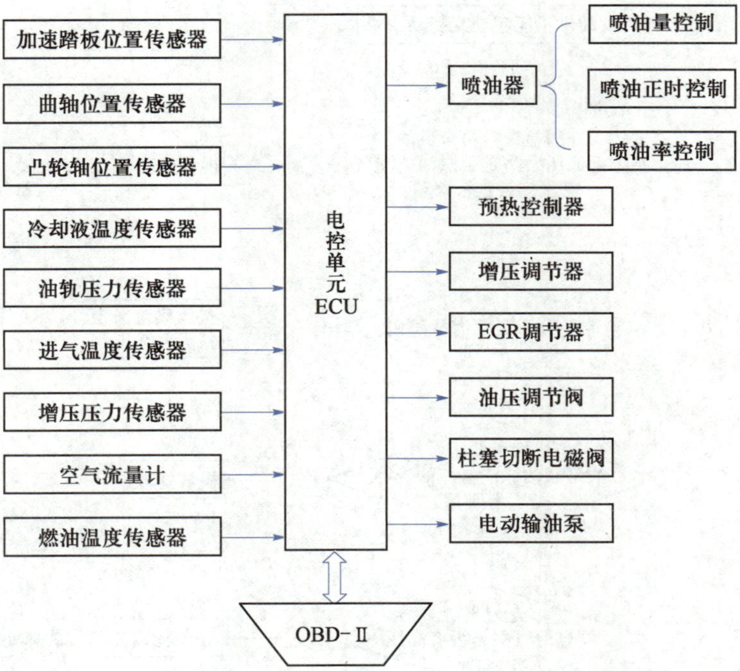

图 7.16　高压共轨柴油机电子控制功能框图

3. 故障诊断流程

发动机不能起动或起动困难的故障诊断流程如图 7.17 所示。

4. 解释说明

如果没有曲轴位置传感器信号，发动机肯定起动不了。如果没有凸轮轴位置传感器信号，有的发动机不能起动，有的能起动，但起动时间会延长。如果在发动机运转时突然失去曲轴信号，发动机将熄火，但如果运转时突然失去凸轮位置传感器信号，发动机不会熄火。油压调节器故障将使发动机无法起动。

主要元件检修方法见相应章节。

（二）发动机动力不足

1. 故障现象

车辆加速时速度增加缓慢，有踩空油门的感觉。

2. 故障主要原因及处理方法

检修柴油发动机动力不足可以从供油、供气、发动机机械部分及其电控系统等方面去考虑。常见故障原因有：进气堵塞、排气背压过高、增压系统压力不足、增压器工作失常、中冷器损坏或漏气、燃油管路漏油或堵塞、配气或供油定时不对、油底壳机油面过高、气缸垫漏气、活塞环磨损断裂、缸套与活塞间磨损过大或拉缸。电控系统引起发动机动力不足的主要故障部位为：加速踏板位置传感器、油轨压力传感器、增压压力传感器、增压压力调节器、空气流量计、冷却液温度传感器、进气温度传感器和 ECU 等，以及这些元件的线路故障。线路故障的处理方法一般为检修，元件故障的处理方法一般为更换。

3. 故障诊断流程

发动机动力不足的故障诊断流程如图 7.18 所示。

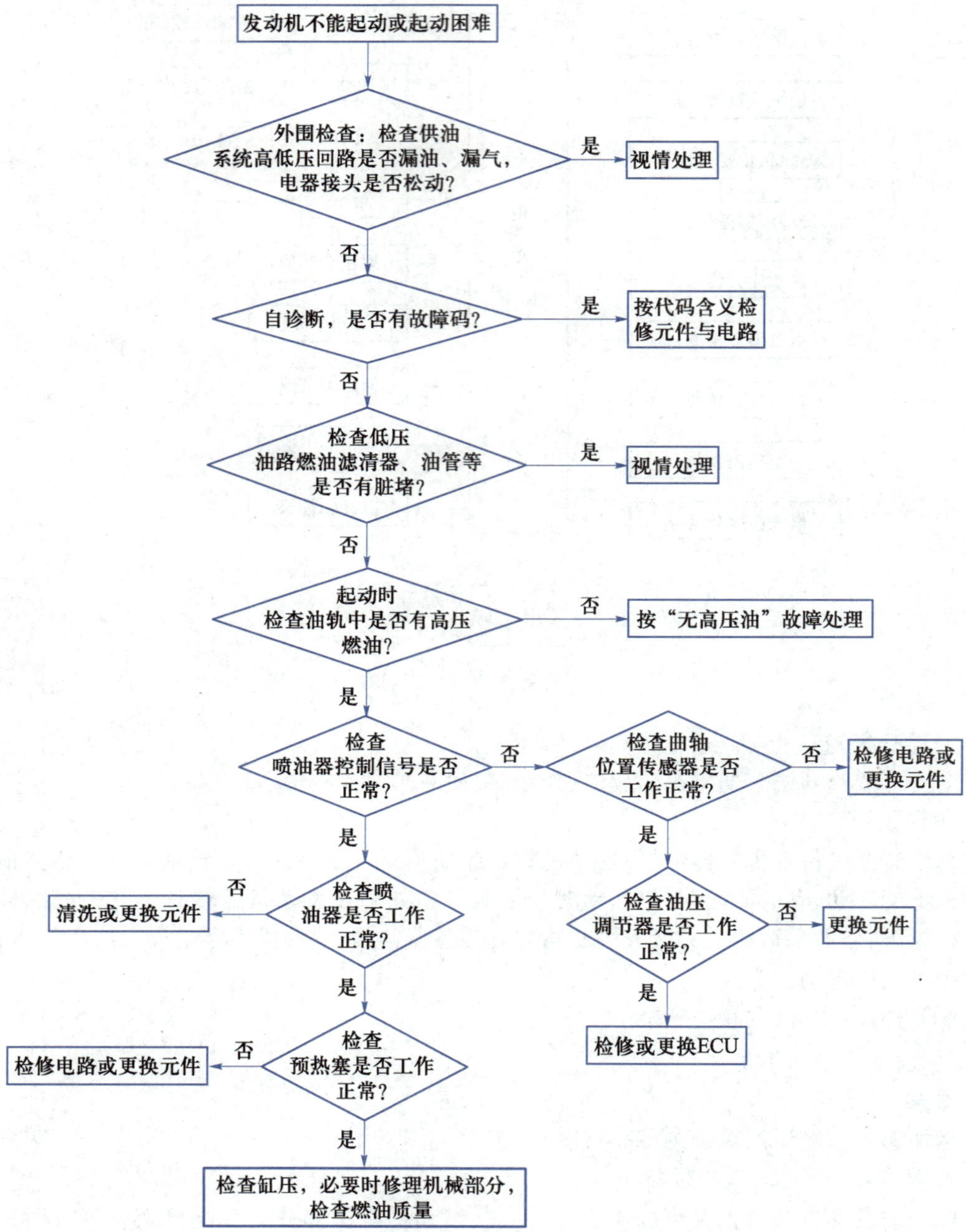

图 7.17 发动机不能起动或起动困难故障诊断流程图

4. 解释说明

主要元件检修方法见相应章节。

（三）发动机排气管冒黑烟

1. 故障现象

发动机怠速时排气管内有黑烟冒出，加速时黑烟更浓。

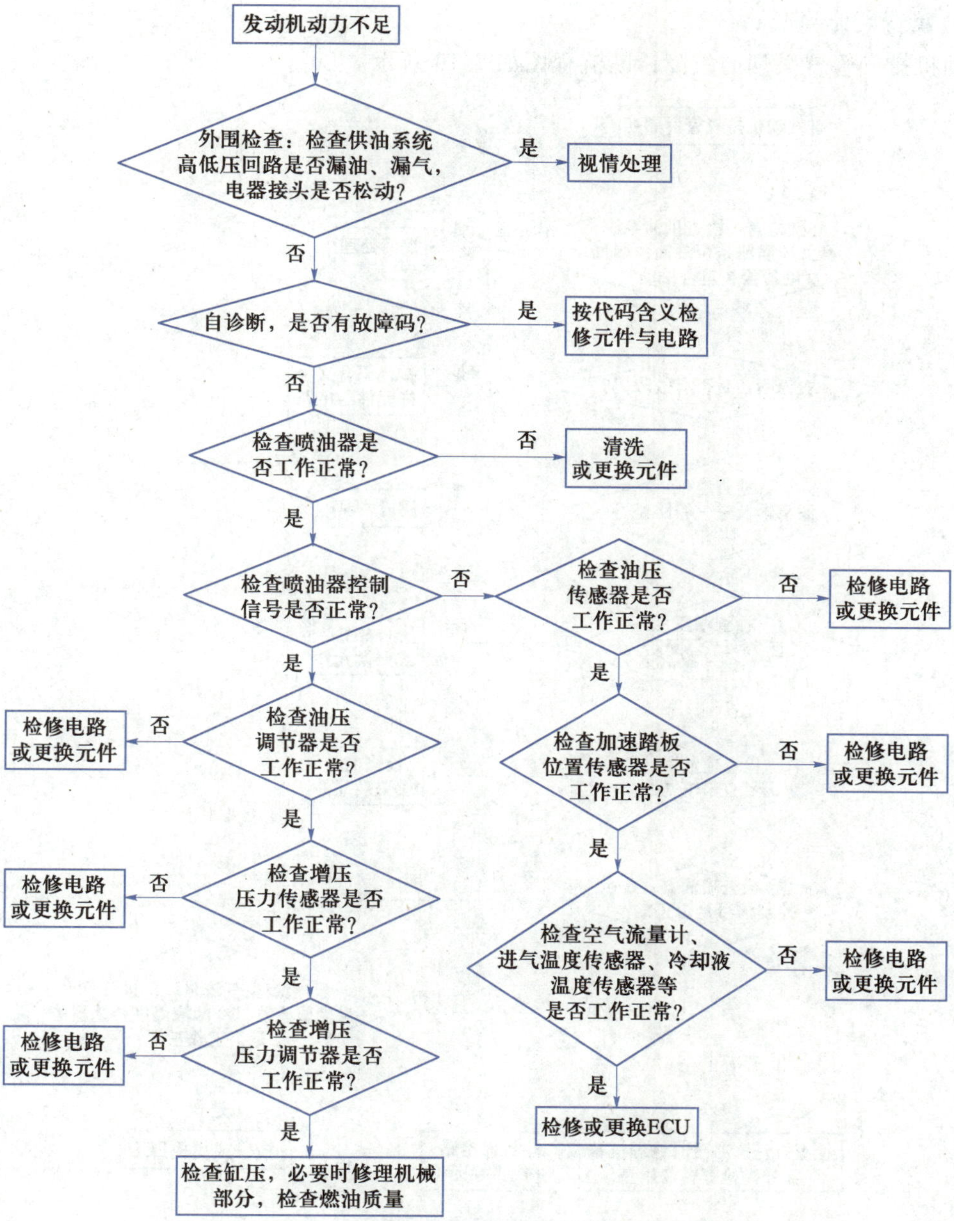

图 7.18　发动机动力不足故障诊断流程图

2. 故障主要原因及处理方法

冒黑烟是柴油发动机的常见故障，根本原因是发动机燃烧室缺氧。常见故障原因有：进气堵塞或排气背压高、燃油质量差、供油或配气定时不对、喷油器雾化不良、喷油器油量过多、增压系统压力不足、增压器工作失常、中冷器损坏或漏气。电子控制系统引起发动机排气管冒黑烟的主要故障部位为：喷油器、增压压力传感器、增压压力调节器、空气流量计、进气温度传感器、冷却液温度传感器、ECU 等，以及这些元件的线路故障。线路故障的处理方法一般为检修，元件故障的处理方法一般为更换。

3. 故障诊断流程

发动机排气管冒黑烟的故障诊断流程图如 7.19 所示。

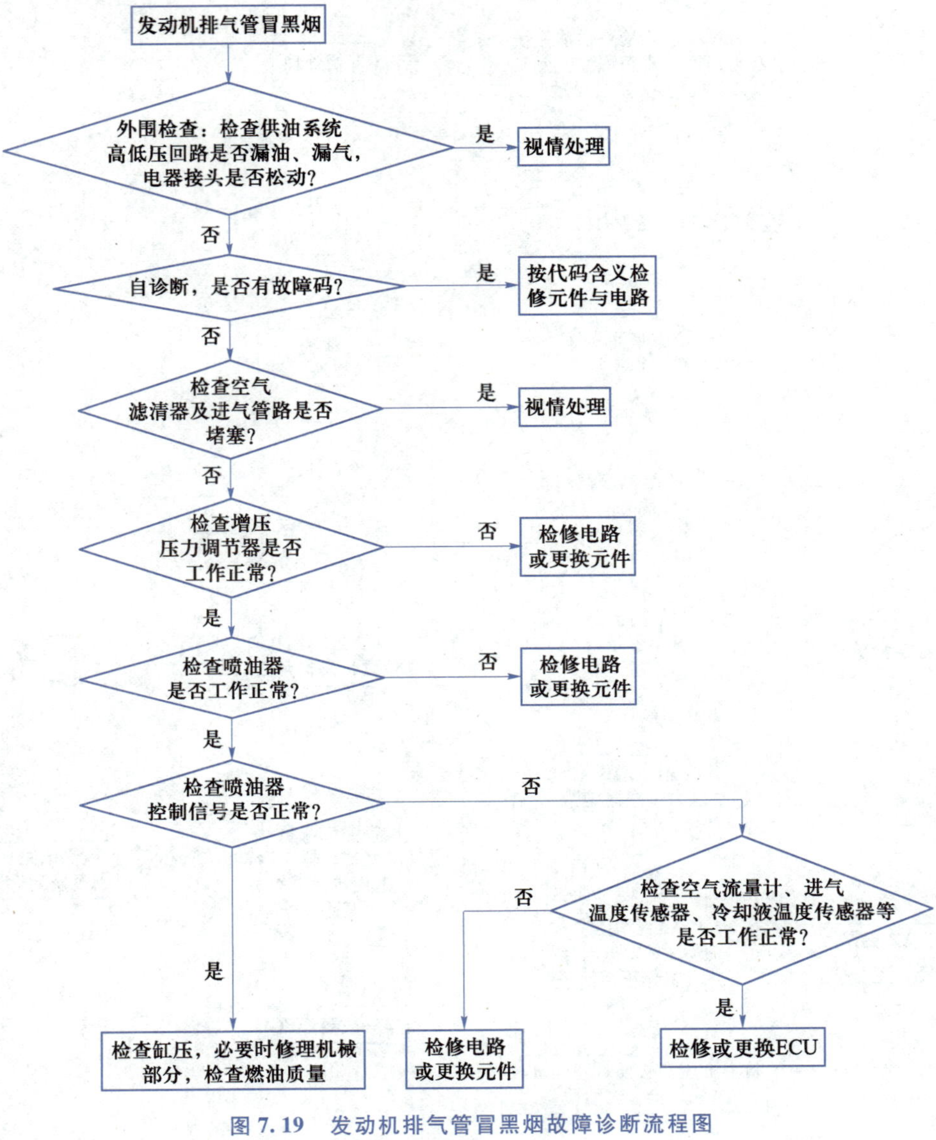

图 7.19 发动机排气管冒黑烟故障诊断流程图

4. 解释说明

主要元件检修方法见相应章节。

(四) 发动机耗油量大

1. 故障现象

发动机在一段使用期内明显比先前的耗油量大。

2. 故障主要原因及处理方法

引起发动机耗油量大的常见故障原因有：进气管和空气滤清器堵塞、排气背压过高、燃油质量差、燃油管路堵塞、燃油管路漏油、气门或缸垫漏气、气缸与活塞间磨损过大、活塞涨缸、供油正时不对、增压系统压力不足、增压器工作失常、中冷器损坏或漏气。电控系统引起发动机耗油量大的主要故障部位为：喷油器、增压压力传感器、增压压力调节器、空气流量计、进气温度传感器、冷却液温度传感器、加速踏板位置传感器、ECU等，以及这些元件的线路故障。线路故障的处理方法一般为检修，元件故障的处理方法一般为更换。

3. 故障诊断流程

发动机耗油量大的故障诊断流程图如图7.20所示。

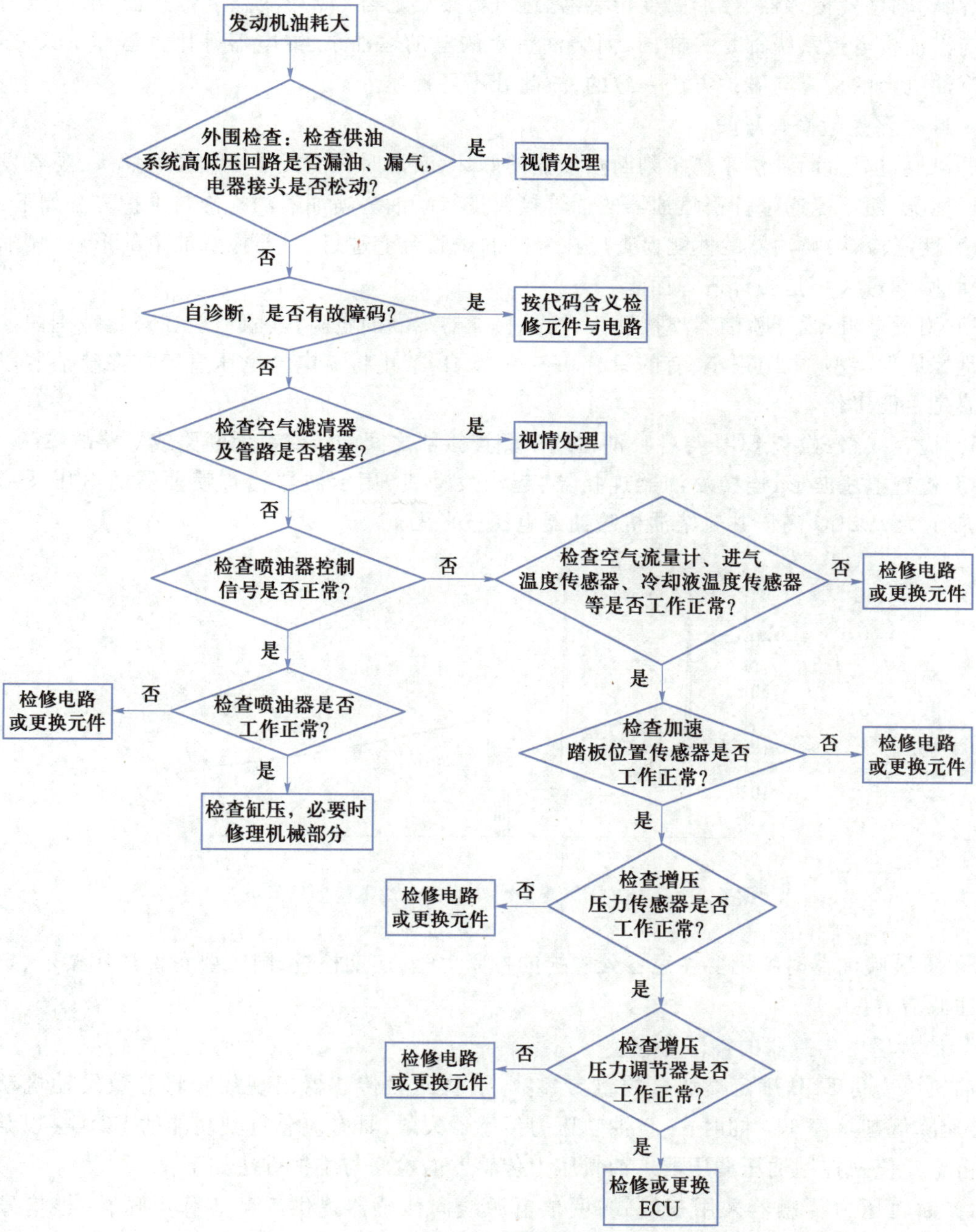

图7.20 发动机油耗大故障诊断流程图

4. 解释说明

所有元件的检修方法见相应章节。

三、共轨柴油发动机电控系统主要元件的检修与维护

共轨柴油机电控技术与汽油机电控技术有许多相似之处，整个系统都是由传感器、电控单元和执行器三大部分组成。在电控高压共轨柴油机上所用的传感器中，如空气流量计、曲轴转速传感器、凸轮轴位置传感器、燃油温度传感器、进气温度传感器、冷却液温度传感器、增压压力传感器等与汽油机电控系统都是一样的；而柴油机上的电动输油泵、继电器等执行器和 ECU 亦是与电控汽油机上的检修与维护方法一致的，故此处不再赘述。

1. 喷油器的检修与维护

可以通过单缸断油法来初步判断喷油器的好坏，断油时只能拔下喷油器的插头，观察发动机的运行情况，而不能通过拧松喷油器的油管接头进行断油。喷油器的检修与维护方法如下：

1）性能检查：喷油器的性能检查应在专门的试验台上进行，主要检查油束的形状、喷油器是否滴漏、喷油量大小是否合适等性能。

2）测量电阻：脱开喷油器连接插头，测量喷油器线圈的电阻，其阻值应在规定范围内。该喷油器是峰值保持型，电阻很小，有的只有 0.3～0.5 Ω，禁止将蓄电池电压直接加在喷油器以判断喷油器是否能工作。

3）检查线路：检查 ECU 与各喷油器线束侧连接器之间的线路有无断路或短路故障。

4）检查电压波形：连接喷油器连接器，起动发动机，用示波器检查喷油器的电压波形。图 7.21 所示为 IVECO 高压共轨柴油机喷油器电压波形图。

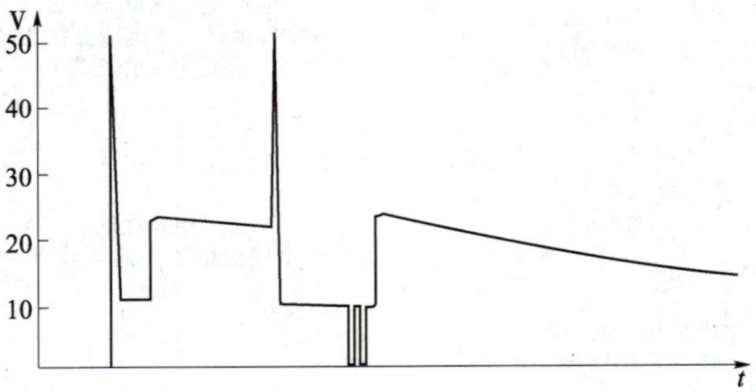

图 7.21 IVECO 高压共轨柴油机喷油器控制信号波形

5）安装喷油器时特别要注意各处螺栓的拧紧力矩，定期检查，同时要正确选用柴油，定时保养柴油滤清器。

2. 油轨压力传感器的检修与维护

油轨压力是 ECU 确定喷油量的重要参数，油轨压力传感器出现故障将导致发动机动力下降、转速降低甚至停车。同时，一旦油轨压力传感器失效，具有应急行驶功能的 ECU 会以某个固定的占空比值来控制油压调压器。油轨压力传感器的检修与维护方法如下：

1）油轨压力传感器采用三线式，两根电源线向传感器提供 5 V 工作电压，一根信号线向 ECU 提供压力信号，图 7.22 是一种油轨压力传感器与 ECU 的连接线路图。大部分压力传感器

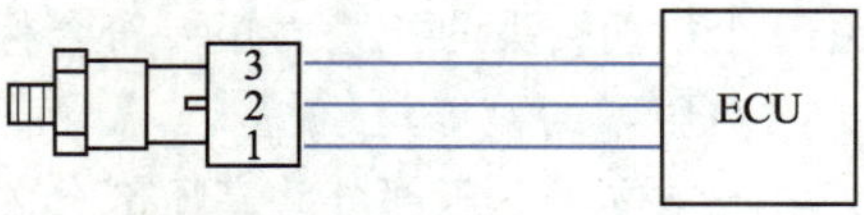

图 7.22　油轨压力传感器与 ECU 连接图
1—5 V 电源线;2—信号线;3—接地线

无法通过测量电阻的方式来判断好坏,而是需要在工作时通过输出的信号电压来判断。

2）油轨压力传感器工作时,用万用表测量电源正极与搭铁线之间的电压应为 5 V。根据燃油压力的不同,电压信号在一定值范围内变化,并由求值电路放大到 0.5 ~4.5 V。如某 BOSCH 高压共轨柴油电控系统的油轨压力传感器,当发动机在怠速时,信号电压值约 1.0 V,急加速时,信号电压值会从 1.0 V 急剧升高到约 3.5 V 后回落。当然,油压的变化是靠控制油压调节器的占空比来实现的。

3）一般来讲,油轨压力传感器需要避免强振与安装变形,以维护其使用性能。

3. 加速踏板位置传感器的检修与维护

加速踏板的位置反映了柴油机负荷的大小。常见加速踏板位置传感器是电位计式。汽车正常运行中,加速踏板位置传感器形成一个与加速踏板的位置相对应的电压,ECU 根据该电压信号并综合其他传感器的信号,算出喷油量。该传感器与 ECU 的连接关系图如图 7.23 所示,图中的双信号回路是为了提高传感器的可靠性。加速踏板位置传感器的检修与维护方法如下:

1）外线路检查:关闭点火开关,拔下连接插头,用万用表的电阻挡,分别测量插头上各端子与对应的 ECU 端子之间的电阻值,来判断外线路是否存在短路及断路故障。

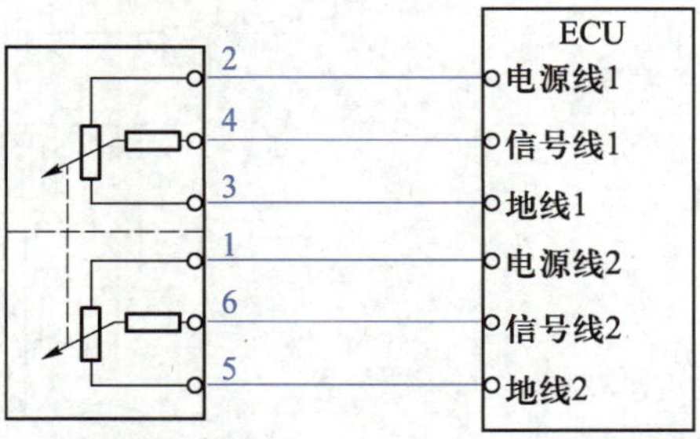

图 7.23　加速踏板位置传感器与 ECU 接线图

2）传感器电阻值测量:测量传感器电源线与地线、信号线与地线之间的电阻。如图 7.23 中,5#、6# 端子之间电阻为 1.2 ±0.4 kΩ,1#、5#端子之间电阻为 1.7 ±0.8 kΩ,同样,2#、4#端子之间电阻为 1.2 ±0.4 kΩ,2#、3#端子之间电阻为 1.7　±0.8 kΩ。

3）传感器电压值测量:恢复线路正常连接,打开点火开关,测量各导线的电压信号,如图 7.23 所示,电源线 1(2)与接地线 1(2)电压值应为 5 V 电压,各信号线对地电压应该随踏板开度的变化而连续变化。

4）数据流检测:恢复线路正常连接,在 OBDⅡ插座上连接好故障诊断仪,打开点火开关,用故障诊断仪可以读取到发动机系统数据流。以风骏 GW2.8TC 型柴油机为例,涉及加速踏板位置传感器的数据流有 3 个:“加速踏板 1 电位计电压值”、“加速踏板 2 电位计电压值”、“滤波前的加速踏板开度”。不踩动加速踏板时,“加速踏板 1 电位计电压值”应为 0.7 V 左右,“加速踏板 2 电位计电压值”为 0.35 V 左右,“滤波前的加速踏板开度”应为 0%。缓慢踩下加速踏板,上述 3 个数据流应同时变化,其变化规律如下:“滤波前的加速踏板开度”数值应逐渐增加至 100%;“加速踏板 1 电位计电压值”与“加速踏板 2 电位计电压值”应同时增加,但是前者的瞬时数值等于后者数值的 2 倍。

4. 油轨的检修与维护

油轨即共轨,其故障形式主要是有关部件及管接头在与油轨连接处出现泄漏。出现泄漏的可能原因是油轨内燃油压力太高或有关部件和管接头安装在油轨上的拧紧力矩偏小;也有可能是密封垫片损坏。油轨内燃油压力过高,其原因可能是限压阀打不开或压力传感器有问题。解决的办法是:将限压阀从油轨管上拆下后进行检查;对于压力传感器可用总成互换法进行检查。

有关部件和管接头的拧紧力矩要符合标准规定值。密封垫片不用铜垫而换用钢垫。

5. 高压泵的检修与维护

高压泵位于低压部分和高压部分之间，它的任务是在汽车正常行驶期间，在油轨中持续产生符合系统压力要求的高压燃油，以及快速起动过程和油轨中压力迅速升高时所需的燃油储备，图7.24 为 BOSCH 高压油泵结构原理图。高压泵的检修与维护方法如下：

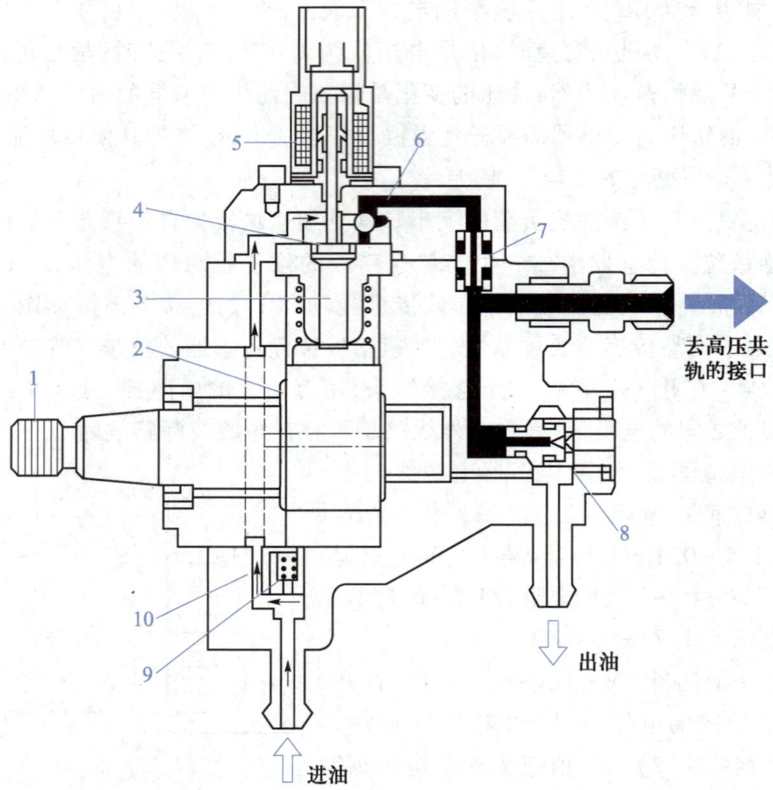

图 7.24 BOSCH 高压油泵

1—带凸轮的驱动轴；2—多边环；3—柱塞；4—进油阀；5—柱塞偶件切断电磁阀；6—出油阀；7—套；8—调压阀；9—节流阀；10—燃油供给油道

1）检查低压油路是否堵漏、漏气：脱开高压泵的出油管，打开点火开关，外接电源给输油泵通电泵油，观察燃油喷射距离。燃油喷射距离应大于一固定值（具体可查阅维修手册）；若燃油喷射距离远小于某固定值，则表明低压油路存在堵漏、漏气现象。

2）检查高压泵回油道和出油道的情况：1）在不通电情况下，脱开高压泵的出油管和回油管，然后让输油泵通电泵油，此时高压泵的回油口应有回油，出油口应不出油。若回油口不回油，则表明高压泵内的回油油道堵塞；若出油口出油，则表明柱塞偶件切断电磁阀处卡滞、关闭不严。2）接通点火开关但不起动发动机，让输油泵泵油，观察高压泵出油口的出油情况。此时应出油，若不出油，则表明柱塞偶件切断电磁阀无法开启或高压泵内出油油道堵塞。

3）电控发动机在熄火后，燃油管路内仍保持着较高的燃油压力。因此，在对电控发动机燃油系统进行维修时，特别是在拆卸高压泵与燃油管道时，以及拆卸、更换喷油器等部件时，应该先释放掉燃油管道内的油压，以免松开油管接头时大量燃油高速喷出，造成人身伤害或火灾。

6. 流量限制器的检修与维护

流量限制器的作用是防止喷油器可能出现的持续喷油现象。为此，由油轨流出的油量超过最大油量时，流量限制器将自动关闭流向相应喷油器的进油管口，停止继续喷油，图 7.25 为流量限制器结构原理图。

流量限制器的检修与维护方法如下：

拆下某缸流量限制器下游侧的高压管接头，起动发动机，发动机能起动，其他缸应该可以正常工作，如果拆下的油管漏油较多，且发动机着不了火，说明该流量限制器有故障，应该更换。

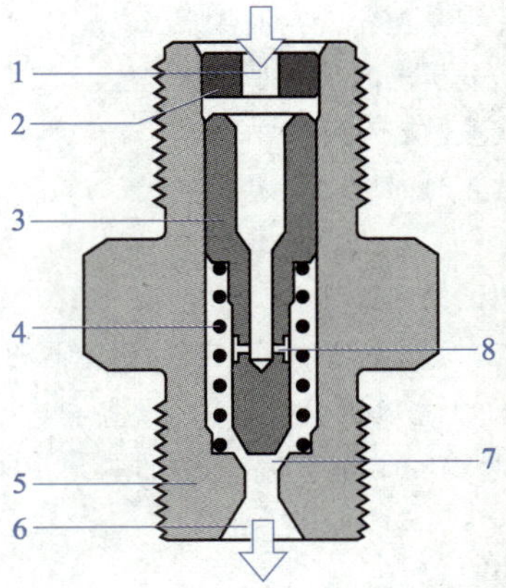

图 7.25 流量限制器

1—通往油轨的接头；2—锁紧垫圈；3—柱塞；4—压力弹簧；

5—外壳；6—通往喷油器的接头；7—座面；8—节流孔

本章小结

柴油机传统供油系统常见故障为混合气过浓、混合气过稀、怠速不稳、飞车、加速不良等。其常见故障部位为喷油泵、喷油器、输油泵。

柴油机传统供油系常见故障的诊断方法有人工经验法和仪器诊断法。仪器诊断法的基本方法是波形分析法，即观察各缸高压油管中的压力波形和测量波形上的诊断参数，确定故障部位和原因。

柴油机传统供油系维护的主要作业内容是：检查、清洁或更换发动机空气滤清器，检查和调整供油提前角等。供油提前角的检测有柴油机正时灯检测、发动机综合测试仪检测和人工经验检查校正三种方法。喷油开始压力的车上检查方法有用压力校正计检查法和比较检查法两种。

检修喷油器时，主要检查喷油器针阀偶件的配合情况，喷油器的检查调试应在喷油实验器上进行，主要检查和调试喷油压力、喷雾质量和喷雾锥角。

检修喷油泵和调速器时，主要检查柱塞副、出油阀、输油泵和调速器。喷油泵和调速器的检查调试应在喷油泵试验台上由专人调试。

柴油机电控系统主要针对高压共轨式电控柴油机，其电控供油系统主要由低压油路、高压油路和电子控制系统组成，常见故障有发动机不能起动或起动困难、发动机动力不足、发动机排气管冒黑烟、发动机耗油量大等。通过故障诊断流程图可以诊断出各故障现象所对应的具体故障部位。

复习与思考题

1. 传统供油柴油机混合气过浓的故障现象是什么？主要原因有哪些？怎样用人工经验法进行诊断？
2. 传统供油柴油机混合气过稀的故障现象是什么？主要原因有哪些？怎样用人工经验法进行诊断？
3. 传统供油柴油机怠速不稳的故障现象是什么？主要原因有哪些？怎样用人工经验法进行诊断？
4. 简述柴油机传统供油系故障波形分析法的基本原理和方法。
5. 柴油机传统供油系维护的主要作业内容有哪些？
6. 怎样进行柴油机传统供油系供油正时的检查和调整？
7. 怎样就车检查喷油器的技术状况？
8. 在喷油实验器上喷油器的检查调试内容有哪些？
9. 喷油泵和调速器检修时主要检查内容有哪些？喷油泵和调速器的检查调试内容有哪些？
10. 高压共轨柴油机电控系统由几个子系统组成？主要传感器和执行器有哪些？
11. 高压共轨柴油机电控系统的常见故障有哪些？主要元件如何检测？

第八章

润滑系故障诊断与维修

学习目标

掌握机油压力过低故障诊断方法;理解机油压力过高,机油消耗过多故障诊断方法;理解机油质量分析方法;理解润滑系维护作业内容;掌握机油泵的检修方法。

案 例

现象:一辆装有康明斯6BT5.9发动机的东风EQ1141G汽车,累计行程15万千米左右,发动机怠速运转时,油压指示灯亮,并伴有异响。

诊断:询问车主得知,该发动机此前曾发生过曲轴连杆轴颈烧瓦故障,当时磨修了曲轴,更换了轴瓦,装机运行,怠速时机油压力高于69 kPa,油压指示灯不亮。修理后汽车行程只有2500 km。检查机油,机油液面高度符合标准,机油品质良好。用听诊器听诊,在气缸下部有沉重响声,在气缸中部有清脆响声。急加速时中下部响声明显增大;单缸断油时下部响声无明显变化,而中部响声有明显减小;相邻两缸断油时下部响声明显减小;发动机水温变化时,中下部响声无明显变化。拆检发动机,发现曲轴连杆轴承和主轴承轴瓦又被烧蚀。检查机油泵,泵油压力正常。仔细检查发现,其凸轮轴与气缸体凸轮轴座孔配合间隙过大(该发动机凸轮轴在气缸体上安装时,只有第1道轴颈有轴承配合,其余轴颈均与气缸体上的凸轮轴座孔直接配合),气缸体凸轮轴座孔磨损达0.40~0.50 mm,磨损量严重超限。

排除:在气缸体凸轮轴座孔内镶入凸轮轴轴承,并对轴承进行刮削修配,使凸轮轴轴颈与轴承达到正常配合间隙。

第一节 概 述

润滑系主要由机油泵、机油滤清器、限压阀、旁通阀、集滤器、机油压力表、机油标尺等组成。桑塔纳2000型发动机润滑系统示意图见图8.1。

润滑系的常见故障为机油压力过低,机油压力过高,机油变质,机油消耗异常等。

润滑系常见故障部位为机油泵、机油滤清器。

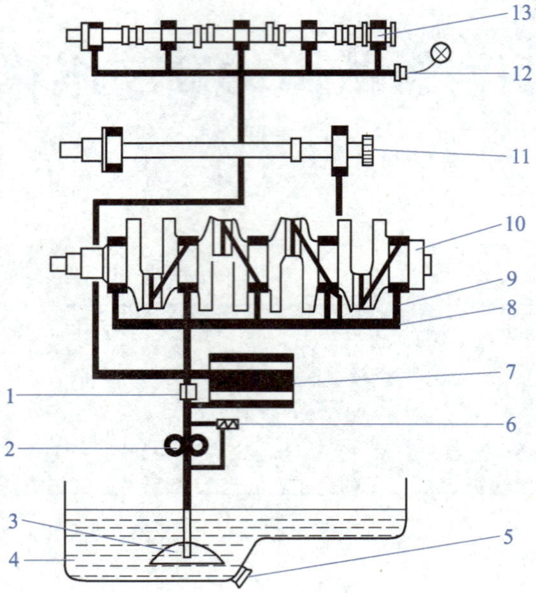

图 8.1 桑塔纳 2000 型发动机润滑系统示意图

1—旁通阀;2—机油泵;3—集滤器;4—油底壳;5—放油塞;6—安全阀;7—机油滤清器;8—主油道;9—分油道;10—曲轴;11—中间轴;12— 压力开关;13—凸轮轴

第二节 润滑系常见故障诊断

一、机油压力过低

1. 故障现象

发动机在正常工作温度和转速下,机油压力表读数低于规定值或油压报警器报警值。

2. 故障主要原因及处理方法

(1) 机油集滤器网堵塞,清洗机油集滤器。

(2) 机油滤清器堵塞,清洗或更换机油滤清器。

(3) 油底壳内机油油面过低,按规定补充机油。

(4) 机油黏度降低,更换机油。

(5) 机油限压阀弹簧失效或调整不当,更换弹簧或重新调整。

(6) 润滑油油管接头漏油或进入空气,检修机油管路,排出空气。

(7) 润滑油道堵塞,清洗润滑油道。

(8) 机油泵性能不良,检修或更换机油泵。

(9) 曲轴主轴承、连杆轴承或凸轮轴轴承间隙过大,必要时光磨曲轴、凸轮轴或更换轴承。

(10) 废气涡轮增压器转子轴间隙过大或密封不良,更换转子轴、轴承、密封圈或增压器。

3. 故障诊断方法

机油压力过低故障诊断流程如图 8.2 所示。

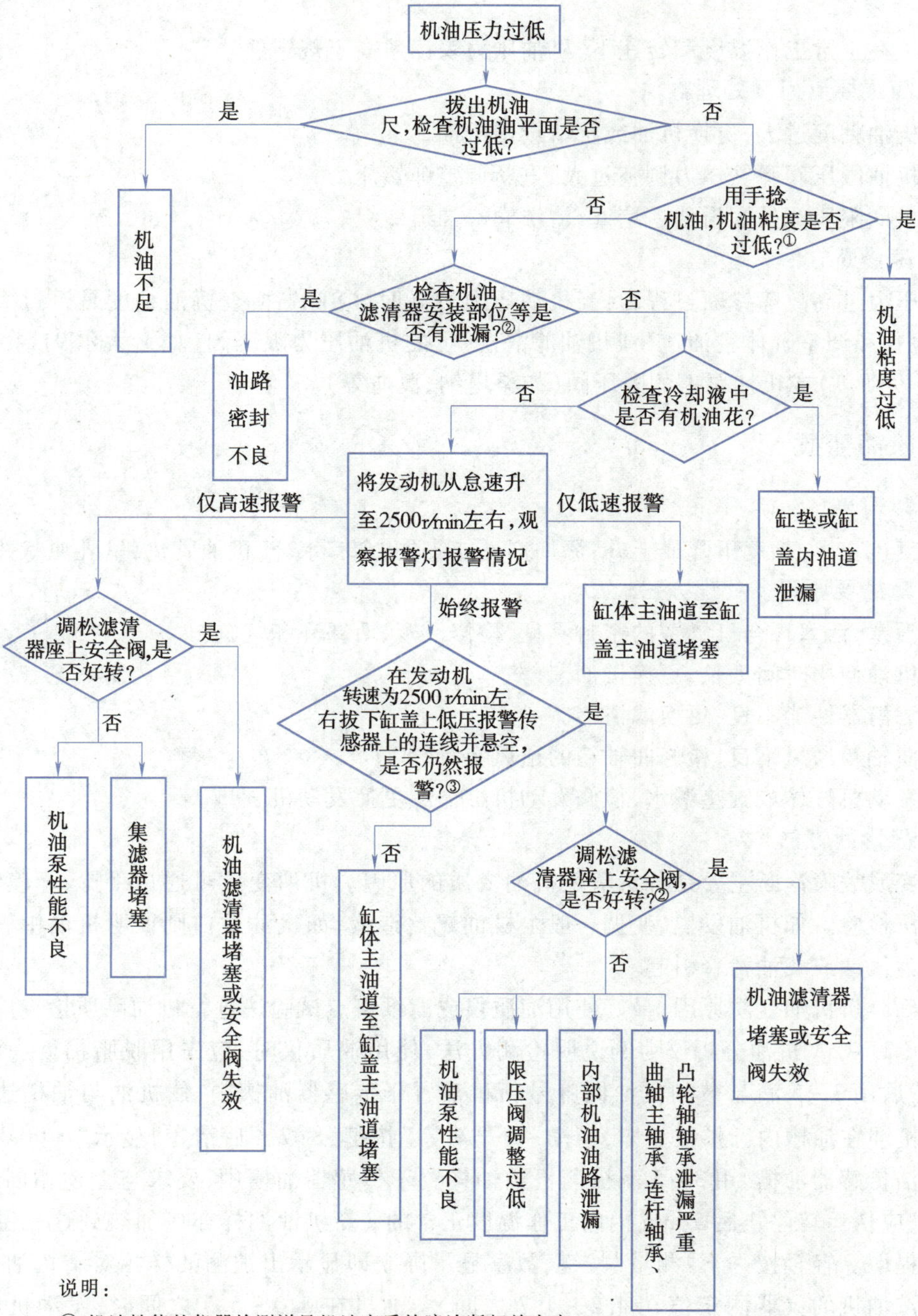

说明:

① 机油性能的仪器检测详见机油变质故障诊断相关内容。

② 若发动机装配涡轮增压器,增压器可能漏油。诊断方法详见涡轮增压器检修相关内容。

③ 以 JV 型发动机为例。

图 8.2 机油压力过低故障诊断流程

二、机油压力过高

1. 故障现象

发动机在正常工作温度和转速下，机油压力表读数高于规定值。

2. 故障主要原因及处理方法

（1）机油粘度过大，更换机油或重新选用机油；

（2）机油限压阀弹簧压力调整过大，重新调整弹簧压力；

（3）机油限压阀的润滑油道堵塞，清洗润滑油道。

3. 故障诊断方法

机油压力过高故障诊断过程为：当机油压力过高时，应首先检查机油粘度是否过大，若粘度正常，则检查和调整缸体主油道（或机油滤清器）上的机油压力限压阀（如斯太尔 91 系列汽车用 WD615 型发动机）或机油泵上的限压阀（如桑塔纳、奥迪等）。

三、机油变质

1. 故障现象

机油颜色变黑，粘度下降或上升；添加剂性能丧失，含有水分；机油乳化，呈乳浊状并有泡沫。

2. 故障主要原因及处理方法

（1）活塞、活塞环与气缸壁的密封不良，检修活塞、活塞环和气缸。

（2）机油使用时间太长，更换机油。

（3）滤清器性能不良，更换滤清器。

（4）曲轴箱通风不良，检修曲轴箱的通风装置。

（5）发动机缸体或缸垫漏水，检修发动机缸体或更换发动机缸垫。

3. 故障诊断方法

机油变质故障诊断主要是分析清楚机油变质的原因。机油变质可通过手捻、鼻嗅和眼观的人工经验法检验。如机油发黑、变稠一般由机油氧化造成；如机油发白则证明机油中有水；如机油变稀则为汽油或柴油稀释引起。

为精确分析机油变质原因，最好使用油质仪或滤纸斑点试验法进行机油品质检查。

现以 R2J－2A 机油分析仪为例说明检测方法，使用油质仪时，应先用脱脂棉彻底清洁传感器油槽，然后用 3～5 滴与被测机油同牌号新机油置于传感器油槽中，使机油与油槽边沿齐平。2～5 s 后机油在油槽内已扩散完毕，轻按一下“清零”按键，约 2 s 后清零，显示“±00.00”。再一次彻底清洁传感器油槽，用 3～5 滴被测机油油样置于传感器油槽中，要求与上述相同。被测机油的油样，应从运转停止后 5 min 内的工作温度正常的（新机油油样亦应加热到这一温度）发动机油池内提取。轻轻按一下“测量”按键，数字显示屏立即显示出被测油样相对新机油介电常数改变值。汽油机的仪器测定值在 4.2～4.7 之间，柴油机在 5.0～5.5 之间时，发动机应更换新机油。

从数字显示屏获得读数后，应继续观察显示屏内数字的变化，以便找出机油品质变化的原因。变化有下述三类情况：

（1）数字为正，且稳定不动：表明机油为一般常见污染老化变质，即机油中含有氧化物、油泥、污物、炭和酸性物质等。

（2）数字向正方向漂移激烈：说明机油中有较多的水、防冻液和大颗粒金属微粒。

（3）数字向负方向漂移：说明机油被汽油稀释。机油被柴油稀释时，数字不向负方向漂移。

油质分析仪检测分析方法能检测润滑油的污染程度及原因，但不能反映机油清净分散剂的消耗程度及性能。要分析机油清净分散剂的消耗程度及性能，可用滤纸油斑试验法。

滤纸油斑试验法分析方法是：把使用中的机油按规定要求滴在专用滤纸上，油滴逐渐向四周浸润扩散，一般会形成三个颜色深浅不同的环形斑点，分别称为沉积环、扩散环和油环，见图 8.3。若机油所含杂质的浓度和粒度不同及清净分散能力不同，所形成油斑每一环形区域的直径大小和颜色深浅亦有所不同。

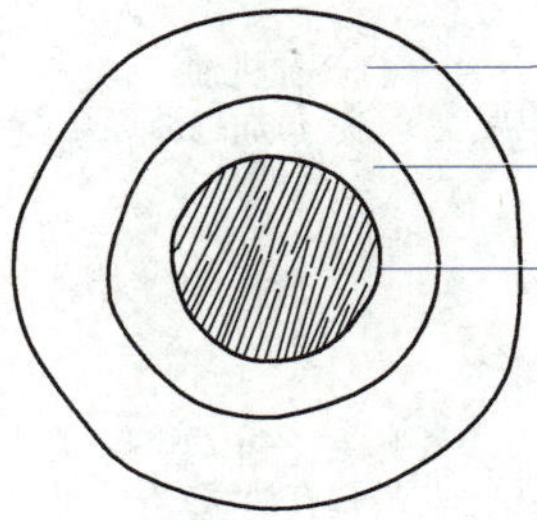

图 8.3　滤纸斑点形状示意图

如果杂质颗粒扩散到较远处，沉积环与扩散环的杂质浓度及颜色深浅程度差别较小，则机油中杂质粒度小，且清净分散剂性能良好；若机油中杂质集中于沉积环，沉积环与扩散环的杂质浓度和颜色深浅程度差别大，则机油中杂质粒度大，且清净分散剂性能丧失。因此，油斑上沉积环杂质浓度反映机油的总污染程度，而沉积环单位面积的杂质浓度与扩散环单位面积杂质浓度之差可反映机油中清净分散剂的清净分散能力。

四、机油消耗过多

1. 故障现象

机油消耗量超过规定值，排气冒蓝烟，气缸内积炭增多。

2. 故障主要原因及处理方法

（1）活塞、活塞环与气缸壁的间隙过大或活塞环与环槽的侧隙过大，检修或更换活塞、活塞环和气缸。

（2）气门与气门导管间隙过大或气门密封圈失效，检修或更换气门，更换气门导管或气门密封圈。

（3）发动机各部件密封表面漏油，检查发动机各部件的可能漏油表面。

（4）曲轴箱通风不良，检修曲轴箱通风装置。

（5）大修后扭曲环或锥面环装反，重新安装活塞环。

（6）废气涡轮增压器密封不良，更换密封圈、挡油环、转子轴、轴承或增压器。

3. 故障诊断方法

机油消耗过多故障诊断流程如图 8.4 所示。

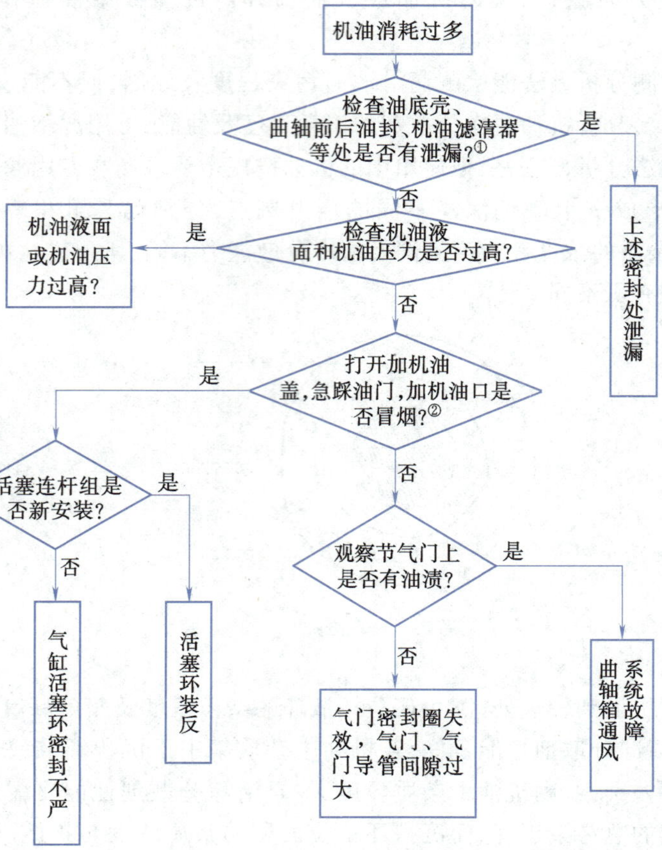

说明:

① 若发动机装配废气涡轮增压器,增压器轴可能漏油。诊断方法详见涡轮增压器检修相关内容。

② 若制动系空气压缩机润滑油由发动机提供,空压机可能是机油消耗源,检查方法是检查油水分离器或贮气管中是否有较多明显机油。

图 8.4 机油消耗过多故障诊断流程

第三节 润滑系的维修

一、润滑系的维护

1. 滤清器的检查、清洁和更换

润滑系维护时,应检查机油滤清器,视情清洁或更换机油滤清器或滤芯,机油滤清器应密封良好,无堵塞,完好有效。东风汽车用离心式机油滤清器,一级维护时应检查离心式机油滤清器的运转是否正常;二级维护时,应拆下细滤器壳体,清洗转子罩内壁沉积物,并清洗转子,保持机油喷口畅通;装配后,转子转动应灵活,无渗漏现象;最后检查和调整离心式机油滤清器进油限压阀的开启压力。

2. 机油的检查、补给与更换

润滑系一级维护时，应检查和调整曲轴箱机油液面高度至规定范围，检查机油质量，若质量不合格则应更换。二级维护时，一般应更换机油。在更换机油时，应认真清洗油底壳、机油集滤器等，机油规格和性能指标符合要求，液面高度符合规定。

机油液面高度的检查和调整方法是：机油尺上有上刻度线和下刻度线，合适的油面位置应在这两条刻度线之间。将汽车停放在平地上，发动机熄火 3 min 待润滑油流回油底壳后，抽出机油尺并将其擦净，再插回到底，重新抽出机油尺，在机油尺上就可以观察到机油油面位置。若油面处于机油尺下刻度线的下方，应从加机油口处加注润滑油，直到油面位置符合要求为止。若油面位置超过上刻度线，应放出多余的润滑油。

二、齿轮式机油泵的检修

1. 齿轮式机油泵的分解和清洗

（1）拆下机油泵盖。

（2）拆下机油泵紧固螺钉，分开泵盖和泵壳。取下衬垫和从动齿轮。

（3）如要更换传动齿轮，应用锉刀锉掉传动齿轮横销头部，铣出横销，压下传动齿轮。

（4）清洗分解后的全部零件，以便对零件进行检测。

2. 齿轮式机油泵主要零件的检修

（1）泵壳的检查与修理。检查油泵轴孔的磨损程度，螺孔是否损坏，泵壳有无裂纹。机油泵主动轴孔与轴的配合间隙应为 0.03～0.075 mm，最大不得超过 0.20 mm。间隙超过规定，或晃动泵轴有明显松旷感觉时，可将主动轴涂镀加粗，或用镶套法修复；泵壳破裂应更换或焊修。

（2）齿顶与泵壳内侧间隙的检测如图 8.5 所示，使用极限一般为 0.20 mm。

（3）泵盖的检查与修理。齿轮式机油泵驱动齿轮啮合时，产生的轴向力一般都向下，它使齿轮端面与泵盖内表面磨损。泵盖如有磨损或翘曲，凹陷超过 0.05 mm，应以车或研磨等方法进行修复。泵盖凹陷量可用塞尺检查，如图 8.6 所示。

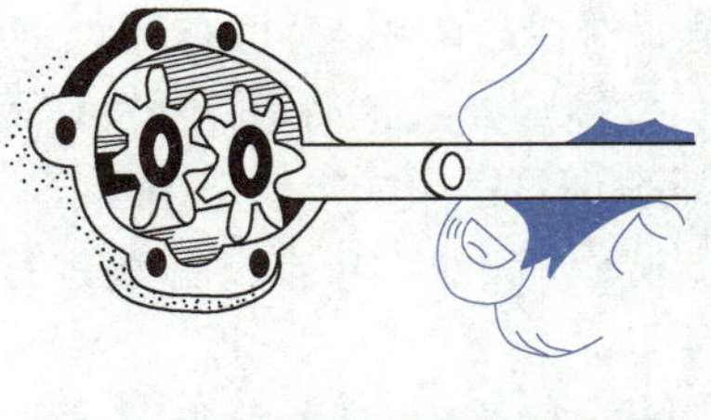

图 8.5 齿顶和泵壳间隙的检查

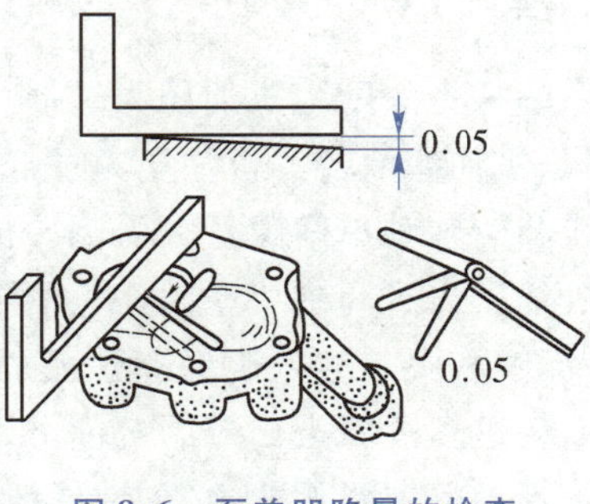

图 8.6 泵盖凹陷量的检查

（4）泵轴的检查与修理。用百分表检查泵轴是否弯曲，如果指针摆差超过 0.06 mm，应进行校正。主动轴与轴套孔的配合间隙的使用极限为 0.15 mm。从动轴如有明显的单面磨损，可将其压出，把磨损面调转 180°再压入孔内继续使用。主动轴上端铆固的传动齿轮与泵壳尾端之间的间隙一般为 0.025～0.075 mm，最大不超过 0.12 mm，超过时可在泵壳尾端焊修或加垫调整。

(5) 齿轮啮合间隙的检测。检查主、从动齿轮啮合间隙方法为用塞尺在互成120°处分三点测量(如图8.7所示)。齿隙增大的原因是由于齿轮的磨损或主动轴与泵壳、从动轴与齿轮轴孔之间的磨损引起的。如果齿轮磨损不严重,可将齿轮转面使用;如磨损超过使用限度,应成对更换齿轮。主、从动齿轮与传动齿轮齿面上如有毛刺,可用油石光磨。

图8.7 检查齿轮啮合间隙

1—机油泵壳;2—厚薄规

(6) 限压阀的检修。限压阀检修的内容包括弹簧弹力与阀体磨损情况,阀体在阀孔中应灵活且密封性能良好则为合格,否则应更换阀体或阀座。弹簧弹力可用弹簧秤测试,不合格则更换。

3. 齿轮式机油泵的装配与试验

装配时按分解的相反顺序进行,边装配边复查各部位配合情况,如齿轮的啮合间隙,主、从动轴与壳体及齿轮轴孔的配合等。更重要的是应检查调整主、从动齿轮与泵盖之间的间隙,该间隙可通过增减泵盖与壳体之间的衬垫厚度加以调整。

机油泵装复后是否恢复了技术状态,必须经过试验确定。通常采用经验检查法,用手转动装复后的机油泵传动轴,应转动自如,无卡阻现象。将润滑油灌入机油泵内,用拇指堵住出油孔,转动泵轴应有机油压出,并感到有压力。这样就说明机油泵的性能良好。

机油泵装在车上后,应通过机油压力表观察发动机机油压力。在发动机温度正常的情况下,怠速时,机油压力应不低于0.15 MPa,当发动机高速运转时,机油压力应不大于0.45 MPa。对无机油压力表的汽车,发动机起动运转时压力报警灯应熄灭。如不符合标准,应调整限压阀。其调整方法是:机油压力过低,可增大弹簧张力,若弹簧张力增大受限制,可以在限压阀弹簧一端加厚垫圈;若机油压力过高,可减小弹簧张力,若弹簧张力减小受限制,可在限压阀螺塞与泵盖之间加垫片。如果由于球阀(或柱塞阀)关闭不严而影响机油压力,应更换新件。

本章小结

润滑系的常见故障为机油压力过低,机油压力过高,机油变质,机油消耗异常等,常见故障部位为机油泵、机油滤清器。机油压力过低既有可能是润滑系故障引起,也有可能是曲轴主轴承、连杆轴承或凸轮轴轴承间隙过大引起。机油压力过低故障诊断从机油和机油滤清器等润滑系外部查起。机油压力过高主要原因是机油限压阀弹簧压力调整过大或机油选用不当。机油变质可通过手捻、鼻嗅和眼观的人工经验法检验,但最好用油质仪和滤纸斑点试验法进行机油品质检查。机油消耗过多故障大部分因机油进入燃烧室而引起。

润滑系维护的主要作业内容是:滤清器的检查、清洁和更换,机油的检查、补给与更换和曲轴箱通风装置的维护。

检修齿轮式机油泵时应检查主动轴孔与轴的配合间隙、齿顶与泵壳内侧的间隙、泵盖的磨损或翘曲和齿轮啮合间隙,若超过规定应修复或更换;检修和调整限压阀。机油泵装复后,可采用经验检查法进行检验。

复习与思考题

1. 机油压力过低的原因有哪些？怎样诊断？
2. 机油压力过高的原因有哪些？怎样诊断？
3. 怎样检查机油质量变化程度？怎样分析机油质量变化的原因？
4. 润滑系维护的主要作业内容有哪些？
5. 怎样检修机油泵？怎样检查机油泵修理质量？

第九章

冷却系故障诊断与维修

学习目标

掌握发动机过热故障诊断方法;理解发动机过热、发动机过冷故障诊断方法;掌握冷却系维护作业内容;掌握冷却系密封性检查方法和风扇带张紧度检查调整方法;掌握电动风扇温控开关、节温器和水泵性能的检查方法。

案　例

现象:一辆韩国现代 SONATA 2.0 乘用车,在行驶中发动机突然过热而导致水箱“开锅”。

诊断:让发动机停机冷却后再起动,在发动机水温正常时,发现发动机工作平稳,动力正常,机油和排气也无异常,但冷却液温度上升很快,冷却风扇不工作;打开空调开关,风扇工作正常;触摸上、下水管,上水管不太热,下水管却烫手;检查节温器,节温器不能开启,已损坏。该车的冷却风扇温控开关装于节温器之后,如果节温器损坏,温控开关始终达不到其工作温度,因而就不动作,也就不能接通风扇电机。

排除:更换节温器。

第一节　概　　述

冷却系主要由水泵、散热器、节温器、风扇、分水管、水套、百叶窗、水温表或水温报警器等组成。根据风扇驱动方式的不同可分为机械风扇式冷却系和电动风扇式冷却系,现代汽车机械风扇式冷却系普遍采用硅油式或电磁式风扇离合器;现代轿车广泛采用电动风扇式冷却系,其电动风扇由温控开关或控制器控制,且配有膨胀水箱。常见电动风扇式冷却系组成如图 9.1 所示。

冷却系的常见故障为发动机过热、过冷,冷却水消耗过多等。

冷却系常见故障部位为节温器、电动风扇或风扇带、温控开关、散热器和水泵。

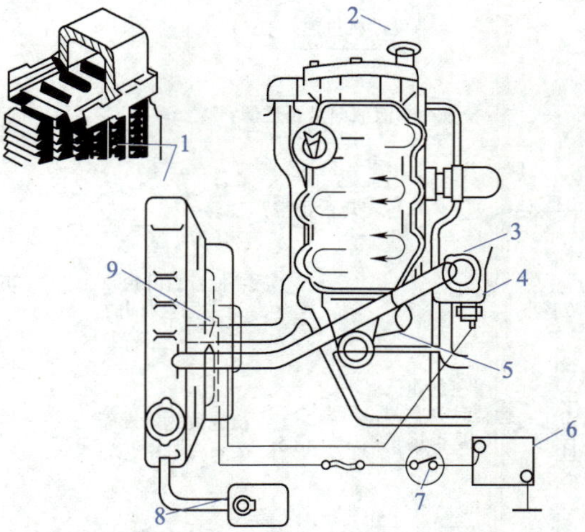

图 9.1　电动风扇式冷却系

1—散热器;2—水泵;3—节温器;4—温控开关;5—旁通软管;6—蓄电池;7—点火开关;8—膨胀水箱;9—电动风扇

第二节　冷却系常见故障诊断

一、发动机过热

1. 故障现象

运行中的汽车,在百叶窗完全打开的情况下,水温表指针经常指在 100 ℃以上,且散热器伴随有“开锅”现象;燃烧室内出现“炽热点”,发动机熄火困难;汽油机易发生爆燃或早燃,柴油机易发生早燃使工作粗暴。

2. 故障主要原因及处理方法

(1) 冷却液不足,按规定补充冷却液。

(2) 风扇带松弛、沾油打滑或断裂,调整带的松紧度或更换带。

(3) 混合气过稀,调整混合气浓度。

(4) 水套和分水管积垢或堵塞,清理水套和分水管。

(5) 水泵工作性能不良,检修或更换水泵。

(6) 点火时间不当,调整点火提前角。

(7) 燃烧室内积炭过多,清洗燃烧室。

(8) 风扇离合器接合时间过晚或打滑,检修或更换风扇离合器。

(9) 散热器的进水管或出水管凹瘪,检修或更换散热器水管。

(10) 节温器主阀门不能打开或打开时间过迟,检修或更换节温器。

(11) 散热器内部水垢堵塞或外部过脏,清洗散热器。

(12) 百叶窗不能完全打开,检修百叶窗及控制机构。

(13) 电动风扇性能不良,检修或更换电动风扇。

(14) 温控开关或水温传感器和控制器失效,检修或更换温控开关、水温传感器或控制器。

3. 故障诊断方法

发动机过热冷却系统部分故障诊断流程如图 9.2 所示。

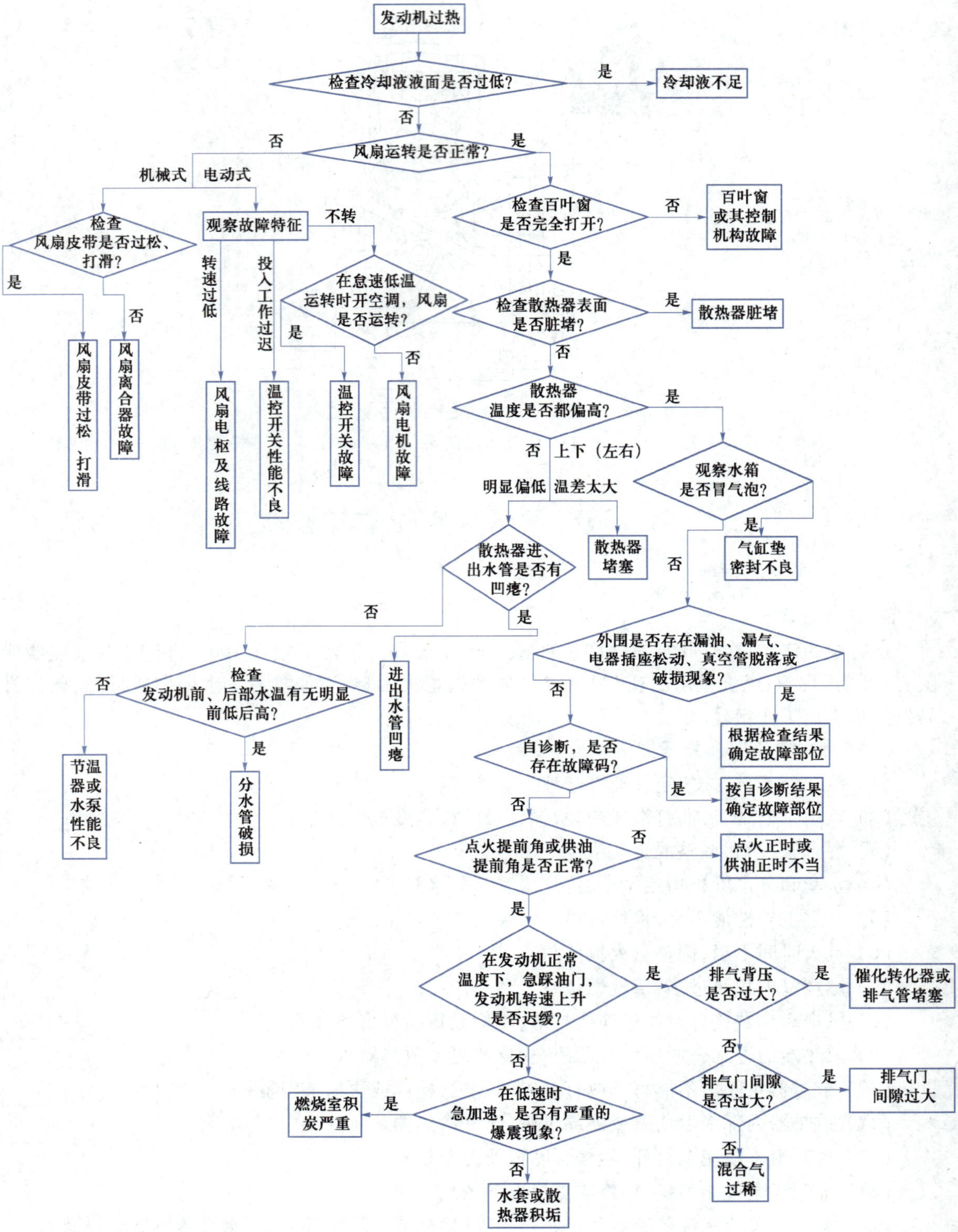

图 9.2 发动机过热故障诊断流程

二、发动机过冷

1. 故障现象

冬季运行的汽车，在百叶窗完全关闭，水温表和水温传感器技术状况完好的情况下，发动机达不到正常的工作温度；发动机动力不足，油耗增加。

2. 故障主要原因及处理方法

(1) 百叶窗关闭不严，检修百叶窗及控制机构。

(2) 风扇离合器接合过早，检修或更换风扇离合器。

(3) 温控开关闭合太早，检修或更换温控开关。

3. 故障诊断方法

发动机过冷故障诊断过程为首先检查百叶窗关闭情况；如能关严，则检查节温器主阀是否常开；若节温器正常，则让发动机冷机起动，在升温过程中，测量水温，观察风扇离合器或温控开关是否接合或闭合过早。

三、冷却水消耗过多

冷却水消耗过多是指冷却水比正常情况下消耗过快的现象。其主要原因有冷却系内部渗漏，冷却系外部渗漏和散热器盖开启压力过低。

通常通过目测检查外部有没有漏水的痕迹，确定有无外部渗漏；通过检查机油是否发白（乳化）或在发动机水温正常时排气是否冒白烟确定内部是否渗漏。此外还可用专用手动压力测试器进行就车检测，其方法如图 9.3 所示。在冷却系中注满水，用专用接头将测试器和散热器水箱密封连接，用手推测试器，使测试器压力表指示 0.10 MPa，保持不动，在 5 min 内压力不应下降，同时观察冷却系外部各密封处有无漏水现象。漏水处即为不密封部位，若外部无漏水现象，而压力下降过快，则说明内部有泄漏。

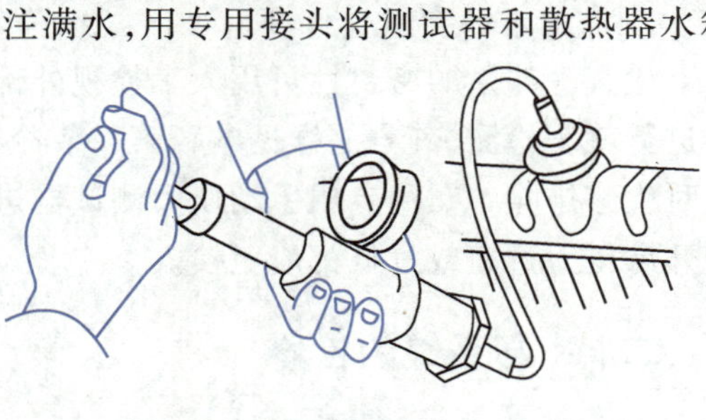

图 9.3 冷却系密封性的就车检查

若无内外渗漏，则让发动机冷机起动，在升温过程中，观察在水温表或报警器指示水温正常的情况下散热器是否有蒸气逸出，若有则散热器盖蒸气阀有故障。同样也可使用上述专用手动压力测试器进行散热器盖的检查。将盖与测试器装在一起，用手推测试器，使压力升高，检查密封性能和阀的开启压力。在散热器检修中也可使用该测试器进行散热器密封性的检查。

第三节 冷却系的维修

一、冷却系统的维护

1. 冷却液数量的检查和补充

在正常使用中，每月至少检查一次冷却液的液面高度。在炎热的夏天，检查次数应更多些。没有膨胀水箱的冷却系，检查冷却液液面高度不用打开散热器盖，只需观察膨胀水箱中的液面即可。一般的膨胀水箱上都标有液面高度标记。如上海桑塔纳液面应在“max”（上限）和“min”（下限）之间；如液面位于下限，即应该往膨胀水箱中加注冷却液，直到液面达到规定位置。

补充冷却液时应注意，目前车用冷却液中都加有防腐、防冻、防沸、防垢、防穴蚀和润滑添加剂，尽可能使用厂方推荐的冷却液，并按厂方推荐的使用方法使用，不可随意往冷却液中直接加水；一般情况下，应尽量少打开散热器盖，防止冷却液损失和空气进入冷却系统。

2. 冷却系的清洁

保持冷却系的清洁是提高冷却系散热效能的重要条件，冷却系的清洁工作包括内部清洗和外部清洁两部分。

冷却系的内部清洗建议使用免拆洗清洗机进行。当冷却系部件内积垢较多时，也可采用化学溶剂手工清洗。

冷却系的外部检查清洁主要检查散热器散热片、百叶窗、风扇和各软管有无变形和脏污，若有则应进行修正和清洗。

3. 风扇带的检查与调整

风扇带使用一段时间后，因为带磨损或其他原因，带变松，因此应经常检查和调整风扇带的张紧度，使其适中。风扇带张紧度的常用检查方法是用 30～40 N 的压力按压在风扇带轮和发电机带轮之间的带上，测量其下弯距离是否符合标准。若不符合规定，则可调整发电机的安装位置使其合格。此外还要检查带表面有无油污和裂纹，若有油污则应清洗擦拭干净；若有裂纹则应更换带。

4. 冷却系的密封性检查

检查冷却系的密封性可用人工检视外部有无渗漏和机油是否乳化，或用专用手动压力测试器进行就车检测，其方法详见本章第二节冷却水消耗过多故障部分。若发现冷却系存在渗漏应及时检修排除。利用专用手动压力测试器进行散热器盖的检查，若发现散热器盖阀不密封或阀的开启压力过高或过低都应更换。

二、冷却系统的检修

1. 电动风扇热敏温控开关的检查

发动机热态时，即使发动机已熄火，风扇仍可能转动。如果冷却液温度很高但风扇不转应检查熔断器。若熔断器完好，则应停机检查温控开关，必要时检查电动机的功能，或更换有关部件。

一般电动风扇有高、低两挡转速，现以桑塔纳发动机为例说明检查电动风扇热敏温控开关的方法：将电动风扇热敏温控开关放入加热的水中用万用表测量第一挡，当水温达到 93 ℃～98 ℃时应能导通，当水温达到 88 ℃～93 ℃时，应断开；而第二挡 105 ℃为导通；93 ℃～98 ℃时应断开；否则，应更换电动风扇热敏温控开关。

2. 节温器的检查

节温器损坏或性能不当，直接影响冷却液大水循环的正确控制，故应定期检查，使其工作性能符合规定。

常用蜡式节温器的检查方法：将节温器放在盛有热水的器皿中，然后加热，检查阀门开始开启和完全开启时的温度，以及全开时阀门的升程。开启温度和升程不符合规定，则应更换节温器。蜡式节温器安全寿命一般为50 000 km,要求按照其安全寿命定期更换。

3. 水泵的检查

起动发动机,查看水泵溢水孔是否有渗漏,若渗漏,表明水封已损坏,应更换;查听有无异常响声,若有则应拆解检修。停机后用手扳动水泵带轮,查看带轮与水泵轴配合是否松旷,若松旷则应紧固或检修。

本章小结

冷却系的常见故障为发动机过热、过冷、冷却水消耗过多,冷却系常见故障部位为节温器、电动风扇或风扇带和温控开关等。

发动机过热故障的诊断应从散热不良和燃烧室向冷却系传热过多两方面展开。发动机过冷故障由冷却过度造成。冷却水消耗过多的主要原因是冷却系内外部渗漏或散热器盖开启压力过低。

冷却系统维护的主要作业内容是:冷却液数量的检查和补充,冷却系的清洁,风扇带的检查与调整和冷却系的密封性检查。检查冷却系的密封性可以目测检查,也可用专用手动压力测试器进行就车检测。

电动风扇温控开关的性能可利用万用表测量在不同水温下温控开关的通断情况来判断。常用蜡式节温器的检查方法是将节温器放在盛有热水的器皿中,检查阀门开始开启和完全开启时的温度,以及全开时阀门的升程。水泵的检查的主要内容是查看水泵溢水孔是否有渗漏,查听有无异常响声等。

复习与思考题

1. 发动机过热的原因有哪些?怎样诊断?
2. 发动机冷却水消耗过多的原因有哪些?怎样诊断?
3. 冷却系统维护的主要作业内容有哪些?
4. 怎样检查冷却系的密封性?
5. 怎样检查电动风扇温控开关和节温器的性能?

第十章

起动系故障诊断与维修

学习目标

掌握起动系常见故障诊断方法；理解起动系故障仪器诊断法；理解起动系维护作业内容；了解起动机和起动机继电器性能检测方法；掌握电磁开关和换向器检修方法。

案　例

现象：一辆普通型上海桑塔纳乘用车，在使用6万多千米后，起动无力，无法起动。

诊断：按喇叭，喇叭声音响亮；清洁并紧固搭铁电缆和起动机电缆各接头，再次起动无好转；打开点火开关至起动挡，用螺丝刀短接起动机两粗接线柱，能顺利起动。起动机电磁开关故障。

排除：更换电磁开关。

第一节　概　述

起动系一般由起动机、蓄电池、起动继电器、点火开关等组成。电磁操纵式发动机起动系的组成如图10.1所示。

起动系常见故障现象为起动机不转，起动机运转无力和起动机空转。

起动系常见故障部位为蓄电池正负极柱接头和搭铁线搭铁接头、起动机、点火开关和起动继电器。

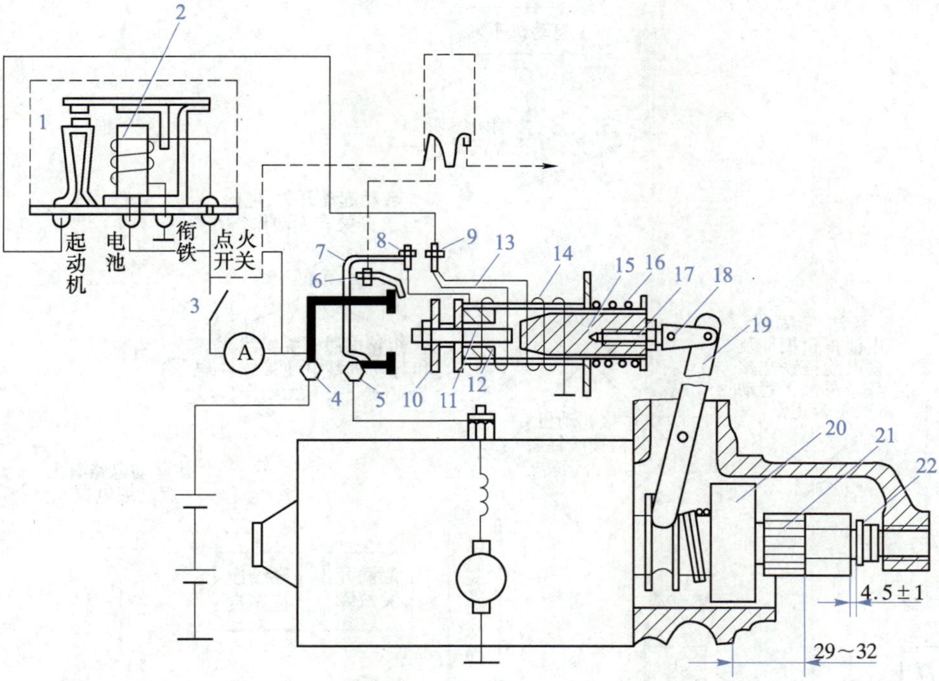

图 10.1　电磁操纵式发动机起动系的组成

1—起动继电器触点;2—起动继电器线圈;3—点火开关;4、5—起动机开、关接线柱;6—点火线圈附加电阻短路接线柱;7—导电片;8—接线柱;9—起动机接线柱;10—接触盘;11—推杆;12—固定铁心;13—吸引线圈;14—保持线圈;15—活动铁心;16—复位弹簧;17—调节螺钉;18—连接片;19—拨叉;20—滚柱式单向离合器;21—驱动齿轮;22—限位螺母

第二节　起动系故障的人工经验诊断

一、起动机不转

1. 故障现象

接通点火开关至起动挡,起动机和发动机都不转。

2. 故障主要原因及处理方法

(1) 蓄电池存电不足,充足蓄电池电量。

(2) 连接导线接触不良,清洁紧固各连接线路的接头。

(3) 起动机电机损坏,更换起动机电机。

(4) 起动机电磁开关损坏,更换起动机电磁开关。

(5) 起动机继电器损坏,更换起动机继电器。

3. 故障诊断方法

起动机不转故障诊断流程如图 10.2 所示。

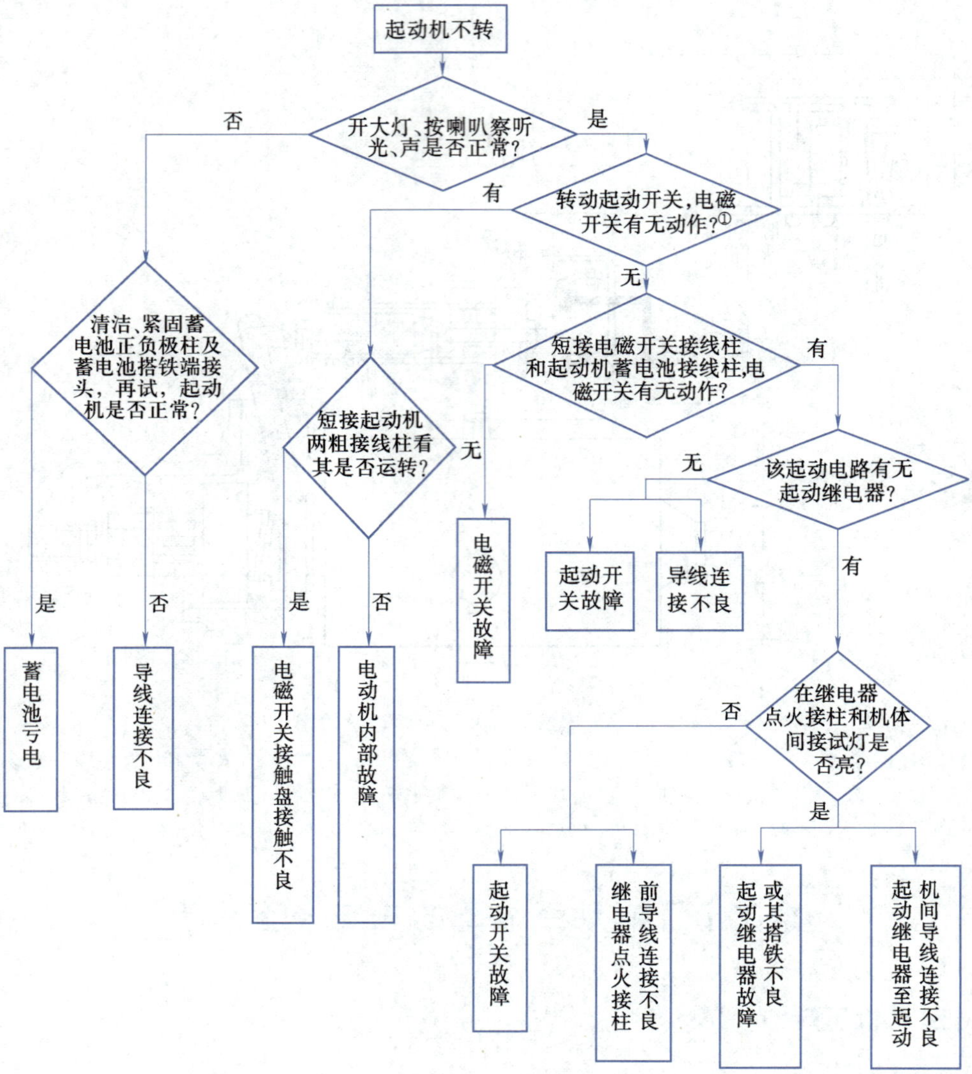

说明:

① 此项诊断可通过转动起动开关,听有无吸合撞击声,或用手摸电磁开关有无振动感来完成。

图 10.2 起动机不转故障诊断流程

二、起动机运转无力

1. 故障现象

当接通点火开关到起动挡时,起动机虽能转动,但达不到发动机起动所要求的转速。

2. 故障主要原因及处理方法

(1) 起动机电机损坏,更换起动机电机。

(2) 蓄电池电量不足,给蓄电池充足电。

(3) 蓄电池接柱和搭铁接触不良,检修接柱和搭铁。

(4) 起动机开关触点烧蚀,更换起动机触点开关。

3. 故障诊断方法

起动机运转无力故障诊断流程如图 10.3 所示。

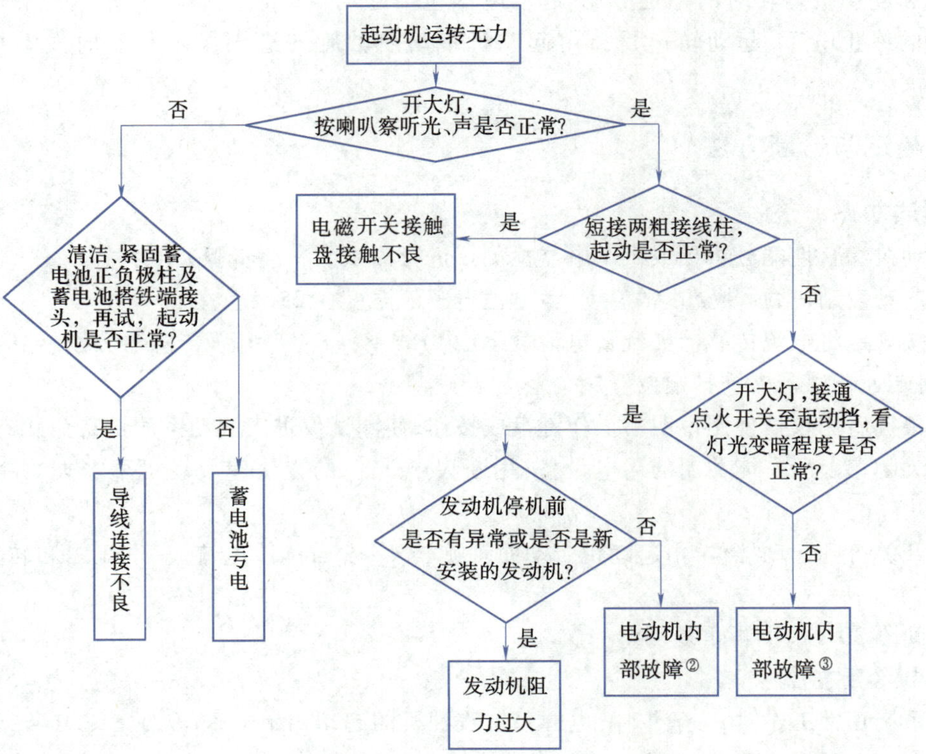

说明：

① 起动机运转速度主要从声音上判断，另若起动机运转过程中有异响，则可能是电机轴承磨损过大。

② 该类故障是电动机磁场、电枢绕组有短路故障或电动机装配轴承过紧，起动机安装位置不正确等故障。

③ 该类故障是电动机内部接触不良（如炭刷磨损过大，炭刷弹簧太软或整流器烧蚀脏污等）及磁场或电枢绕组有断路故障。

图 10.3　起动机运转无力故障诊断流程

三、起动机空转

起动机空转是指当打开点火开关到起动挡，起动机运转正常而曲轴不转动的现象。该故障的原因多为单向离合器打滑；若驱动齿轮与飞轮不能啮合且有撞击声，则可能是由于驱动齿轮或飞轮齿环磨损过甚或损坏以及电磁开关接触盘接通过早。

第三节　起动系故障的仪器诊断

一、诊断参数

目前大部分发动机综合性能分析仪和汽车电器检测仪都有测量起动电流、起动电压和起动转速的功能。起动电流、起动电压和起动转速是指在关闭车上所有能关闭的用电器，接通起动机（点火开关置起动挡位），由起动机带动曲轴旋转时，蓄电池输出的总电流、蓄电池正负极柱间的电压和发动机曲轴转速。在起动系统故障诊断中，起动电流包括起动机刚通电时的最大电流和起动机运转时的稳定电流，起动电压包括起动机未通电时的初始电压和起动系检测结束时的终止电压，起动转速是指由起动机带动曲轴旋转进入稳定状态时发动机的曲轴转速。

二、检测与诊断方法

1. 测试方法

用发动机综合性能分析仪或汽车电器检测仪进行测试的一般步骤如下：

（1）起动发动机，预热至正常温度，蓄电池电解液温度在 25 ℃左右。

（2）按规定将电流传感器夹到蓄电池输出（火）线上；将两个电压传感器分别接到蓄电池两极柱上；将转速传感器夹到指定位置。

（3）根据所用仪器使用说明书操作键盘或按钮，使测试仪进入起动系测试待命状态。

（4）关闭车上所有能关闭的用电设备，用断火（或油）的方法使发动机不着火，并将节气门全开。

（5）开关打到起动挡位，由起动机带动曲轴旋转 4 ~ 6 s，读取电流表、电压表和转速表的指示值。

（6）间隔 30 s 以上再重复测量一次。

2. 分析诊断方法

起动系统正常工作时，一般 12 V 电源系统汽油机的起动初始电压（U_B）≥12.0 V，起动终止电压（U_E）≥9.6 V，起动转速（n_s）应达 50 ~ 70 r/min；24 V 柴油机的起动初始电压（U_B）≥24.0 V，起动终止电压（U_E）≥19.2 V，起动转速（n_s）应达 100 ~ 200 r/min；起动电流因蓄电池和起动机配置不同而差异很大，每一车型的起动初始电流（I_B）和起动稳定电流（I_E）的实测值应符合该车型相关资料的规定。

起动系检测常见异常情况及故障部位和原因分析见表 10.1。

表 10.1 起动系故障诊断

	诊断参数					故障原因
	U_B	U_E	I_B	I_E	n_s	
检测结果	偏低	偏低	偏小	偏小	偏低	蓄电池内部故障或亏电严重
	正常	偏低	正常	偏小	偏低	蓄电池存电不足
	正常	偏低	偏大	偏大	偏低	起动机内部短路或发动机阻力过大
	正常	正常	偏小	偏小	偏低	起动机内部断路或接触不良
	正常	正常	正常	波动过大	波动过大	电刷与换向器接触不良、电磁开关故障或各缸压力差异过大

第四节　起动系的维修

一、起动系的维护

起动系的维护，主要是检查蓄电池的电解液液面高度，若过低则补充电解液液面至规定高度；检查蓄电池的存电情况，若存电不足则进行补充充电；检查、清洁和紧固起动电路各连接接头，特别是起动机的蓄电池接头、蓄电池正负极柱接头和搭铁线搭铁接头；清洁并润滑起动机。

二、起动系的检修

若在就车检查过程中发现起动机确实存在故障，则要将起动机从车上拆下进行检修。一般在起动机解体前应进行性能测试，大致确定故障部位，再拆解检修。

1. 起动机性能试验

起动机性能试验有空载试验和全制动试验两种。

起动机空载试验的目的是测量起动机的空载电流和空载转速，并与标准值比较，以判断起动机内部有无电路和机械故障。若电流大于标准值，而转速低于标准值，则表明起动机装配过紧或电枢绕组和磁场绕组内有短路或搭铁故障；若电流和转速都小于标准值，则表示起动机线路中有接触不良的地方（如电刷弹簧压力不足，换向器与电刷接触不良等）。空载试验每次的试验通电时间不要超过 1 min，以免起动机过热。

起动机全制动试验应在空载试验的基础上进行，空载试验不合格的起动机不应进行全制动试验。全制动试验的目的是测量起动机在完全制动时所消耗的电流（制动电流）和制动力矩，以判断起动机主电路是否正常，并检查单向离合器是否打滑。若制动力矩小于标准值而电流大于标准值，则表明磁场绕组或电枢绕组中有短路和搭铁故障；若力矩和电流都小于标准值，则表明线路中接触电阻过大；若驱动齿轮锁止而电枢轴有缓慢转动，则说明单向离合器有打滑现象。全制动试验每次的试验通电时间不要超过 5 s，以免损坏起动机及蓄电池；试验过程中工作人员应避开弹簧秤、夹具，防止发生人身事故。

2. 换向器、电刷与电刷架的检修

换向器的故障多为表面烧蚀或失圆。轻微烧蚀可用 00 号砂布打磨，严重烧蚀或圆度误差大于 0.025 mm 时，应予车光，车圆，但换向器的径向厚度不得小于 2 mm，否则应予更换。

电刷的高度应不低于新电刷高度的 2/3，否则应更换；电刷与换向器的接触面积应在 75% 以上，否则应修磨；电刷在电刷架内应活动自如，无卡滞现象。

用 220 V 交流试灯检查绝缘电刷架的绝缘情况，如电刷架搭铁，则更换绝缘垫后重新铆合；用弹簧秤检查电刷弹簧的压力，一般为 11.7～14.7 N，若压力不够，可将弹簧向与螺旋相反的方向扳动，以增加弹力，若此方法无效，则应更换。

3. 电磁开关的检修

（1）检查接触盘表面和触点表面，若有轻微烧蚀可用砂布打光，严重烧蚀应予修复或更换。

(2) 检查吸引线圈和保持线圈的电阻值,其值应符合标准值。若电阻过小则存在短路故障,若电阻过大则存在断路故障。若已断路或有严重短路,应更换。

(3) 电磁开关吸放性能检测

电磁开关的吸放性能主要通过测量电磁开关的闭合电压和释放电压进行评价。检测方法是:将电磁开关装回起动机上,按图 10.4 接线,并在起动机驱动齿轮和限位垫圈之间放一垫块,以模拟驱动齿轮与飞轮齿环顶齿状态;然后闭合开关,逐渐调高电压,直至试灯发亮,灯亮瞬间的电压即为电磁开关的闭合电压,该电压应符合规定;随后再逐渐调低电压,直到试灯熄灭,这一瞬时的电压即为释放电压,释放电压不应大于标称电压的 40% 。

另外进行电磁开关断电能力的检查。当起动机处于制动状态时,切断电源,其接触盘应可靠断开,否则,说明电磁开关有故障。

4. 单向离合器和衬套的检修

将单向离合器夹紧在虎钳上,用扭力扳手逆时针方向转动,其应能承受制动试验时的最大转矩而不打滑,否则应拆开,进行修理。

各轴颈与衬套的配合间隙应符合规定。若间隙过小,则应用铰刀进行铰配;若间隙过大,则应更换衬套,并按规定铰削配合。

5. 起动继电器的检修

检查起动继电器触点是否烧蚀,若是轻微烧蚀可用砂布打光,严重烧蚀应予更换。

起动继电器的性能检测主要是检查其闭合电压与断开电压,方法如图 10.5 所示。先将滑线式变阻器调至最大值,然后逐渐减小电阻,在触点刚闭合时,电压表的读数即为闭合电压。再逐渐增大电阻,当触点刚刚打开时,电压表的读数即为断开电压。起动继电器的闭合电压和断开电压应符合规定,一般 12 V 电源系统的闭合电压应为 6 ~ 7.6 V,断开电压应为 3.5 ~ 5 V,否则应予调整。

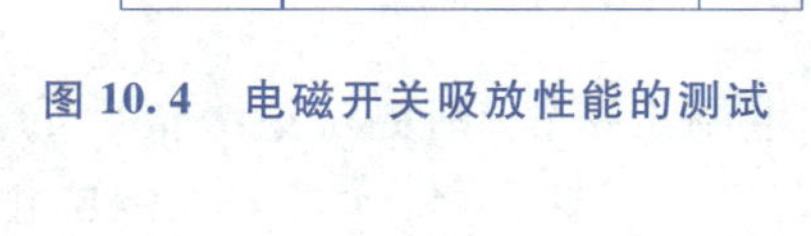

图 10.4 电磁开关吸放性能的测试

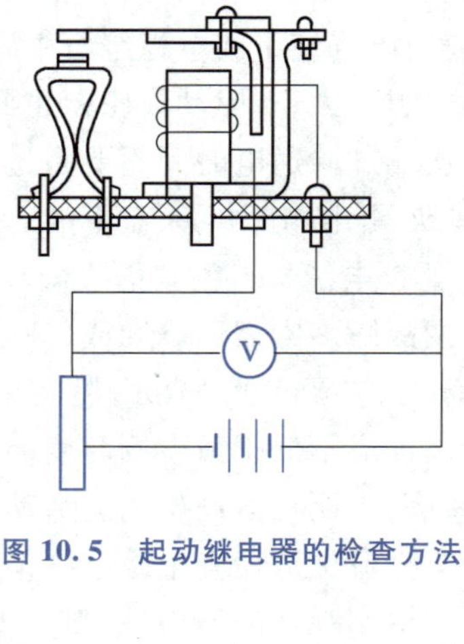

图 10.5 起动继电器的检查方法

本章小结

起动系常见故障现象有起动机不转、起动机运转无力和起动机空转。起动系常见故障部位为蓄电池正负极柱接头和搭铁线搭铁接头、起动机、点火开关和起动继电器。

诊断起动机不转和起动机运转无力故障时的重点工作是弄清故障部位是电机还是电机线路。电机线路中重点检查起动机电磁开关和起动继电器。起动机空转故障的原因多为单向离合器打滑。起动系常见故障还可通过测量起动电流、起动电压和起动转速等参数进行综合诊断。

起动系维护的主要内容是检查、清洁和紧固起动电路各连接接头，特别是起动机的蓄电池接头、蓄电池正负极柱接头和搭铁线搭铁接头，清洁并润滑起动机。

起动机性能试验有空载试验和全制动试验两种。起动机空载试验测量起动机的空载电流和空载转速，全制动试验测量起动机的制动电流和制动力矩。起动系的检修主要项目是换向器、电刷与电刷架、电磁开关、单向离合器和衬套。

检修起动继电器时主要检查起动继电器触点是否烧蚀，检查继电器的闭合电压与断开电压。

复习与思考题

1. 起动机不转故障的主要原因有哪些？怎样诊断？
2. 起动机运转无力故障的主要原因有哪些？怎样诊断？
3. 怎样用发动机综合性能分析仪对起动系进行检测诊断？
4. 起动系维护的主要内容有哪些？
5. 什么是起动机空载试验？其测量参数是什么？其目的是什么？
6. 什么是起动机全制动试验？其测量参数是什么？其目的是什么？
7. 怎样检查起动机电磁开关和起动继电器的性能？

第十一章

发动机的装配、磨合与综合故障诊断

学习目标

掌握发动机装配的一般原则；理解发动机装配的技术要求；了解发动机装配的一般顺序；掌握曲柄连杆机构装配中的检查项目及方法；理解发动机磨合的目的和作用；了解发动机磨合的规范；理解进行发动机的验收项目，了解其技术要求；理解发动机综合故障的诊断电路和常用方法。

第一节　发动机的装配

发动机的装配是把已修好的零件（或新件）、组合件和辅件（总成）按一定的工艺顺序和技术要求装合成一台完整的发动机。

一、发动机装配的原则和要求

发动机的装配质量将直接影响发动机的修理质量，影响发动机的动力性能、经济性和可靠性。为确保发动机的装配质量，必须根据一定的原则，按照一定的要求进行发动机的装配。

1. 发动机装配的一般原则

发动机装配应贯彻边清洁、边检查、边润滑、边调整、边组装的原则。清洁是指在零件安装前应清洗、擦拭干净，避免在装配过程中将外部的硬质颗粒（磨料）带入配合面，加剧工作时的磨料磨损；同时通过清洗，确保润滑油道的畅通。检查是指在重要配合副安装前，应检查其配合间隙，装配过程中的检验是对各种零件和组合件进行检查的最后一次机会，任何装配过程中的疏忽大意均有可能造成发动机早期故障或缩短发动机工作寿命。另外更为重要的是，零件修理过程中往往着重于某一配合副配合关系的恢复。当几个零件串联安装时，在各配合副配合关系满足技术要求的情况下，它们的累计误差有可能达不到技术要求，而且这一累计误差情况也只能在组装过程中才能测量。如在连杆活塞组的安装过程中，活塞在上止点时其顶面与气缸体上平面的相对位置关系就受到曲轴、连杆和活塞累计误差的影响。润滑是指在安装前在动配合副零件的工作表面必须涂上机油，保证在发动机总装完成开始试验时，各配合副之间就有一定的润滑（边界润滑），避免干摩擦的发生。调整主要是针对检查过程中发现的问题进行的。

2. 发动机装配的要求

(1) 准备装合的零部件和总成都要经过检验或试验,必须保证质量合格。

(2) 装配前要认真清洗零件和工具、工作台,特别是气缸体的润滑油路需彻底清洗疏通,而后要用压缩空气吹干。

(3) 所有密封件、锁紧保险件和金属销子等在大修装配时应全部换新件。

(4) 不可互换的机件如气缸体与飞轮壳、各活塞连杆组、各轴承对、进、排气门等应对好位置和记号,不得错乱安装。有安装方向要求的零件,必须按规定安装方向进行安装。

(5) 所有螺纹连接件应按规定扭矩拧紧。有些螺栓、螺母必须按规定的顺序依次拧紧,如缸盖螺栓和连杆螺母等;有些螺栓最终的拧紧位置是按规定的次数拧到一定的扭矩后再拧转一定的角度,如桑塔纳发动机气缸盖螺栓,第一次拧紧扭矩为 40 N · m,第二次拧紧扭矩为 60 N · m,第三次拧紧扭矩为 75 N · m,第四次拧紧为再转 90°(1/4 圈)。

(6) 关键部位的重要间隙必须符合标准规定,如活塞与缸壁间隙、轴与轴承间隙、曲轴、凸轮轴的轴向间隙等。

(7) 相对运动零件的工作表面,装配时应涂以清洁的润滑油,如轴承与轴颈、活塞环与气缸壁间的润滑。

(8) 保证各密封部位的密封性,不应有漏水、漏气和漏油现象。

二、发动机装配的程序

不同型号的发动机装配的程序大致一样,只有少数因结构不同而略有区别,一般按下列顺序装配。

1. 气缸体的装配

气缸体的装配按曲轴及曲轴轴瓦、活塞及连杆、机油泵及集滤器、发动机后悬置、机油过滤器、发动机前悬置(右侧)、前端板、排水螺塞、水泵及预热器软管、交流发电机及支架、发动机前悬置(左侧)、后油封、后端板、飞轮、曲轴后端小轴承的顺序进行。

2. 气缸盖的装配

气缸盖的装配按气门、气门弹簧及气门油封、气缸盖及衬垫、气门推杆及挺柱、摇臂轴总成、气缸盖罩及衬垫、火花塞及进、出水口管、油管及真空管、进排气管、后端盖的顺序进行。

3. 正时传动带、正时带轮及凸轮轴的装配

正时传动带、正时带轮及凸轮轴的装配按凸轮轴、曲轴正时带轮、凸轮轴正时带轮、正时传动带及张紧轮、正时传动带护罩、曲轴带轮、风扇带轮及 V 带、机油盘、汽油泵、分电器等顺序进行。

4. 装配各附件及其他配合件。

三、发动机装配举例——曲柄连杆机构的装配

为便于理解前述发动机装配的原则和要求,掌握发动机装配的顺序和方法,现以国产捷达轿车用 1.6 L 发动机的曲柄连杆机构的装配为例进行说明,其他机型可参照进行。

1. 曲轴的安装

(1) 气缸体和曲轴的清洁准备。将洗净的气缸体倒置在工作台上,用压缩空气吹净气缸体和曲轴的润滑油道;将曲轴轴承盖按原装顺序放置整齐,按要求配齐完好的螺栓。

（2）安装主轴承。擦净缸体上的轴承座及轴承盖，然后将曲轴轴承按记号装入相应的轴承座和盖内并在轴承合金面上涂以润滑油。注意轴瓦油孔与气缸体油孔应对准，各配对轴瓦不能互换。

目前，汽车发动机的曲轴轴颈和轴承，有的已无加大尺寸级，但标准级（STD 级）的轴承座孔、轴颈和轴承仍有 4～6 种不同的尺寸，如：北京切诺基汽车发动机、广州本田轿车发动机和丰田凌志 400 轿车发动机等。不同尺寸的轴承座孔、轴颈和轴承的尺寸差值极小，按其尺寸公差分组作了选配标记，一般用黄、棕、粉红、蓝、绿、红和黑等不同颜色或 1、2、3、4、5、6 等数码表示不同的尺寸。轴承座孔和轴颈的颜色或数码标记作在气缸体或曲轴上，轴承的颜色一般涂在轴承边上，数码一般压印在轴承背面。有选配标记的轴承，选配时必须与气缸体和曲轴上的标记对应。

（3）安装止推垫圈。曲轴轴向止推垫片带有减磨合金的一侧应朝向曲轴轴向止推端面。

（4）安装轴承盖。将曲轴各主轴颈擦拭干净，涂以少许润滑油后，将其抬放到气缸体的主轴承上，确保各轴承盖原位、原方向入座。按规定力矩从中间向两边交叉依次拧紧各主轴承盖螺栓。注意，每拧紧一道主轴承盖，都要用手试转曲轴，如果阻力过大或转不动曲轴，应查明原因予以排除。主轴承盖按规定扭矩全部装合后，检查曲轴是否可用手轻轻转动，并沿曲轴轴向前、后撬动曲轴，见图 11.1。若用手转动曲轴感觉阻力过大或曲轴前、后撬动过松或过紧，则应检查曲轴的径向间隙和轴向间隙。

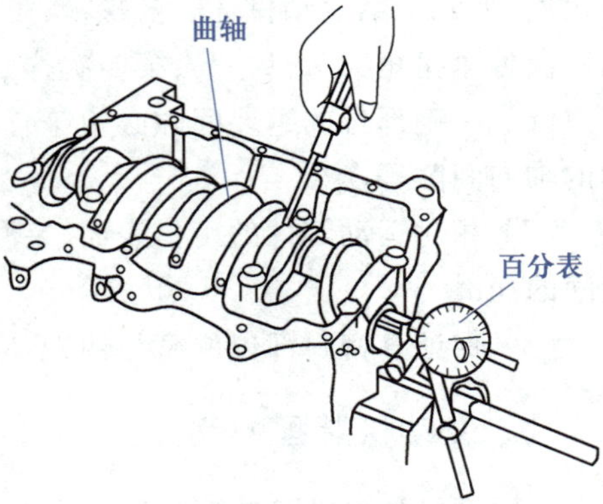

图 11.1 曲轴轴向间隙的检查

（5）曲轴径向间隙的检查。曲轴径向间隙的检查可用外径千分尺、内径千分尺或内径百分表测量法和塑料间隙条（线规）测量法进行，其中塑料间隙条测量法应用广泛。其测量方法是：将曲轴轴颈和主轴承盖内的主轴承擦拭干净，在主轴颈上放置一根塑料间隙条，按规定标记装复轴承盖，并按规定顺序和力矩分次拧紧主轴承盖螺栓，注意此时不得转动曲轴；再拆下主轴承盖，用塑料间隙对照尺测量塑料间隙条的宽度，读出对应曲轴径向间隙，如图 11.2 所示。如果主轴承径向间隙超过标准，应更换主轴承。

(a) 在曲轴轴颈上放置塑料条　(b) 拧紧曲轴轴承的螺栓　(c) 用测量规检查轴承的间隙

图 11.2 曲轴径向间隙的检查

北京切诺基汽车发动机在使用 STD 级轴承选配时，为了得到规定的间隙，可以把不同尺寸的上、下轴瓦配对使用，但尺寸差不能超过 1 个轴承级别尺寸，且更换一片轴瓦时，必须全部轴瓦在顶部（缸体上）作上轴瓦用，或全部轴瓦在底部（主轴承瓦盖上）作下轴瓦用，这样才能保证曲轴主轴承的同心度。

（6）曲轴轴向间隙的检查。径向间隙检查完毕，主轴承盖拧紧后，将曲轴撬向一端，用百分表触头顶在曲轴端部，然后将曲轴往另一端撬动，百分表的偏摆量即为曲轴的轴向间隙，如图11.1所示。当轴向间隙超过极限时，应更换曲轴止推垫片。

（7）安装曲轴前、后油封凸缘垫及凸缘，并用专用工具把油封压入油封凸缘。安装油封凸缘时，还应注意与油底壳的装配关系。

（8）安装飞轮和曲轴带轮。

2. 活塞连杆组的安装

（1）将气缸体侧置在工作台上。

（2）安装活塞与连杆组合件。捷达轿车用1.6 L发动机的活塞销为“全浮式”，其装配方法如下：先在活塞销孔的一端装入一个挡环，接着将活塞在水中加热到70 ℃～80 ℃，取出擦拭干净，将活塞朝前标记（见图11.3）与连杆的朝前标记（连杆上凸点）对准，用拇指将活塞销按入活塞销孔，通过涂有机油的连杆小头衬套，直至活塞的另一端销孔，装入另一端挡环。装合后，应检查活塞销与连杆衬套和活塞销座孔的配合是否符合技术要求，如有过松或过紧现象，则应调换或修理活塞销或连杆衬套。

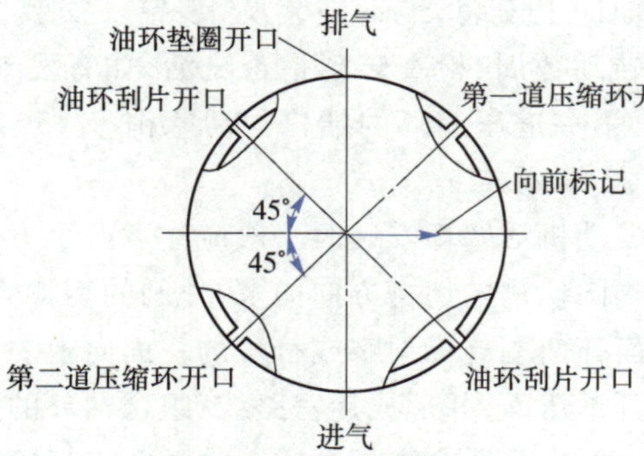

图11.3　活塞环开口位置分布图

现代汽车发动机广泛采用“半浮式”活塞销。“半浮式”活塞销与活塞为间隙配合，在常温下活塞销应能自由进入活塞销座孔中，但应无间隙感觉，而活塞销与连杆为过盈配合。“半浮式”活塞销的装配方法与上述“全浮式”不同，装配时应采用专用工具。常用方法有“冷压法”和“加热法”两种，“冷压法”即在常温下用专用工具将活塞销压入连杆小头，“加热法”是将连杆小头加热至一定温度（富康TU发动机为230 ℃）后，在专用压销工具上把活塞销压入，将活塞、连杆连接起来。装配中连杆小头在靠向活塞销座孔两边时，活塞销的端面距活塞销孔外面的距离要一致，活塞销在销孔中可以灵活转动。

（3）检查活塞是否偏缸。将未装活塞环的活塞连杆组装入相应气缸，按记号将选配合格的连杆轴承装入轴承座，并注意对正油孔和定位凸榫。按规定拧紧力矩拧紧各道连杆轴承螺母，转动曲轴数转。首先检查连杆小头在活塞销座内是否居中，要求连杆小头每边与销座两端面之间的距离不小于0.5 mm；若小于0.5 mm，多为气缸中心线产生偏移所致。再转动曲轴，使活塞在活塞行程内运动，当活塞处于上止点、气缸中部和下止点时，用塞尺测量活塞顶前后两个方向的间隙，前后间隙之差应不超过0.10 mm，否则为偏缸，应查明原因予以消除。

偏缸现象往往是由综合因素造成的，主要原因有：连杆弯曲或扭曲，活销销座孔或连杆衬套孔偏斜，气缸中心线与曲轴中心线不垂直，曲轴主轴颈与连杆轴颈不平行，曲轴轴向间隙过大等。根据偏缸现象的具体特点，可作出初步诊断：

若全部活塞在上、中、下各部位向同一方向偏斜，主要原因是气缸中心线与曲轴中心线不垂直。

若个别或几个活塞在气缸上、中、下各部位向同一方向偏斜，其原因可能有连杆弯曲使大、小头孔中心线不平行或活塞中心线与活塞销中心线不垂直。

若活塞在气缸上、中、下各部位有不同方向的歪斜，可能有两种情况：如果活塞在上止点位置或下止点位置改变歪斜方向，则属于曲轴连杆轴颈圆柱度误差过大所致；如活塞在气缸中部改变歪斜方向，则系连杆轴颈中心线与主轴颈中心线不在同一平面内，或因连杆扭曲和连杆小头孔歪斜等原因造成连杆大小孔中心线不在同一平面内。

(4) 检查活塞顶高度。按活塞偏缸检查要求将未装活塞环的活塞连杆组装入相应气缸，转动曲轴，使待检缸活塞处于上止点，检查活塞顶距气缸上平面的距离，该距离应符合技术要求。

(5) 安装活塞环。再次复查活塞环的端隙、侧隙和背隙，看是否符合要求，以消除装配中产生的误差。用活塞环扩张器，按次序安装活塞环油环、第二道压缩环、第一道压缩环。安装活塞环时，应注意第一道压缩环为镀铬环，且必须使活塞环带 TOP 或对口附近有制造厂标记的一面向上安装，绝不许装反、装错。安装好活塞环后，向活塞环环槽中加入润滑油，并将活塞环转动数周，检查转动是否灵活，如有发卡现象，应查明原因并予以排除。活塞环的端口应错开，第一道压缩环的端口与活塞销呈 45°角，第二道压缩环与第一道压缩环错开 180°角，如图 11.3 所示。

发动机活塞环安装时一般应注意两个方面的问题，一是活塞环的上下方向，采用扭曲环时，一般内圆切槽的切槽方向向上，外圆的切槽方向向下；采用锥面环时，锥底面朝下。通常扭曲环和锥面环两端有标记字或符号的一面向上。二是活塞环开口的布置，其一般原则是活塞环开口应避开承压面，并形成迷宫路线，组合油环的上、下刮片按两道环处理。

(6) 安装活塞连杆总成。将活塞连杆组零件清洗干净，特别是活塞环槽、活塞销中心孔、连杆轴承等。在连杆轴承内表面、活塞外表面及气缸壁均匀地涂上一层干净润滑油。用专用活塞环箍箍紧活塞环，使刻印在活塞上的前侧标记朝向前方，将编了缸号的各组活塞与连杆装回各自的气缸内。按标记安装连杆轴承盖，注意对正油孔和定位凸榫并按规定力矩分次拧紧连杆螺栓，最后检查曲轴的转动是否圆滑。

(7) 安装平衡轴。部分轿车发动机装有平衡轴系统，安装平衡轴时应检查平衡轴轴颈和轴承的配合技术状况和轴向间隙，特别应注意对正平衡轴驱动装置上的正时标记，即对正平衡轴齿轮与曲轴正时齿轮或凸轮轴齿轮、曲轴正时链轮或凸轮轴正时链轮上的正时标记。

第二节 发动机的磨合与验收

一、发动机的磨合

大修的发动机组装后，为改善零件摩擦表面质量和性能，检验维修质量而进行的运转过程称为磨合，其本质是人为控制的磨损过程。总成磨合是总成从修理装配状态转入工作状态的过渡，磨合质量对总成修理质量和大修间隔里程有着重大的影响，是修理工艺过程的一个重要工序。因此，大修的发动机必须进行磨合。

（一）发动机磨合的目的

1. 形成适应工作条件的配合性质

（1）扩大配合表面的实际接触面积。新修理的发动机各摩擦副的零件多为新加工或换用的新件，摩擦副工作表面比较粗糙，实际接触面积小，如果直接投入使用，微观接触面在高应力、高摩擦热作用下就容易产生塑性变形和粘着磨损。摩擦副工作面经过有控制的磨损处理，使实际接触面积不断扩大，可在短期内形成适应正常工作条件的配合表面。保证发动机在额定载荷下的正常工作，延长发动机使用寿命。

（2）改善零件表面粗糙度。零件加工的表面粗糙度与工作条件的要求差距甚大。只有在磨合中才能形成适应工作条件的表面粗糙度。

（3）消除在加工、装配过程中的误差。零件在加工、装配过程中都存在误差，使零件不能很好地工作。通过有控制的磨合处理，予以修正。

（4）改善配合性质。磨合磨损不仅形成了适应工作条件的实际接触面积和表面粗糙度，而且修正了零件工作表面的几何形状，使配合间隙增大到适应正常工作条件的配合间隙，改善了润滑油的泵送性能，改善了配合副的润滑效能。

2. 提高发动机的可靠性与耐久性

金属在低于或近于疲劳极限时，磨合一定的时间，实现“次负荷锻炼”，可以明显提高金属零件的抗疲劳能力，从而提高机械的可靠性与耐久性。

3. 全面检查发动机修理质量

通过磨合及时发现并排除故障，以提高发动机工作的可靠性。

（二）发动机的磨合

发动机的磨合必须按照技术规范进行，磨合技术规范的主要内容是磨合时发动机的转速、负荷、在某一转速和负荷下的运行时间及润滑油性能。一般发动机的磨合分冷磨合和热磨合两个过程。

1. 发动机的冷磨合

冷磨合是用其他动力带动发动机以不同的转速运转，进行磨合的过程。冷磨合主要是对气缸、活塞环、曲轴轴承等主要配合表面的磨合。一般在专用设备上进行。发动机冷磨合的规范及注意事项是：

（1）发动机冷磨时需拆除汽油机的火花塞或柴油机的喷油器。

（2）在冷磨过程中，通常用 20 号机械油作为发动机的润滑油。

（3）发动机冷磨合的起始转速一般为 400 ~ 600 r/min，然后以 200 ~ 400 r/min 的级差逐级增加转速，冷磨合终了转速一般为 1 000 ~ 1 200 r/min 。冷磨合的总时间一般为 1.5 ~ 2 h，具体的磨合时间应根据零件加工质量和装配情况确定。

（4）冷磨合时冷却水一般不要循环（拆除水泵传动带，使水泵不转动），水温最好控制在 70 ℃左右，若水温达到 90 ℃时应及时使用风扇冷却。

（5）冷磨合时注意检查机油压力是否正常，发现异常现象，应立即停机检查，排除故障后才能继续磨合。

（6）检查各机件工作情况是否正常，若有漏水、漏油或摩擦副表面附近过热，有异响等现象，应及时查找原因，予以排除。

（7）冷磨合后应将发动机进行部分分解，检查活塞、活塞环或气缸内壁的接触情况，各轴承与轴颈的磨合是否正常。然后排除发现的故障，并将拆检的机件清洗干净，按规定标准装合拆检的发动机。

2. 发动机的热磨合

热磨合是以发动机本身产生的动力进行磨合的过程。发动机经冷磨合后，装上发动机的全部附件，起动发动机，利用发动机本身产生的动力进行热磨合。热磨合又可分为无负荷热磨合和有负荷热磨合两个阶段。

（1）无负荷热磨合

无负荷热磨合的目的除进一步磨合外，还要对发动机的油、电路进行必要的检查和调整，排除故障。其磨合规范及注意事项是：

① 采用该发动机冬季用机油。

② 按规定程序起动发动机，在空载情况下，以规定转速 600～1 000 r/min 运转 1 h。

③ 调整润滑系、燃料系、冷却系和点火正时等，使其符合标准和达到最佳状态。

④ 检查机油压力是否正常，否则应立即停机排除故障。

⑤ 检查发动机的水温、机油温度是否正常，否则应检查排除。

⑥ 若发现异响，特别是当发动机运转阻力增大时，应立即停机检查，及时排除故障。

⑦ 发动机热磨时，各部位应无漏水、漏油、漏气和漏电等现象，否则应查找原因并排除。

（2）有负荷热磨合

所谓有负荷热磨合就是用试验台的加载装置对发动机加载增速进行磨合。一般增加的载荷约为发动机额定负荷的 10%～15%。有负荷热磨合的目的是进一步改善摩擦副工作表面的微观不平度，检验新修发动机的功率恢复情况。进行有负荷热磨合时应注意：

① 观察水温、油压和油温应符合原厂规定。

② 发动机在各种工况（负荷）下应运转平稳、无异响。发现故障及时排除。

③ 及时调整点火提前角至最佳值。

发动机热磨合结束之后，还必须拆检主要机件。检查气缸压力（或真空度）应符合大修规定；抽出活塞连杆组，检查气缸有无拉伤和偏磨；检查活塞裙部的接触面是否磨合正常，活塞环的外表面与气缸的磨合痕迹应不小于外表面积的 90%，环的开口间隙不大于装配间隙的 25%；检查主轴承和连杆轴承的磨合情况；拆除凸轮轴，检查轴承、凸轮及挺杆等各摩擦副的配合情况。经过检查，若发现不正常的现象，应进行排除，必要时重新磨合。

随着发动机配件质量的提高和零件修复工作量的减少，发动机冷磨合在实际修理工作中的应用日趋减少。当前许多轿车发动机在装配后可直接进行无负荷热磨合和热试验。在进行热磨合和热试验前及其过程中，应进行点火正时和怠速转速的检查和调整，察听有无不正常的撞击声和漏电、漏水现象，检查各仪表的工作是否正常，如发现问题应及时停机检查。如无问题，应根据磨合情况适当调整转速，并进行短时中、高速试验，热磨合和热试验一般应进行 2～3 h。发动机热试验后应能达到验收要求。达到验收要求的发动机热磨合和热试验后可直接装车使用。

二、发动机的验收

大修的发动机经磨合调整后，需进行发动机的验收。根据 GB/T 15746.2《发动机大修质量评定标准》，主要验收项目及要求是：

(1) 装备与装配。发动机装备齐全有效，装配符合 GB /T 3799 中的有关规定。

(2) 起动性能。在发动机正常工作温度下 5 s 内能起动。

(3) 进气歧管真空度。以海平面为基准，汽车发动机怠速时，进气歧管真空度应在 57 ~ 70 kPa范围内；进气歧管真空度波动值对于六缸汽油机不超过 3 kPa，对于四缸汽油机不超过 5 kPa。

(4) 气缸压力。气缸压缩压力应符合原设计规定，气缸压力与各缸平均压力的差对于汽油机不超过 8%，对于柴油机不超过 10%。

(5) 运转情况。发动机怠速运转稳定，其转速符合原设计规定，转速波动不大于50 r/min；改变转速时应过渡圆滑；突然加速或减速时排气管中不得有突爆声，无回火、放炮现象；在正常工况下运转时，不得有异常响声。

(6) 发动机润滑油和冷却液规格、数量符合原厂规定，机油压力和冷却液温度正常。

(7) 动力性能。发动机最大功率和最大转矩均不得低于原设计标定值的 90%。

(8) 燃料消耗率。发动机最低燃料消耗率不得高于原设计要求。

(9) 排放性能。发动机排放应符合 GB/T 18285 的规定。

(10) 其他。发动机应无漏水、漏油、漏气和漏电现象；柴油机停机装置应灵活有效；发动机应按规定加装限速装置，并加铅封；对有分电器的电喷发动机可适当减小点火提前角，走合一定里程后再恢复。

第三节　发动机综合故障的诊断

本书第四至第十章分别就各机构或系统出现的常见故障的诊断方法进行了介绍，这主要是出于两方面考虑，一方面是单个机构或系统的故障诊断能解决一些简单故障的诊断，另一方面它又是综合故障深入诊断的基础。在实际使用中，发动机发生故障时，其故障原因往往涉及多个系统或机构，此类故障称为综合故障。在发动机发生综合故障的情况下，若能首先根据故障现象确定故障所属系统或机构，进而根据各系统或机构的故障诊断方法查明具体故障部位和原因，就能提高维修工作的针对性，避免修理工作中的盲目拆卸，有效提高维修效率，降低维修成本。

发动机综合故障诊断涉及的机构或系统多，故障表现和程度不一，理论上的可能故障部位和原因繁多，另外各类型发动机的结构又各有特点，所以要提出完整统一的诊断方法很难，因为难以解决好繁琐与简便实用的矛盾。本节介绍发动机部分常见故障的诊断过程，其故障部位和原因也是较为常见和共性的，其目的是提供故障诊断的基本思路和基本方法。在实际诊断中应结合具体车型发动机的结构特点和故障发生规律（虽然设计和制造水平不同，但每一型号发动机的故障易发部位和原因总有一定的规律），可以适当调整诊断顺序。

一、发动机不能起动或起动困难故障的诊断

发动机不能起动或起动困难故障的诊断流程如图 11.4 所示。

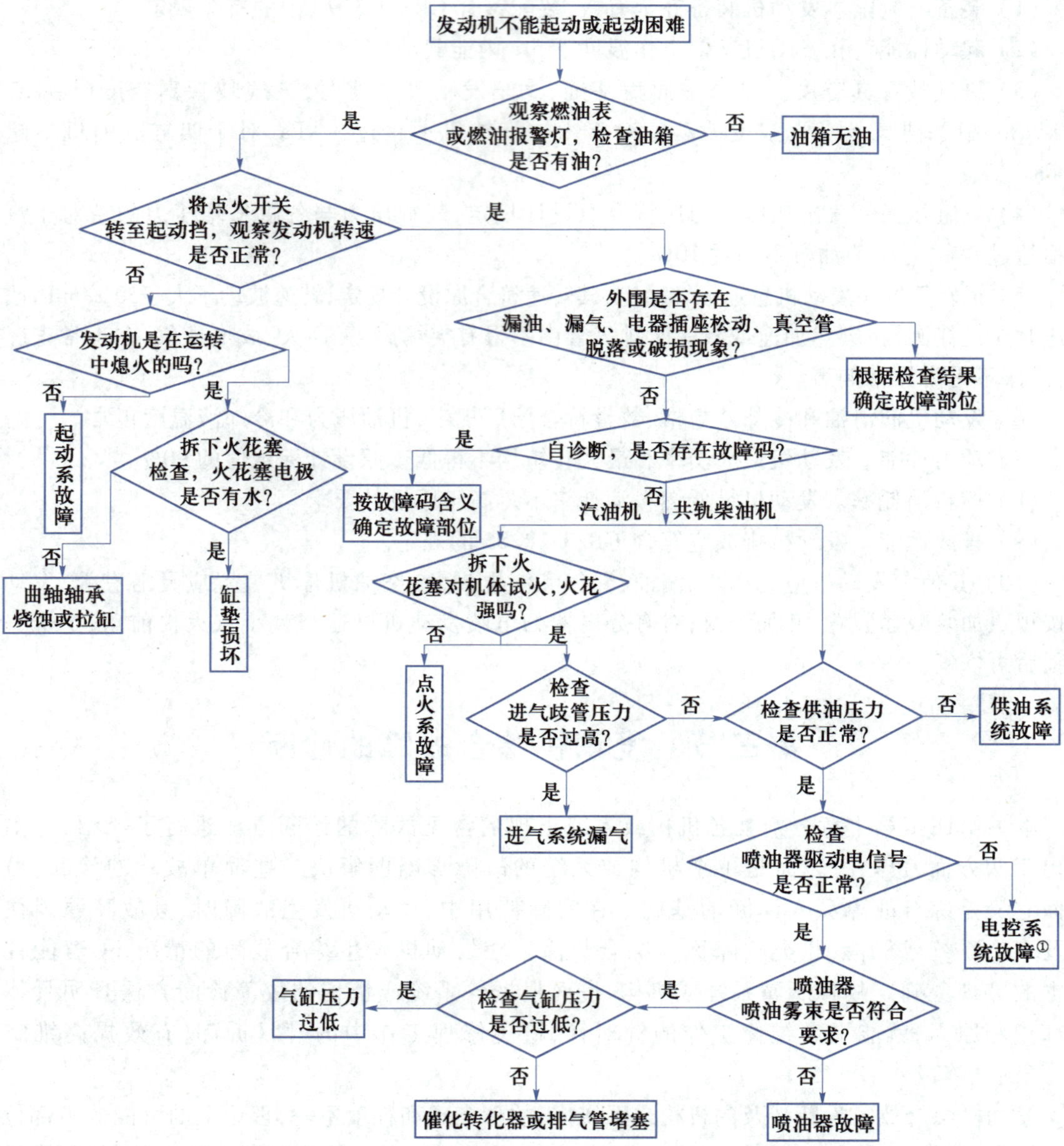

说明：

① 电控系统故障，对于汽油机，包括供油控制与点火正时控制两类故障；对于柴油机，只针对供油故障。

图 11.4 发动机不能起动或起动困难故障的诊断流程

二、发动机无力故障的诊断

发动机无力故障的诊断流程如图 11.5 所示。

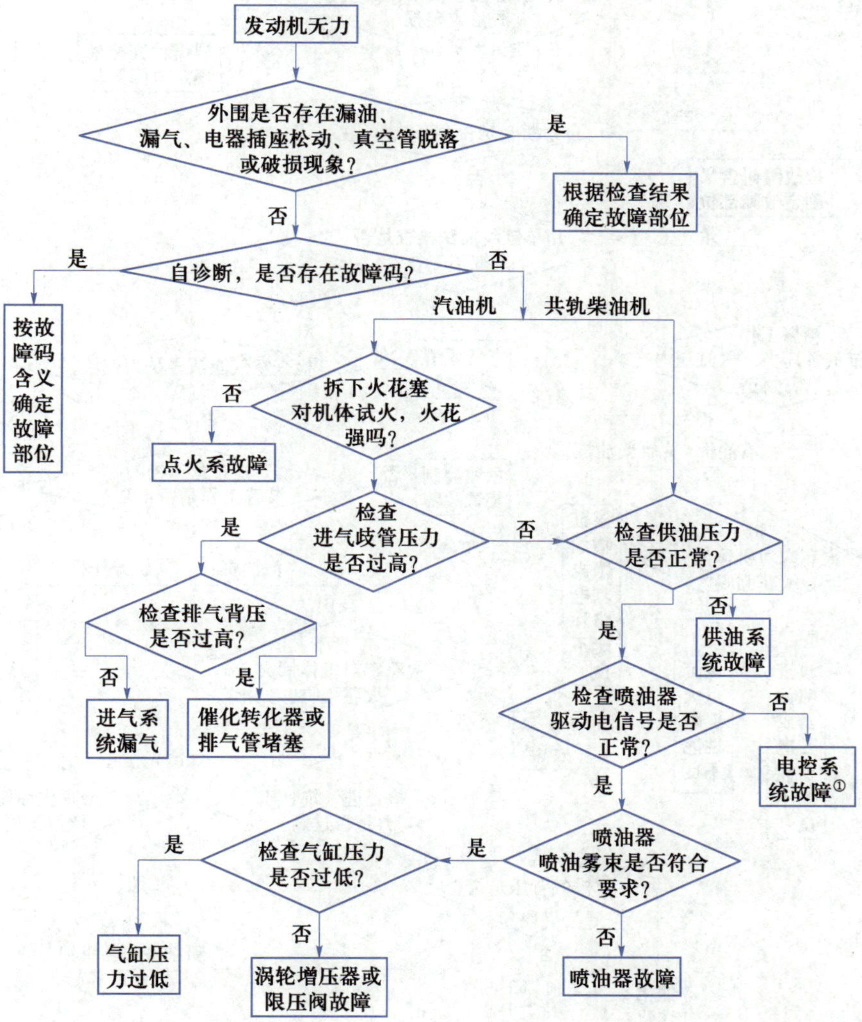

说明：

① 电控系统故障，对于汽油机，包括供油控制与点火正时控制两类故障；对于柴油机，只针对供油故障。

图 11.5　发动机无力故障的诊断流程

三、发动机怠速不稳故障的诊断

发动机怠速不稳故障的诊断流程如图 11.6 所示。

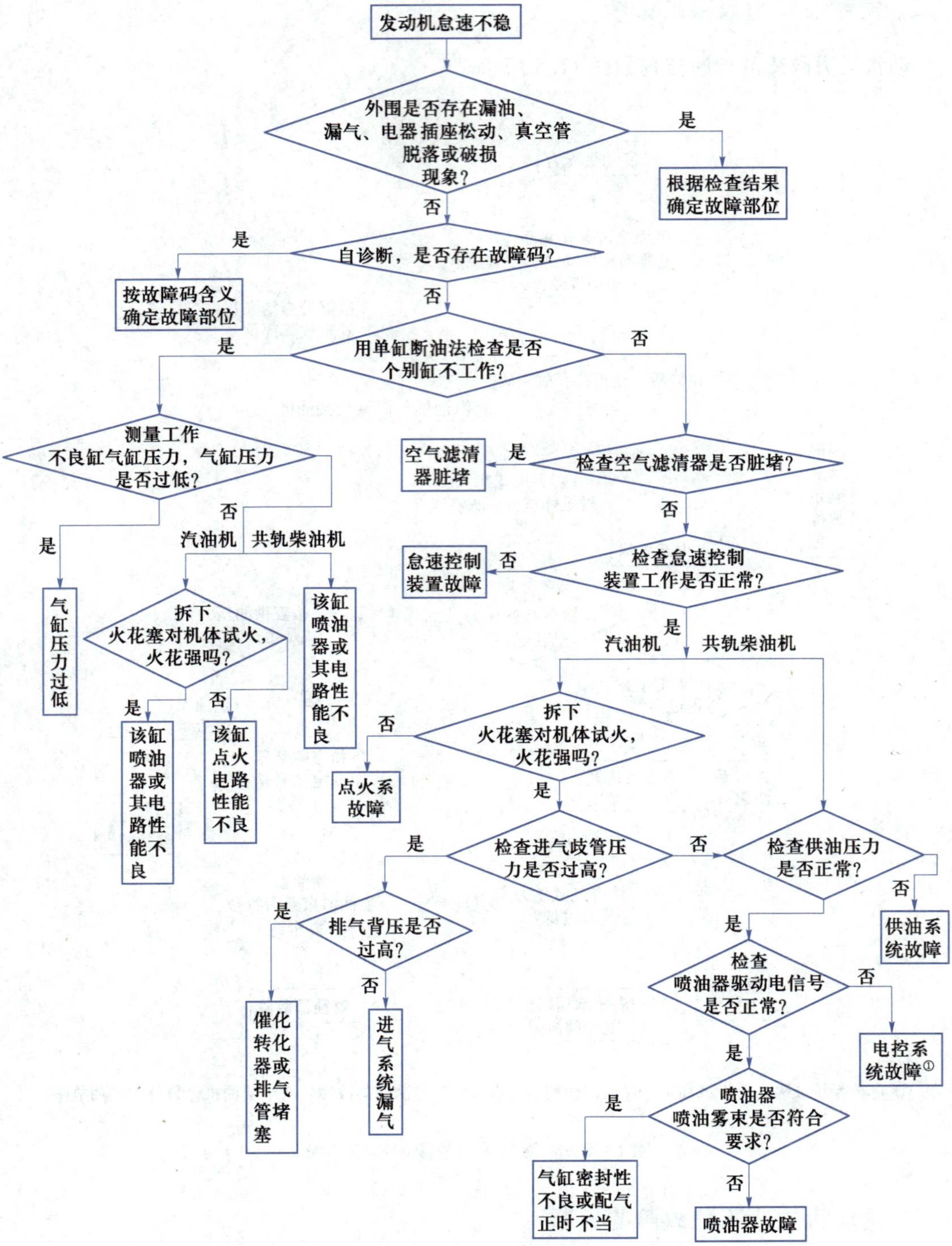

说明：

① 电控系统故障，对于汽油机，包括供油控制与点火正时控制两类故障；对于柴油机，只针对供油故障。

图 11.6 发动机怠速不稳故障的诊断流程

四、发动机过热故障的诊断

发动机过热故障的诊断流程如图 11.7 所示。

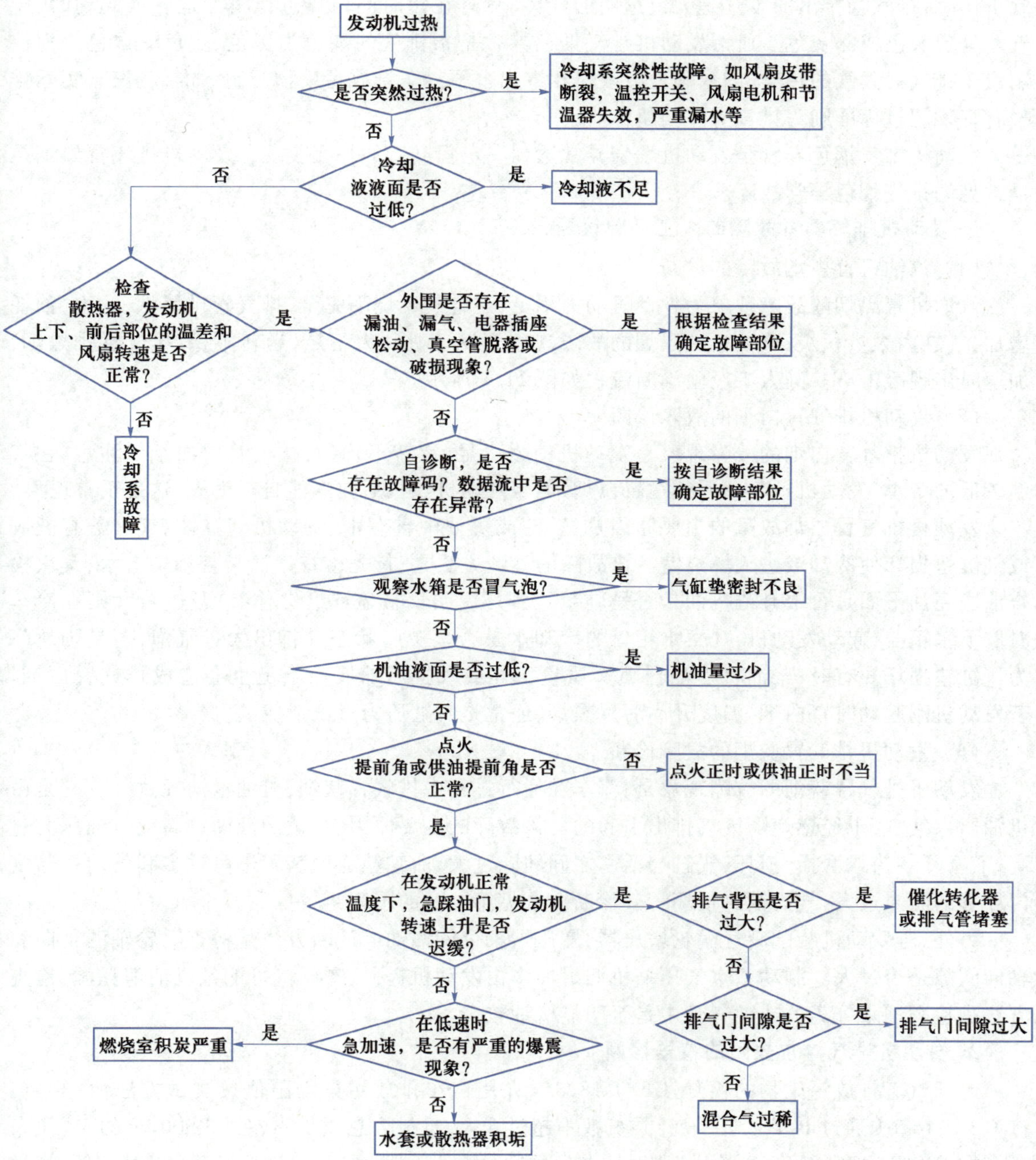

图 11.7　发动机过热故障的诊断流程

五、发动机排气异常故障的诊断

发动机排气异常根据表现程度不同可分为排气烟色异常和排气有害物超标两类。发动机正常工作时,排气管排出的废气是无色透明的气体,只有在短时间内接近全负荷运转或起动时,废气才呈现灰色或深灰色。所谓发动机排气烟色异常是指排气的烟色为黑色、蓝色或白色。为控制汽车排气对大气的污染,国家和地方政府相继出台了汽车排放污染物控制标准,若汽车实际排气有害物超过标准则为排气有害物超标。

发动机排气烟色异常是发动机燃烧异常达到一定程度后的外在表现。发动机排气冒黑烟是最常见的排气烟色异常故障。

1. 发动机排气异常故障的人工经验诊断

(1) 汽油机冒黑烟故障的诊断

汽油机冒黑烟的故障现象为发动机动力不足,混合气燃烧不完全,排气管排黑烟、放炮,油耗增加,气缸内大量积炭;柴油机冒黑烟的故障现象为发动机动力不足,运转不稳,排气管排黑烟,加速时出现敲击声。其人工经验诊断流程如图 11.8 所示。

(2) 发动机排气冒白烟的故障诊断

发动机排气冒白烟的故障现象是发动机动力不足,运转不均匀,排气管冒白烟。注意,在气温较低的冬季,发动机冷起动后往往冒白烟,但当发动机热机后白烟能自行消失,这是正常现象。

发动机排气冒白烟故障的主要原因是:燃油或机油中含有水;发动机气缸体、气缸盖有裂纹或气缸垫损坏使冷却液进入燃烧室。该故障的诊断方法是:首先检查汽油是否掺杂有水;其次检查油底壳油平面是否上升或机油是否呈乳状。若是说明气缸盖或气缸体有裂纹;若无则在冷车时取下水箱盖,起动发动机,观察水箱口的冷却水是否呈沸腾状态并排出大量气泡,若是则故障为气缸垫损坏。有时,柴油机喷油器喷雾质量不佳或气缸压缩压力不足也会造成排气冒白烟。若发动机刚起动时冒白烟,温度升高后冒黑烟,通常是气缸压力过低造成的。

(3) 发动机排气冒蓝烟的故障诊断

发动机排气冒蓝烟的故障现象是:汽车在运行过程中排气冒蓝烟,机油量消耗过大。它是由机油窜入气缸,未经燃烧随废气排出引起的。该故障的主要原因有:机油液面过高或机油压力过高,活塞环装错或磨损、损坏,气缸与活塞之间间隙过大,曲轴箱通风装置进风过多和气门杆与气门导管的间隙过大,气门油封损坏。其诊断方法见第七章的图 8.4。

另外,若发动机装配废气涡轮增压器,增压器轴可能漏油。诊断方法是检查涡轮轴的径向和轴向间隙是否过大。制动系空气压缩机润滑油多由发动机提供,空压机可能是机油消耗源,检查方法是检查油水分离器或贮气管中是否明显机油较多。

2. 发动机排气异常故障的仪器诊断

对于汽车排放污染物的检测,GB/T 18285《在用汽车排放污染物限值及测试方法》中规定:按 GB/T 14761 通过 B 类认证,设计乘员数不超过 6 人,且最大总质量不超过 2 500 kg 的 M_1 类车辆和按 GB/T 14761 通过 B 类认证,设计乘员数超过 6 人,或最大总质量超过 2 500 kg 但不超过 3 500 kg 的 M 类车辆和 N_1 类车辆,需进行双怠速试验或加速模拟工况(ASM)试验。除此以外的其他 M、N 类装配点燃式发动机的车辆需进行怠速试验。在怠速试验和双怠速试验中检测 CO 和 HC 的浓度;在加速模拟工况试验中检测 CO、HC 和 NO_X 的浓度。实车检测的检测结果不仅可

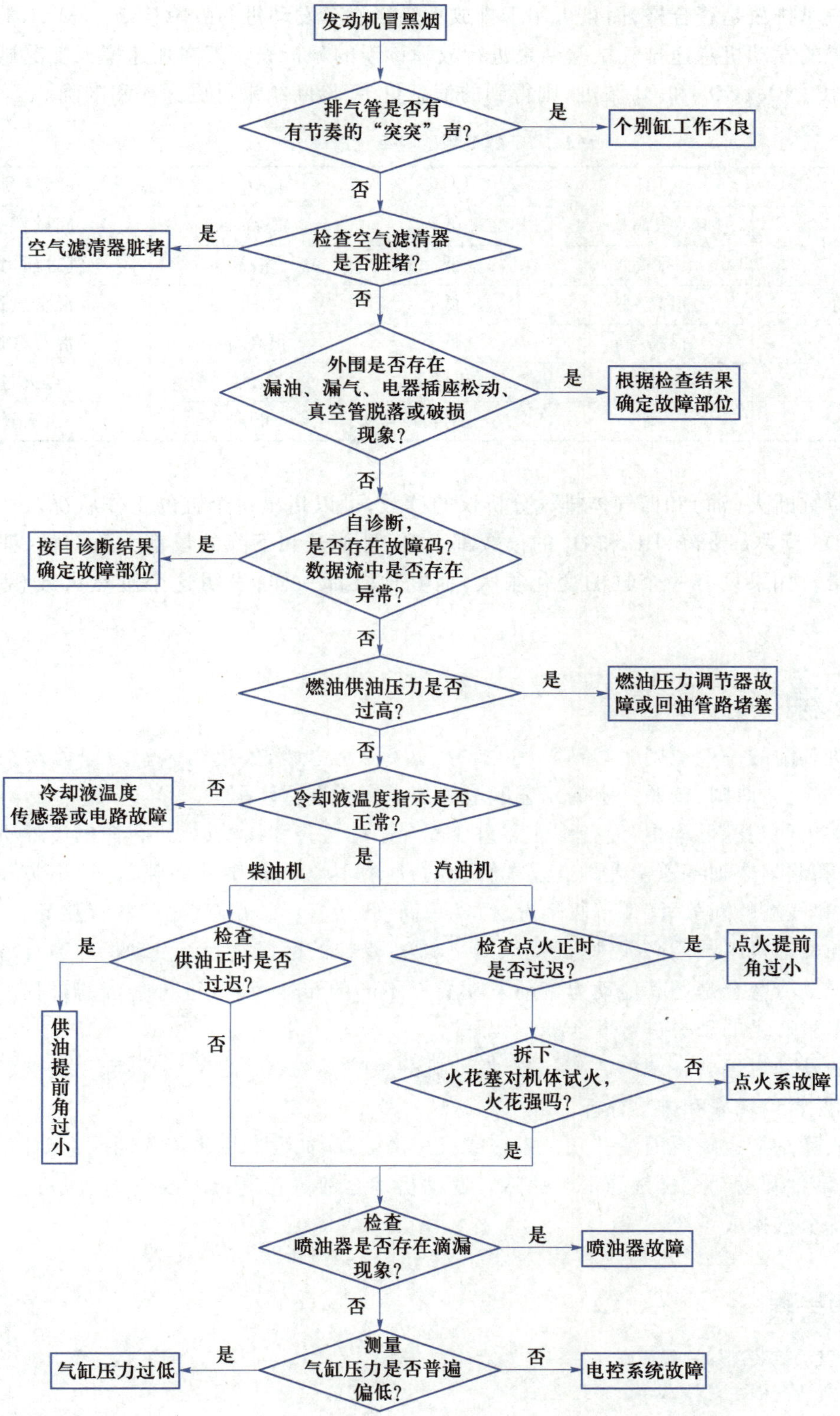

图 11.8 发动机排气冒黑烟故障诊断流程

用于判断汽车排放是否合格,而且可用于排放不合格汽车发动机的故障诊断。表 11.1 为用四气分析仪测得的发动机怠速排气试验结果进行故障诊断的分析表。若在加速模拟工况试验中同时测得 CO、HC、NO_X、CO_2 和 O_2 浓度,则得到的信息更多,诊断结果可更深入和准确。

表 11.1　排气测试值系统故障分析表

CO	HC	CO_2	O_2	故障原因
低	很高	低	高	间歇性失火
低	很高	低	正常	气缸压力过低
很高	很高/高	低	低	混合气过浓
很低	很高/高	低	很高/高	混合气过稀
高	低	正常	正常	点火过迟
低	高	正常	正常	点火过早

利用单缸断火(油)和四气体排气分析仪的读数,可以指出每个缸的工作状况。如果每个缸 CO 和 CO_2 的读数都下降,HC 和 O_2 的读数都上升,且上升和下降的量都大致一样,证明每个缸都工作正常。如果只有一个缸的变化很大,而其他缸都一样,表明这个缸点火或(和)燃烧不正常。

本章小结

发动机装配的一般原则是边清洁,边检查,边润滑,边调整,边组装。为保证发动机装配质量,必须根据上述原则,按照一定的工艺顺序和技术要求进行装配。

在发动机的装配过程中,应特别注意重要配合副的检查和调整,如进行曲柄连杆机构的装配时,应检查和调整曲轴各道主轴颈和连杆轴颈的径向间隙、曲轴轴向间隙、连杆小头和活塞销的配合、活塞和气缸的间隙、活塞偏缸情况、活塞顶高度、活塞环的端隙、侧隙和背隙等。

大修的发动机组装后必须进行磨合。磨合是一受控的磨损过程。发动机的磨合分冷磨合和热磨合两种。冷磨合是用其他动力带动发动机以不同的转速运转,进行磨合的过程。热磨合是以发动机本身产生的动力进行磨合的过程。

大修的发动机经磨合调整后,需进行发动机的验收。主要验收项目是:起动性能、动力性能、气缸压力、燃料消耗率和排放性能。

综合故障是指故障原因涉及几个系统或机构的故障,如发动机不能起动或起动困难、发动机无力、怠速不稳和发动机排气异常等故障。发动机综合故障诊断最重要的内容是正确判断故障部位属于哪个机构或系统。

复习与思考题

1. 简述发动机装配的一般原则。
2. 发动机装配的主要技术要求是什么?
3. 在曲柄连杆机构装配过程中,主要的检查项目有哪些? 怎样检查?
4. 发动机磨合的目的是什么? 其本质是什么?

5. 发动机磨合技术规范的主要内容是什么？
6. 发动机大修竣工验收的主要技术要求是什么？
7. 怎样进行发动机不能起动或起动困难故障的诊断？
8. 怎样进行发动机无力故障的诊断？
9. 怎样进行怠速不稳故障的诊断？
10. 怎样进行发动机排气异常故障的诊断？

第三篇

底盘故障诊断与维修

第十二章

传动系故障诊断与维修

学习目标

掌握传动系中离合器、变速器、万向传动装置、主减速器、差速器、半轴等组成的常见故障、故障现象、故障主要原因及处理方法和故障诊断方法，以及各组成的维护和修理方法；掌握利用游动角度检测仪检测传动系游动角度和利用离合器打滑频闪测定仪检测离合器是否打滑的方法。

理解什么是工作正常的传动系（对传动系的要求是什么）；理解查阅汽车生产商汽车维修手册的重要性，培养有针对性地查阅相关资料的习惯。

了解传动系的一般构造和传动系的常用诊断参数；了解最新的故障诊断设备和方法。

案　例

现象：一辆凌志 LS400 轿车，变速器型号为 A341E，在 D 位行驶时，当车速达到 20 km/h 以上时，有踩空油门的感觉，此时发动机转速迅速上升，而车速下降。

诊断：检查 ATF 油时发现颜色较深，但油面高度正常。在 2 位试车，变速器能以 1 挡起步，加速后能正常升入 2 挡，当车速达到 45 km/h 时，再将换挡手柄移入 D 位，车辆无打滑现象，且变速器能正常进入 3 挡，一直可以进到 O/D 挡。进行液压试验，在 D 位时，1 挡的主油路液压正常，打滑时液压很低，3 挡和 O/D 挡的液压也正常。再检查电子控制系统，ECU 通往换挡电磁阀的控制信号变化正常，说明电子控制系统一切正常，当发出 2 挡控制信号时，变速器开始打滑，且主油路液压很低。由此可以说明，变速器故障发生在 2 挡的油道、执行元件或液压装置。将变速器解体后发现，2 挡滑行制动器的活塞密封圈损坏，造成 D 位 2 挡液压泄漏，使制动器打滑，摩擦片也已经开始发黑。而在 2 位 2 挡时，由于 2 挡强制制动器参与工作，取代了 2 挡滑行制动器的功能，所以不会打滑。

排除：更换 2 挡滑行制动器摩擦片、活塞的密封圈和其他执行元件、油道的密封圈，加入新的 ATF 油，试验后一切正常，故障排除。

第一节 概 述

汽车底盘由传动系、行驶系、转向系和制动系组成。

传动系一般由离合器、变速器、万向传动装置、主减速器、差速器和半轴组成。根据布置方式的不同可分为发动机前置后轮驱动(FR)、发动机前置前轮驱动(FF)、发动机后置后轮驱动(RR)、发动机中置后轮驱动(MR)和全轮驱动(nWD,n代表驱动轮数)。应用较为广泛的发动机前置后轮驱动传动系布置如图12.1所示,发动机前置前轮驱动传动系布置如图12.2所示。

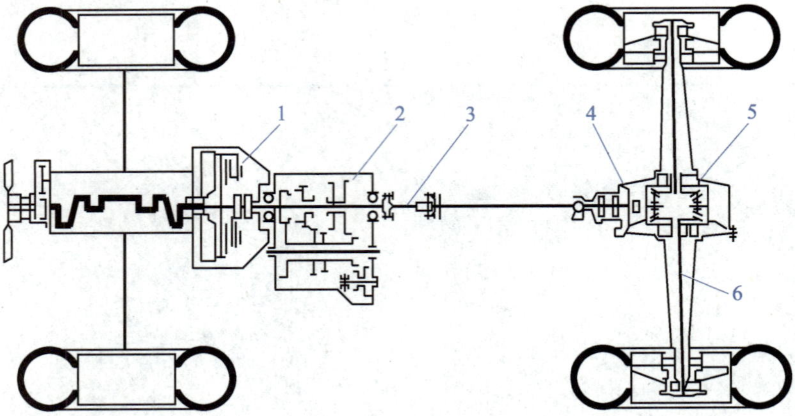

图12.1 发动机前置后轮驱动传动系布置

1—离合器;2—变速器;3—万向传动装置;
4—主减速器;5—差速器;6—半轴

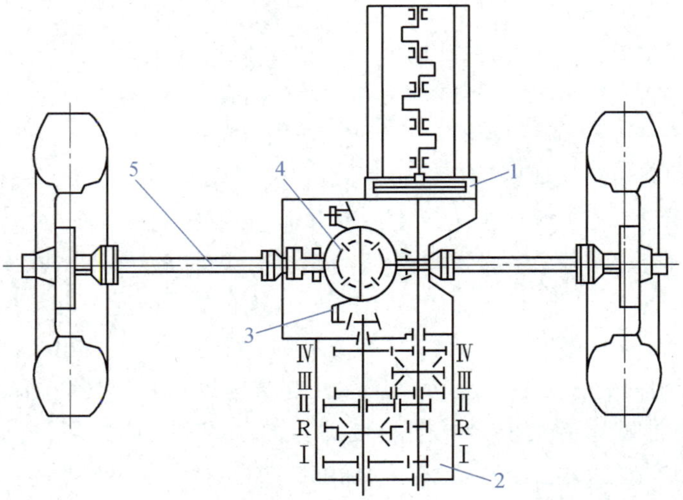

图12.2 发动机前置前轮驱动传动系布置

1—离合器;2—变速器;3—主减速器;4—差速器;5—传动轴

第二节　离合器故障诊断与维修

常见的离合器有使用螺旋弹簧的周布弹簧离合器或中央弹簧离合器和使用膜片弹簧的膜片弹簧离合器。膜片弹簧离合器由于结构简单，磨损均匀，操作轻便，在汽车尤其是乘用车上得到广泛使用，其组成及操纵机构如图 12.3 所示。

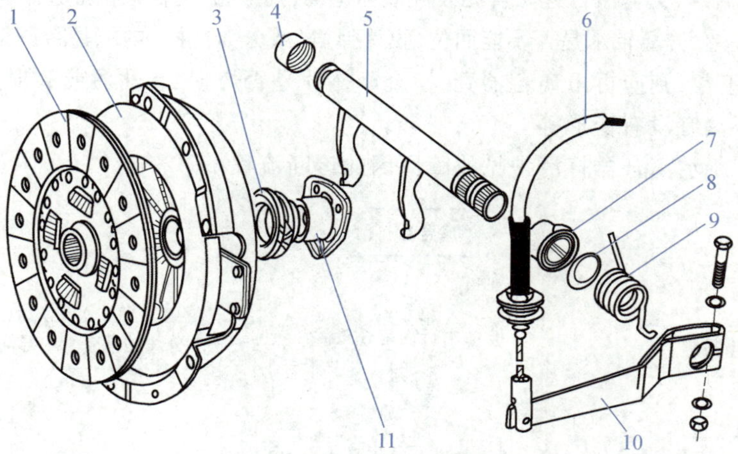

图 12.3　膜片弹簧离合器及操纵机构的一般组成

1—从动盘；2—膜片弹簧 - 压板组；3—分离轴承；4—衬套；5—分离轴；6—离合器拉索；7—轴承套及密封件；8—卡簧；9—回位弹簧；10—分离轴传动杆；11—分离套筒

离合器操纵机构分为人力式和气压助力式两类，常见的人力式操纵机构有机械式（拉杆式、拉索式）和液压式。

一、离合器故障诊断

离合器的常见故障部位主要有：飞轮与从动盘接触面、从动盘、压盘、膜片弹簧（或分离杠杆）、分离叉、分离套筒、工作行程等。

离合器的常见故障主要包括：离合器打滑，离合器分离不彻底，离合器接合不稳和离合器异响。

1. 离合器打滑

（1）故障现象

离合器接合后，发动机动力不能完全传给驱动轮，出现汽车起步困难，油耗上升，发动机过热，加速不良等现象。

（2）故障主要原因及处理方法

离合器打滑的根本原因是压盘不能牢固地压在从动盘摩擦片上，或摩擦片的摩擦系数过小。具体原因主要有：

① 摩擦片烧损、硬化、有油污或磨损严重，视情况予以修理或更换。

② 膜片弹簧疲劳、开裂或失效,应予更换。

③ 分离轴承运动发卡不能回位,应予润滑或更换。

④ 压盘或飞轮变形、磨损,应予磨平或更换。

⑤ 离合器操纵机构调整不当,导致踏板自由行程过小,应予调整。

⑥ 拉索发卡需润滑等。

(3) 故障诊断方法

检查离合器踏板有无自由行程。若无或数值不正确,则应检查操纵系统是否调整不当或卡滞,踏板回位弹簧是否失效,分离轴承是否不能回位,膜片弹簧(或分离杠杆)内端是否调整过高。

若自由行程正常,则应拆下离合器壳,检查摩擦片是否烧损、有油污或磨损过大,膜片弹簧是否失效,飞轮或压盘有没有变形等。

详见图 12.4 所示离合器打滑常见故障原因的诊断流程。

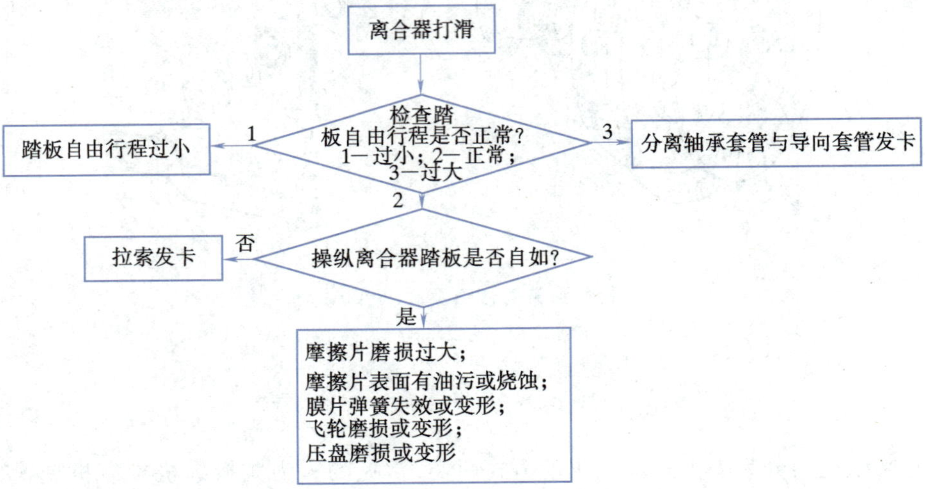

图 12.4 离合器打滑常见故障原因的诊断流程

2. 离合器分离不彻底

(1) 故障现象

发动机怠速时,完全踩下离合器踏板,却挂挡困难,常伴有齿轮撞击声;或在强行挂挡后,不松开离合器踏板,汽车就猛向前窜或发动机熄火。

(2) 故障主要原因及处理方法

离合器分离不彻底的根本原因是离合器踏板踩到底时,压盘离开从动盘的移动量过小,或部件的变形导致压盘与从动盘摩擦片有所接触而不能彻底分离。具体原因主要有:

① 离合器踏板自由行程过大,应予调整。

② 从动盘翘曲,应予更换。

③ 压盘变形,应予磨平或更换。

④ 摩擦片变形或铆钉松动,应予修理或更换。

⑤ 膜片弹簧断裂或内端因调整不当而不在同一平面内(或分离杠杆变形,内端因调整不当而不在同一平面内),应予更换或调整。

⑥ 操纵机构发卡，应予润滑。

⑦ 液压操纵系统漏油，系统内有空气或油量不足，应予检查，排气或添加液压油等。

（3）故障诊断方法

检查操纵机构是否卡滞，保证其工作正常。

检查踏板自由行程是否正常，若否，调整至规定值。

若故障现象仍然存在，则应拆下离合器壳，检查摩擦片是否破裂或弯曲，拨叉是否断裂，压盘是否弯曲，膜片弹簧是否断裂或内端因调整不当而不在同一平面内（或分离杠杆是否变形，内端是否由于调整不当而不在同一平面内）等。

详见图 12.5 所示离合器分离不彻底常见故障原因的诊断流程。

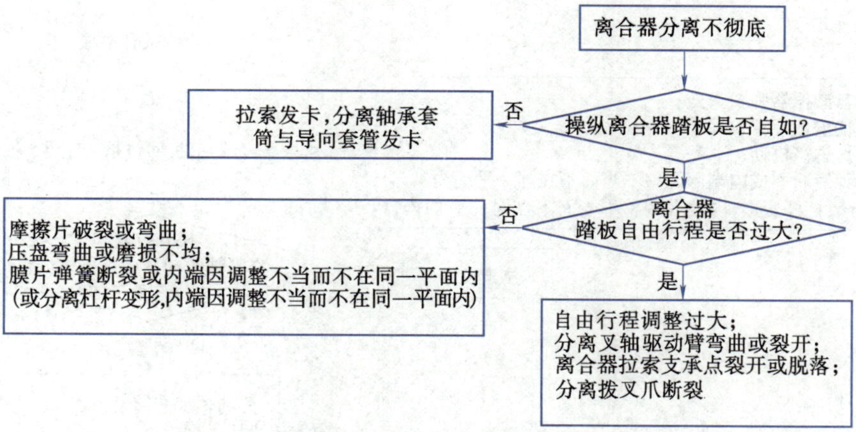

图 12.5　离合器分离不彻底常见故障原因的诊断流程

3. 离合器接合不稳

离合器接合不稳又称为离合器发抖。汽车起步时，松开离合器踏板，车身出现抖动，说明离合器存在接合不稳的故障。

（1）故障现象

汽车在起步过程中，缓放离合器踏板，轻踩加速踏板，离合器接合时出现抖振。表现为汽车不能平顺起步，伴有冲撞，严重时车身明显抖动。

（2）故障主要原因及处理方法

离合器接合不稳的根本原因是从动盘摩擦片表面与压盘表面、飞轮接触表面之间的正压力分布不均，在同一平面内的接触时间不同，使得主、从动盘接合不平顺引起发抖。具体原因主要有：

① 操纵机构工作不畅，应予检查排除或润滑；

② 从动盘翘曲，厚度不均或中间花键的配合间隙过大，应予更换；

③ 压盘变形，应予更换；

④ 离合器盖松动，应予紧固；

⑤ 飞轮端面圆跳动超标，应予更换；

⑥ 膜片弹簧本身弹力不均、断裂或内端因调整不当而不在同一平面内（或分离杠杆变形，内

端由于调整不当而不在同一平面内)，应予更换或调整。

(3) 故障诊断方法

检查发动机支架、变速器与飞轮壳的紧固螺栓、离合器壳的固定螺栓等处是否有松动，排除接合不稳的现象是由它们引起的。

检查操纵机构，看有无拉索发卡等现象；若有，需调整、润滑或更换。

若故障仍然存在，则应分解离合器，检查从动盘减振器弹簧是否失效，膜片弹簧(或分离杠杆)内端是否高低不一，压盘是否偏磨或变形，摩擦片铆钉是否松动，分离轴承套筒是否发卡，回位弹簧是否失效，分离叉轴两端支承是否磨损等。

详见图 12.6 所示离合器接合不稳常见故障原因的诊断流程。

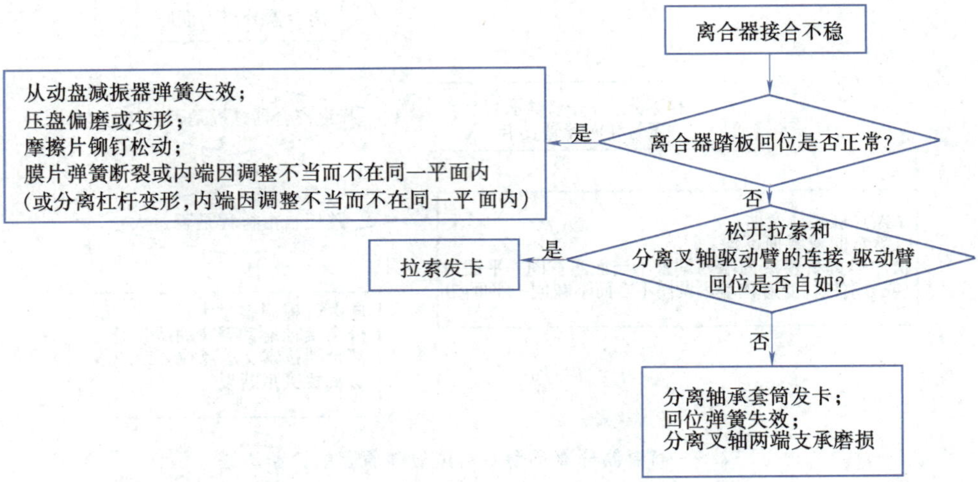

图 12.6 离合器接合不稳常见故障原因的诊断流程

4. 离合器异响

(1) 故障现象

离合器接合时，或踩下离合器踏板少许，或完全踩下时，离合器发出不正常响声。

(2) 故障主要原因及处理方法

造成异响的根本原因在于离合器的部分零件严重磨损及主、从动部件传力部位松旷，在离合器接合或分离的瞬间，由于惯性冲击的作用，造成不正常摩擦或撞击而产生异常响声。具体原因主要有：

① 分离轴承缺油或损坏，应予润滑或更换；

② 分离轴承与膜片弹簧(或分离杠杆)内端之间无间隙，应予调整；

③ 分离轴承回位弹簧折断，应予更换；

④ 摩擦片铆钉外露，应予修理；

⑤ 膜片弹簧破碎，应予更换；

⑥ 踏板自由行程过小，应予调整；

⑦ 从动盘减振器弹簧折断等。

(3) 故障诊断方法

连续踩放踏板,确定响声是否由操纵机构引起。

启动发动机,让其怠速运转;踩下踏板少许,使分离轴承与膜片弹簧(或分离杠杆)刚刚接触。如果有“沙沙”的响声,说明是分离轴承响。

将踏板踩到底,如果有响声,是由于分离轴承不转而与膜片弹簧(或分离杠杆)发生摩擦。

离合器刚接触或刚分离时出现响声,则应检查从动盘铆钉头是否露出,分离轴承与膜片弹簧(或分离杠杆)间的间隙是否正常,从动盘减振器弹簧是否折断等。

详见图 12.7 所示离合器异响常见故障原因的诊断流程。

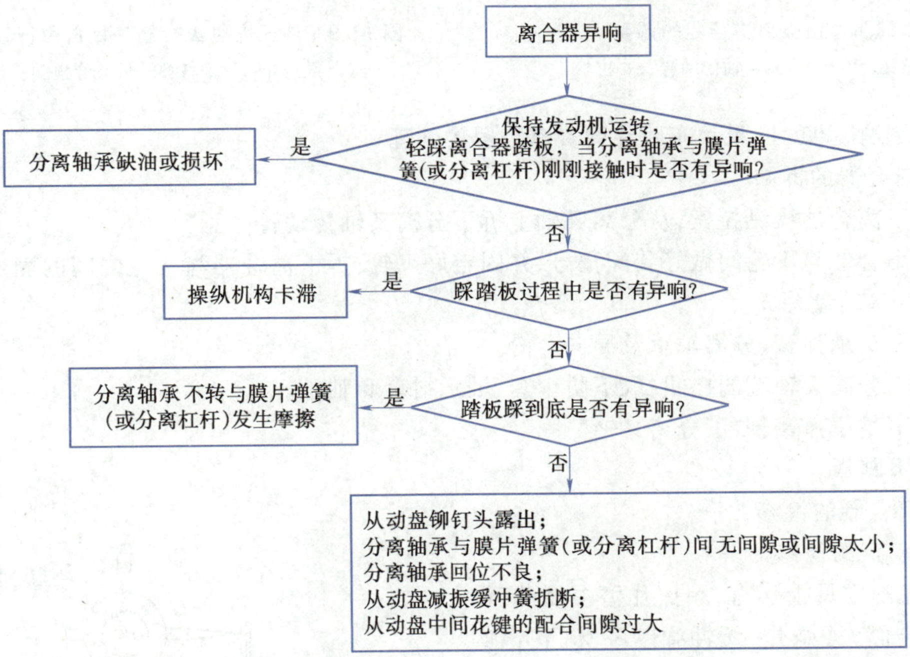

图 12.7 离合器异响常见故障原因的诊断流程

二、离合器的维修

(一) 离合器的维护

离合器的维护工作主要是检查调整离合器踏板自由行程。

桑塔纳 2000GLi 乘用车离合器操纵机构为机械拉索式,其踏板总行程为(150 ± 5) mm,不符合要求时,可通过改变离合器分离叉轴传动臂与分离叉的安装位置来调整。踏板自由行程为 15 ~ 25 mm,不符合要求时,通过调整螺母调整,如图 12.8 所示。

对于离合器采用液压式操纵机构的汽车,调整离合器踏板自由行程一般通过调整踏板上的偏心螺栓,改变主缸推杆的长度来实现,如图 12.9 所示。

各种车型的踏板自由行程并不一定相同,注意查阅该车的维修手册。

(二) 离合器的修理

离合器的修理作业主要内容有离合器的拆卸、从动盘的检修、压盘总成的检修、离合器的装配等。

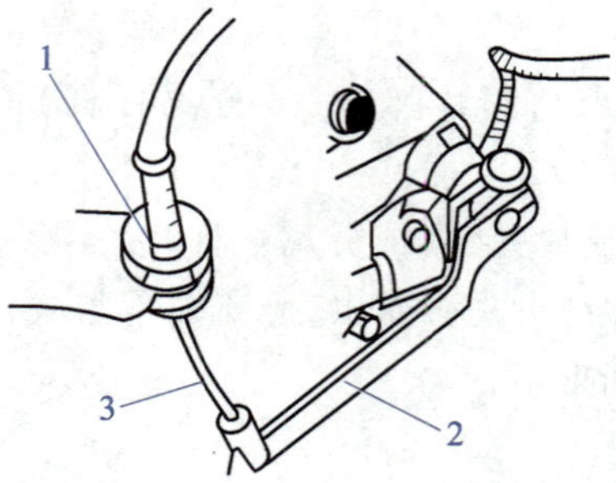

图 12.8 踏板自由行程的调整

1—调整螺母;2—分离叉轴传动臂;3—拉索

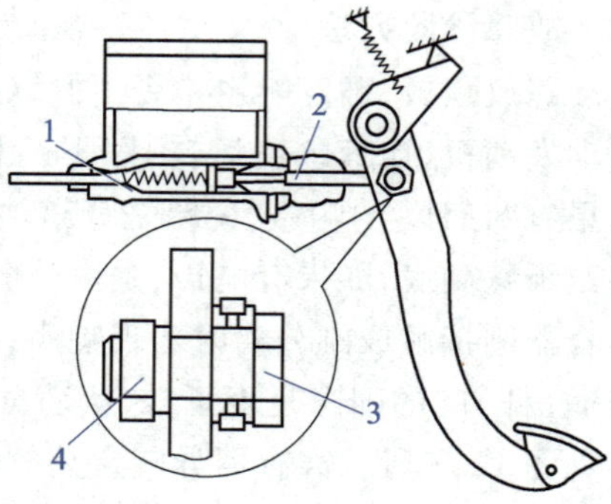

图 12.9 液压操纵离合器踏板自由行程的调整

1—离合器主缸;2—推杆;3—偏心螺栓;4—锁紧螺母

1. 桑塔纳 2000GLi 乘用车膜片弹簧离合器的修理

(1) 离合器的拆卸

① 拆下离合器操纵拉索,从分离叉轴上拆下分离叉轴传动臂。

② 在离合器与飞轮间做好装配记号,并固定好飞轮;拆下离合器与飞轮之间的固定螺栓,取下离合器及从动盘总成。

③ 拆下支承弹簧、分离轴承及导向套筒。

④ 拆下分离叉轴端的挡圈,取下防尘套、轴承衬套和轴承。

⑤ 拆下复位弹簧,取下分离叉轴。

⑥ 拆下踏板。

(2) 离合器的检修

① 从动盘的检修

从动盘的常见损伤有:摩擦片磨损变薄,铆钉松动,有油污或烧焦,缓冲弹簧损坏,花键磨损等。

检查从动盘铆钉距摩擦片表面的距离应不低于2 mm,从动盘径向跳动量不超过0.40 mm,检查方法如图12.10所示。

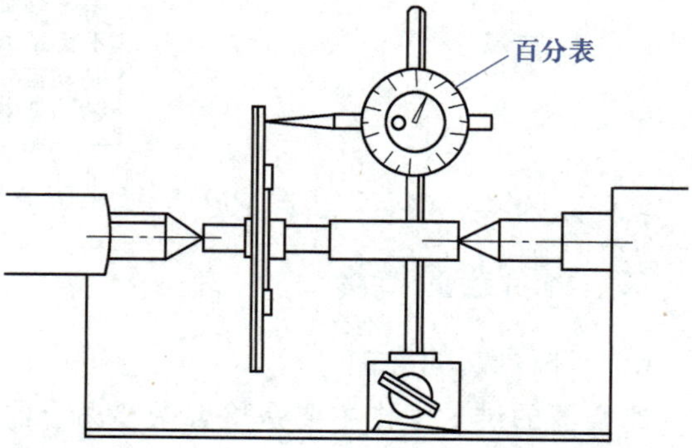

图 12.10 从动盘径向跳动检查方法

② 压盘总成的检修

压盘的常见损伤有:压盘表面刮伤、磨损、烧蚀、变形或产生裂纹。对于轻度的不平或烧蚀可进行光磨,对于严重的沟痕并因之引起离合器工作发抖时,则必须予以更换。离合器压盘表面翘曲度不得超过0.20 mm。

压盘平面应无变形、裂纹及明显的沟痕,膜片弹簧无变形,其内端与分离轴承接触处磨损不大于0.60 mm,内端的平面度误差不大于0.50 mm,否则应更换压盘总成。

③ 其他零件的检修

检查膜片弹簧磨损的深度和宽度以及弹簧内端的平面度,如超标应予更换,如图12.11所示。

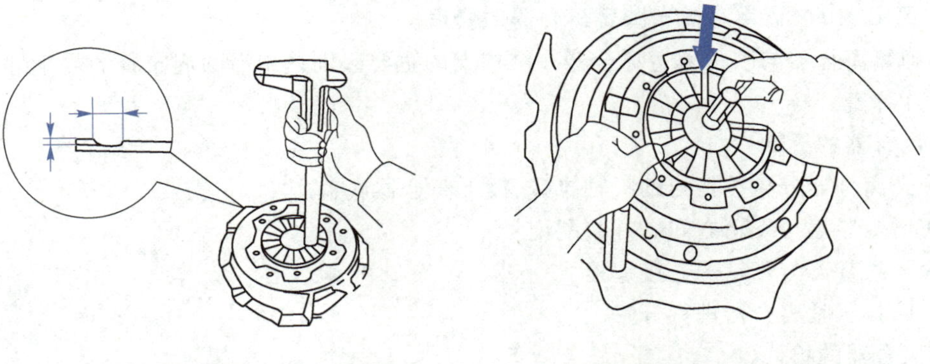

(a) 测量膜片弹簧磨损的深度和宽度　　(b) 测量膜片弹簧内端的平面度

图 12.11　膜片弹簧的检查

分离轴承的常见故障为松旷、噪音或阻滞。检查时可固定内缘,同时施以轴向压力,一旦发现上述故障现象,必须及时更换。更换分离轴承须用专用工具在压力机上进行,将分离轴承从轴承套上压下后再装复新件。分离轴承通常是一次性加注润滑油脂,维护时切勿随意拆卸清洗。若有脏污,可用干布擦净表面,不允许用汽油等清洗剂清洗。

踏板衬套、分离叉轴轴承因磨损而松旷时,也应更换。

(3) 离合器的装配与调整

① 装配

将从动盘有减振器弹簧保持架的一面朝向压盘,对齐装配记号将压盘总成安装到飞轮上。装配时在轴向使用导向定位轴,以保证压盘总成与飞轮的同轴度。采用对角拧紧的顺序拧紧固定螺栓(拧紧力矩为 25 N·m),拔出导向定位轴。

在变速器壳体上装入分离叉轴左端衬套,将复位弹簧安装在分离叉轴上。

装入分离叉右端轴承、衬套、橡胶防尘套,然后将挡圈顶压至尺寸 $A=18$ mm,如图 12.12 所示。

安装分离轴承导向套筒及分离轴承。

安装分离叉轴传动臂,并调至如图 12.13 所示的位置。

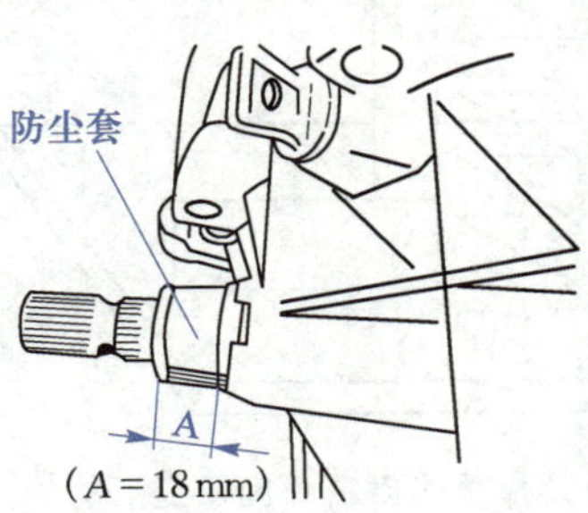

图 12.12　安装防尘套

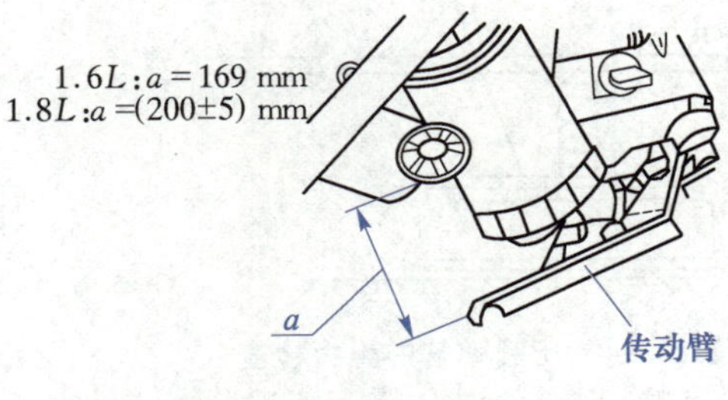

图 12.13　分离叉轴传动臂安装位置图

安装踏板机构及离合器拉索。

② 调整

调整踏板自由行程,应在 15 ~ 25 mm 范围内。

2. 东风 EQ1092 商用车周布弹簧离合器的修理

周布弹簧离合器与膜片弹簧离合器在结构上的主要区别是用沿圆周布置的数个螺旋弹簧代替一个膜片弹簧。

（1）离合器的拆卸

① 分开离合器分离拉杆与踏板轴拉臂，拆下离合器底盖。

② 在离合器盖与飞轮之间做好装配记号。

③ 拆下离合器与飞轮的连接螺栓。

④ 用压具压紧离合器进行分解。

（2）离合器的检修

① 从动盘的检修

从动盘的常见损伤有：花键毂键齿磨损，从动盘钢片与摩擦片铆钉松动，摩擦片磨损、烧蚀、硬化、龟裂，减振器弹簧弹力消退、折断等。

从动盘钢片、摩擦片破裂，或花键毂键齿磨损超过 0. 25 mm，或铆钉头部距摩擦片表面距离小于 0. 30 mm，或减振器弹簧失效，都必须更换从动盘总成。

摩擦片上若有油污，应找出油污来源并根除，然后清除干净。

摩擦片有轻微烧蚀，可用细砂纸打磨。

② 离合器盖的检修

检查有无裂纹或变形，视情况予以修理或更换。

③ 压盘的检修

压盘上有较浅的沟槽时，可用砂纸打磨或用机床加工；若出现裂纹应予更换。

④ 压紧弹簧的检修

压紧弹簧的弹力检查可在弹力检查仪上进行，如图 12. 14 所示；自由长度的检查可在平板上配合直角尺检查，如图 12. 15 所示。压紧弹簧的自由长度不得低于标准长度 3 mm，同组弹簧高度差不得超过 2 mm，自由状态下倾斜度不得超过 2. 50 mm（图 12. 15 中的 a 值）。

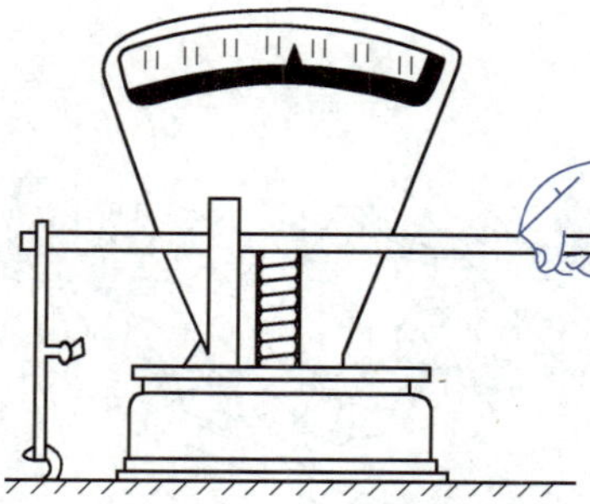

图 12. 14 压紧弹簧的弹力检查

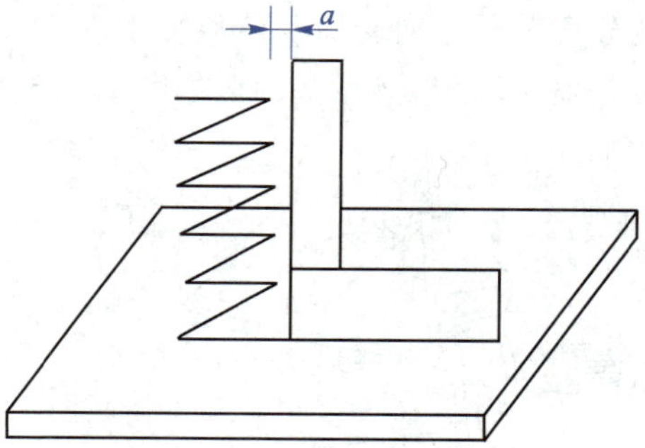

图 12. 15 压紧弹簧的自由长度及变形的检查

⑤ 分离杠杆及分离轴承的检修

参照图 12. 11a 所示检查方法，分离杠杆内端与分离轴承接触面的磨损超过 0. 25 mm 时，应焊补或更换。分离轴承应转动灵活，无卡滞等异常现象，否则应添加润滑脂或更换。

（3）离合器的装配与调整

① 装配

按拆卸的相反次序进行，注意拆卸时的装配记号。

② 调整

分离杠杆的调整：参照图 12.11b 所示检查方法，通过调整分离杠杆调整螺母来调整分离杠杆内端平面度。

离合器踏板自由行程的调整：拧动分离拉杆上的调整螺母，拧紧则自由行程变小，拧松则自由行程增大。调整后应使自由行程达到 30 ~ 40 mm，最后将调整螺母锁止。

3. 桑塔纳 2000GSi 乘用车离合器液压操纵机构的修理

桑塔纳 2000GSi 与 2000GLi 乘用车离合器的结构基本相同，只是操纵机构不是采用机械式，而是采用液压式。

（1）主缸的拆卸与分解

取下离合器踏板与主缸推杆叉的连接销轴；从主缸上拧下进油管和出油管接头；拧下主缸固定螺栓；拉出主缸；排净主缸中的制动液；取下防尘罩；拆下卡环；拉出主缸推杆、压盖和活塞。

（2）工作缸的拆卸与分解

拧下工作缸进油管接头；拆下工作缸固定螺栓；拉出工作缸；拉出工作缸推杆；拆下防尘罩；用压缩空气将工作缸活塞从缸筒内压出。

（3）主缸、工作缸的检修

当出现缸筒内壁磨损超过 0.125 mm、活塞与缸筒的间隙超过 0.20 mm、皮圈老化及回位弹簧失效等情况时，应更换相应零件。

（4）主缸、工作缸的装配

按拆卸与分解相反顺序进行，但装配时应注意以下事项：

① 零件在装配前要用非腐蚀性液体清洗干净，并在活塞、皮碗、皮圈、缸套等零件上涂一层制动液。装合后推杆在缸筒内运动应灵活。在放松（不工作）位置时，主缸皮碗和活塞头部应位于进油孔和补偿孔之间，两孔都开放。工作缸上带有塑料支承环，安装时外表面要涂上一层薄薄的润滑油，工作缸推杆末端也要涂上润滑脂润滑。

② 安装离合器工作缸时，需要用一个适应的杠杆克服弹簧的弹力，将其压向变速器壳相应的孔中后，方能将固定螺栓旋入。

（5）液压系统中空气的排出

一人反复踩离合器踏板数次，感到有阻力时踏住不动，另一人拧松工作缸放气螺钉排出带空气的液压油，再拧紧放气螺钉。重复以上操作，直到排出的液压油中没有气泡为止。

（6）其他

添加主缸储液罐中的液压油至规定高度，检查、调整踏板自由行程。

第三节　手动变速器故障诊断与维修

变速器由变速传动机构和操纵机构组成，根据需要，还可加装动力输出器。

按照传动比的变化方式，变速器可以分为有级式、无级式和综合式 3 种。按照操纵方式，变速器又可分为手动操纵式、自动操纵式和半自动操纵式 3 种。

本节介绍的是手动操纵的有级式变速器,俗称“手动变速器”。以图 12.16 为例,手动变速器的一般构造包括第一轴(又叫输入轴,发动机的动力经离合器后由此轴输入变速器)、第二轴(又叫输出轴,动力由此轴输出)、中间轴、同步器(保证换挡顺利)、拨叉、传动机构等。

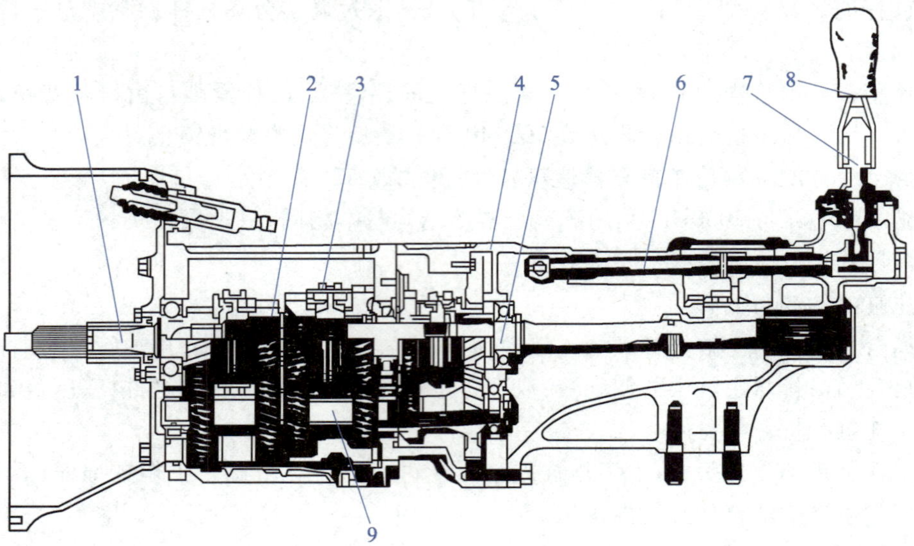

图 12.16 手动变速器及操纵机构的一般组成

1—第一轴(输入轴);2—变速齿轮;3—接合套;4—壳体;5—第二轴(输出轴);6—变速拉杆;7—变速杆;8—手柄;9—中间轴

一、手动变速器故障诊断

手动变速器的常见故障部位主要有:同步器、自锁装置、互锁装置、轴承、花键等。

手动变速器的常见故障主要包括:变速器换挡困难或挂不上挡,变速器跳挡,变速器乱挡,变速器卡挡,变速器漏油和变速器异响。

1. 变速器换挡困难或挂不上挡

(1) 故障现象

变速器不能顺利地挂入挡位,往往伴有齿轮撞击声,或完全不能挂上挡。

(2) 故障主要原因及处理方法

造成变速器换挡困难或挂不上挡的根本原因是汽车换挡时待啮合齿的圆周速度不相等,或换挡拨叉移动时的阻力过大。具体原因主要是:

① 离合器调整不当或分离不彻底,应予调整检修;

② 变速杆弯曲变形或操纵机构调整不当,应予调整检修;

③ 拨叉轴弯曲变形,与导向孔配合过紧或因缺油锈蚀,应予调整检修;

④ 同步器滑块塞堵,应予更换;

⑤ 自锁、互锁装置卡死,应予检修等。

(3) 故障诊断方法

换挡手柄的进挡感觉明显而不能顺利换挡,由拨叉的固定销钉脱落造成;没有明显的进挡感觉，则应检查自锁互锁装置是否卡死，换挡操纵机构杆件是否弯曲变形。

换挡时有异响，在排除了离合器分离不彻底的原因后，检查同步器是否损坏，润滑油油量是否充足或质量是否合格。

详见图 12.17 变速器换挡困难或挂不上挡常见故障原因的诊断流程。

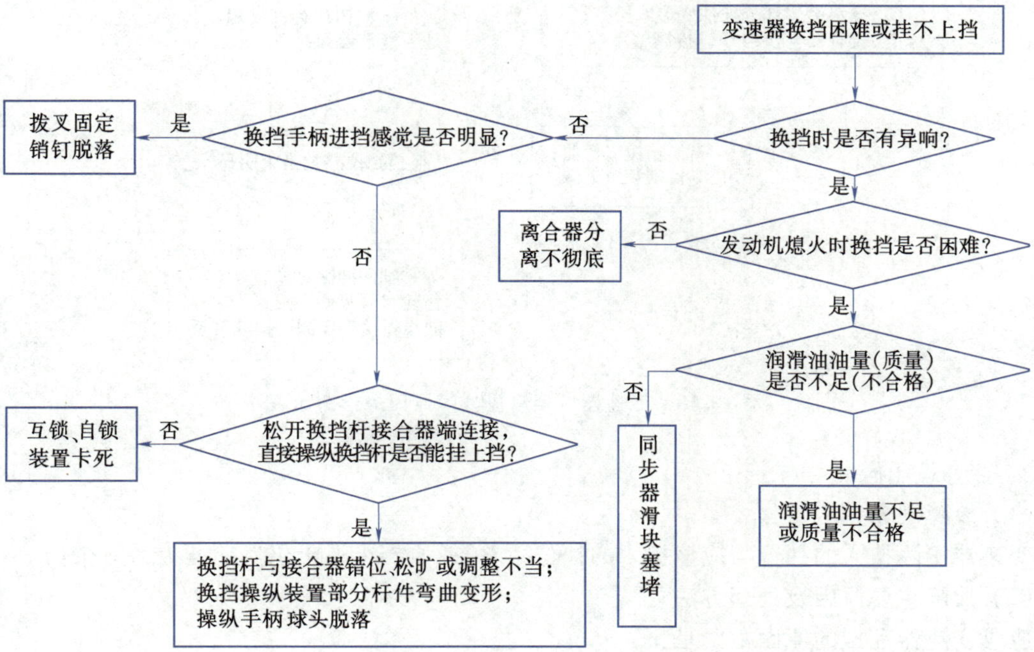

图 12.17　变速器换挡困难或挂不上挡常见故障原因的诊断流程

2. 变速器跳挡

(1) 故障现象

在汽车行驶过程中，尤其是加速或爬坡时，变速杆自动跳回到空挡位置。

(2) 故障主要原因及处理方法

造成变速器跳挡的根本原因是啮合齿轮在传力时产生较大的轴向作用力，从而脱离啮合位置；或啮合齿轮未能全齿长啮合，当载荷突变时导致跳挡。具体原因主要是：

① 操纵装置变形或松旷，应予调整检修。

② 接合器与换挡器连接调整不当，应予调整。

③ 拨叉弯曲或磨损，应予修理或更换。

④ 自锁装置失效，应予修复或更换。

⑤ 齿轮轴向间隙过大，应予调整。

⑥ 相啮合的齿轮在啮合部位磨损成锥形，应予更换。

⑦ 同步器接合齿圈磨损，应予更换等。

(3) 故障诊断方法

检查操纵机构，确定故障是否由于操纵机构杆件变形、松旷或接合器与换挡杆连接调整不当引起。若否，则检查拨叉是否弯曲，自锁装置是否失效，齿轮间隙是否过大，同步器齿圈是否装反等。

详见图 12.18 所示变速器跳挡常见故障原因的诊断流程。

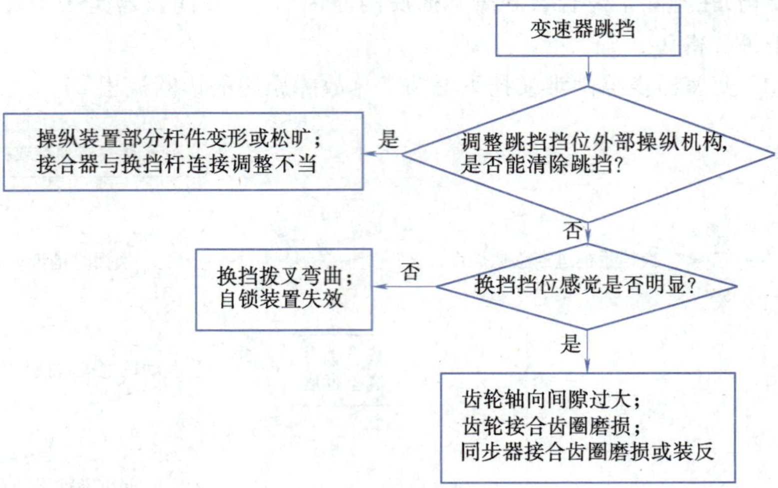

图 12.18 变速器跳挡常见故障原因的诊断流程

3. 变速器乱挡

(1) 故障现象

变速器实际挂入的挡位与应该挂入的挡位不符,或原挡未退出仍然能挂上另一个挡。

(2) 故障主要原因及处理方法

造成变速器乱挡的原因主要是:

① 操纵机构部分杆件变形或连接松动,应予检修。

② 变速杆下端面磨损过大,造成长度不足,应予更换。

③ 互锁装置失效,应予修复。

④ 手柄支承球头座松动,应予检修或更换等。

(3) 故障诊断方法

检查手柄是否可靠连接,操纵装置的杆件是否有变形或松动现象,否则应检查互锁装置是否漏装或失效等。

详见图 12.19 所示变速器乱挡常见故障原因的诊断流程。

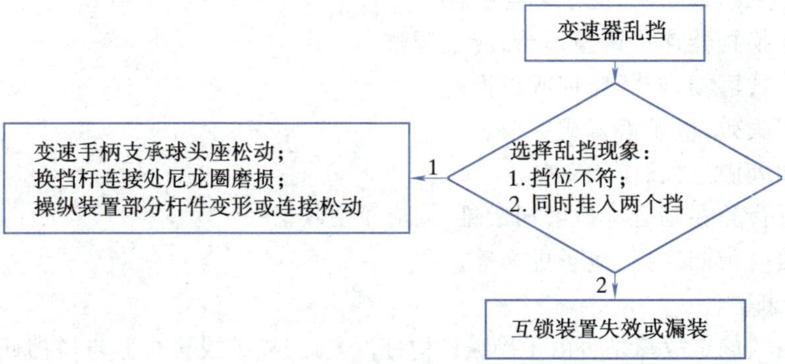

图 12.19 变速器乱挡常见故障原因的诊断流程

4. 变速器卡挡

(1) 故障现象

变速器卡在某个挡位，无法回到空挡。

(2) 故障主要原因及处理方法

造成变速器卡挡的原因主要是同步器滑块塞堵，拨叉轴弯曲卡死等，应视情况予以修理或更换。

(3) 故障诊断方法

若换挡手柄操作自如，则是由于一轴后端卡簧脱落或换挡拨叉开口销脱落；若否，则是由于同步器滑块塞堵，接合器变形等。

详见图 12.20 所示变速器卡挡常见故障原因的诊断流程。

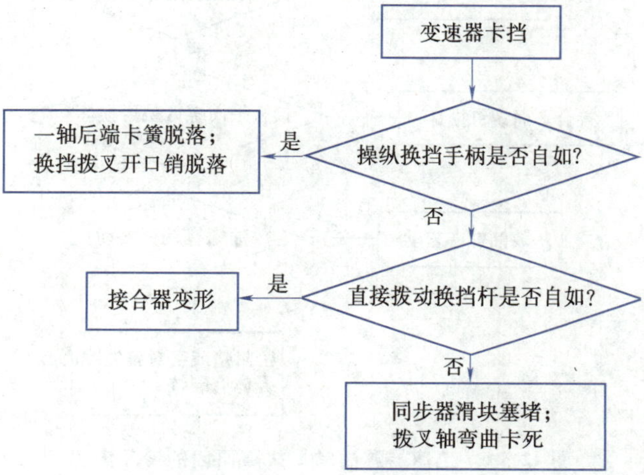

图 12.20 变速器卡挡常见故障原因的诊断流程

5. 变速器漏油

(1) 故障现象

变速器内的润滑油从变速器盖、前后轴承盖等处渗漏出来。

(2) 故障主要原因及处理方法

造成变速器漏油的原因主要是：

① 润滑油过多，应调整到规定高度。

② 通气孔堵塞，应予清洁。

③ 油封损坏，应予更换。

④ 接合面变形，应予修理。

⑤ 连接螺栓松动，应予紧固或更换。

⑥ 密封垫或胶失效，应予更换。

⑦ 壳体有裂纹，应予焊补等。

(3) 故障诊断方法

检查油平面是否过高，通气孔是否堵塞，油封是否损坏，壳体是否有裂纹等。

详见图12.21所示变速器漏油常见故障原因的诊断流程。

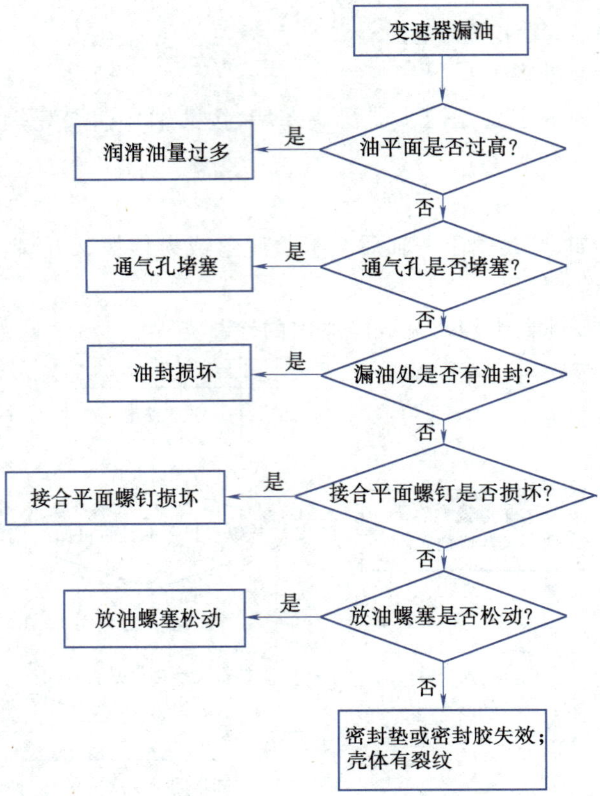

图12.21 变速器漏油常见故障原因的诊断流程

6. 变速器异响

(1) 故障现象

变速器在工作过程中发出不正常的响声。

(2) 故障主要原因及处理方法

造成变速器异响的根本原因是轴承等因磨损、损坏、润滑不良而造成松旷;齿轮或花键等啮合不正确。具体原因主要是:

① 变速器缺油或润滑油规格不对,应选用正确的润滑油,并调整到规定高度。

② 齿轮轮齿磨损严重,啮合间隙过大,应予更换。

③ 齿轮内孔磨损严重,配合松旷,应予更换。

④ 齿轮轮齿折断或齿面剥落、缺损,应予更换。

⑤ 齿轮端面跳动超标,应予更换。

⑥ 轴承磨损严重,引起内外圈松动或滚珠(针)碎裂,滚道损坏,应予更换。

⑦ 第一、二轴和中间轴弯曲变形,应予校正或更换。

⑧ 花键过度磨损,应予更换。

⑨ 自锁装置损坏,应予修复。

⑩ 同步器滑块塞堵,应予修复或更换等。

(3) 故障诊断方法

检查润滑油油量是否不足或润滑油规格是否不对,若否,按下列的响声特征判断故障:

汽车行驶中,变速器在任何挡位均发出无节奏的“呼隆”声,且车速越快响声越大,但在空挡时踩下离合器踏板,响声消失,故障为第一轴轴承响。如果空挡时不响,故障为第二轴或中间轴响。

汽车行驶中挂挡时有撞击声,说明同步器或自锁装置损坏。

发动机怠速运转,空挡时有尖锐的金属撞击声。如果响声均匀,则是常啮合齿轮齿面磨损过甚,造成啮合或配合间隙过大;如果响声不均匀,则是常啮合齿轮齿面损伤变形,齿轮折断或齿轮轴变形。

发动机怠速运转,空挡时不响,但挂入其他一些挡位时响。如果响声均匀,是相应挡齿轮齿面磨损过甚,造成啮合或配合间隙过大;如果响声不均匀,是相应挡齿轮齿面损伤变形,齿轮折断或齿轮轴变形。

详见图 12.22 所示变速器异响常见故障原因的诊断流程。

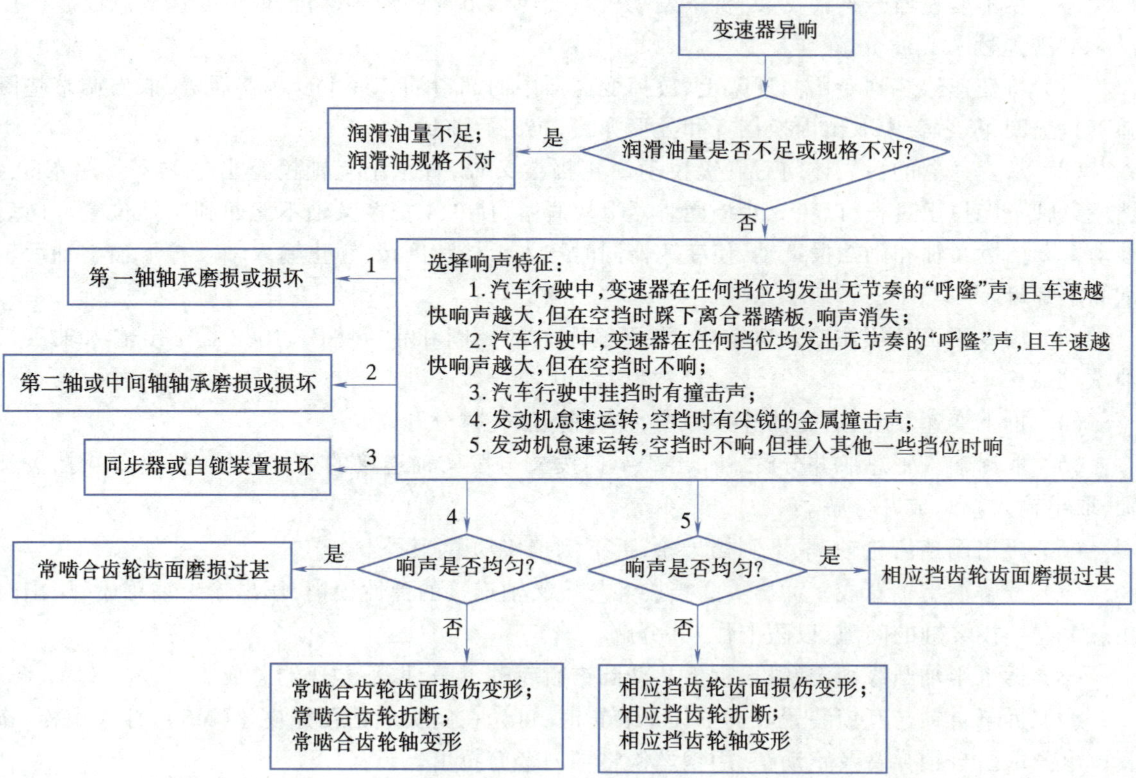

图 12.22　变速器异响常见故障原因的诊断流程

二、手动变速器的维修

(一) 手动变速器的维护

手动变速器的维护工作主要是检查润滑油液面高度及密封情况,检查操纵机构,清洁通气孔。

(二) 手动变速器的修理

手动变速器的修理包括:变速器的拆卸与分解、齿轮的检修、轴承的检修、同步器的检修、变速器的装配等。

以桑塔纳乘用车手动变速器为例,修理作业的具体内容是:

1. 变速器总成的拆卸

(1) 拆下蓄电池的搭铁线,拆下发动机与变速器之间的连接螺栓。

(2) 拆下车速表软轴,从离合器分离叉传动臂上拆下离合器拉索。

(3) 拆下发动机中间支架、前排气管和消声器,取下变速器上的倒车灯开关插座,分开传动轴与半轴凸缘。

(4) 拆下变速器壳体前下护板与起动机固定螺钉。

(5) 拆下换挡杆。

(6) 用变速器拆装架轻轻顶住变速器,拆下橡胶座支撑。

(7) 拆下变速器悬挂前支架,拆下发动机与变速器下部的连接螺栓,取下变速器总成。

2. 变速器总成的分解

(1) 将变速器装到专用修理架上,放掉变速器中的润滑油。拆下变速器后盖,取出调整垫圈和密封垫圈,从后盖中取出内换挡杆和异形弹簧,拉出后油封。

(2) 从变速器的后壳体向后慢慢拉动 3、4 挡拨叉轴,直至小互锁销露出并取下。注意 3、4 挡拨叉轴不能拉出过长,以免 3、4 挡同步器滑块脱落,使 3、4 挡拨叉轴不能回到空挡位置。向后移动 1、2 挡拨叉轴和倒挡拨叉轴,使变速器同时挂入 1 挡和倒挡,锁止输入轴。拧下输出轴后轴承固定螺母。

(3) 用专用工具顶住输入轴前端,取下输入轴的挡圈和止推垫圈,用拉器拉出输入轴后端轴承。

(4) 拆下变速器前、后壳体连接螺栓,并将前、后壳体分开。

(5) 取出输入轴总成并分解。冲出 3、4 挡拨叉与拨叉轴连接的弹性锁销,拉出 3、4 挡拨叉轴,取出输入轴总成并分解。

(6) 压出倒挡齿轮轴,取下倒挡齿轮,拆下倒挡传动臂。

(7) 分解输出轴总成。冲出 1、2 挡拨叉与拨叉轴连接的弹性锁销,压出输出轴总成(压出时注意 1、2 挡拨叉轴的间隙,以防卡住)并分解。

(8) 拆下半轴凸缘固定螺栓,拆下从动圆锥齿轮轴承盖,取下差速器总成。

(9) 拆下自锁与互锁装置。拆下锁止装置时,可先在闷头上钻孔并攻丝(M6),拧入螺栓,将其拉出。取出自锁弹簧及止动销,用钢丝钩将导向套筒拉出。

(10) 拆下变速杆等部件,分解操纵机构。

3. 变速器的检修

(1) 变速器壳体的检修

壳体出现裂纹,各结合面发生明显的翘曲变形或各轴承座孔磨损严重并与轴承的配合松旷时,应更换新件。壳体上各衬套与轴颈的配合间隙超过 0.20 mm 时,应更换新件。起动机衬套更换时,应换用自润滑衬套。

(2) 齿轮轴及齿轮的检修

齿轮轴的主要损伤是裂纹、弯曲以及轴颈和花键磨损等。

变速器的输入轴与输出轴不得有裂纹,各轴颈磨损不超过 0. 03 mm,输入轴前花键与离合器从动盘花键毂的配合间隙不得大于 0. 20 mm。与轴制成一体的齿轮应无裂纹和齿面疲劳剥落,腐蚀斑点面积不超过单齿面积的 15%,齿厚磨损不大于 0. 20 mm,齿端缺损沿齿长方向不超过 1/10,齿端缺损沿齿高方向不超过 1/5。主动锥齿轮损伤齿数不多于 2 个,且不相邻,否则应更换相应的齿轮轴。用百分表检查输入轴与输出轴的径向跳动应不大于 0. 05 mm,否则应更换。

变速器输入轴与输出轴上各圆柱齿轮的检修方法与上述齿轮轴上的齿轮检修方法基本相同,当两齿轮啮合间隙大于 0. 45 mm 时,应更换齿轮。

(3) 轴承的检修

齿轮轴支承轴承内圈与轴径配合间隙大于 0. 02 mm,滚道出现疲劳剥落及烧蚀现象,输入轴后轴承的轴向、径向间隙过大,轴承空转卡滞或发响时,均应更换新件。各滚针轴承出现断裂、疲劳剥落,轴承磨损使齿轮与轴的配合间隙大于 0. 15 mm 时,应更换滚针轴承。

(4) 同步器的检修

桑塔纳乘用车手动变速器 1、2 挡和 3、4 挡之间均采用惯性锁环式同步器,其主要损伤是锁环内锥面齿圈键齿及滑块配合的 3 个缺口两侧面的磨损。

将锁环压靠到换挡齿轮的锥面上,用手转动锁环应有阻力感。用厚薄规沿圆周方向多点测量,锁环与齿轮端面之间的间隙不应小于 0. 50 mm。同步器齿圈及滑块磨损严重,滑块弹簧弹力减弱或折断,键齿磨损使接合套与花键齿的配合间隙超过 0. 50 mm 时,均应更换新件。

4. 变速器操纵机构的检修

(1) 检查变速杆、换挡杆及内换挡杆的磨损情况。内换挡轴径磨损严重或其前端销钉轴间宽度磨损超过 0. 20 mm 时,应换用新件。

(2) 检查各连接部位不应松旷,否则应换用新件。

(3) 检查换挡拨叉的弯曲、扭曲及拨叉下端的磨损情况,有严重弯曲、扭曲变形或拨叉下端磨损超过 0. 20 mm,拨叉与拨叉槽的配合间隙超过 0. 50 mm 时,均应予以更换。

(4) 检查拨叉轴的直线度及磨损情况。将拨叉轴放在平板上,用厚薄规检查,直线度应不大于 0. 20 mm,否则应更换。拨叉轴上定位及互锁凹槽磨损不大于 0. 30 mm,拨叉轴与壳体的配合间隙不大于 0. 20 mm,否则更换拨叉轴。

5. 变速器的装配

(1) 输出轴总成的组装

① 将输出轴前轴承及 4 挡齿轮压装到输出轴上(4 挡齿轮凸肩向前)。4 挡齿轮的挡圈与挡圈槽的间隙应尽量小,可选择适当厚度的挡圈来达到,挡圈规格有 2. 35 mm、2. 38 mm、2. 41 mm、2. 44 mm 和 2. 47 mm 5 种。

② 将 3 挡齿轮加热至 120 ℃,凸面朝前,压装到输出轴上。

③ 选好 3 挡齿轮挡圈,要求挡圈与挡圈槽的间隙尽量小,其厚度规格有 1. 50 mm 和1. 60 mm两种。

④ 装入 2 挡齿轮滚针轴承及 2 挡齿轮。

⑤ 将 1、2 挡同步器花键毂和接合套装到一起,装好滑块及滑块弹簧,并与同步器锁环一起压装到输出轴上。安装时,花键毂有槽的一面及接合套上有拨叉槽的一面向后朝向 1 挡齿轮。

安装滑块弹簧时,其开口应错开 120°,弹簧弯曲端必须固定在滑块内。

⑥ 压入 1 挡齿轮滚针轴承内圈,套上 1 挡齿轮滚针轴承及 1 挡齿轮。

⑦ 压入双列圆锥滚子轴承前内圈。

(2) 输入轴总成的组装

① 在输入轴上装好 3 挡齿轮滚针轴承和 3 挡齿轮。组装好 3、4 挡同步器总成,并压装到输入轴上(3、4 挡同步器组装方法及要求与 1、2 挡同步器相同),其花键毂内花键倒角应朝向 3 挡齿轮。

② 安装好同步器挡圈,将花键毂轻轻回压,使其靠到同步器挡圈上。

③ 装入 4 挡齿轮挡圈。

(3) 变速器总成的组装

① 压入输出轴总成。压入时,要将 1、2 挡拨叉轴与 1、2 挡拨叉及输出轴总成一起装入后壳体中,然后压入输出轴后轴承。注意保证 1、2 挡拨叉轴的活动间隙,必要时可轻轻敲击,以免卡住。

② 安装好 1、2 挡拨块,用弹性锁销固定。

③ 安装倒挡齿轮,压入倒挡齿轮轴和倒挡传动臂。

④ 安装输入轴时,拉回 3、4 挡拨叉轴,直至 3、4 挡拨叉能够装入滑动齿套为止,将拨叉轴置于空挡位置,并用弹性锁销固定拨叉。

⑤ 放好新的密封环,将输入轴、输出轴及后壳体一起与前壳体连接,连接螺栓力矩为 25 N · m。

⑥ 压入输入输出轴后端的向心轴承,轴承的密封面应朝向后壳体。

⑦ 安装 3、4 挡拨叉轴的互锁销,以 100 N · m 的力矩拧紧输出轴螺母。

(4) 安装变速器后盖

① 压入内换挡杆的后轴承、油封及前轴承。将选好厚度的调整垫片放入变速器后盖中,把异形弹簧放入内换挡杆上。将异形弹簧压紧并一起向内推,直到异形弹簧的另一弯头支撑在后盖和调整垫片上为止。顺时针方向转动内换挡杆,使异形弹簧滑进正确位置。

② 用 2 个双头螺栓旋入变速器后壳体的螺孔中,为后盖的安装起导向作用。放好密封垫片,将后盖装到后壳体上,并使内换挡杆的销钉进入 3、4 挡拨叉轴的切槽内,以 25 N · m 的力矩拧紧后盖与壳体之间的连接螺栓。

6. 变速器操纵机构的检查与调整

(1) 检查换挡操纵性能

挂入 1 挡,将变速器杆向左压足,用一个手指将变速杆固定住,然后让其慢慢回弹至压力点。在变速杆手柄处测量弹簧的压缩量应为 5 ~ 10 mm。

(2) 变速杆的微调

若弹簧压缩量达不到上述要求,可将变速杆支承总成从侧面推向长方形孔内,对变速器操纵装置进行微调。变速杆支架向右,第一挡弹簧压缩量减少;变速杆支架向左,第一挡弹簧压缩量增加。

(3) 变速杆基准调整

变速杆微调达不到目的或在修理过程中松开了换挡杆,应拆下变速杆手柄及防尘罩,使变速控制杆置于空挡位置,松开卡箍。拆下变速杆手柄及防尘罩,使变速控制器罩壳与变速杆支座的中心孔对准后交叉旋紧螺钉。调整后，各挡位应挂挡轻便，无卡滞现象。必要时再作微调。

7. 变速器修理过程中要注意的事项

(1) 原则上起自锁作用的螺栓螺母、各纸质衬垫、拨叉与拨叉轴之间连接用弹性锁销、轴用挡圈、O 形橡胶密封圈和油封经拆检后应予更换。

(2) 新油封在装入前应在外圆表面涂一薄层油，在油封刃口之间应填满多用途润滑脂。

(3) 结合面在装配时应均匀涂上薄层密封胶。

(4) 对钢制调整垫圈，安装前应仔细检查，并用千分尺做多点测量，以确定厚度；如有损坏（边缘有缺陷，折叠后凹凸不平等）应予更换。

(5) 轴与轴承装配时，应在配合面上涂一层润滑油。检查轴承，空转时不应有卡滞的感觉；滚针轴承的滚针如有个别损坏，应予更换。

(6) 变速器装车后，应加入润滑油，并检查油平面。

检修调整好的变速器，应做到密封良好，操纵机构工作正常，无泄漏（异响、松脱、裂纹），换挡轻便灵活，无换挡困难（跳挡、乱挡、卡挡）现象。

第四节　自动变速器故障诊断与维修

一、概述

自动变速器由液力变矩器、齿轮变速器、液压控制装置与电子控制装置等组成。其中，液力变矩器起到自动离合，传递并增大扭矩，柔和传力的作用；齿轮变速器具有改变若干个前进挡、倒挡和空挡的作用；液压控制装置能够根据电子控制装置的指令完成对液力变矩器和齿轮变速器的液压控制，实现挡位的转换；电子控制装置根据汽车运行的各项参数，完成自动变速器的挡位控制、锁止控制、油压调节等，它是整个控制系统的核心，如图 12.23 所示。

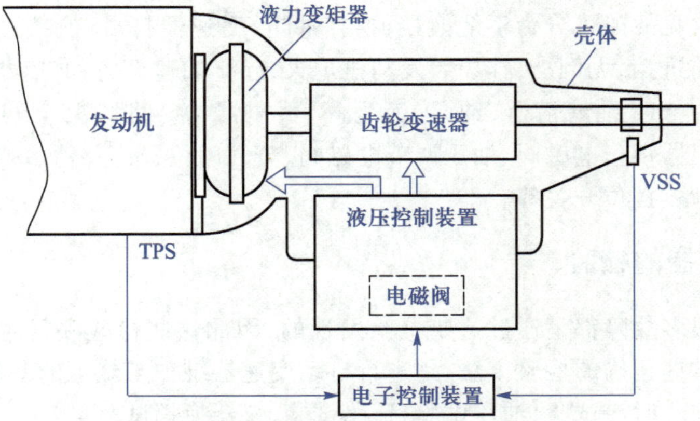

图 12.23　自动变速器的基本组成示意图

自动变速器的电子控制装置由传感器、执行器和控制单元 ECU 组成。传感器主要有节气门位置传感器、发动机转速传感器、涡轮转速传感器、车速传感器、发动机冷却液温度传感器、ATF 油温度传感器、P/N 开关、模式开关、保持开关、O/D 挡开关、强制降挡开关、压力开关、制动开关、空调开关等；执行器主要有换挡电磁阀(A、B)、变矩器锁止电磁阀 TCC、油压调节电磁阀 PWM、故障指示灯、挡位指示灯等；如图 12.24 所示。

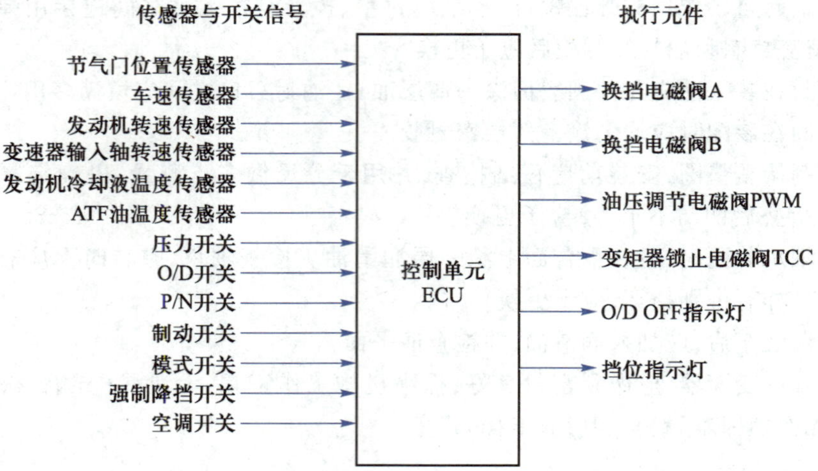

图 12.24 自动变速器电子控制系统的组成示意图

由于自动变速器是机械、电子、液压的高度集成，在进行故障诊断时不能单独只对电子控制装置进行诊断，故本章将涉及自动变速器的机械、液压和电子等各部分内容。

自动变速的修理作业与发动机的修理作业相比，有其特殊性。其一，发动机的修理以小修为主，大多数情况下是对单个总成或元件进行拆装、修理或更换；而自动变速器以大修为主，常常是彻底解体、清洗、更换和安装。其二，发动机修理竣工后的试验比较方便，修理效果不良可以重新检修，不影响其他未修理的部分；而自动变速器的修理是竣工后的一次性检验，如果不合格，还得全部从头再拆装，很可能旧的问题未解决，又出现了新的问题，返工现象特别严重。基于以上两个特点，在自动变速器的检修中，检验作业显得特别重要。

自动变速器的常见故障可分为不能换挡，换挡冲击，变速器打滑，换挡过迟，不能锁止，无超速挡，频繁跳挡，无前进挡，无倒挡，挂挡后发动机熄火，起步加速无力，变速器温度过高等。

故障常发部位为 ATF 油滤清器、油泵、液压阀、蓄压器、密封圈、离合器、制动器、单向离合器、换挡电磁阀、变矩器锁止电磁阀、油压调节电磁阀、节气门位置传感器、O/D 挡开关、液力变矩器、ATF 油散热器管路、挡位开关等。

二、自动变速器的检验

自动变速器的很多故障都是通过这些检验发现的，因此这些检验项目对于自动变速器的故障诊断非常重要。掌握正确的检验方法，是进行自动变速器维护与修理的基础，检验项目可以分为基础检验、失速试验、时滞试验、油压试验、道路试验、仪器换挡试验等。

(一) 基础检验

基础检验是变速器外围的一些检查和试验，它没有涉及变速器的内部结构，一般有以下几方面的内容：

1. 发动机怠速检验

该检验用于检查当控制手柄处于“N”位或“P”位，齿轮变速器处于空挡状态时，发动机的转速是否在规定的范围之内。如果发动机怠速过低,当控制手柄从"N"或"P"位移到"R"、"D"、"2"或"L"时,就会出现发动机运转不稳定的现象,并导致整个车身发生令人不舒服的振动,起步加速时反应迟缓,如果在坡道上挂挡起步,会出现倒溜现象,甚至会使发动机熄火。相反,如果发动机怠速过高,则会出现移动控制手柄挂挡时,变速器进挡冲击过大,同时怠速时车辆爬行速度过快的现象,会造成变速器寿命下降。所以,应该根据车辆维修手册的要求,将发动机的怠速转速调整好。

2. 自动变速器液位和油品检验

该检验用于检查 ATF 油的油面高度是否在规定的刻度范围内以及 ATF 油品的质量。

检查方法是:车辆水平停放并怠速运转,运转到正常工作温度后,将换挡控制手柄在各个位置上稍微停放后再移到"P"位,取出油标尺,油面刻度应在油标尺的"热态"(即"HOT")范围内,如图 12.25 所示。

图 12.25 油标尺刻度

如果液压油的平面低于规定液位,车辆在行驶中颠簸时将会有部分空气被吸入,使液压系统液压下降,并会出现下列问题:① 离合器和制动器因液压下降而打滑、磨损、烧毁;② 在挡位变化时出现严重的换挡质量下降现象,换挡的冲击会造成机械部件损坏;③ 齿轮和其他旋转零件得不到良好的润滑而过早磨损。

如果液压油的平面超出规定液位,将导致下列问题的出现:① 阀体内的排泄孔堵塞,影响液压油的正常排泄,阻碍离合器和制动器的平顺脱开,从而引起换挡冲击,有时会出现两个挡位同时存在,传动机构出现运动干涉,从而使元件损坏;② 变速器换挡时滞时间过长,加速反应性能差。

在检查液位高度时,要注意判断液压油的颜色、粘度和气味是否正常。如果液压油颜色变深,粘度变稠或变稀,则需要更换液压油。如果液压油已经发黑,有糊焦味,甚至有金属小颗粒,说明变速器内的摩擦片和金属元件有磨损、烧毁,需要修理。

在变速器的使用与保养中应注意,每隔一定的时间或行驶里程(如 40 000 km)需要检查 ATF 油,并视情更换。

3. P/N 开关检验

P/N 开关又称挡位开关,本检验需完成以下内容:

(1) 检查是否仅在控制手柄处于"N"或"P"位时才可以起动发动机,如果发动机在控制手柄处于"N"或"P"以外挡位时能起动,则发动机一经起动,汽车就开始行驶,容易造成交通事故。

(2) 检查 P/N 开关是否将手柄的位置信息送至 ECU,ECU 要根据这些信息来控制变速器的挡位,调节油压,控制变矩器的锁止等,电源从计算机中输出,移动换挡控制手柄,相应的挡位指示灯应亮,如果不亮,说明信号异常。

(3) 检查控制手柄置于"R"位时,倒车灯是否点亮。

4. 节气门全开检验

该检验用于检查加速踏板的位置与节气门的开度之间的关系是否为"全程控制",保证在加速踏板踩到底时,发动机能够以全负荷状态输出功率。如果踩足加速踏板,而节气门不能全开时,会引起下列问题:

(1) 在高速或重载荷时,发动机动力不足。

(2) 不能获得最高车速。

（3）发动机加速不良。

5. 节气门阀拉索松紧的检验

该检验用于检查发动机负荷（取决于节气门开度量）是否适当地被传递给液压控制装置中的节气门阀，此即称为“节气门阀的全程控制”。图 12.26 所示是皇冠乘用车的节气门阀缆绳，当节气门全开时，罩套和缆绳标记之间的距离不得超出 0～1 mm。

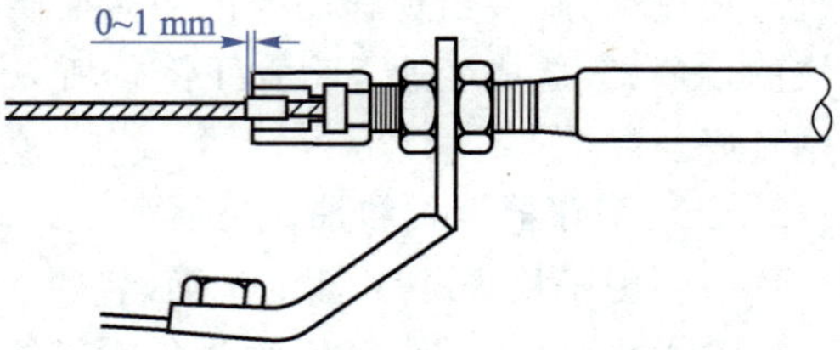

图 12.26 节气门阀拉绳的调整

如果标记在罩套外，则节气门开度大，而节气门阀开度过小，于是产生低于正常的节气门液压，使主油路的压力不能满足大负荷的要求，会引起执行元件的打滑。

如果标记在罩套内，则节气门开度小，而节气门阀的开度过大，于是产生高于正常的节气门液压，使主油路的压力过高，造成换挡冲击，加速执行元件的磨损。

6. 超速挡（O/D 挡）控制开关的检验

该检验用于检查变速器是否能够从 3 挡升入 O/D 挡，又能够从 O/D 挡降为 3 挡。

将车辆以 100 km/h 左右的速度行驶，按一下 O/D 开关，当仪表台上 O/D OFF 灯亮时，应能感到车身有一次振动，然后车速明显下降，同时发动机的转速迅速上升；再按一下 O/D 开关，当仪表台上 O/D OFF 灯灭时，也应感到车身振动一下，然后发动机的转速迅速下降，同时车辆速度开始上升。

注意：在某些型号中，电磁阀仅在冷却液约为 70 ℃或更高时工作。

（二）失速试验

失速试验用于检查液力变矩器在失速状态时，发动机所达到的最高转速。失速试验应在下列条件下进行：

（1）将变速器工作液升温至正常工作温度，约 80 ℃。

（2）用三角木掩好车轮，拉紧驻车制动，同时将行车制动踏板踩到底，确保车辆安全制动。

（3）控制手柄置于“D”或“R”挡位。

（4）将发动机的加速踏板踩到底，读发动机此时的最高转速。

注意：失速试验时间严禁超过 5 s，否则将严重损伤变速器，并使 ATF 油过早变质。

本试验用于检查发动机的动力输出、油泵、导轮单向离合器的功能和齿轮变速器内制动器与离合器的打滑情况，失速转速因车而异，但一般都在 1 800～2 500 r/min 的范围内。失速转速过高或过低都对应于相应的故障，具体分析见表 12.1 所示。

表 12.1 失速速度与变速器故障分析表

控制手柄位置	失速速度	故障原因
D 位和 R 位	过高	主油路压力过低（油泵或主油路调压阀故障）； 前进挡和倒挡的换挡执行元件打滑； 液压油滤清器堵塞
	过低或熄火	发动机动力不足； 变矩器导轮的单向离合器打滑

续表

控制手柄位置	失速速度	故障原因
仅D位	过高	前进挡油路油压过低； 前进挡换挡执行元件打滑
仅R位	过高	倒挡油路油压过低； 倒挡换挡执行元件打滑

（三）时滞试验

从控制手柄由空挡位（“N”或“P”位）移到实挡位（“R”、“D”、“2”或“L”位）的时刻开始，到变速器控制系统使齿轮变速器得到真实挡位所经过的时间，称为“挂挡时滞”。从控制手柄由实挡位（“R”、“D”、“2”或“L”位）移到空挡位（“N”或“P”位）的时刻开始，到变速器控制系统使齿轮变速器解除挡位所经过的时间，称为“摘挡时滞”。时滞时间是执行元件间隙、齿轮副的间隙、管路的压力、液压系统的工作性能等的综合反映。离合器和制动器的自由间隙越大，则啮合时间越长，时滞时间也越长。管路压力越低，获得离合器活塞工作压力所需的时间越长，则时滞时间越长。

该试验用于测量发动机怠速运转时，自动变速器的“挂挡时滞”和“摘挡时滞”。一般车辆正常的“挂挡时滞”为1.2 s，“摘挡时滞”为1.5 s。

（四）液压试验

为了初步了解变速器内部的工作情况，在变速器的壳体上都有检测液压系统压力的检测口，一般车辆至少有一个主油路压力检测口，有些车辆有多个压力检测口，可以测量液压系统内部的多处局部压力，如主油路压力、速控阀压力（仅液控式AT）、节气门阀压力、某执行元件油道压力等。接上专用的高量程油压表，就可以读到各个检测口的压力。

测量液压的状态为：

（1）自动变速器油温达正常范围（约80 ℃）。

（2）踩下行车制动和拉紧驻车制动，将控制手柄置于“D”、“2”、“L”或“R”位。

（3）分别测试各手柄位置对应于发动机怠速和失速两种状态下的油压。

将所测结果与标准数值比较，如果测得的数值与标准值不符，则需要进行调整、检修或更换油泵，清洗阀体，更换滤清器，更换油道密封圈或检修换挡执行元件的密封件等。

（五）道路试验

该试验在变速器工作温度达50 ℃～80 ℃时进行。

1. “D”位试验

（1）换高速挡检验

将换挡控制手柄置于“D”位，超速挡开关处于“ON”状态，踩下加速踏板全开或半开，使车辆加速行驶，检查有无发生1挡—2挡、2挡—3挡和3挡—O/D挡的顺利变化，且各换挡点是否在标准范围内，即全开或半开的车速值。

（2）换挡冲击、打滑、振动和噪声检验

同样按方式（1）做换高速挡检验，并在各换挡车速点反复加速和减速，检查在1挡—2挡、2挡—3挡和3挡—O/D挡的各点换挡时的冲击程度和执行元件的打滑程度。

检查在各个挡位上行驶时，有无异常噪声和振动。

如果在某个挡位上出现发动机转速迅速上升，而汽车速度变化较慢，或车辆不能平稳起步等情况，可能是因为执行元件打滑造成。

（3）换低挡检验

在“D”位以O/D挡行驶时，缓慢制动到停车，检查变速器有没有发生O/D挡—3挡、3挡—2挡、2挡—1挡的顺利变换，并检查减挡时的冲击程度。

（4）锁止检验

为了提高汽车的经济性，减少油耗，在一定的条件下液力变矩器的锁止离合器将工作，使液力变矩器变成离合器使用。试验时，将控制手柄放在“D”位，使汽车以70 km/h以上的速度行驶，然后轻轻地踩下加速踏板，检查发动机转速和车速是否同步上升，如果发动机转速猛增，而车速变化不大，则说明无锁止功能。

2. “2”位试验

（1）换挡试验

将换挡控制手柄置于“2”位，让车辆加速行驶，检查变速器能否发生1挡—2挡的正常换挡；再减速，检查变速器能否完成2挡—1挡的减挡；同时检查换挡时的冲击程度。

（2）发动机制动试验

所谓发动机制动，是指利用发动机的运转阻力使车辆减速，用以检查相应换挡执行元件是否损坏。当控制手柄在“2”位，变速器以2挡行驶时，释放加速踏板，检查发动机制动的效果，如果此时发动机能够以怠速运转，则没有发动机制动，说明相关的制动器有故障，需要检修或更换。

3. “L”位试验

（1）无换挡试验

将换挡控制手柄置于“L”位，让车辆加速行驶，检查变速器能否发生1挡—2挡的换挡，如果能够换挡，说明变速器的换挡控制系统有故障。

（2）发动机制动检验

当车辆在“L”位行驶时，释放加速踏板，检查发动机制动的效果，如果此时发动机能够以怠速运转，则没有发动机制动，说明相关制动器有故障，需要检修或更换。

4. “R”位试验

发动机运转，改变控制手柄至“R”位，稍踩油门踏板即能倒车，否则倒挡执行元件有打滑现象。

5. “P”位试验

将车辆停放在斜坡上，将换挡控制手柄移至“P”位，释放制动踏板和驻车制动，检查停车锁止爪是否能阻止车辆移动，如果车辆能够移动，说明变速器内部有机械故障，需解体检修或更换。

（六）仪器换挡试验

该试验是利用故障诊断仪替代ECU向变速器的电磁阀发出控制指令，用来检验是变速器内部有故障，还是外围有故障。具体做法是：拆下变速器电磁阀与ECU之间的连接插头，将故障诊断仪接在两个插头的中间，诊断仪可检测ECU的控制信号，也可以向电磁阀发出控制指令。起动发动机，挂D位行驶（也可以在举升器上），通过操作故障诊断仪的键盘向变速器发出具体挡位的控制指令、液力变矩器的锁止控制指令和调节主油路压力的控制指令。如果在这样的控制下，变速器能以各挡正常行驶，液力变矩器能够锁止，主油路的压力能够在正常范围内变化，则说明变速器内部无故障，只需检查外围电路即可。这样的故障诊断仪有UTEC308和TRANS2000等。

三、常见故障诊断

（一）变速器不能换挡

1. 故障现象

汽车行驶中自动变速器始终只能以某个挡位行驶，无论多大的节气门开度，无论发动机有多高的转速，变速器始终不换挡。

2. 故障主要原因及处理方法

对于电液控制型自动变速器，挡位的变换由电子控制装置决定，利用液压控制装置来操作齿轮变速器而获得，引起变速器不能换挡的故障部位可能是电子控制装置中的传感器、ECU、执行器、液压控制装置等。处理的方法一般是检修电路，更换电子元件，清洗液压控制装置，更换阀板等。

3. 故障诊断流程

故障诊断流程如图 12.27 所示。

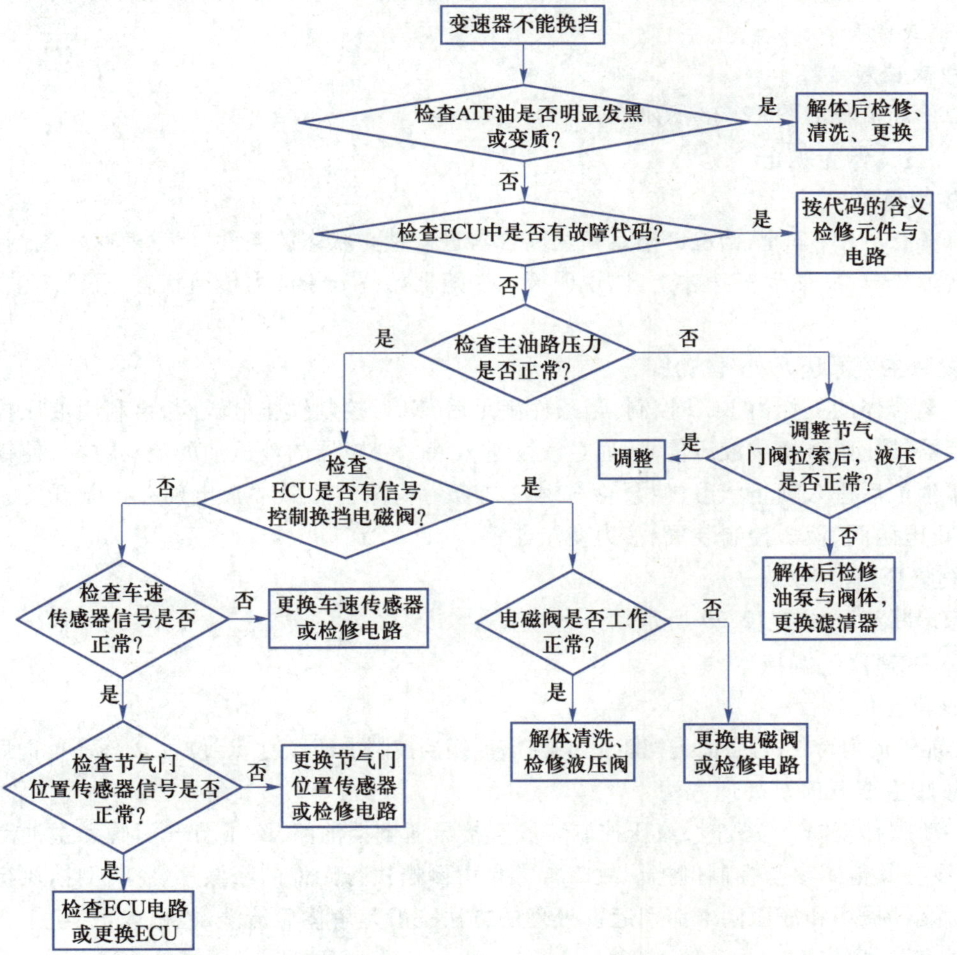

图 12.27 变速器不能换挡故障诊断流程图

4. 解释说明

如果 ATF 油发黑，则说明有执行元件烧毁，造成汽车不能行驶，必须解体大修。

如果 ECU 中有故障代码，则变速器电子控制系统可能会锁挡，即只产生一个挡位。

如果油压过低，且外部调整已没有意义，必须解体检修油泵、液压装置等。

（二）无超速挡

1. 故障现象

在汽车行驶中，车速已升至超速挡范围，但自动变速器仍不能从 3 挡换入超速挡；在车速已达到超速挡范围后，采用提前升挡（即松开加速踏板几秒钟再踏下）的方法也不能使自动变速器升入超速挡。

2. 故障主要原因及处理方法

无超速挡常常由于 O/D 开关的功能失效或 O/D OFF 指示灯的灯丝断路或灯与灯座间接触不良，使 ECU 不能收到有效的信号，而限制超速挡的使用。也可能出现下列情况而造成无超速挡的现象，如：传感器故障、P/N 开关故障、液压控制装置故障、换挡执行元件损坏等。处理的方法一般是先外围检查 O/D OFF 指示灯、传感器、电磁阀和 P/N 开关的功能，然后再拆下阀体进行清洗、调整或更换。

3. 故障诊断流程

故障诊断流程如图 12.28 所示。

（三）变速器无锁止

1. 故障现象

在汽车行驶中，车速、挡位已满足锁止离合器进入锁止状态的条件，但迅速踩大油门踏板时，发动机转速先升高，然后车速才上升，说明液力变矩器始终处于液力传递状态，且汽车油耗较大，经济性下降。

2. 故障主要原因及处理方法

锁止离合器的工作由 ECU 控制，当条件满足后，ECU 控制锁止电磁阀，再利用液压控制装置中的变矩器锁止阀转换成液压信号，通过改变进入液力变矩器的液压油的流动方向，使锁止离合器片背压消失后进入锁止状态，使泵轮与蜗轮结合为一体。故障常常出现在控制开关、传感器、电路、锁止电磁阀、液压控制装置、液力变矩器等。

3. 故障诊断流程

故障诊断流程如图 12.29 所示。

（四）变速器无倒挡

1. 故障现象

汽车能够向前行驶，且各前进挡能正常换挡，但换挡控制手柄移到“R”位后，汽车不能向后行驶。

2. 故障主要原因及处理方法

当手动阀移至“R”位置时，液压控制装置直接导通倒挡油路，除了节气门阀和主油路调压阀外，几乎没有其他阀参与控制倒挡。故障常常是由倒挡执行元件的摩擦片烧损，倒挡执行元件油道的密封元件损坏和液压阀卡滞引起。处理的方法一般是解体后清洗、检修或更换。

3. 故障诊断流程

故障诊断流程如图 12.30 所示。

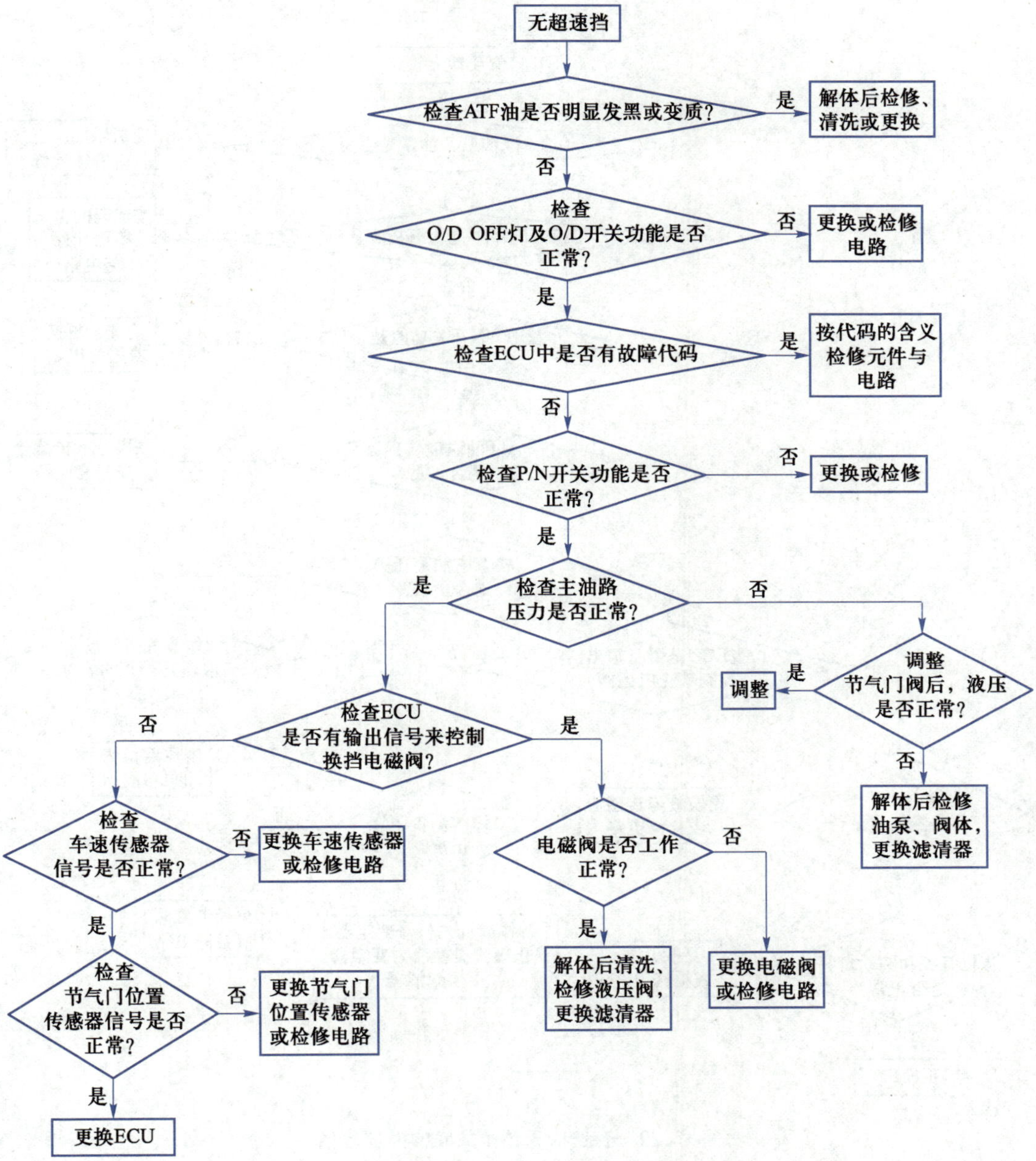

图 12.28　无超速挡故障诊断流程图

4. 解释说明

变速器无倒挡常常是由于不正确或非常规的使用造成的，出现最多的故障部位是倒挡执行元件，因执行元件摩擦片烧毁打滑引起。并且 ATF 油已经发黑，带有焦味。一般通过外围的途径无法解决。

(五) 变速器换挡过迟

1. 故障现象

在汽车行驶中，升挡时车速明显高于标准值，升挡前发动机转速偏高；必须采用松加速踏板，提

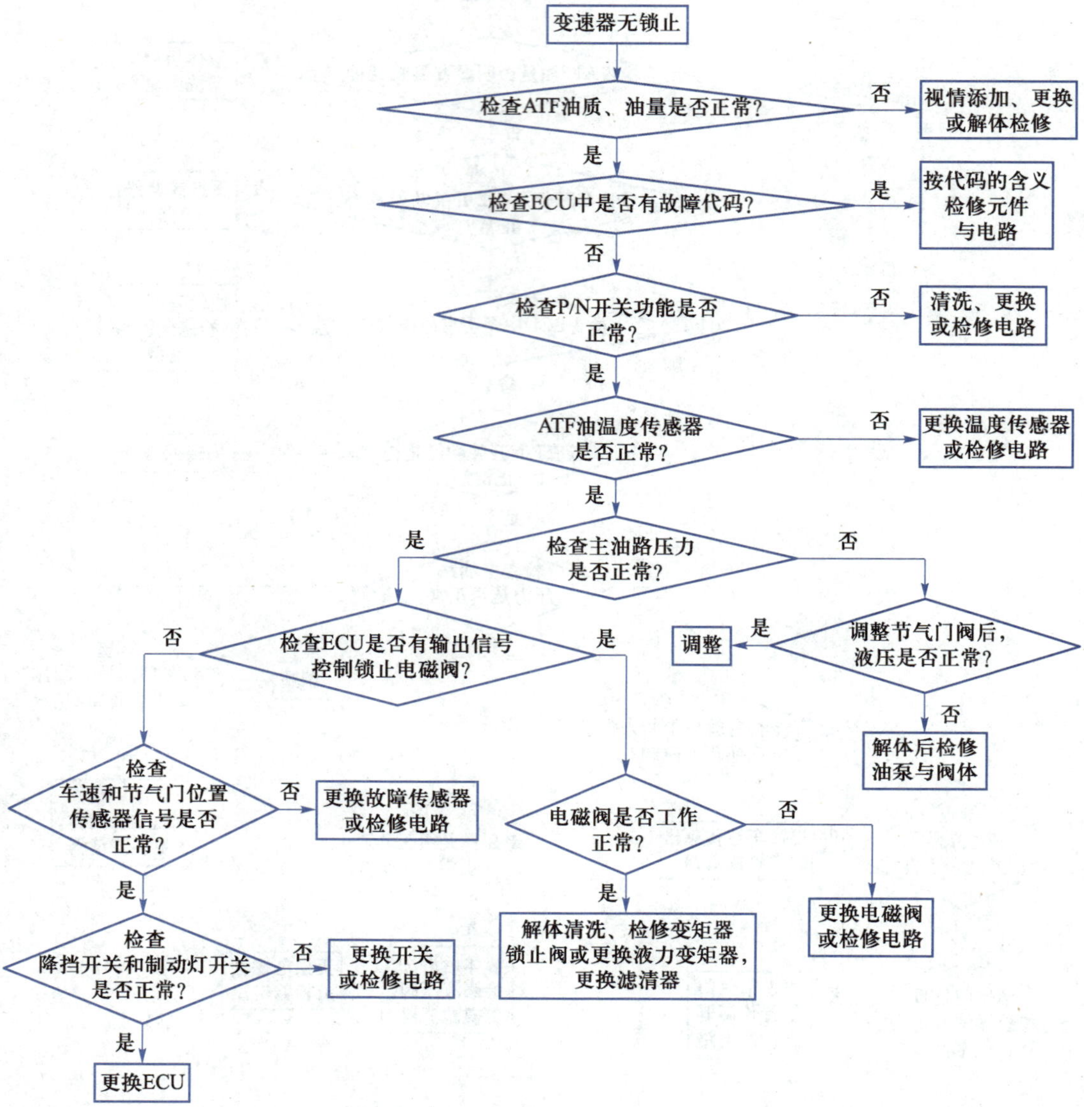

图 12.29 变速器无锁止故障诊断流程图

前升挡的方式才能使自动变速器升入高挡或超速挡。降挡时车速明显降低,并有较强的冲击感。

2. 故障主要原因及处理方法

对于电液控制型自动变速器,挡位的变化时刻由 ECU 根据车辆运行的参数决定,而与液压控制装置无关。这些参数是:节气门位置传感器、车速传感器、空挡起动开关(P/N 开关)、模式选择开关、ATF 油温度传感器。如果以上传感器或开关失灵,将会影响换挡的时刻。处理的方法一般是检查外围电路,更换电子元件等。

3. 故障诊断流程

故障诊断流程如图 12.31 所示。

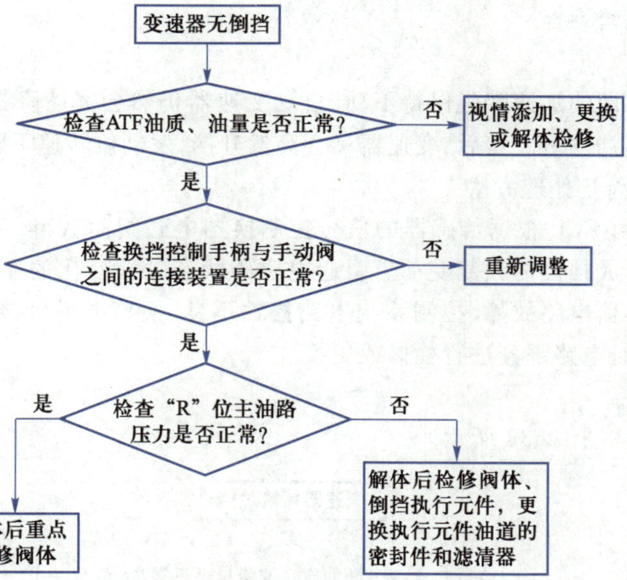

图 12.30　变速器无倒挡故障诊断流程图

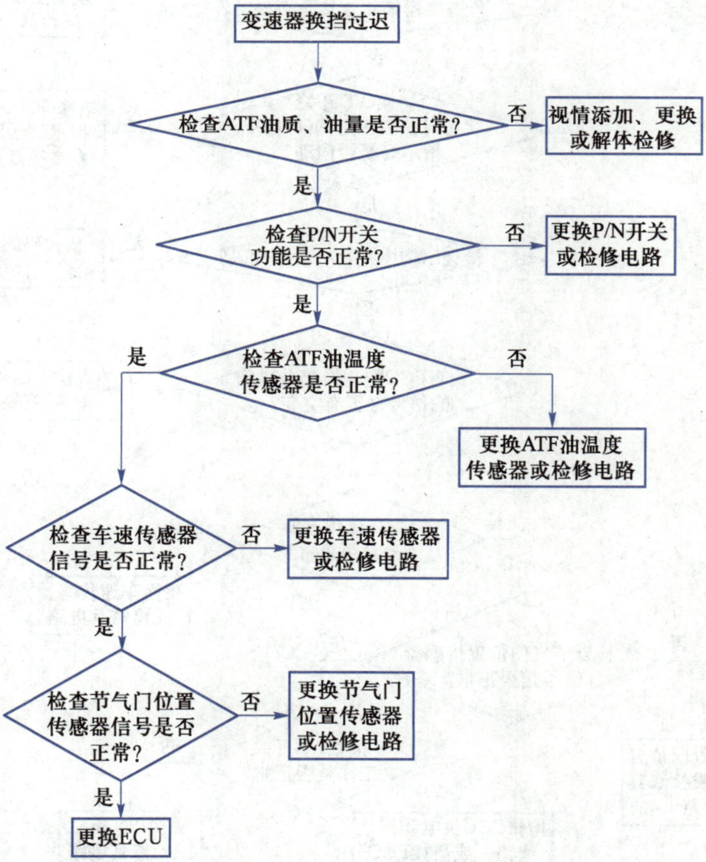

图 12.31　变速器换挡过迟故障诊断流程图

（六）变速器频繁跳挡

1. 故障现象

在汽车行驶中，即使加速踏板保持不动，自动变速器仍然会突然降挡，降挡后发动机转速异常升高，同时产生换挡冲击。然后，变速器又会突然升挡，发动机转速下降，同样产生换挡冲击。

2. 故障主要原因及处理方法

变速器的挡位由 ECU 根据传感器的信号控制换挡电磁阀而获得。如果换挡电磁阀的状态频繁发生变化，将造成挡位的频繁变动。引起电磁阀状态频繁变化的原因有节气门位置传感器电路故障、车速传感器电路故障、控制系统电路搭铁不良、换挡电磁阀接触不良和 ECU 故障等。处理的方法一般是对电路部分进行检修或更换。

3. 故障诊断流程

故障诊断流程如图 12.32 所示。

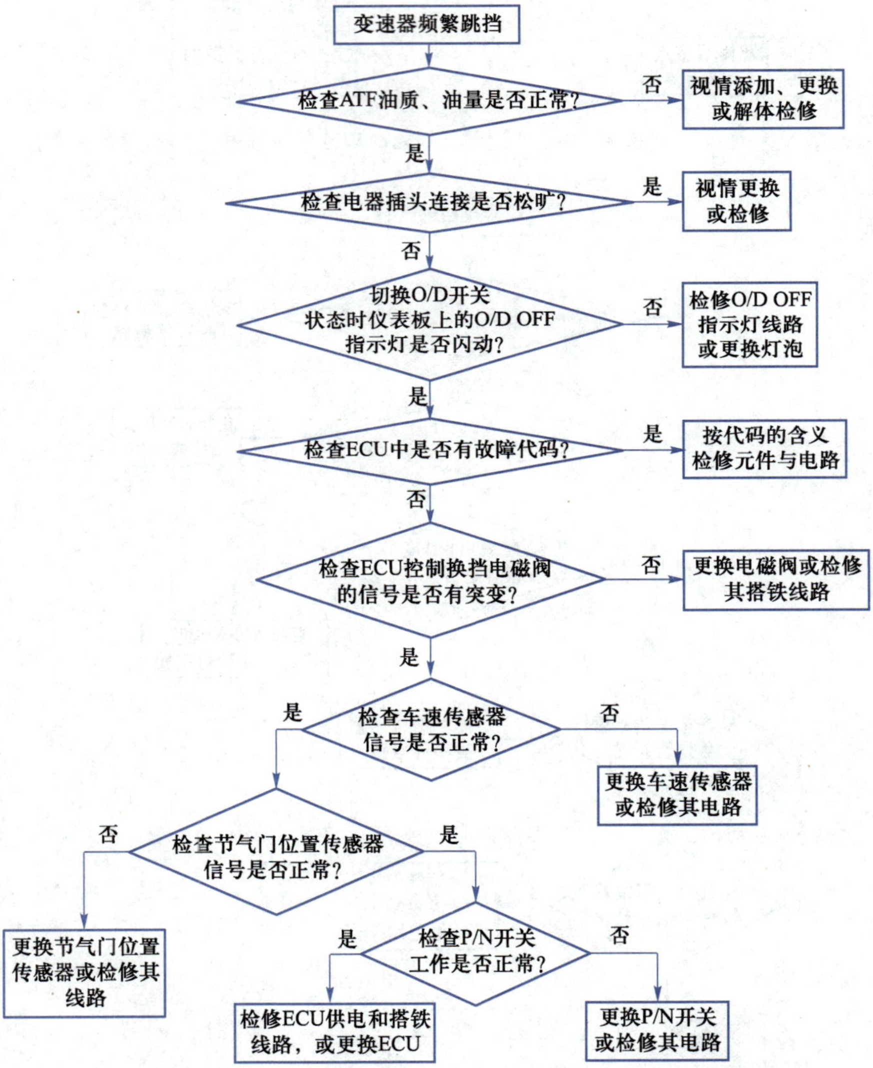

图 12.32 变速器频繁跳挡故障诊断流程图

（七）变速器换挡冲击

1. 故障现象

汽车在行驶中能够在各个换挡点正确换挡，但换挡时车辆有强烈的振动和冲击。有的车辆发生在升挡中，有的发生在降挡中，不跳挡时车辆行驶一切正常。

2. 故障主要原因及处理方法

引起换挡冲击的最根本原因是两个挡位之间的换挡执行元件变化状态的时间差与标准不符。如果时间差过大，则变速器处于空挡状态的时间过长，使发动机升速过高而冲击；如果时间差过小，则变速器将会因为同时挂两个挡位而出现运动干涉，同样会产生冲击。影响时间差的因素有 ATF 油、主油路的压力、蓄压器的性能、单向节流阀的性能、换挡执行元件的间隙、执行元件油路的密封性能等。处理的方法一般是先检查或调整油压，进而解体检修液压装置。

3. 故障诊断流程

故障诊断流程如图 12.33 所示。

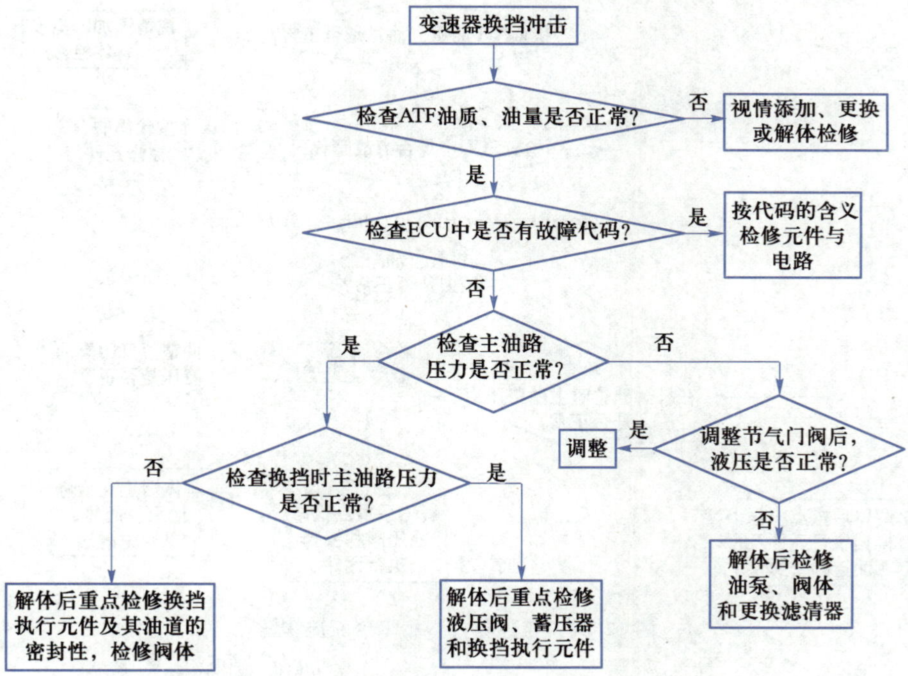

图 12.33　变速器换挡冲击故障诊断流程图

4. 解释说明

变速器换挡冲击在现代自动变速器中是常见的故障，尤其是采用复式行星齿轮机构的变速器，因其采用较少的单向离合器，换挡品质在很大程度上受液压控制装置性能的影响。如果使用时间较长，ATF 油的性能变化，液压控制装置也发生磨损，换挡执行元件升压和泄压的速度就会发生变化，使得换挡元件的接合和分离的速度随之变化，从而造成换挡冲击。修理时要特别小心。对于油道的密封件要求全部更换，并装配正确，确保阀的灵活性又不至于间隙过大；同时要求使用指定的 ATF 油,以防止 ATF 油的粘温性不够而造成换挡冲击。

(八) 变速器打滑

1. 故障现象

汽车在行驶中能够正常换挡,但在某个挡位中加速无力,加速时,发动机转速明显上升,而车速升高缓慢。

2. 故障主要原因及处理方法

变速器打滑一般是由换挡执行元件的摩擦片与钢片之间出现打滑所致。引起打滑的原因有滤清器堵塞,液压过低,密封件泄漏,冲击负荷过大等,有时还伴随着 ATF 油颜色变深或发黑的现象。处理的方法一般是解体大修。

3. 故障诊断流程

故障诊断流程如图 12.34 所示。

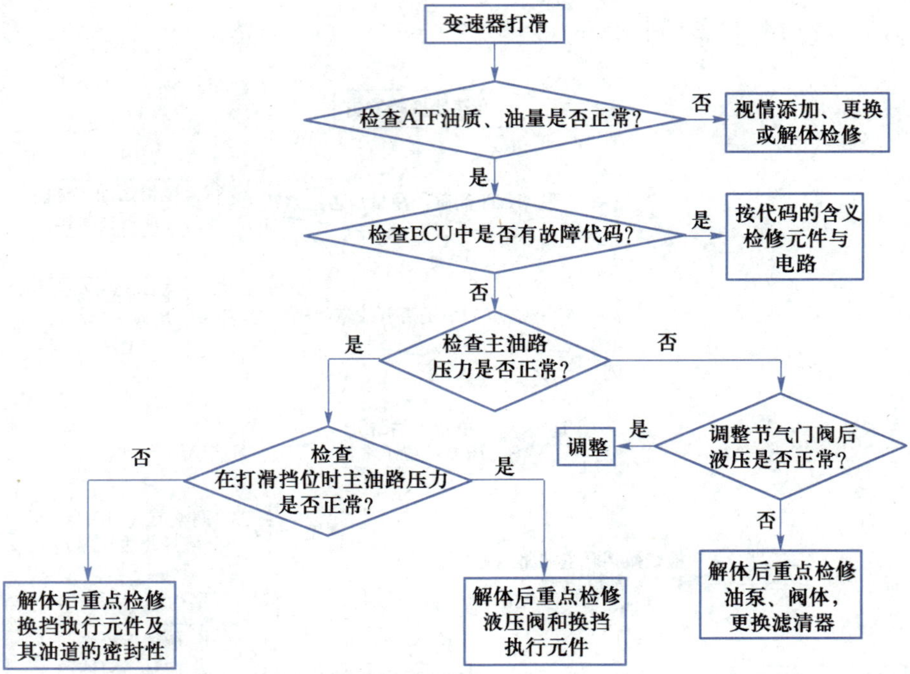

图 12.34 变速器打滑故障诊断流程图

4. 解释说明

出现变速器打滑,多数情况将会使换挡执行元件的摩擦片高温烧毁或部分烧焦,钢片高温发蓝或变形,ATF 油高温变质或发黑,有时高温还造成齿轮系统发蓝和液压阀总成变形,所以修理时一般按大修处理,更换换挡执行元件的摩擦片与钢片,更换密封件,清洗阀体和油道,更换滤清器等。

(九) 挂挡后发动机熄火

1. 故障现象

换挡控制手柄从"P"或"N"移到"R"或"D"挡位后发动机无怠速,易熄火。有时加油后发动机不熄火，但有冲击和车身发抖现象。

2. 故障主要原因及处理方法

该故障一般是由于液力变矩器的锁止离合器在挂挡后进入锁止状态或半锁止状态所致。引起离合器锁止的原因有控制电路故障、液压控制装置、油道的密封故障等。

3. 故障诊断流程

故障诊断流程如图 12.35 所示。

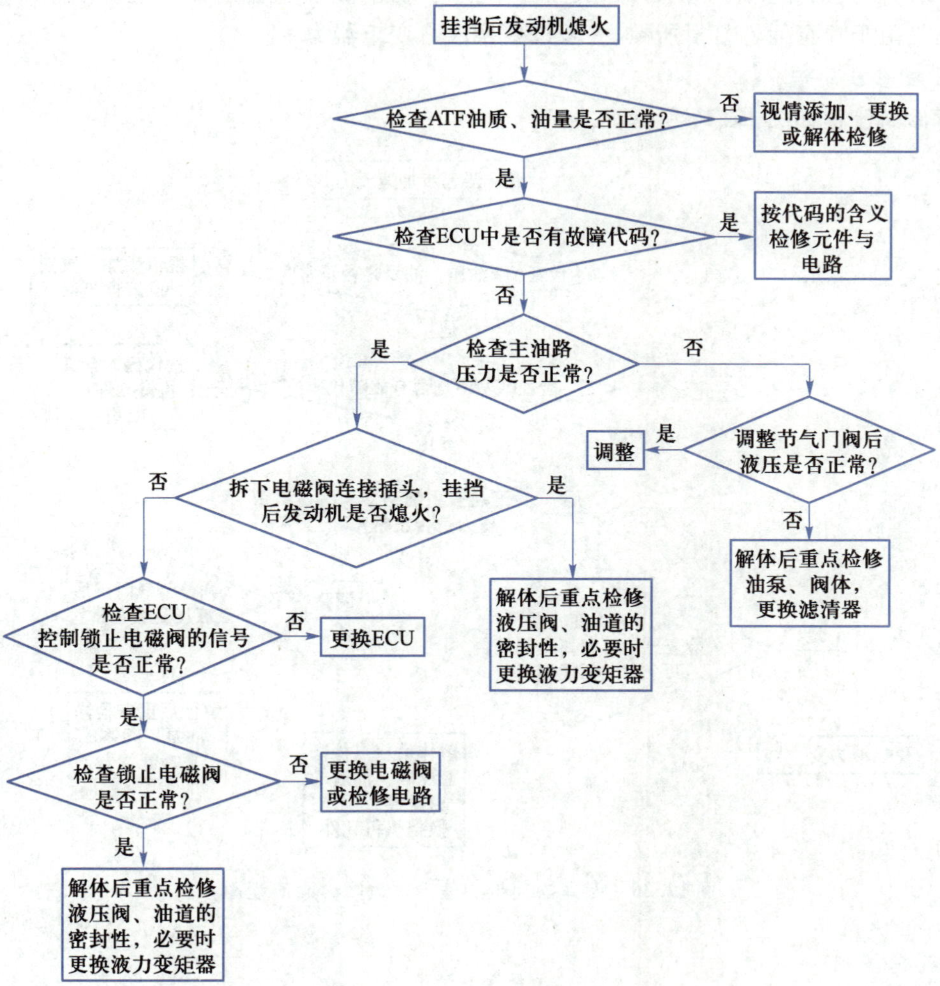

图 12.35　挂挡后发动机熄火故障诊断流程图

4. 解释说明

自动变速器出现挂挡熄火故障时，一种是使用中出现挂挡熄火，这种情况多数是由于液力变矩器中的锁止离合器故障所致，只要更换液力变矩器总成即可。另一种是修理中出现的挂挡熄火，这种情况多数是由于液压装置装配不正确或油道密封不良，出现窜油现象所致，需重新清洗阀体，更换密封件。

(十) 变速器起步加速无力

1. 故障现象

发动机的动力正常,汽车在行驶中能够自动变挡,且在各个挡位中行驶正常,但换挡控制手柄无论移至“D”、“2”或“L”位挂挡起步时,都有加速无力现象,速度达到一定值以后,一切正常。

2. 故障主要原因及处理方法

该故障一般是由于液力变矩器导轮上的单向离合器打滑所致,打滑使液力变矩器进入了耦合状态,从而使变矩器变成了耦合器,失去了增扭的功能,使变速器的输出扭矩减小了 2 ~ 3 倍。少数车辆是由于执行元件打滑所致,一般以更换液力变矩器为主。

3. 故障诊断流程

故障诊断流程如图 12.36 所示。

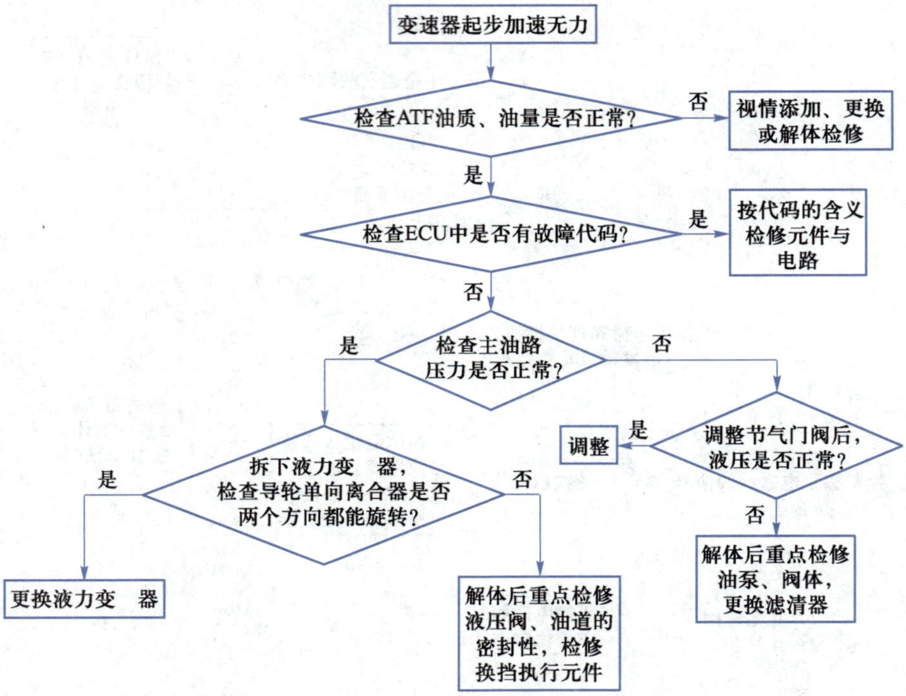

图 12.36 变速器起步加速无力故障诊断流程图

4. 解释说明

也有一些车辆加速无力是由于自诊断系统发现控制电路有故障后采用了备用程序,将换挡电磁阀断电,使变速器锁挡造成。锁挡后,不是以 1 挡起步,而是以被锁住的挡位(如现代 SONATA 车锁 3 挡)起步。因为齿轮变速器部分的传动比减小,所以驱动力矩也减小,从而出现加速无力。出现这种情况按变速器不能换挡故障处理。

(十一) 变速器温度过高

1. 故障现象

将长时间行驶后的车辆举起来,在 AT 壳体的下方能感觉到很大的热辐射,甚至有异味,用故障诊断仪能读出 ATF 油的温度超出正常值,但驾驶员感觉不到车辆有什么异常,有少数车辆会出现加速无力或不升挡现象。

2. 故障主要原因及处理方法

自动变速器的正常工作温度因车而异,有的车辆其散热器在水箱附近,工作温度约 80 ℃,有的车辆用发动机的冷却液冷却,温度可能超过 100 ℃。引起温度过高的原因有散热器内的 ATF 油的循环量不够,液力变矩器内导轮的单向离合器发卡不转,液力变矩器中的锁止离合器无法锁止等。修理方法一般是先从外围检修散热器故障,然后检查液力变矩器的导轮工作状况以及检查、清洗液压控制装置。

3. 诊断流程

故障诊断流程如图 12.37 所示。

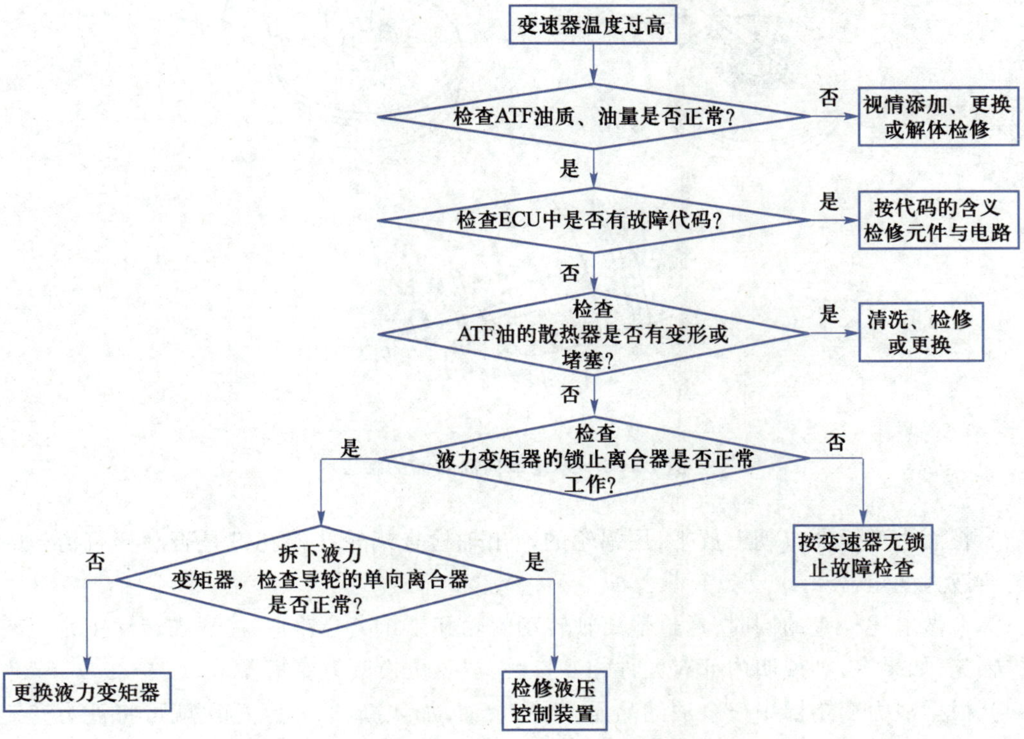

图 12.37 变速器油温过高故障诊断流程图

4. 解释说明

汽车出现交通事故后容易撞坏 ATF 油的散热器,使其弯曲或变形,影响 ATF 油的冷却循环量,从而影响冷却强度。液力变矩器的导轮卡住,使液力变矩器在高速时一直处在变矩状态,传动效率下降,ATF 油温度上升,这时要更换变矩器。高速时锁止离合器无法锁止,也会使燃油经济性下降,使 ATF 油的温度升高,但相对而言不是很明显。

四、主要元件的检修与维护

(一) 液力变矩器的检修

液力变矩器的外壳是一个整体,不可分解,内部充满了液压油,泵轮、蜗轮与导轮之间有一定的间隙，互不接触，因此出现故障的可能性很小。但自从在液力变矩器内安装了锁止离合器以后，其故障率明显增高，故障主要在锁止离合器的扭转缓冲弹簧、锁止离合器片磨损，蜗轮的花键孔磨损，平面轴承损坏，导轮的单向离合器损坏等。因损坏后无法修理，所以一般做以下检查，一旦检查出故障，必须更换。

（1）采用专用工具（内座圈驱动器和外座圈固定器）检查导轮单向离合器的工作情况，如图 12.38。如果单向离合器朝两个方向都能自由转动或都能锁止，则说明单向离合器已损坏，需要更换液力变矩器。

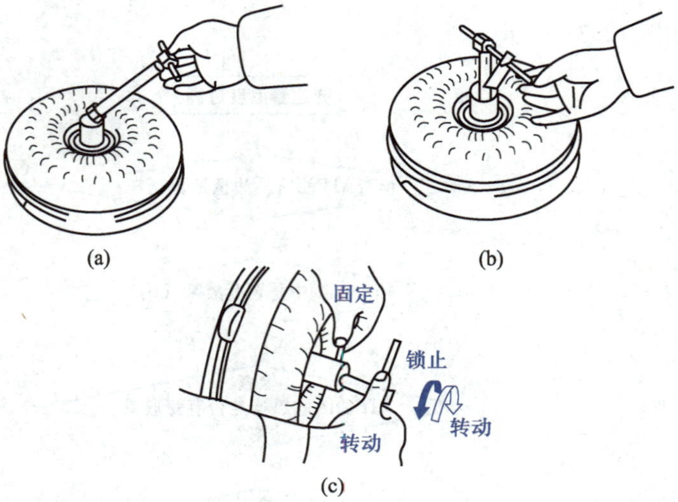

图 12.38 导轮单向离合器的检查

（2）将液力变矩器口朝上放平，用蜗轮的输出轴检查蜗轮孔的花键是否磨损打滑，如果是，则需更换液力变矩器。

（3）在做上述检查的同时，通过输出轴转动蜗轮和锁止离合器片，注意在转动中是否有异样摩擦的感觉，如果有，则说明内部有元件相互接触，需要更换液力变矩器。

（4）根据液力变矩器中残余油的品质，倒出余油，加入新油，一至两次就可将液力变矩器清洗干净。

（二）油泵的检修

油泵的主要损坏形式是过度磨损造成泵油压力过低，或密封圈过度磨损造成严重泄压。检修时，主要是表面质量与磨损间隙的检查。

（1）用厚薄规检查油泵从动齿轮外圆与油泵壳体之间的间隙，一般间隙应小于 0.3 mm。如果超出，则需更换油泵。

（2）用厚薄规检查主动齿轮及从动齿轮的齿顶与月牙板之间的间隙，一般间隙应小于 0.3 mm。如果超出，则需更换油泵。

（3）用厚薄规检查主动齿轮和从动齿轮的端面与油泵壳体平面之间的端隙，一般端隙应小于 0.1 mm，如果超出，会造成严重的泄压，需更换油泵。如图 12.39 所示。

（4）检查主、从动齿轮的端面与油泵体、油泵盖接触面的磨损情况，如果出现较严重的拉毛

图 12.39　齿轮油泵间隙测量

迹象，则应更换油泵。

（三）离合器的检修

湿式多片离合器的常见损坏形式有：摩擦片过度磨损，自由间隙过大，摩擦片烧毁，钢片高温发蓝，钢片翘曲，活塞密封圈损坏，快速泄压球泄压等。分解活塞与油缸时，可用压缩空气将活塞吹出。检修时主要完成以下事项：

（1）观察离合器摩擦片表面的质量，如有烧焦、严重磨损或变形，应更换。用游标卡尺检查摩擦片的厚度，如果单片厚度不符合要求，需更换。有些车辆的技术规范要求：如果摩擦片表面的字符被磨损掉就需更换，如图 12.40 所示。

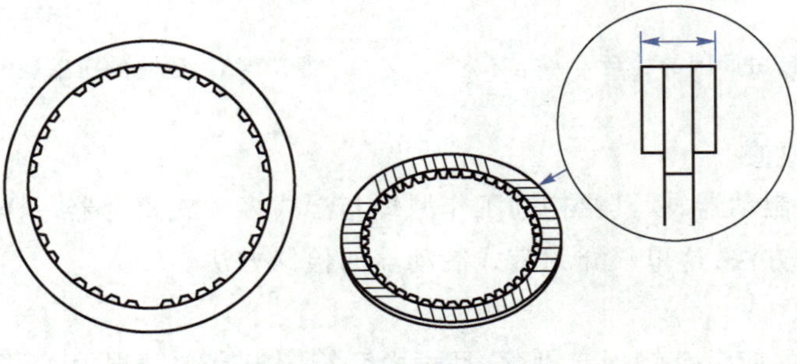

图 12.40　摩擦片检查

（2）在平板上检查钢片和挡圈的平面度，如有严重磨损或变形，应更换。

（3）检查离合器油缸与活塞的工作表面，如有损伤、毛刺，应检修或更换。

（4）检查离合器活塞上快速泄压球的密封是否良好，如有漏气需更换，如图 12.41 所示。

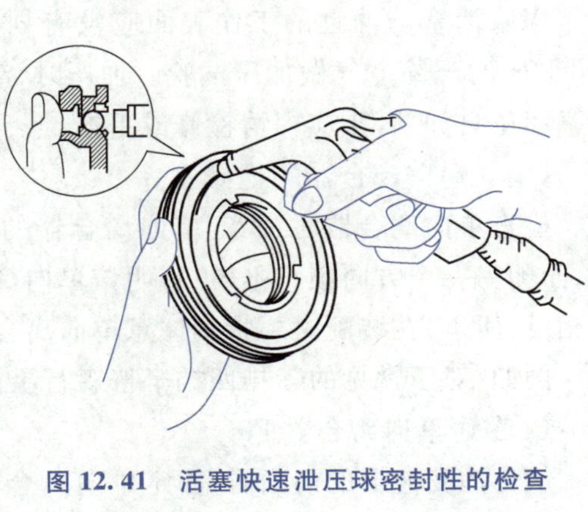

图 12.41　活塞快速泄压球密封性的检查

装配时，要注意以下事项：

（1）更换所有的密封圈，并在所有的零件上涂抹 ATF 油。

（2）将新的摩擦片在 ATF 油中浸泡 15 min 以上。

（3）让挡圈有台阶的一面朝卡簧，平整的一面与摩擦片接触。

(4) 如果有碟簧,使碟簧凸起的一面与活塞直接接触。

(5) 装配时,选用不同厚度的钢片或挡圈来调整离合器的自由间隙,并用厚薄规测量,根据各离合器中钢片与摩擦片总数的不同,自由间隙的范围一般在 0.5 ~ 2 mm 之间,如图 12.42 所示。

(6) 离合器总成装配完后,用压缩空气(约 400 ~ 500 kPa)检查活塞工作是否正常,如果活塞不能将钢片与摩擦片压紧,则需进一步检查活塞的漏气部位,调整离合器的自由间隙,待修复后再试验,如图 12.43 所示。

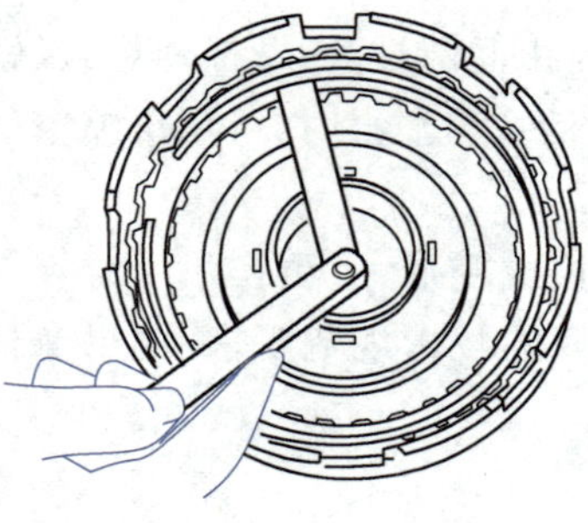

图 12.42 自由间隙的检查

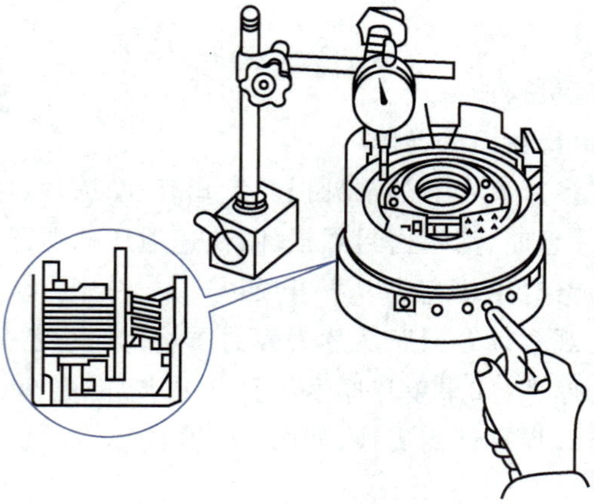

图 12.43 活塞的压缩空气试验

(四) 制动器的检修

对于湿式多片式制动器,因其结构和工作原理与湿式多片式离合器一样,检查和处理的方法可参见离合器的检修方法,这里只介绍带式制动器的检修方法。

1. 制动带的检查

制动带的工作表面应没有烧损与剥落,且表面字符应没有被磨损掉,否则应更换,如图 12.44 所示。

2. 液压伺服装置的检查

伺服活塞与油缸的工作表面应没有划痕,密封圈应完好无损,回位弹簧应完好,用 400 ~ 500 kPa 的压缩空气做加压试验。加压时,活塞顶杆有足够的移动距离,且没有泄漏声;减压时,活塞回位自如,否则应视情检修或更换。

(五) 单向离合器的检修

检查单向离合器时,固定单向离合器的一个元件,另一个元件如果朝一个方向可以自由旋转,而朝另一个方向锁止不转,表明该单向离合器正常。但固定不同的元件,转动起来的效果刚好相反,所以,在装配时要特别注意单向离合器的方向。

例如,对于常见的三排四挡辛普森行星齿轮变速器,三个单向离合器的装配方向如下:

1. 超速单向离合器 F0

从自动变速器的前面看,固定单向离合器的内圈(离合器鼓和太阳轮),单向离合器的外圈

(行星轮架)朝顺时针方向可以自由转动,朝逆时针方向锁止,如图 12.45 所示。

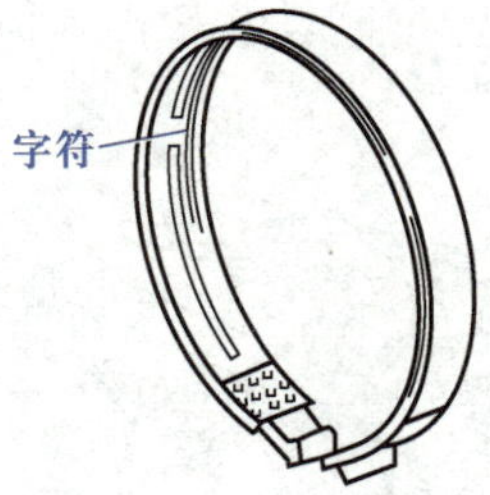

图 12.44　制动带的检查

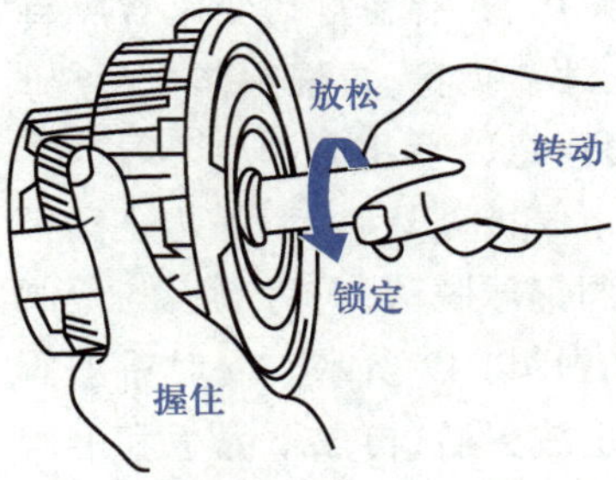

图 12.45　超速单向离合器 F0 的方向判断

2. 2 挡滑行单向离合器 F1

从自动变速器的前面看,固定单向离合器的内圈(太阳轮),单向离合器的外圈朝逆时针方向可以自由转动,朝顺时针方向锁止,如图 12.46 所示。

3. 低挡单向离合器 F2

从自动变速器的前面看,固定单向离合器的外圈(行星轮架),单向离合器的内圈朝逆时针方向可以自由转动,朝顺时针方向锁止,如图 12.47 所示。

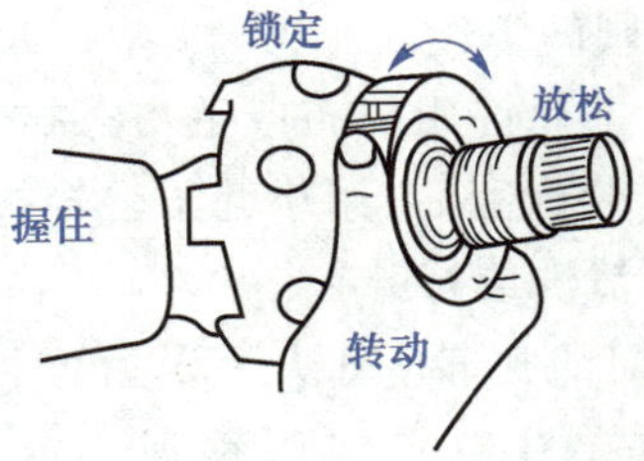

图 12.46　二挡滑行单向离合器的方向判断

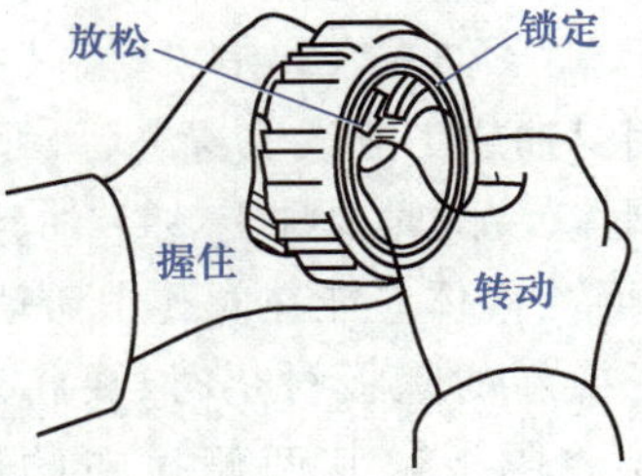

图 12.47　低挡单向离合器的方向判断

有些单向离合器,轻轻转动时锁止不转,但用力转动时,则会打滑,检查时要特别注意。经检查后发现单向离合器朝两个方向都能转动或朝两个方向都不转,则表明该元件已损坏,需更换。

(六) 行星齿轮机构的检修

(1) 行星齿轮机构中各齿轮应没有严重的磨损,且齿面质量应良好,没有点蚀和剥落现象。否则应该更换齿轮。

(2) 行星齿轮端面与行星架之间的间隙应没有超过最大允许值,否则可以通过加垫片的方法进行调整,如图 12.48 所示。

(3) 行星齿轮与行星齿轮轴之间的径向间隙应没有超过最大允许值,如果间隙过大,则应调整或更换。

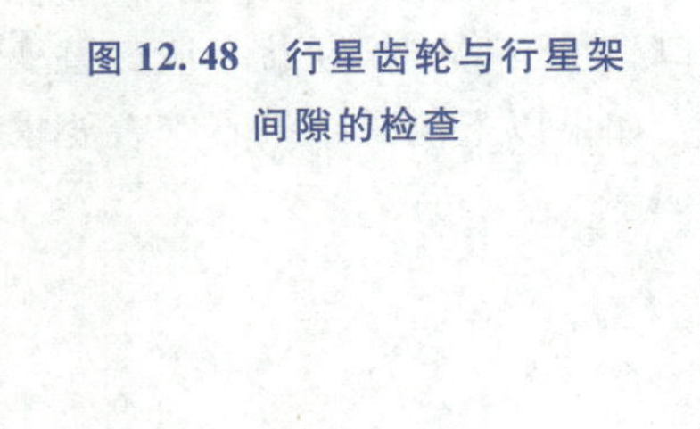

图 12.48　行星齿轮与行星架间隙的检查

(七) 液压控制阀板的检修

液压控制阀板中的各个阀都是精密偶件,它的工作好坏直接影响到变速器的使用性能，如果没有专业技术，千万不要将阀解体。并非每次检修自动变速器都要将阀解体，只有在自动变速器换挡规律失常，摩擦片严重烧毁，液压油发黑，阀板内发现有摩擦粉屑时，才需拆检、清洗阀体。清洗时一般采用煤油或工业汽油，在具体操作时，要求非常小心谨慎，并要注意以下几点：

（1）将上下阀板分开时，为了防止阀板油道内的单向阀钢球脱落，应将隔板与上阀板一同拿起，如图12.49所示。同时将上阀板油道一面朝上放置后，再取下隔板和上阀板油道内的所有单向阀阀球，同时记录下阀球的大小和位置，以防止装配时装错。

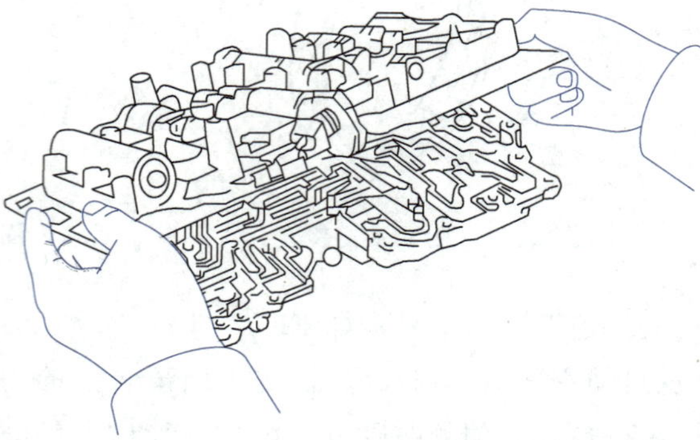

图12.49 上下阀板的分离

（2）拆卸、清洗各阀体时，要求仔细检查各个阀工作面是否光洁，必要时可以用细砂纸轻轻打磨，拆洗完一个，就装配一个，以免各个阀体之间的元件混淆。要注意阀的方向，一旦装反，将影响整个液压系统的正常工作。

（3）如果遇到液压阀拆不出来，可用木槌或橡皮锤敲击阀板，将阀震出来，切不可用起子硬撬或用铁丝、钳子伸入阀孔中去取，以免损坏阀孔内径和阀的工作面。

（4）用煤油或工业汽油清洗后，可用压缩空气吹干，不允许用棉布或毛巾擦拭，以免细小的纤维卡住阀体，装配时要抹上ATF油，严禁使用密封胶。装配完后，用小起子轻轻拨动阀体的端面（非工作面），阀体应能在阀孔中活动自如，否则应重新清洗或打磨。

（5）更换新的隔板衬垫时，要将新旧衬垫进行仔细的比较，确认无误后方可使用；装配时还要保证将隔板与其两侧衬垫的所有孔的对齐，并要注意单向阀钢球不能脱落和装错位置。

（6）蓄压器活塞的密封圈应良好，弹簧没有折断，否则应更换。

（7）用螺栓固定阀板时，要按规范进行，注意螺栓的长度、拧紧的扭矩、装配的顺序等。

（八）电磁阀的检修

（1）拆下电磁阀的连接插头，用万用表的电阻挡测量电磁阀的电阻，测量结果应该在标准值范围内。一般开关型电磁阀的电阻约为十几欧，脉宽调制型电磁阀的电阻约为几欧。注意：对于单线的电磁阀，其引线是电源线，负极则通过电磁阀壳体与变速器壳体搭铁；对于双线的电磁阀，两个引线分别是电源线与搭铁线。

（2）拆下电磁阀的连接插头，根据电路图注明的颜色找到对应各电磁阀的连接线，给电磁阀间断性地接12 V电压，注意听变速器内应该有“嗒、嗒”声。

（3）接上故障诊断仪，打开点火开关，用故障诊断仪的数据流功能测试电磁阀的工作情况，应该听到变速器内电磁阀“嗒、嗒”的动作声。

（4）解体后，取下电磁阀，外接12 V电源的正负极，间断性地供电，同时用嘴吹电磁阀的泄压口，泄压口的通、断状态应交替变化。

如果以上测试结果不符合要求，则应视情进行检修、清洗或更换。

（九）P/N 开关

（1）拆下 P/N 开关的连接插头，改变换挡控制手柄的位置，手柄在不同位置时测量连接插头上不同插脚间的电阻值，阻值应符合标准要求（一般小于 1 Ω）。

（2）打开点火开关，在不同手柄位置时，测量连接插头上各插脚的电压值，应符合标准。

（3）接上故障诊断仪，打开点火开关，改变换挡控制手柄的位置，利用故障诊断仪的数据流功能读 P/N 开关的状态值，状态值应与手柄所处挡位的符号一致。

如果以上测试结果不符合要求，则应视情进行检修、清洗、调整或更换 P/N 开关。

（十）散热器的检修

（1）散热器的外观上应没有弯曲、变形、破裂等损坏，否则应检修或更换。

（2）拆下散热器油管与变速器壳体的接头，向散热器内吹压缩空气，散热器应通畅，否则应检修或更换。

（十一）车速传感器的检修

车速传感器有电磁感应式和霍尔式，对于霍尔式传感器的检修方法参见第六章“汽油机电控系统故障诊断与维修”一章，此处仅介绍电磁感应式车速传感器。

（1）拆下车速传感器的连接插头，用万用表的电阻挡检查传感器两根引线的电阻值，电阻值应符合标准要求。

（2）拆下车速传感器的连接插头，转动变速器的输出轴，用示波器检查车速传感器两引线间的信号电压波形，波形应呈交流电的波形，且波形的幅值与频率随输出轴转速的加快而增大。

如果以上检测结果与标准不符，则应更换车速传感器。

第五节　万向传动装置故障诊断与维修

万向传动装置一般由万向节和传动轴组成，如图 12.50 所示。根据需要，可以加装中间支承。

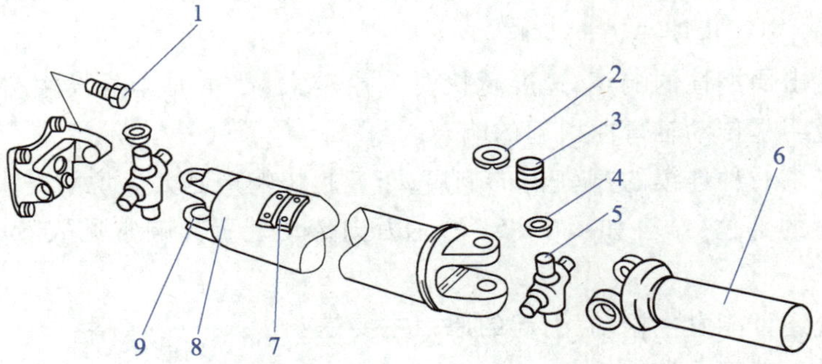

图 12.50　万向传动装置的组成

1—螺栓；2—卡环；3—轴承；4—油封；5—十字轴；6—滑动叉；7—平衡片；8—套管；9—万向节叉

一、万向传动装置故障诊断

万向传动装置的常见故障部位主要有:传动轴平衡块、传动轴套管、花键、中间支承等。

万向传动装置的常见故障是万向传动装置异响。根据其响声的部位可分为万向节响,传动轴响和中间支承响。

1. 故障现象

万向传动装置在汽车行驶过程中发出不同的响声。

2. 故障主要原因及处理方法

万向传动装置发出异响的根本原因是万向传动装置的连接处磨损松旷,装配不当,或传动轴弯曲等原因造成动平衡破坏,当传递较大的转矩和受到剧烈的冲击时产生异响。具体原因主要是:

(1) 万向节套筒与万向节叉孔磨损松旷,应予更换。

(2) 万向节叉凸缘盘连接螺栓松动,应予紧固或更换。

(3) 传动轴伸缩节花键因磨损和冲击造成松旷,应予更换。

(4) 传动轴弯曲,应予校正。

(5) 传动轴上的平衡片失落或套管凹陷,应重新做动平衡。

(6) 传动轴套管与万向节叉或伸缩节花键轴焊接时位置歪斜或焊接后传动轴未进行动平衡,应予更换或做动平衡。

(7) 伸缩节未按标记安装,应按记号装配。

(8) 中间支承固定螺栓松动,应予紧固或更换。

(9) 中间支承固定位置不正确,应按正确位置固定。

(10) 中间支承滚动轴承润滑不良,滚道表面有麻点、凹痕、退火变色等损伤,应予润滑或更换。

(11) 中间支承橡胶圆环垫破损,应予更换等。

3. 故障诊断方法

在汽车起步或突然改变车速时,传动装置发出"吭"的一声;当汽车缓慢行驶时,传动装置发出"呱啦、呱啦"的响声。说明是万向节响。

汽车行驶中发出周期性的响声,速度越快时响声越大,严重时车身发生抖振,甚至握转向盘的手有麻木感。说明是传动轴弯曲引起的响声。

汽车行驶中产生一种连续的"呜呜"的响声,车速越快响声越大。说明是中间支承响。

按照故障响声的部位,结合如图 12.51 所示万向传动装置异响常见故障原因的诊断流程查找故障。

万向传动装置还可能发生振动,引起的原因主要是:

(1) 车轮或轮胎动不平衡。

(2) 传动轴平衡片脱落。

(3) 汽车超载。

(4) 传动轴或万向节的运转角改变。

(5) 发动机、变速器或传动轴橡胶支承件失效等。

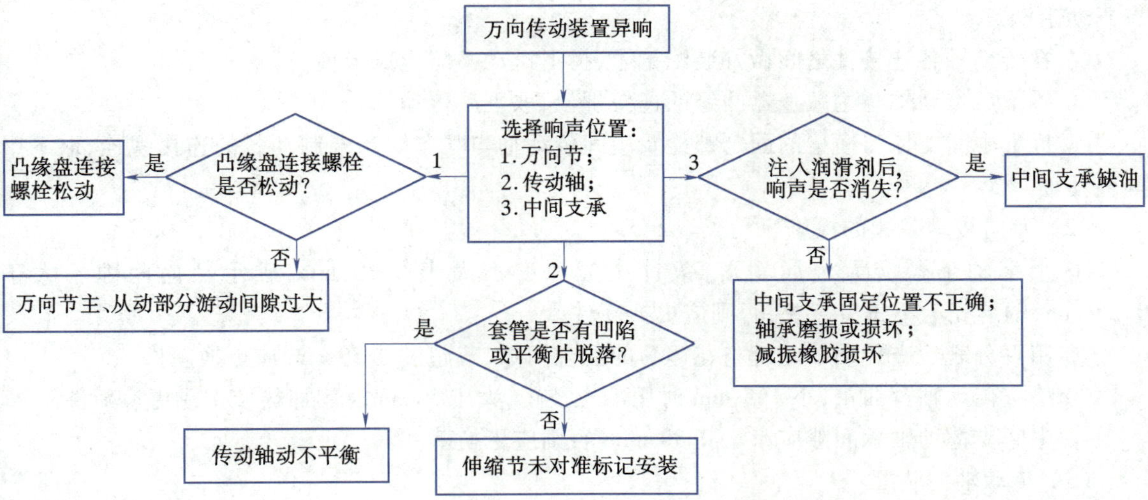

图 12.51　万向传动装置异响常见故障原因的诊断流程

二、万向传动装置的维修

1. 万向传动装置的维护

万向传动装置的维护工作主要是：检查防尘罩、万向节、中间支撑支架和轴承，润滑传动轴万向节十字轴和中间支撑轴承，校紧各连接螺栓等。

2. 桑塔纳乘用车等角速万向传动装置的修理

(1) 传动轴的拆卸

① 拆下传动轴与轮毂连接螺母。

② 卸下可移动球形接头与下摇臂的连接螺母，放下下摇臂。

③ 拆下传动轴螺栓，分开凸缘盘与传动轴。

④ 将传动轴拉出。

(2) 传动轴的检修

主要内容是检查内外等角速万向节中各部件的磨损情况和装配游动间隙。磨损超准后，一般外球笼式等角速万向节可酌情单件更换，内伸缩型球笼式等角速万向节应整体更换。

检查防尘套有无破损或裂纹；若有，应更换。

(3) 传动轴的装配

① 将传动轴与轮毂花键上的油污擦净，涂上清洁的润滑脂。

② 按拆下的相反顺序安装传动轴。

③ 按图 12.52 所示重新安装球形接头，并拧紧紧固螺母。

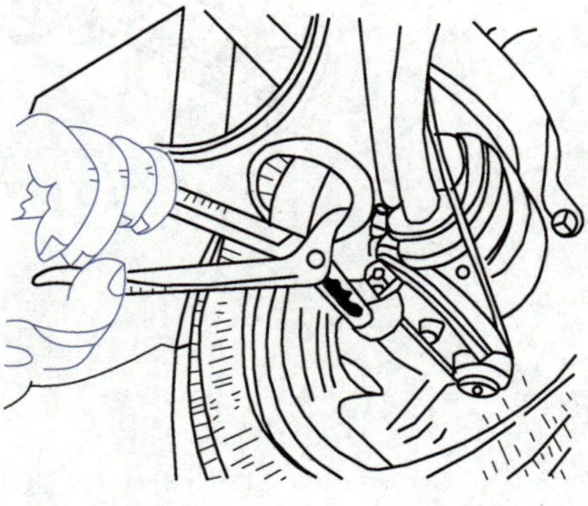

图 12.52　安装球形接头

3. 东风 EQ1092 商用车万向传动装置的修理

(1) 万向传动装置的拆卸

① 用三角木垫好车轮，将变速器置于空挡，放松驻

车制动手柄。

② 在传动轴各连接件之间做好装配记号,拆下滑动叉防尘罩卡箍。

③ 拆下后传动轴与主减速器凸缘的连接螺栓,取下后传动轴。

④ 拆下中间支撑与横梁的固定螺栓及中间传动轴与驻车制动器制动毂的连接螺栓,取下中间传动轴。

(2) 万向传动装置的检修

① 十字轴轴颈应无金属剥落,滚针压痕深度不大于 0.10 mm,轴承径向间隙不大于 0.25 mm,轴承壳上不得有裂纹,否则应更换新件。

② 用百分表检查传动轴花键与花键套的配合间隙,若超过 0.30 mm 应更换新件。

③ 检查传动轴弯曲量,小于 5 mm 时用冷压校正,大于 5 mm 时用加热校正或更换新件。

④ 中间支撑的轴承间隙应小于 0.50 mm,否则应更换新件。

(3) 传动轴的装配

按拆卸的相反次序进行,注意对准原来的装配记号。按规定拧紧力矩紧固固定螺母,并对中间支撑轴承、十字轴等处进行润滑。

检修调整好的万向传动装置,应做到:装配尺寸正确,防尘罩无裂纹(损坏),卡箍可靠,中间支撑无松动,轴承间隙正常,万向节无松旷(卡滞、异响)。

第六节 驱动桥故障诊断与维修

驱动桥主要包括主减速器、差速器、半轴、驱动桥壳等。后轮驱动汽车的后桥是驱动桥,其主要构造如图 12.53 所示。

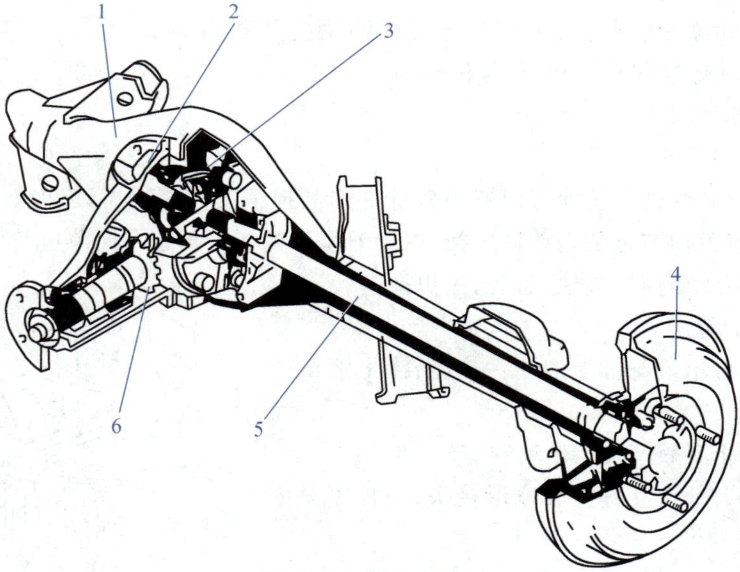

图 12.53 后驱动桥

1—后桥壳;2—差速器壳;3—差速器;4—轮毂;5—半轴;6—主减速器

一、驱动桥故障诊断

驱动桥的常见故障部位主要有:行星齿轮与十字轴、轴承、花键、调整垫片、齿轮等。

驱动桥的常见故障主要包括:驱动桥异响,驱动桥过热和驱动桥漏油。

1. 驱动桥异响

(1) 故障现象

驱动桥在汽车不同的行驶工况下发出非正常响声。

(2) 故障主要原因及处理方法

造成驱动桥异响的根本原因是驱动桥的传动部件磨损松旷,调整不当或润滑不良,当承受较大的动载荷时,发出不正常的响声。具体原因主要有:

① 主减速器主、从动齿轮,行星齿轮和半轴齿轮等啮合间隙过大或过小,应予调整。

② 半轴齿轮与半轴的花键配合、差速器壳与十字轴配合、行星齿轮孔与十字轴配合松旷,应予调整。

③ 主、从动齿轮印痕不符合要求,应予调整。

④ 主、从动齿轮,行星齿轮和半轴齿轮的齿面磨损严重,轮齿折断、变形或未成对更换,应予更换。

⑤ 润滑油量不足,牌号不符,变质或有杂物,应更换正确的润滑油,并调整到规定高度。

⑥ 圆锥滚子轴承预紧度调整不当,应予调整。

⑦ 驱动桥壳体、主动齿轮紧固螺母或从动齿轮连接螺钉松动,应予紧固或更换等。

(3) 故障诊断方法

随着汽车行驶工况的不同,驱动桥的异响也不同:汽车行驶时驱动桥发出较大响声,而当滑行或低速行驶时响声减弱,甚至消失;汽车行驶、滑行时驱动桥均发出较大的响声;汽车转弯行驶时驱动桥发出较大的声音,而直线行驶时响声明显减弱或消失;汽车起步或突然改变车速时驱动桥发出“铿”的一声。

根据异响的规律,结合如图 12.54 所示驱动桥异响常见故障原因的诊断流程找出故障。

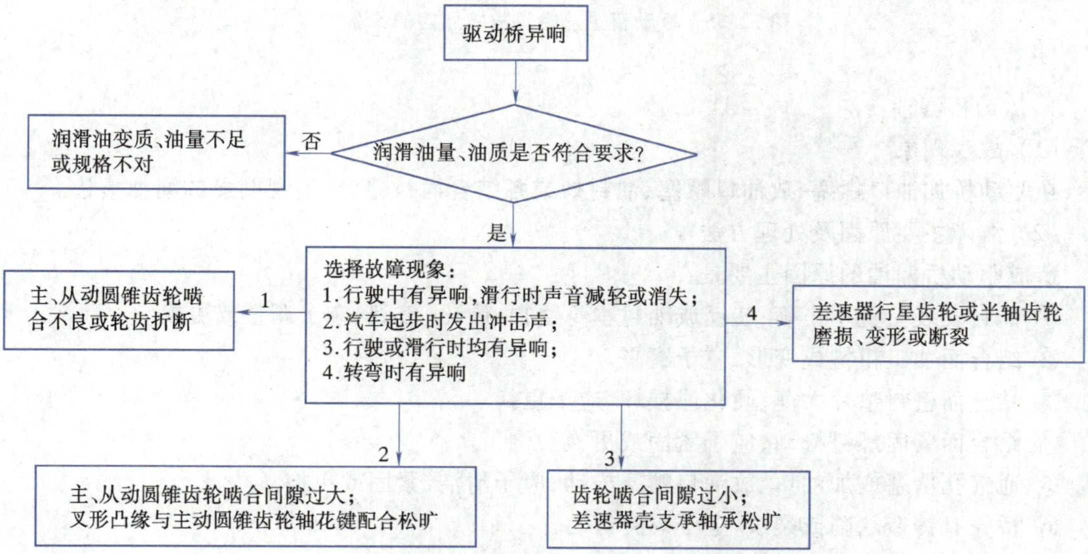

图 12.54　驱动桥异响常见故障原因的诊断流程

2. 驱动桥过热

(1) 故障现象

汽车行驶一定里程后,用手触摸驱动桥壳中部,有无法忍受的烫手感觉。

(2) 故障主要原因及处理方法

引起驱动桥过热的根本原因是驱动桥工作时摩擦阻力过大。具体原因主要有:

① 圆锥滚子轴承预紧度调整过大,应予调整。

② 润滑油量不足、变质或牌号不符合要求,应更换正确的润滑油,并调整到规定高度。

③ 主减速器、差速器各齿轮的啮合间隙太小,应予调整。

④ 止推垫片与主减速器背面间隙太小,应予调整或更换等。

(3) 故障诊断方法

按照过热部位的不同,结合图 12.55 所示驱动桥过热常见故障原因的诊断流程找出故障。

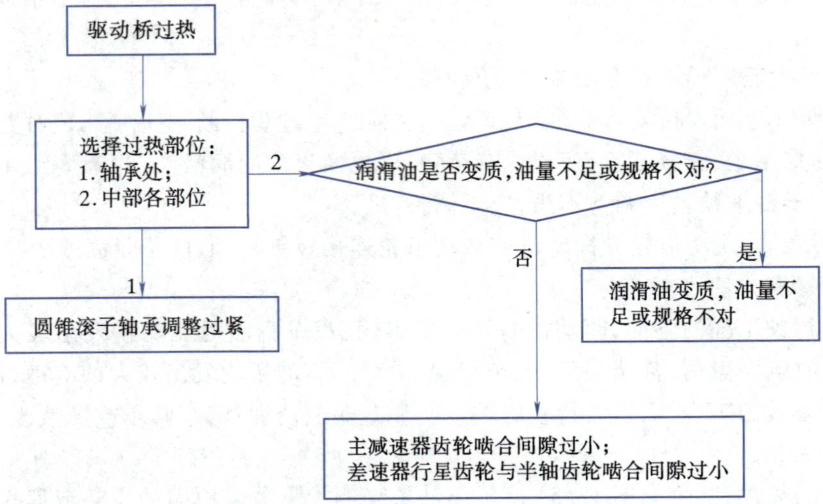

图 12.55 驱动桥过热常见故障原因的诊断流程

3. 驱动桥漏油

(1) 故障现象

在驱动桥加油口螺塞、放油口螺塞、油封处或各结合面衬垫处,出现明显的漏油痕迹。

(2) 故障主要原因及处理方法

造成驱动桥漏油的原因主要是:

① 油封安装位置不正确、装反或油封本身磨损、硬化、破裂,应予调整或更换。

② 结合面加工粗糙或变形,应予磨平。

③ 结合面密封垫片太薄、硬化或损坏,应予更换。

④ 结合面紧固螺钉松动,应予紧固或更换。

⑤ 通气孔堵塞或加油口、放油口螺塞松动,应予清洁、紧固或更换。

⑥ 桥壳有铸造缺陷或裂纹,应予焊补等。

(3) 故障诊断方法

参见本章第三节中手动变速器漏油故障的诊断方法。

二、驱动桥的维修

以桑塔纳乘用车为例。

（一）驱动桥的维护

驱动桥的维护工作主要是检查润滑油量，检查外壳有无变形或裂纹，检查齿轮间隙是否正常等。

（二）主减速器、差速器的修理

1. 拆卸与分解

（1）拆下传动轴及差速器轴承盖固定螺栓，从变速器壳体上取下传动轴、主减速器轴承盖及差速器总成。

（2）拆下行星齿轮轴锁销，取出行星齿轮轴，转动传动轴齿轮，将行星齿轮从差速器壳体中取出，然后拆下传动轴齿轮及复合止推垫圈。

（3）用拉器从差速器壳体上拉出车速表驱动齿轮、差速器轴承及变速器壳体和差速器轴承上的轴承外圈。

（4）拆下差速器壳体与从动圆锥齿轮的连接螺栓，并将其从差速器壳体上压出。

2. 检修

（1）检查车速表驱动齿轮有无损坏，与轴颈的配合有无松动，否则更换车速表驱动齿轮。差速器轴承出现烧蚀，金属剥落，轴承外圈与壳体配合松动时，应更换轴承。

（2）检查主、从动圆锥齿轮工作面有无明显的金属剥落，从动齿轮端面摆差应不超过 0.05 mm，否则应成对更换齿轮。

（3）行星齿轮磨损量不大于 0.20 mm，齿轮背面不得有明显的磨损沟槽，否则应更换新件。

（4）行星齿轮轴与行星齿轮内孔配合不大于 0.40 mm，与差速器壳体支承孔配合松动时应更换行星齿轮轴。

（5）行星齿轮与传动轴齿轮配合间隙为 0.05 ~ 0.20 mm，否则应更换复合止推垫圈。

3. 装配

（1）将差速器轴承外圈及 1.20 mm 厚的调整垫圈压入变速器壳体的支承孔中，另一轴承外圈压入差速器轴承盖的支承孔中。

（2）将传动轴油封压入差速器轴承盖的支承孔中。

（3）将从动圆锥齿轮加热到 100 ℃左右，装到差速器壳体上，并用螺栓以 70 N · m 的力矩对称固定。检查从动圆锥齿轮的端面摆动量，应符合要求。

（4）将差速器的 2 个支承轴承加热到 100 ℃左右，分别压入差速器壳两端的轴颈上，然后装入车速表驱动齿轮，压入深度 1.40 mm（可用一厚度为 1.40 mm 的垫圈放在锁紧套筒上并下压，压至与锁紧套筒相平时，即可保证车速表驱动齿轮的安装位置）。

（5）将复合止推垫圈涂上齿轮油装入差速器壳内。

（6）安装传动轴齿轮，并用六角螺栓拧紧。

（7）将 2 个行星齿轮错开 180°，转动传动轴，使其向内摆动，直至其轴孔与复合止推垫圈及差速器壳上的行星齿轮轴孔对齐，推入行星齿轮轴，并用锁销或轴用弹性挡圈锁止。检查传动轴齿轮与行星齿轮间隙是否符合要求;否则,应更换止推垫圈。

(8) 将差速器总成装入变速器壳体内,装好差速器轴承盖,并将车速表从动齿轮安装到差速器轴承盖上。

4. 调整

主减速器及差速器的调整包括差速器轴承预紧度调整以及主、从动齿轮啮合间隙和接触面积的调整。这些调整均是通过增减调整垫圈的厚度 S_1、S_2、S_3 来实现的。调整垫圈的位置如图 12.56 所示。

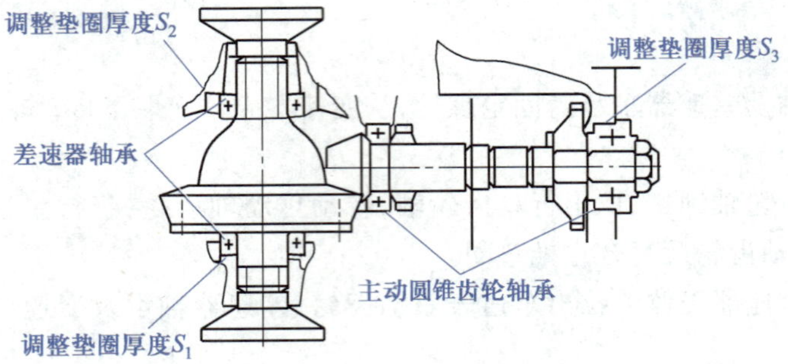

图 12.56 调整垫圈的位置

S_1、S_2—从动圆锥齿轮调整垫圈厚度;S_3—主动圆锥齿轮调整垫圈厚度

主减速器齿轮啮合正确时,啮合印痕在长度方向上应靠近大端,上下方向上靠近齿根,印痕面积不少于全齿面积的75%。啮合印痕在被动齿轮的大端时,将被动齿轮向主动齿轮靠拢,如果因此使齿轮间隙变小,可将主动齿轮向外移动;啮合印痕在被动齿轮的小端时,将被动齿轮移离主动齿轮,如果因此使齿轮间隙变大,可将主动齿轮向内移动;啮合印痕在被动齿轮的齿顶时,将主动齿轮向被动齿轮靠拢,如果因此使齿轮间隙变小,可将被动齿轮向外移动;啮合印痕在被动齿轮的齿根时,把主动齿轮移离被动齿轮,如果因此使齿轮间隙变大,可将被动齿轮向内移动。

(1) 差速器轴承预紧度的调整

调整垫圈总厚度 $S_总 = S_1 + S_2$。其中 S_2 为已装入的差速器轴承外圈与壳体间的垫圈厚度,为 1.20 mm。

① 按图 12.57 所示的测量 S_1、S_2 的方法装好百分表,在差速器轴颈内孔装好夹紧套筒 VW521/4 和套筒 VW521/8,将夹紧套筒中心螺栓拧紧。

② 按箭头方向上下移动夹紧套筒,使差速器总成轴向移动,读出百分表摆动数值(例如摆动量为 0.30 mm)。

③ 对测试值加上一个常数(即预紧力,一般取常数为 0.40 mm),使之达到规定的轴承预紧度。则垫圈总厚度 $S_总 = (0.30 + 0.40 + 1.20)\ \text{mm} = 1.90\ \text{mm}$。除去已装入的垫圈 S_2(1.20 mm),求出实际应加垫圈厚度为 0.70 mm。

④ 拆下差速器轴承盖,压出盖上的轴承外圈,放入厚度

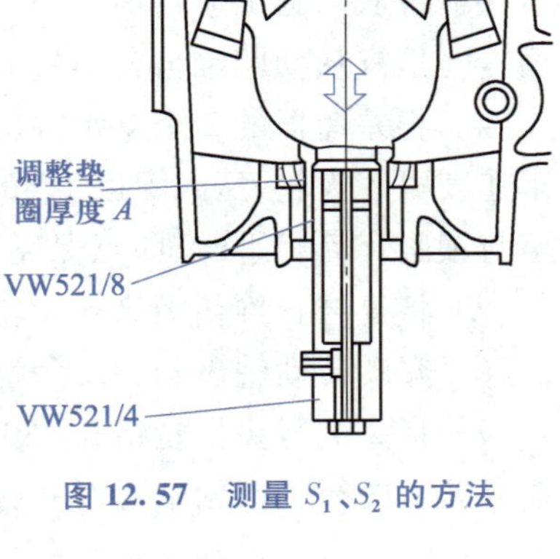

图 12.57 测量 S_1、S_2 的方法

为 0.70 mm 的垫圈；压入轴承外圈，装好差速器轴承盖。

（2）主、从动圆锥齿轮啮合间隙的调整

① 将厚度为 S_3 的调整垫圈与主动圆锥齿轮轴一起装好，将厚度为 S_1、S_2 的调整垫圈安装到位，拧紧差速器轴承盖固定螺栓。

② 安装差速器夹具 VW521/4 及千分尺支架 VW387，测量主、从动圆锥齿轮啮合间隙。如图 12.58 所示。

③ 安装测量工具。使用千分表加长套管 VW388，并调整至尺寸 a = 71 mm，使千分表测头与 VW388 垂直。

④ 安装夹具 VW381/11 或自制一个类似的压板，用 2 个 M8 × 50 的螺栓旋紧，并使其与主动圆锥齿轮轴成直角。

⑤ 调整千分表，使其有一定的预压量。转动表盘，使表面指针回到零位。

⑥ 转动从动圆锥齿轮，读出千分表的摆差即为主、从动齿轮啮合间隙，做好记录。

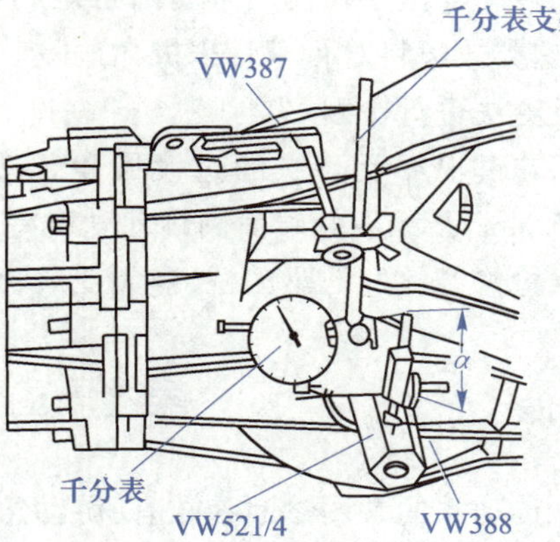

图 12.58 主、从动圆锥齿轮啮合间隙的测量

⑦ 旋松差速器夹紧套筒及主动圆锥齿轮上的压板，转动从动圆锥齿轮，每隔 90°测量一次，并计算出所测的沿圆周均匀分布的 4 处啮合间隙的平均值（如果每次测得的偏差超过 0.05 mm 时，要复查装配情况或更换主、从动齿轮）。

⑧ 计算调整垫圈的厚度 S_1、S_2。

$$S_2 = \text{现装垫圈厚度}(1.20\ \text{mm}) - \text{啮合间隙的平均值} + \text{标准啮合间隙}$$

标准啮合间隙为 0.15 mm，设每次测量的啮合平均值为 0.47 mm，则 $S_2 = (1.20 - 0.47 + 0.15)\ \text{mm} = 0.88\ \text{mm}$，查表 12.2 得出 $S_2 = 0.9\ \text{mm}$，$S_1 = S_{总} - S_2 = (1.90 - 0.90)\ \text{mm} = 1.00\ \text{mm}$。

表 12.2 调整垫圈的厚度 mm

S_1、S_2	0.15，0.20，0.30，0.40，0.50，0.60，0.70，0.80，0.90，1.00，1.20
S_3	0.15，0.20，0.25，0.30，0.40，0.50，0.60，0.70，0.80，0.90，1.10，1.20

⑨ 按求出的厚度值装入相应的垫圈，重新测量啮合间隙在 0.10 ~ 0.20 mm 之间；不符合要求时，应重新调整。

（三）其他部件的修理

1. 驱动桥壳的修理

驱动桥壳或差速器壳常见的损伤有：桥壳变形、裂纹或断裂。桥壳变形后，会影响主、从动齿轮啮合关系，并伴以异响。检测时可利用目测、敲击、磁力探伤或染色试验检查，必要时进行校正、焊补修复或更换新件。

检查有无变形、裂纹甚至断裂。

传动轴套管支承孔的同轴度不大于 0.10 mm，外轴径的径向跳动不大于 0.10 mm。

两传动轴端头中心位置应对正，中心之差不大于 0.75 mm。

2. 传动轴套管的修理

传动轴套管端头螺纹损伤不多于2牙。与桥壳的过渡处出现裂纹，应更换传动轴套管。与轴承的配合松旷时，应更换传动轴套管或轴承。

3. 传动轴的修理

传动轴由于在使用中受到扭矩和冲击力的作用，可能导致弯曲、扭曲断裂或键齿损坏等故障，这类故障将对行车带来极大危险。所以一旦发现，应及时检修或更换。检修时可利用千分表或目测法进行检测。

花键根部及凸缘的过渡圆角出现裂纹，应更换传动轴。花键外圆柱面径向跳动不大于0.25 mm，凸缘内侧端面圆跳动度误差不大于0.15 mm。

检修调整好的驱动桥，应无变形、裂纹、泄漏、异响、松动、过热等现象。

第七节 传动系仪器检测诊断

传动系的常用诊断参数有：游动角度(°)、机械传动效率(%)、功率损失(kW)、振动和异响，其他还包括总成工作温度(℃)、滑行距离(m)和噪声(dB)等。机械传动效率和功率损失可由对驱动车轮输出功率或驱动力的检测，即通常所说的底盘测功得出(乘用车的传动效率一般不低于90%～92%)。底盘测功在滚筒式试验台上进行，该试验台通常称为底盘测功试验台或底盘测功机。

一、传动系游动角度的检测诊断

传动系中离合器、万向传动装置、变速器等部件的传动部位存在正常的间隙；将这些间隙累加，以角度表示，即为传动系游动角度。如果传动部位磨损过大，会产生过大的间隙，结果造成传动系抖振和异响，使传动系工作条件恶化，传动效率降低，零件异常磨损。传动系的游动角度是评价传动系技术状况的综合性诊断参数。

传动系的游动角度是否正常可采用用手转动或晃动传动轴的方法凭经验判断，但并不准确，而且很难判断故障的部位。因此，常使用数字式游动角度检测仪或指针式游动角度检测仪来进行检测。

1. 游动角度检测仪

(1) 数字式游动角度检测仪

数字式游动角度检测仪使用直流12 V电源，检测范围为0°～30°，由倾角传感器和测量仪两部分组成。倾角传感器将外壳随传动轴转动的角度转换为相应频率的电振荡，输入主计数器，处理后的结果送入寄存器，并在数码管上显示出来。

检测时，测出被测部件两个极限位置的倾角读数，两者的差即为该部件的游动角度。

(2) 指针式游动角度检测仪

指针式游动角度检测仪由指针、刻度盘和测量扳手组成，如图12.59。检测时，将指针固定在传动轴上，与传动轴同步转动。用扳手扳转传动轴(扳手上的刻度显示施加的转矩大小)，从一个极限位置转到另一个极限位置，指针在刻度盘上转过一定的角度，该角度即为所测部件的游动角度。

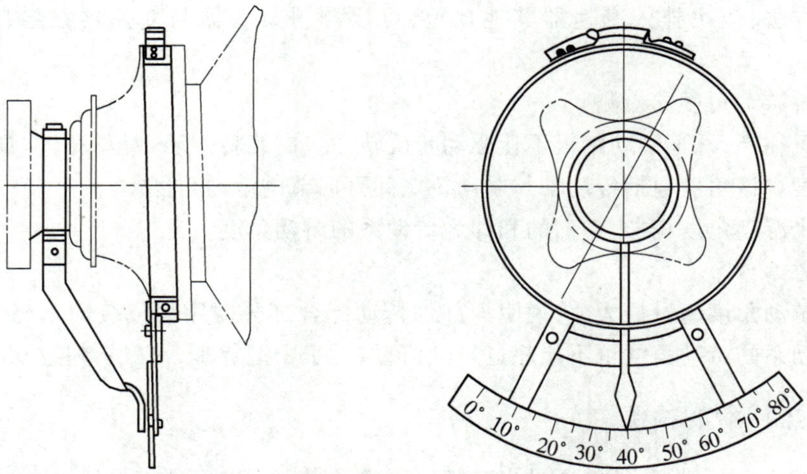

(a) 指针与刻度盘的安装

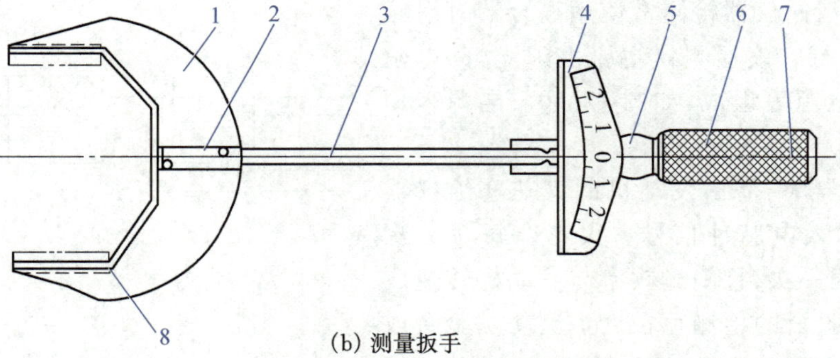

(b) 测量扳手

图 12.59　指针式游动角度检测仪

1—卡嘴；2—指针座；3—指针；4—刻度盘；5—手柄；6—手柄套筒；7—定位销；8—可换钳口

2. 检测方法

下面以数字式游动角度检测仪为例，介绍它的检测方法（指针式游动角度检测仪的检测方法与之相似）。

首先，将倾角传感器固定在传动轴上，支起驱动桥。

（1）万向传动装置游动角度的检测

拉紧驻车制动手柄，左、右旋转传动轴至极限位置，测量仪便显示出固定在传动轴上的传感器所对应的两个极限位置的倾斜角度，两角度的差值即为万向传动装置的游动角度。

该角度不包括传动轴与驱动桥之间的万向节的游动角度。

（2）离合器和变速器各挡位游动角度的检测

松开驻车制动，将变速器挂入选定挡位，放松离合器踏板，左、右旋转传动轴至极限位置，测量仪便显示出传感器的倾斜角度；求出两极限位置倾斜角度的差值，便得到该挡位下的游动角度。该游动角度减去已测得的万向传动装置的游动角度，即为离合器与变速器在该挡位下的游动角度之和。

按同样的方法，依次挂入变速器其他挡位，可以测得离合器与变速器在各挡位下的游动角度。

(3) 驱动桥游动角度的检测

将变速器置空挡，踩下制动踏板不让驱动轮旋转，左、右旋转传动轴至极限位置，即可测得驱动桥的游动角度。该角度包括传动轴与驱动桥之间万向节的游动角度。

将上述三个游动角度相加，它们的和即为传动系的游动角度。

3. 诊断方法

各部件的游动角度超过最大值，说明该部件传动配合部分因磨损或装配不当形成了较大的间隙。整个传动系的游动角度也不能超过最大值，如对于中型货车，一般不超过65°~86°。

二、离合器打滑的检测

离合器打滑严重时，驾驶员能通过汽车起步困难，油耗上升，发动机过热，加速不良等现象感觉到；打滑不严重时往往很难觉察，但也会造成离合器磨损加剧，油耗上升等后果。这时候就需要用仪器来精确检测。

离合器打滑的仪器检测常使用离合器打滑频闪测定仪来进行。该检测仪主要由闪光灯、电阻器、电容器和电源等组成，如图 12.60。电源采用车上蓄电池。

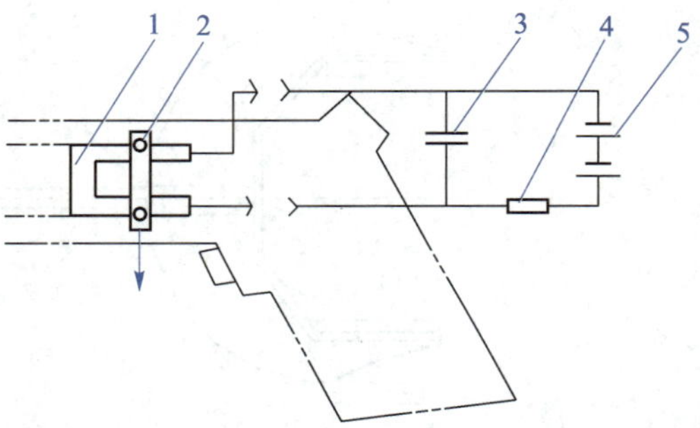

图 12.60 离合器打滑频闪测定仪

1—闪光灯；2—高压电极；3—电容；4—电阻；5—蓄电池

使用该仪器时，需由发动机的火花塞给仪器内高压电极输入电脉冲信号。火花塞每跳一次火，闪光灯就闪一次，且闪光频率与发动机转速成正比。离合器打滑的检测可在底盘测功实验台或车速表实验台上进行，也可在汽车上直接进行，但需把驱动桥抬离地面。检测中应挂入直接挡，使汽车原地运转，必要时可使用行车制动器或驻车制动器，瞬时增加驱动轮或传动系负荷。将闪光灯发出的光亮点射到传动轴套管上预先设置标记的某一点。若离合器不打滑，传动轴上该点与光亮点同步，看起来传动轴似乎不转动；若该点与光亮点不同步，而是逐渐滞后于光亮点，并看到传动轴似乎在慢慢转动，说明离合器打滑。

本章小结

传动系一般由离合器、变速器、万向传动装置、主减速器、差速器和半轴等组成。

离合器的常见故障部位主要有：飞轮与从动盘接触面、从动盘、压盘、膜片弹簧（或分离杠杆）、分离叉、分离套筒、工作行程等。常见故障主要包括：打滑、分离不彻底、接合不稳和异响。打滑的根本原因是压盘不能牢固地压在从动盘摩擦片上，或摩擦片的摩擦因数过小。分离不彻底的根本原因是离合器踏板踩到底时，压盘离开从动盘的移动量过小，或部件的变形导致压盘与从动盘摩擦片有所接触而不能彻底分离。接合不稳的根本原因是从动盘摩擦片表面与压盘表面、飞轮接触表面之间正压力分布不均,在同一平面内接触时间不同,使得主、从动盘接合不平顺引起发抖。异响的根本原因在于离合器部分零件严重磨损及主、从动部件传力部位松旷,在离合器接合或分离的瞬间,由于惯性冲击的作用,造成不正常摩擦或撞击而产生异常响声。离合器的维护工作主要是检查调整离合器踏板自由行程,修理作业主要内容有离合器的拆卸、从动盘的检修、压盘总成的检修、离合器的装配等。检修调整好的离合器,应做到接合平稳、分离彻底、无打滑(抖动、异响)、操纵机构灵敏可靠、踏板自由行程符合原厂规定。

手动变速器的常见故障部位主要有:同步器、自锁装置、互锁装置、轴承、花键等。常见故障主要包括:换挡困难或挂不上挡、跳挡、乱挡、卡挡、漏油和异响。换挡困难或挂不上挡的根本原因是汽车换挡时待啮合齿的圆周速度不相等,或换挡拨叉移动时的阻力过大。跳挡的根本原因是啮合齿轮在传力时产生较大的轴向作用力,从而脱离啮合位置;或啮合齿轮未能全齿长啮合,当载荷突变时导致跳挡。异响的根本原因是轴承等因磨损、损坏、润滑不良造成松旷;齿轮或花键等啮合不正确。手动变速器的维护工作主要是检查润滑油液面高度及密封情况、检查操纵机构、清洁通气孔。修理作业包括:变速器的拆卸与分解、齿轮的检修、轴承的检修、同步器的检修、变速器的装配等。检修调整好的手动变速器,应做到密封良好、操纵机构工作正常、无泄漏(异响、松脱、裂纹)、换挡轻便灵活、无换挡困难(跳挡、乱挡、卡挡)现象。

自动变速器的常见故障部位主要有:ATF油滤清器、油泵、液压阀、蓄压器、密封圈、离合器、制动器、单向离合器、换挡电磁阀、变矩器锁止电磁阀、油压调节电磁阀、节气门位置传感器、O/D挡开关、液力变矩器、ATF油散热器管路、挡位开关等。常见故障主要包括:不能换挡、换挡冲击、变速器打滑、换挡过迟、不能锁止、无超速挡、频繁跳挡、无前进挡、无倒挡、挂挡后发动机熄火、起步加速无力、变速器温度过高等。所列常见车型的常见元件检测方法是通用的,如果在实践中遇到特殊结构的元件,可参照上述同类元件的检测方法,结合工作原理图与电路图,找到合适的检测方法。

万向传动装置的常见故障部位主要有:传动轴平衡块、传动轴套管、花键、中间支承等。常见故障是异响。异响的根本原因是万向传动装置的连接处磨损松旷、装配不当,或传动轴弯曲等原因造成动平衡破坏;当传递较大的转矩或受到剧烈的冲击时产生异响。维护工作主要包括:检查防尘罩、万向节、中间支撑支架和轴承,润滑传动轴万向节十字轴和中间支撑轴承,校紧各连接螺栓等。检修调整好的万向传动装置,应做到:装配尺寸正确,防尘罩无裂纹(损坏)、卡箍可靠,中间支撑无松动、轴承间隙正常,万向节无松旷(卡滞、异响)。

驱动桥的常见故障部位主要有:行星齿轮与十字轴、轴承、花键、调整垫片、齿轮等。常见故障主要包括:异响、过热和漏油。异响的根本原因是驱动桥的传动部件磨损松旷、调整不当或润滑不良,当承受较大的动载荷时,发出不正常的响声。过热的根本原因是驱动桥工作时摩擦阻力过大。维护工作主要包括:检查润滑油量、外壳有无变形或裂纹、齿轮间隙是否正常等。检修调整好的驱动桥,应无变形、裂纹、泄漏、异响、松动、过热等现象。

半轴由于在使用中受到扭矩和冲击力的作用,可能导致弯曲、扭曲断裂或键齿损坏等故障,这类故障将对行车带来极大危险。所以一旦发现,应及时检修或更换。检修时可利用千分表或目测法进行检测。

传动系中离合器、万向传动装置、变速器等部件的传动部位存在正常的间隙；将这些间隙累加，以角度表示，即为传动系游动角度。如果传动部位磨损过大，会产生过大的间隙，结果造成传动系抖振和异响，使传动系工作条件恶化、传动效率降低、零件异常磨损。常使用数字式或指针式游动角度检测仪来检测传动系游动角度是否正常，使用离合器打滑频闪测定仪来检测离合器是否打滑。

复习与思考题

1. 离合器的常见故障部位有哪些？
2. 离合器的常见故障有哪些？
3. 离合器打滑的故障原因有哪些？怎样诊断？
4. 离合器分离不彻底的故障原因有哪些？怎样诊断？
5. 离合器接合不稳的故障原因有哪些？怎样诊断？
6. 离合器异响的故障原因有哪些？怎样诊断？
7. 举例说明如何调整离合器踏板自由行程。
8. 维修完成的离合器应满足哪些要求？
9. 手动变速器的常见故障部位有哪些？
10. 手动变速器的常见故障有哪些？
11. 手动变速器换挡困难或挂不上挡的故障原因有哪些？怎样诊断？
12. 手动变速器跳挡的故障原因有哪些？怎样诊断？
13. 手动变速器乱挡的故障原因有哪些？怎样诊断？
14. 手动变速器卡挡的故障原因有哪些？怎样诊断？
15. 手动变速器漏油的故障原因有哪些？怎样诊断？
16. 手动变速器异响的故障原因有哪些？怎样诊断？
17. 手动变速器的维护工作主要包括哪些内容？
18. 维修完成的手动变速器应满足哪些要求？
19. 手动变速器修理过程中要注意哪些事项？
20. 自动变速器由哪几个部分组成？分别起什么作用？
21. 自动变速器的常见故障有哪些？怎样诊断？
22. 自动变速器有哪些检验内容？怎样检验？
23. 自动变速器中主要元件的检修方法如何？
24. 万向传动装置的常见故障部位有哪些？
25. 万向传动装置异响的故障原因有哪些？怎样诊断？
26. 万向传动装置的维护工作主要包括哪些内容？
27. 维修完成的万向传动装置应满足哪些要求？
28. 驱动桥的常见故障部位有哪些？
29. 驱动桥的常见故障有哪些？
30. 驱动桥异响的故障原因有哪些？怎样诊断？
31. 驱动桥过热的故障原因有哪些？怎样诊断？
32. 驱动桥漏油的故障原因有哪些？怎样诊断？
33. 驱动桥的维护工作主要包括哪些内容？

34. 如何调整主减速器主、从动齿轮的啮合间隙？
35. 维修完成的驱动桥应满足哪些要求？
36. 传动系的常用诊断参数有哪些？
37. 如何使用数字式游动角度检测仪检测传动系的游动角度？
38. 如何使用离合器打滑频闪测定仪检测离合器是否打滑？

第十三章

行驶系故障诊断与维修

学习目标

掌握行驶系行驶平顺性不良、车身横向倾斜、轮胎异常磨损和行驶无力故障的故障现象、故障主要原因及处理方法和故障诊断方法；掌握行驶系主要部件的检修方法；掌握车轮平衡、前轮定位、前轮侧滑和四轮定位的仪器检测方法；掌握轮胎换位的方法；掌握车身变形的检测方法。

理解什么是工作正常的行驶系（对行驶系的要求是什么）。

了解行驶系的一般构造和行驶系的常用诊断参数；了解最新的故障诊断设备和方法。

案 例

现象：一辆宝来乘用车，累计行驶 20 000 km，高速行驶时出现前轮摆动现象。

诊断：左右转动转向盘，自由行程正常；进一步检查转向传动机构，未发现传动间隙过大的现象。据此，基本排除该现象由转向系故障引起。用千斤顶顶起车身前部，在转向轮离开地面的过程中，车轮底部明显向汽车垂直中心（向内）逐步移动。用手将车轮底部反复向内外扳动，发现前悬架下摆臂与发动机横梁处产生松旷。经查，该处衬套已严重磨损。该车前桥采用麦弗逊式独立悬架，此处磨损后产生过大的间隙，使车轮外倾角发生了变化。

排除：更换衬套。

第一节 概 述

行驶系主要由车架、车桥、车轮（包括轮胎）和悬架组成，如图 13.1 所示。

悬架分为独立悬架和非独立悬架，图 13.1 中前悬架为独立悬架，后悬架为非独立悬架。常见的独立悬架为麦弗逊式，乘用车前悬架普遍采用此结构。麦弗逊式独立悬架的杆件和活动部位很多，球头销等处磨损松旷后会带来车轮定位角的变化。非独立悬架因其结构简单，工作可靠，被广泛应用于货车的前、后悬架。在少数乘用车中，非独立悬架仅用作后悬架。货车上非独

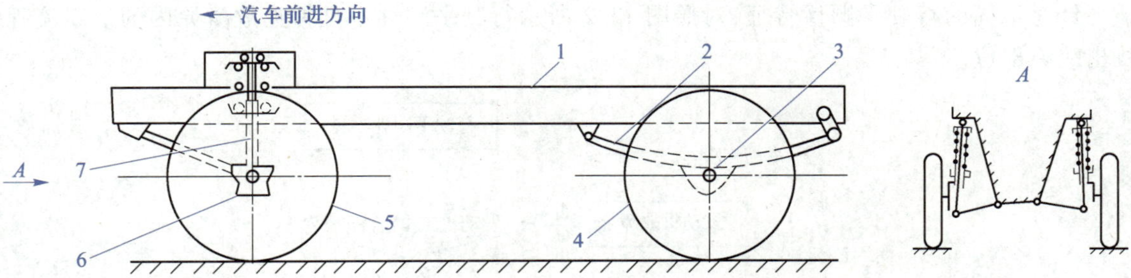

图 13.1　行驶系的一般组成

1—车架;2—后悬架(钢板弹簧非独立悬架);3—后桥;4—后轮;
5—前轮;6—前桥;7—前悬架(麦弗逊式独立悬架)

立悬架普遍采用钢板弹簧式;由于货车行驶路面较差,悬架受到的冲击载荷大,加上超载情况严重,钢板弹簧很容易永久变形甚至断裂,从而引起车轮定位角的变化。

第二节　行驶系故障诊断

一、行驶系故障经验诊断

行驶系的常见故障部位主要有:减振器、前轮定位、轮胎动平衡、杆系连接处以及驱动桥的齿轮、轴承等。

行驶系的常见故障主要包括:行驶平顺性不良,车身横向倾斜,轮胎异常磨损,行驶无力和行驶跑偏(车桥的故障见第十二章,这里不再列出)。

1. 行驶平顺性不良

(1) 故障现象

汽车行驶时出现振动,加速时出现窜动,驾乘人员感觉很不舒服。

(2) 故障主要原因及处理方法

造成行驶平顺性不良的原因主要是:

① 前稳定杆卡座松旷或橡胶支承损坏,应予更换。

② 车轮动平衡超标,应予校正。

③ 减振器或缓冲块失效,应予修理或更换。

④ 传动轴动不平衡,应予校正。

⑤ 钢板弹簧支架衬套磨损松旷,应予更换。

⑥ 车轮轴承松旷或转向横拉杆球头松旷,应予更换。

⑦ 钢板弹簧 U 形螺栓滑牙或松动,应予更换或紧固。

⑧ 发动机横梁和下摆臂的固定螺栓或衬套松旷,应予修理或更换。

⑨ 半轴内外万向节磨损松旷,应予更换。

⑩ 轮胎气压过高,磨损不均,应予调整或更换等。

(3) 故障诊断方法

针对不同的行驶平顺性特征，对照图 13.2 所示行驶平顺性不良常见故障原因的诊断流程，找出故障部位。

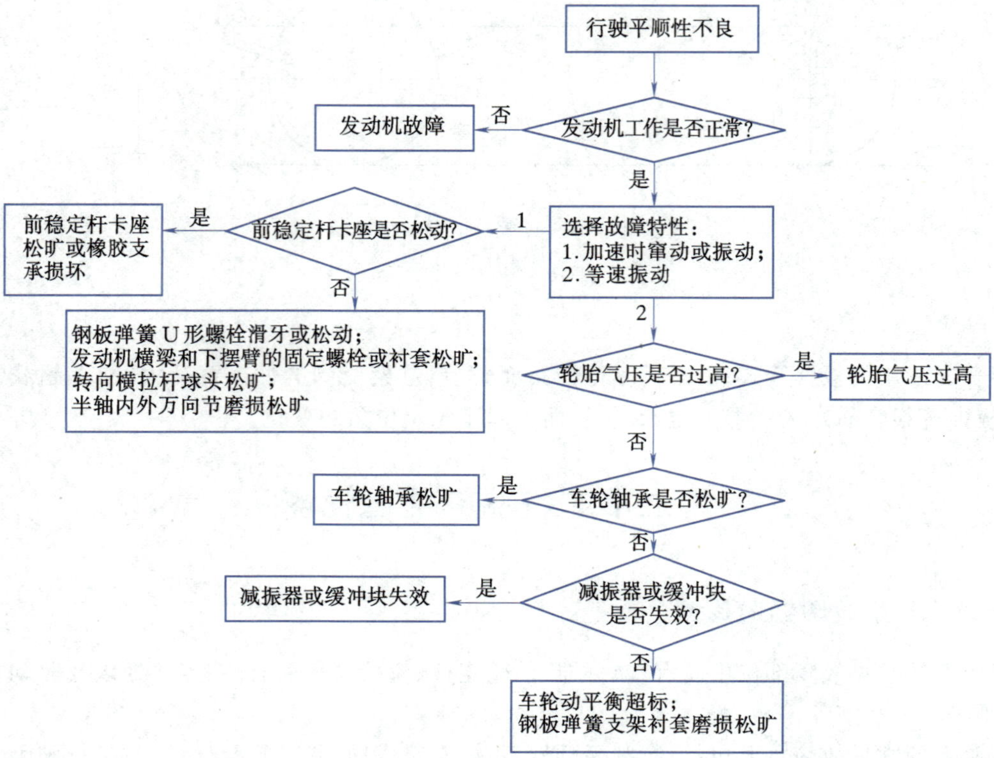

图 13.2 行驶平顺性不良常见故障原因的诊断流程

2. 车身横向倾斜

(1) 故障现象

汽车车身左高右低或左低右高，出现倾斜。

(2) 故障主要原因及处理方法

造成车身横向倾斜的原因主要是：

① 左右轮胎气压不一致，应按规定充气。

② 左右轮胎规格不一致，应予更换。

③ 悬架弹簧自由长度或刚度不一致，应予更换。

④ 下摆臂变形，应予校正或更换。

⑤ 发动机横梁和下摆臂的固定螺栓或衬套松旷，应予修理或更换。

⑥ 减振器或缓冲块损坏，应予更换。

⑦ 发动机横梁变形，应予校正或更换。

⑧ 车身变形，应予整形修理等。

(3) 故障诊断方法

先检查左右轮的气压、规格是否一致，再检查悬架、车身等部位，确定故障位置。具体如图 13.3 所示车身横向倾斜常见故障原因的诊断流程。

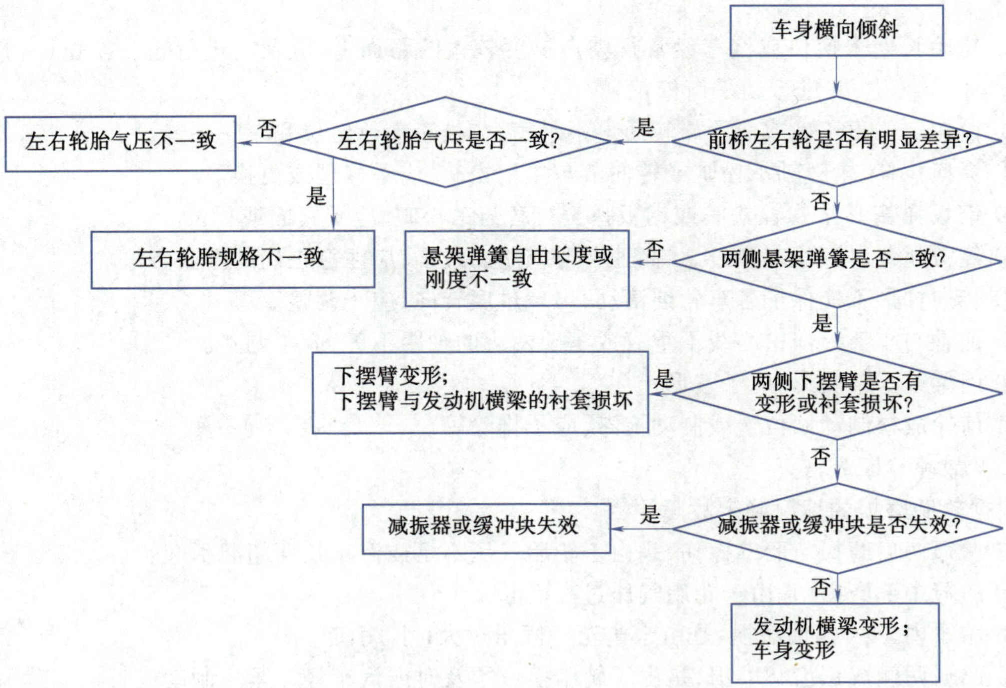

图 13.3　车身横向倾斜常见故障原因的诊断流程

3. 轮胎异常磨损

(1) 故障现象

轮胎磨损速度加快,胎面出现如图 13.4 所示的不正常磨损形状。

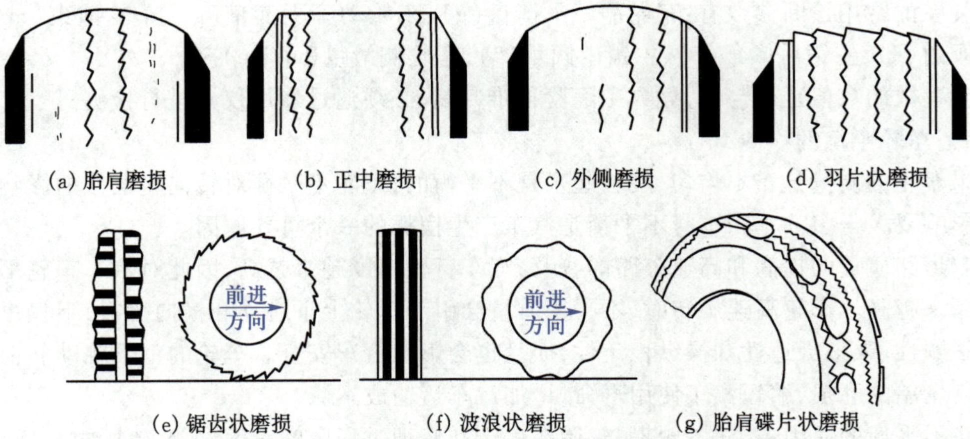

图 13.4　前轮轮胎不正常磨损示意图

(2) 故障主要原因及处理方法

造成轮胎异常磨损的原因主要是:

① 轮胎气压不符合要求，轮胎质量不佳或车轮螺栓松动，应按规定充气，更换轮胎或紧固车轮螺栓。

② 轮胎长期未换位或汽车经常行驶在拱度较大的路面上，应及时进行轮胎换位（一般行驶 10 000 km 应换位，并进行动平衡校正）。

③ 前轮定位不正确或前轮旋转质量不平衡，应校正前轮定位和车轮平衡。

④ 纵横拉杆、轮毂轴承松旷或转向节与主销松旷，应予修理或更换。

⑤ 钢板弹簧 U 形螺栓松旷或钢板弹簧衬套与销松旷，应予紧固或更换。

⑥ 经常超载、偏载、起步过急、高速转弯或制动过猛，应注意正确的驾驶方法。

⑦ 转向梯形不能保证各车轮纯滚动，出现过度转向，应予调整。

⑧ 前轴与车架纵向中心线不垂直或车架两边的轴距不等，应予调整。

⑨ 前梁或车架变形，应予整形。

⑩ 前轮放松制动回位慢或制动拖滞，应予排除等。

（3）故障诊断方法

根据轮胎磨损的情况确定故障原因：

① 胎冠两肩磨损与胎壁擦伤，是由于轮胎气压不足或汽车长期超载引起。

② 胎冠中部磨损，是由于轮胎气压过高引起。

③ 胎冠内（外）侧偏磨损，是由于车轮外倾角过大（小）引起。

④ 胎冠两侧成锯齿状磨损，是由于轮胎换位不及时或汽车经常紧急制动或长期超载引起。

⑤ 胎冠由外（里）侧向里（外）侧呈锯齿状磨损，是由于前束过大（小）引起。

⑥ 胎冠呈波浪状或碟片状磨损，是由于轮毂轴承松旷或车轮动不平衡引起。

4. 行驶无力和行驶跑偏在第十六章“底盘常见故障诊断”中讲述。

二、行驶系故障仪器检测

行驶系的常用诊断参数有：车轮静不平衡量（g）、车轮动不平衡量（g）、车轮前束（mm 或°）、车轮外倾角（°）、主销后倾角（°）、主销内倾角（°）、车轮侧滑量（m/km）等。

以上参数的数值正确与否，凭人工经验很难判断，必须通过专用仪器进行检测。

（一）车轮平衡的检测

如果车轮的质量分布不均匀，旋转起来是不平衡的；车轮不平衡对转向轮摆振的影响比路面不平的影响要大得多。车轮本身不平衡是汽车产生摆振的一个重要原因。

随着道路质量的提高和高速公路的普及，汽车行驶速度越来越高，因此对汽车车轮平衡度的要求也越来越高。车轮高速旋转时，不平衡质量会引起车轮上下跳动和横向摆振，不仅影响汽车的行驶平顺性、乘坐舒适性和操纵稳定性，而且也会影响行车安全。车轮的上下跳动和横向摆振还会加剧轮胎的磨损，缩短汽车使用寿命，增加汽车运输成本。

车轮不平衡的原因主要是：轮辋、轮胎在生产和修理过程中的精度误差、轮胎材料不均匀；轮胎装配不正确，轮胎螺栓质量不一；平衡块脱落；汽车行驶过程中的偏磨损；使用翻新胎或补胎等。

1. 车轮静平衡的检测

对于非驱动桥上的车轮：支起车轴，调整好轮毂轴承松紧度，用手轻转车轮，使其自然停转。

在停转的车轮离地最近处作一标记，然后重复上述步骤。如果每次试验标记都停在离地最近处，则车轮静不平衡；如果多次转动自然停止后的标记位置各不相同，说明车轮静平衡。

驱动桥上的车轮，由于受到差速器等的制约，无法使用该法，只能在装车前检测。

即使静平衡的车轮，在装车使用时也可能动不平衡；因此，还应对车轮动平衡进行检测校正。

2. 使用离车式动平衡机检测校正车轮动平衡

① 清除车轮上的泥块、石子和旧平衡块。

② 将轮胎气压充至规定值。

③ 根据轮辋中心孔的大小选择锥体或多孔式连接盘，将车轮装上动平衡机，拧紧固定螺母。

④ 测量轮辋宽度 b、轮辋直径 d 和轮辋边缘至机箱的距离 a，将这三个值输入动平衡机。

⑤ 放下车轮防护罩，打开电源开关，按动起动按钮，车轮开始旋转，动平衡机开始采集数据。

⑥ 检测结束后，从指示装置读取车轮不平衡量和不平衡位置。

⑦ 抬起车轮防护罩，用手慢慢转动车轮，当指示装置发出声音或灯光等信号时停止转动。根据显示的平衡块质量，在轮辋内侧或外侧牢固安装平衡块。

⑧ 重新检测动平衡，直到指示装置显示不平衡质量 <5 g，或显示“00”、“OK”为止。

⑨ 关闭电源开关，取下被测车轮。

3. 使用就车式动平衡机检测校正车轮动平衡

车轮动平衡的检测可将车轮安装到离车式车轮动平衡机上检测与校对，但需要把车轮拆下。就车式车轮动平衡机可直接在用车上使用，非常方便，而且既可进行动平衡检测，又可进行静平衡检测，校正的部件包括车轮、制动鼓（盘）、轮毂轴承等高速旋转体。

（1）检测前的准备工作

图 13.5 为就车式车轮动平衡机组成及检测示意图。

① 检测前，将汽车前部用千斤顶支起。注意保持前轴水平，使两边车轮离地间隙相等。

② 清除被测车轮上的泥土、石子和旧平衡块等。

③ 检查轮胎气压，必要时调整至规定值。

④ 用手转动车轮，检查轮毂轴承是否松旷，必要时调整至规定值。

⑤ 在轮胎外侧任意位置上用白粉笔或白胶布做上记号。

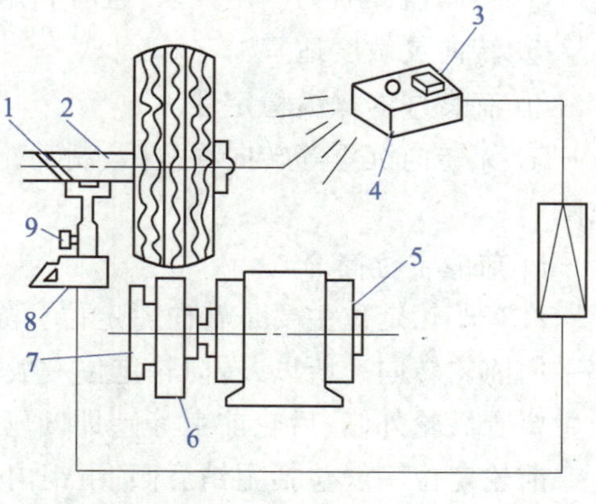

图 13.5 就车式车轮动平衡机示意图

1—传感磁头；2—转向节；3—不平衡度表；4—频闪灯；5—电动机；6—转轮；7—制动器；8—底座；9—可调支架

（2）车轮静平衡的检测校对

① 使用三角垫木或其他方法固定另一个前轮和两后轮，将传感磁头吸附到悬架或转向节下，调节可调支杆高度并锁紧。

② 推动车轮动平衡机至车轮侧面或前面（视车轮平衡机形式不同而异），检查频闪灯工作是否正常，检查转轮的旋转方向能否使车轮的转动方向与汽车前进行驶的方向一致。

③ 操纵车轮动平衡机转轮与轮胎接触，起动电动机带动车轮旋转至规定转速。

④ 观察频闪灯照射下的轮胎标记位置,并从指示装置上读取不平衡量数值(用第一挡显示)。

⑤ 操纵车轮动平衡机上的制动装置,使车轮停止转动。

⑥ 用手转动车轮,使其上的标记仍处在上述观察位置上,此时轮辋的最上部即为加装平衡块的位置。

⑦ 按指示装置显示的静不平衡量选择平衡块,牢固地装卡到轮辋边缘上。

⑧ 重新驱动车轮进行复试,这时指示装置用二挡显示。调整平衡块质量和位置,直至符合平衡要求。

(3) 车轮动平衡的检测校对

① 将传感磁头吸附在经过擦拭的制动底板边缘平整处,使磁头与车轮旋转中心处在同一水平位置。

② 驱动车轮旋转至规定转速,按照上述的检测方法观察轮胎标记位置,读取动不平衡值。

③ 停转车轮,按动不平衡值选择平衡块和在车轮上的加装位置,加装平衡块。

④ 按照上述的检测方法进行复查,直至符合平衡要求。

(二) 前轮定位及侧滑的检测

确认前轮定位是否良好的原则,以汽车行驶状态来判定,即:

① 汽车直线行驶时车身稳定,无摆振现象。

② 转弯时无横向滑移且转向盘能自动回正。

③ 轮胎磨损最小。

④ 转向盘操纵力满足要求,且有一定的路感。

⑤ 转向灵敏度适宜。

⑥ 有良好的操纵稳定性。

⑦ 无转向沉重等转向系故障、制动跑偏等制动系故障和行驶跑偏、轮胎异常磨损等行驶系故障。

1. 前轮定位简介

汽车车轮定位主要是转向轮定位。除一些特殊汽车(如铲车)采用后轮转向外,大部分汽车都采用前轮转向。所以,转向轮定位一般也称为前轮定位。不少乘用车的后轮也有定位(后轮定位主要有后轮外倾、后轮前束等),即四轮定位。

前轮定位一般包括主销后倾、主销内倾、前轮外倾和前轮前束,前轮定位是前轴技术状况的重要诊断参数。车轮定位正确与否,将直接影响汽车的操纵稳定性、安全性、燃油经济性、轮胎等部件的使用寿命及驾驶员的劳动强度等。因此,车轮定位值的检测不仅对在用车十分必要,而且对新车定型和质量抽查也是必不可少的。

表 13.1 为部分车型车轮定位参数。

需要说明的是:现代乘用车上广泛使用的低压轮胎,具有断面宽,与路面接触面大,弹性好,稳定力矩大等特点,有利于转向轮自动回正和提高汽车行驶稳定性。所以,现代乘用车车轮定位值,已不同于传统车系,比如:其主销后倾角小,甚至为负值;主销内倾角大到十几度;车轮外倾角小,有负值;前束也有负值。从表 13.1 中也能看出这些变化。

表 13.1 部分车型车轮定位参数

参数 车型	前轮前束	前轮外倾	主销后倾	主销内倾	后轮前束	后轮外倾
宝马 3	14′±8′	−43′±20′	5°47′±30′		16′±6′	−2°4′±15′
本田雅阁	−3~3 mm	±1°	3°±1°			−25′±30′
丰田皇冠	3~5 mm	25′±30′	−45°±45′	7°20′		
桑塔纳 3000	8′±8′	−15′±15′	1°30′±30′		25′±15′	−1°40′±20′
宝来	±10′	−30′±30′	7°40′±30′		20′±10′	−1°27′±10′
富康	−2~0 mm	30′±30′	1°30′±30′	10°45′±40′		
切诺基	−0.79~0.79 mm	±15′	7°30′±30′			
夏利 TJ7100	−1~3 mm	20′±10′	2°55′±1°	12°±30′	4~8 mm	
解放 CA1091	2~4 mm	1°	1°30′	8°		
东风 EQ1090E	1~5 mm	1°	2°30′	6°		

2. 前轮定位的检测

前轮定位的检测，是根据车轮旋转平面与各定位角之间存在的直接或间接的几何关系，用特制的仪器和设备测量其是否符合原厂规定。检测方法有静态检测法（汽车停止不动）和动态检测法（汽车以一定速度行驶，一般在试验台上进行），使用的仪器设备有气泡水准式、光学式、激光式、电子式和微机式车轮定位仪等。

国产 GCD－1 型光束水准车轮定位仪结构简单，价格低廉，便于携带。该仪器除由一个水准仪、两个支架和两个转盘组成外，还配备有两个聚光器、两个标尺、两个标杆和一个踏板抵压器。聚光器在标杆配合下可测得车轮前束值，聚光器在标尺的配合下可测得后轴与前轴间的平行度、后轴与车架间的垂直度以及后轴与车架在水平平面的弯曲变形等。在车轮定位值的检测中，有时应将制动踏板踩下，使车轮处于制动状态，踏板抵压器（实际上是一个抵杆）可将制动踏板压下而顶靠在驾驶座或其他支承物上，以节省人力。

下面，我们介绍如何使用国产 GCD－1 型光束水准车轮定位仪对前轮定位进行静态检测。

（1）检测前的准备

① 检查轮胎气压和车轮载荷是否符合原厂规定，检查车轮轮毂轴承、转向节衬套与主销是否松旷，检查制动器是否可靠。

② 检测场地应水平、平整，并将汽车的前轮回正成直线行驶位置，再将两前轮分别放在各自的转盘上，使主销中心线的延长线基本上通过转盘中心。在有工厂标记的条件下，依工厂标记将转向器定在中间位置，即可保证前轮的直线行驶位置。如果没有工厂标记且认为前束在每个前轮上是均匀分配的，则可参照下述方法来确定前轮的直线行驶位置：取下转盘锁止销，在两前轮上分别安装支架和聚光器，将聚光器光束水平投向在后轮中心且与后轮垂直的带三脚架的标尺上，标尺应紧靠在车轮中心上。调节聚光器焦距，使在标尺上得到一清晰的带有缺口的扇形图像。读出两侧标尺上指针所指数值，如果两侧数值相等，则认为前轮处于直线行驶位置。

③ 前轮直线行驶位置找好后，应将转盘扇形刻度调整到零位，对准游动指针，然后加以固

定。这样,在转动转向盘时,前轮的转角便可由转盘刻度尺上读出。

④ 将固定支架的两个固定脚卡在轮辋适当部位,再移动活动支架,使其固定脚也卡在轮辋上,然后用活动支架的偏心卡紧机构将三个固定脚的定位端面贴紧在轮辋的边缘上。松开调整支座弹性固定板的固定螺栓,使调整支座沿导轨滑动,通过特制芯棒使调整支座安装聚光器或水准仪的孔中心与前轮中心重合,然后拧紧螺栓,将调整支座固定于导轨上。

(2) 前轮外倾角的检测

① 将水准仪黑箭头指示的定位销插入支架的中心孔内,并使水准仪在左、右方向上处于水平状态。轻轻拧紧锁紧螺钉,固定水准仪。

② 转动水准仪上的 A 调节盘,直到对应气泡管内的气泡处于中间位置,然后在黑刻度盘上读出 A 盘红线所指角度值,该角度值即为前轮外倾角。用同样的方法可检测其他车轮的外倾角。

(3) 主销后倾角的检测

① 前轮外倾角测定后,不动水准仪,接着进行主销后倾角的检测。

② 将前轮向内转 20°(对于左前轮则向左转,对于右前轮则向右转,下同),松开弹簧锁紧螺钉,使水准仪左右方向处于水平状态,然后拧紧锁紧螺钉。转动水准仪上的 B、C 调节盘,使其上的红线与蓝、红、黄刻度盘零线重合。调整对应气泡管的旋钮,使气泡管内气泡处于中间位置。

③ 将前轮向相反方向转 40°。转动 B、C 盘使气泡管的气泡回到中间位置,在蓝盘上读出 B、C 盘红线所示之值即为主销后倾角。用同样的方法测出另一侧主销后倾角。

(4) 主销内倾角的检测

① 先踩下制动踏板或用踏板抵压器压住制动踏板,保持前轮的制动状态,再从支架上取下水准仪,将红、黄箭头所指的定位销插入支架中心孔内,轻轻拧紧锁紧螺钉。将被测前轮向内转 20°,松开锁紧螺钉,使水准仪在左、右方向上处于水平状态,然后拧紧锁紧螺钉。

② 转动 B、C 调节盘,使其红色刻线与蓝、红、黄刻度盘零线重合。调节对应气泡管的旋转按钮,使气泡管内的气泡处于中间位置。

③ 将前轮向外转 40°,调节 B、C 盘使气泡管的气泡回到中间位置,此时 B、C 盘红线刻度或黄刻度盘所示之值即为主销内倾角。用同样的方法检测另一侧的主销内倾角。检测左前轮时在黄刻度盘上读数,检测右前轮时在红刻度盘上读数,简称左黄右红。

(5) 前轮前束的检测

① 调整汽车两前轮至直线行驶位置,并保持不动。调节两套标杆长度,使同一标杆两标盘之间的距离略大于被测轮距且两根标杆长度完全相同,并能使聚光器光束指针大致投射到标牌的中间位置。将已调好的两套标杆分别放置在前桥的前后侧,并平行于该桥。标杆距车轮中心的距离为车轮上前束测量点处车轮半径的 7 倍。

② 将车轮一侧聚光器的光束投到前标杆的标盘上,使光束指针指向某一整数,再将该聚光器的光束向后投射到后标杆的标牌上,平行移动后标杆使光束指针落在与前标牌同一数值上。然后,将另一侧聚光器分别向前标杆、后标杆投射光束,读出光束指针指示值。用后标杆指示值减去前标杆指示值的差值,即为前束值。

3. 前轮侧滑量的检测

前轮侧滑量的检测一般在侧滑试验台上进行,其值不得超过 5 m/km。前轮侧滑量是前轮定位失准的一种表现形式。

（1）影响侧滑量检测结果的因素

① 转向轮外倾与前束匹配不当。

② 轮毂轴承间隙过大或左右松紧度不一致。

③ 转向节主销和衬套磨损严重。

④ 横、直拉杆球头松旷或左右悬架性能有差异。

⑤ 前后轴不平行。

⑥ 左右轮胎气压不等或花纹不一致。

⑦ 轮胎磨损过大或严重偏磨。

⑧ 轮胎表面有水、油或石子等。

⑨ 汽车通过侧滑试验台的速度过快。

⑩ 汽车通过侧滑试验台时转向轮与侧滑板不垂直。

（2）检测前的准备

① 调整轮胎气压至规定值。

② 清除轮胎表面的水、油或石子等。

③ 检查试验台导线连接情况，仪表复零。

④ 打开试验台锁止装置，检查侧滑板能否滑动自如和回位（侧滑板回位后，指示装置应指示零点）。

（3）检测

① 汽车以 3 ~ 5 km/h 的速度垂直平稳地通过侧滑板。

② 从显示装置上读取侧滑值。

③ 锁止侧滑板，切断试验台电源。

（4）注意事项

① 避免试验台超载。

② 汽车通过试验台时，不允许转向、制动或将汽车停放在试验台上。

③ 保持试验台及周围环境的清洁，尤其是侧滑板的清洁。

④ 后轮有定位的乘用车，也要检测后轮的侧滑量是否合格。

（三）四轮定位的检测

现代汽车，尤其是乘用车，除转向轮进行定位外，后轮也进行定位。四轮定位是为了适应汽车高速行驶状态下的稳定性和舒适性的要求。

四轮定位的检测可使用微机四轮定位仪来进行。

1. 对被检汽车的要求

① 轮胎气压正常。

② 前后轮胎磨损情况基本一致。

③ 悬架完好，无松旷等现象。

④ 转向系调整适当。

⑤ 汽车前后高度与标准值的差不大于 5 mm。

⑥ 制动系工作正常。

2. 检测前的准备

① 将汽车开上举升平台，托起四个车轮，把汽车举升 0.50 m。

② 托起车身适当部位，把汽车举升至车轮能自由转动。

③ 按上述“对被检汽车的要求”中的步骤进行检查调整。

3. 检测

① 将传感器支架安装到轮毂上，将传感器（定位校正头）安装到支架上，按说明书的规定调整好。

② 开机进入测试程序，输入被检汽车的车型和生产年份。

③ 将转向盘处于直线行驶位置，并使每个车轮旋转一周，即将轮辋变形的误差输入了计算机，完成了轮辋变形的补偿。

④ 降下汽车，使车轮落到平台上，把汽车前部和后部向下压动 4 ~ 5 次，进行压力弹跳。

⑤ 用刹车锁压下制动踏板，使汽车处于制动状态。

⑥ 把转向盘左转至计算机发出“OK”声，输入左转角度；然后把转向盘右转至计算机发出“OK”声，输入右转角度。

⑦ 回正转向盘，计算机屏幕上显示出后轮的前束和外倾角数值。

⑧ 将转向盘处于直线行驶位置，用转向盘锁锁住转向盘，使之不能转动。

⑨ 把安装在四个车轮上的定位校正头调到水平线上，计算机屏幕上显示出转向轮的主销后倾角、主销内倾角、前轮外倾角和前束。

⑩ 如果数值不正确，可按微机屏幕的显示进行调整，并在调整后按上述方法重新检测。

第三节 行驶系维修

一、车架的维修

1. 车架的常见损坏现象

（1）车架弯曲或扭曲变形、断裂。

（2）铆钉松动或被剪断。

（3）部件脱焊或被撕裂。

（4）表面涂层损坏等。

2. 引起上述现象的主要原因

（1）汽车超载或动载荷过大。

（2）交通事故中造成损坏。

（3）剧烈颠簸等。

3. 车架检修作业的主要内容

（1）表面涂层修复。

（2）尺寸校正。

（3）焊补或更换铆钉等。

4. 检修完成后的车架应满足的要求

（1）安装在车架上的各零部件不发生运动干涉。

（2）车架具有足够的强度和适当的刚度。

（3）车架质量应尽可能小，不要焊接或铆接过多的钢件。

（4）车架的重心应尽量降低。

（5）涂层完好。

二、车桥的维修

车桥通过悬架与车架或承载式车身相连，两端安装车轮。按车轮的作用，车桥可分为驱动桥、转向桥、转向驱动桥和支持桥。

检修完成的车桥应满足：无变形、裂纹、泄漏、异响、松动、过热等现象。

第十二章“传动系故障诊断与维修”中已介绍过驱动桥的维修，这里不再重述。

三、车轮和轮胎的维修

车轮由轮毂、轮辋和连接两者的轮辐组成，车轮装上轮胎就成为车轮总成，如图 13.6 所示。

车轮和轮胎的种类很多。目前，乘用车大都采用铝合金车轮；而低压轮胎由于弹性好，断面宽，与路面接触面大，壁薄而散热良好，也在乘用车上得到了广泛应用。

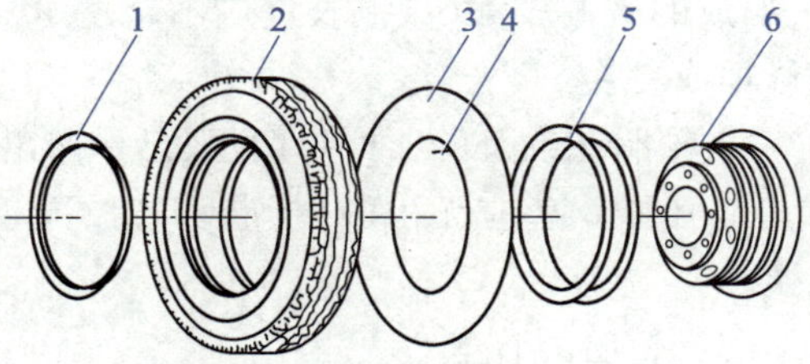

图 13.6　车轮和轮胎

1—挡圈；2—外胎；3—内胎；4—气门嘴；5—垫带；6—轮辋

1. 车轮和轮胎维护作业的主要内容

（1）检查轮辋及压条挡圈应无裂损、变形。

（2）检查车轮螺栓连接是否可靠。

（3）检查气门嘴帽是否齐全。

（4）检查轮毂轴承间隙有无明显松旷。

（5）检查调整轮胎气压等。

2. 车轮和轮胎在使用中应注意的事项

（1）规格不同，甚至厂牌不同的轮胎不得同轴使用。

（2）选定的轮胎与轮辋应相配。

（3）使用中避免超载、紧急制动，合理分配各车轮的负荷。

（4）定期检查轮胎气压和外胎表面，清除铁钉、石块等异物。

（5）为使轮胎磨损均匀，延长使用寿命，一般每行驶 10 000 km 左右应进行一次轮胎换位，轮胎换位的方法如图 13.7 所示。图（a）、（b）为交叉换位，适用于经常在拱形路面上行驶的汽车；图（c）、（d）为循环换位，适用于经常在平坦路面上行驶的汽车。注意：根据经常行驶的路面情况选择换位方法后，下次仍然要使用该种换位方法；翻新胎、有损伤或磨损严重的轮胎，不得用于转向桥。

3. 轮胎的检修

（1）内胎的检修

内胎使用中常见的损伤形式有：穿孔、破裂，气门嘴损坏、漏气等。这些损伤形式的共同特点都是泄漏。检查和确定损伤部位的方法一般是把具有一定气压的内胎放到水中，观察气泡的出

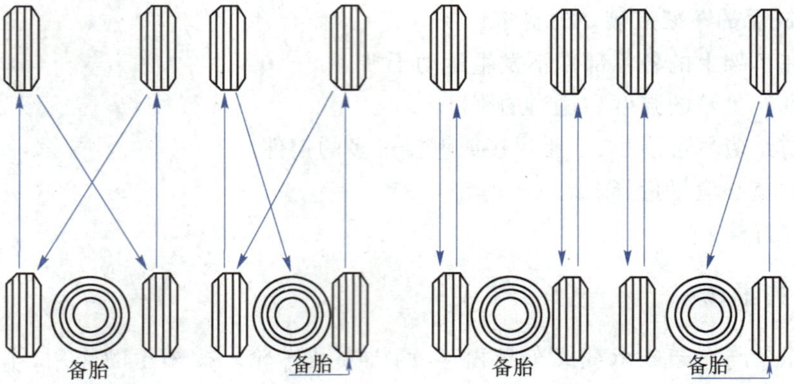

(a) 交叉换位　(b) 交叉换位　(c) 循环换位　(d) 循环换位

图 13.7　轮胎换位方法

处，确定损伤部位并加以修补。气门嘴如歪斜变形，丝扣损坏，折断等应更换新件。

(2) 外胎的检修

① 外胎内壁应光滑，不得粘有砂土，外胎嵌入石子后应及时清除。如因气压过高等造成损坏，形成的破洞较大(破洞长度应不超过 30 mm 且数量不超过 3 个，两洞距离不小于50 mm)，应予修理或更换。

② 轮胎花纹及胎面严重磨损，已暴露出帘布层或胎面，局部损伤超过规定标准，应报废。

③ 胎圈钢丝应无松散、折断。若胎圈钢丝露面不超过周长的 1/6 时，可送厂翻修，否则应更换。

(3) 轮胎的装配

① 将外胎内部和内胎外表面擦净，在其相互接触的表面上薄而均匀地涂上一层细滑石粉。将内胎及衬带装入外胎，并将气门嘴对准气门槽孔，将轮胎装到轮辋上。如有挡圈和锁圈，一并装入。

② 将轮胎按规定气压充足气，检查有无漏气现象。

③ 将车轮总成装上车，注意不要遮挡到制动毂检视孔。对称地按规定力矩拧紧车轮螺母。

④ 对于后轮双车轮，一定要先拧紧内侧车轮的内螺母，然后安装外侧车轮，且相邻的两轮气门嘴应互相错开 180°对称排列。双轮间隙适当，高低搭配合适。一般较低的轮胎装于里侧，较高的轮胎装于外侧。

4. 车轮总成的平衡检查

参见本章第二节中“使用离车式动平衡机检测校对车轮动平衡”的相关内容。

5. 前轮定位的调整

以前独立悬架应用最多的双横臂式独立悬架前桥和滑柱连杆式(麦弗逊式)独立悬架前桥为例：

(1) 双横臂式独立悬架前桥前轮定位的调整方法

采用这种结构的前桥，其前轮定位参数均可调整。只要改变上横臂与上臂固定轴间的两种调整垫片的数量，就可实现主销内倾角、主销后倾角和车轮外倾角的调整。

调整时，如果两种垫片的数量同时增加，则上横臂连同上球头销同时向内移动，因而减小了车轮外倾角，主销内倾角相应加大；反之，车轮外倾角加大，主销内倾角相应减小。

当增加一种垫片同时减少另一种垫片的时候，球头销将相对横向中心线后移一段距离，因而加大了主销后倾角；反之，则减小主销后倾角。

前束的调整则通过改变横拉杆的长度来实现。

(2) 滑柱连杆式(麦弗逊式)独立悬架前桥前轮定位的调整方法

一汽奥迪、上汽桑塔纳等乘用车皆采用这种形式。各种车型的具体结构不同，但一般而言，前轮定位的四个参数中，并不都能调整。

一汽奥迪 100 乘用车车轮外倾角由设计保证，不能调整，而其主销后倾和内倾角可通过弹簧支柱座上的三个腰形螺栓孔调整。

桑塔纳乘用车则只能调整车轮外倾角，方法见下：

松开下悬臂球形接头的固定螺母，如图 13.8 所示。将外倾调整杆插入图中箭头所示的孔中，横向移动球形接头，直至达到外倾值。一般是右侧从前面插入调整杆，左侧从后面插入调整杆。

调整后，紧固螺母并再次检查外倾值及前束。

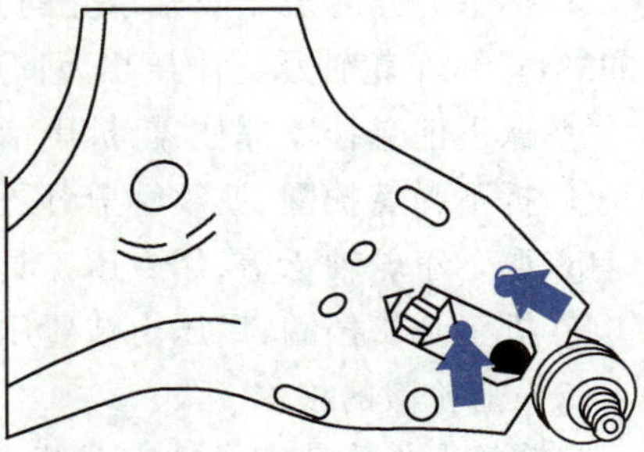

图 13.8　调整车轮外倾角

6. 检修完成的车轮和轮胎应满足的要求

(1) 规格选择恰当。

(2) 静平衡和动平衡满足要求。

(3) 充气压力正确，无泄漏现象。

(4) 轮辋无变形，气门嘴帽齐全。

(5) 胎面花纹满足要求。

四、悬架的维修

悬架是车架或承载式车身与车桥或车轮之间的一切传力装置的总称。

悬架分为独立悬架和非独立悬架，其一般组成包括弹性元件、减振器和导向机构。如图 13.9 所示。

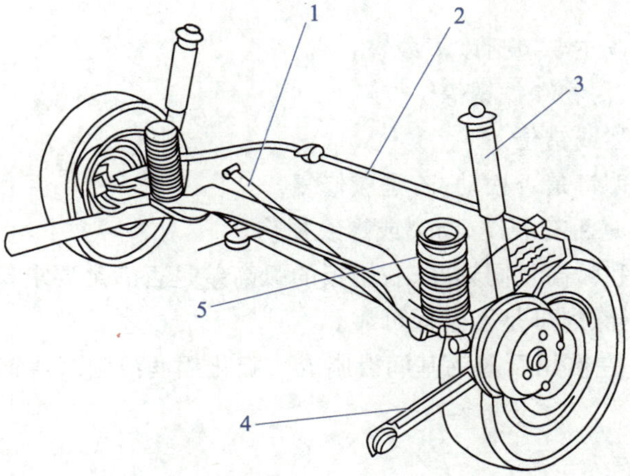

图 13.9　悬架的一般组成

1—横向推力杆；2—横向稳定器；3—减振器；4—纵向推力杆；5—弹性元件

悬架的损坏会造成汽车车身倾斜、异响和振动、行驶不稳等故障。造成故障的主要原因是悬架左、右不对称、各传动或连接处因磨损或装配不当形成过大间隙，润滑不良等。

1. 前轮毂的维修

帕萨特乘用车采用发动机前置、前轮驱动的布置形式，前桥由两个柱式独立悬架组成，承担驱动和转向的任务。下面，我们以该车为例，介绍前轮毂的维修作业。

（1）前轮毂的拆卸

① 拆下轮毂与传动轴紧固螺母，顶起车轮，拆下轮毂螺母，卸下车轮。拆下制动钳紧固螺栓，取下制动钳，拆下制动软管支架并用铁丝把制动钳固定在车身上。

② 拆下悬挂臂上车轮轴承壳的紧固螺栓。使用专用工具压下横拉杆接头，拧下悬挂臂螺杆上的螺母，从车轮轴承壳中压出万向节销。用压力装置压下传动轴。

③ 取下前悬挂支撑柱盖，拆下活塞杆的螺母。

④ 拆下弹簧护圈、波纹管盖、限位缓冲器、减振器等。

⑤ 取下车轮轴承盖，用专用工具压出轮毂。

⑥ 拆下弹簧挡圈，用压力装置压出车轮轴承。

（2）前轮毂的检修

前轮毂承受静载荷及冲击载荷，车轮轴承和轴承壳及传动轴是容易损伤的部位。检查时，轴承应转动灵活，无卡滞，轴向及径向没有明显的间隙感觉，否则应进行更换。轴承壳应无裂纹，轴承壳变形较小时可以敲击校正，变形较大时应予更换。

（3）前轮毂的装配

① 安装弹簧挡圈，将轴承涂上润滑脂，将轴承压到位，装上内弹簧挡圈。用专用工具将轮毂压入轮轴。

② 安装减振支柱。装上螺旋弹簧、减振器护套、限位缓冲器。用专用工具压紧弹簧，再拧紧螺母盖。拧紧力矩为 597 N · m，拧紧时，用内六角扳手阻止活塞杆转动。

③ 装上螺母盖。在等速万向节花键上涂上一圈防护剂 D6，然后进行传动轴装配。

④ 安装完成 1 小时后方可使用汽车。

2. 钢板弹簧的维修

钢板弹簧的维修作业主要包括以下内容：

（1）清除表面积灰、污物和铁锈等。

（2）检查是否有断裂或错位。

（3）检查弹簧夹箍铆钉是否松动，若是应修复。

（4）检查 U 形螺栓是否有裂纹、断裂或螺纹损伤。

（5）检查钢板长度和弧高及同轴左、右钢板的弧高差是否满足要求。

（6）检查各连接螺栓、螺母是否紧固可靠。

（7）每隔 5 000 km 左右用石墨钙基润滑脂或二硫化钼润滑脂润滑钢板弹簧。

3. 减振器的维修

维修减振器时应注意：

（1）行驶 10 km 以上的汽车减振器，手摸感觉温度应明显高于气温；手用力下压乘用车发动机罩或行李厢盖，车身应出现多于一次的连续上下跳动。否则，说明减振器效能降低或已失效。

(2) 如果拆下减振器,用手拉压,拉伸阻力应大于推压阻力。

(3) 减振器水平放置 24 小时,应无漏油现象。

(4) 减振器活塞与工作缸的配合间隙应不大于 0.15 mm,活塞杆圆度误差不超过 0.10 mm,阀片不得缺损或严重变形,否则应更换。

4. 检修完成的悬架应满足的要求

(1) 减振器工作正常。

(2) 轴承无严重磨损或损坏。

(3) 钢板弹簧完好有效。

(4) 左右悬架尺寸对称,性能相似。

(5) 各连接部位可靠。

第四节　汽车车身变形的检测

现代乘用车一般采用承载式车身,行驶系的大多数部件,包括发动机、变速器、转向器等部件,都安装在车身上。汽车发生碰撞、翻车等意外事故时,车身很容易发生变形和损坏,车身上各点相互之间的位置关系变化,直接影响到车轮定位、底盘各总成相对位置、轴距、操纵件运动是否干涉等,造成汽车行驶平顺性不良、行驶跑偏,甚至不能行驶等故障,必须对受损车身进行修复。

对受损的车身进行修复前,应对车身受损的程度、范围及受损部件进行检测,这是彻底修复受损汽车车身的前提。同时,检测结果还是制订车身修理工艺规程及车身修复方法的重要依据。一般来说,发现损伤中心部位附近构件的弯曲和扭曲变形比较容易,但在车身其他部位由于碰撞而产生的轻微变形却难以觉察,只有通过检测才能确定。

一、车身变形检测的基本步骤

(1) 找出车身主要受碰撞的零件及位置,根据受碰撞部位损伤的特征和程度确定碰撞力的方向及其大小。

(2) 初步检查与主要受损零件相连的部件有无损伤以及损伤程度。

(3) 测量车身各参照点的位置尺寸,并与标准尺寸进行比较,确定车身的变形程度和特点。

(4) 找出车身的所有变形零件和部位。

二、车身变形的目测诊断方法

目测方法简单可行,对于车身的局部变形或损伤很适用。在进行车身变形精确测量前一般都先通过目测方法来进行检测。

目测时,先对汽车进行总体估测,检查车身是否有扭曲、弯曲及错位变形。然后从碰撞的位置估计汽车受损部位尺寸的大小及方向,判断碰撞如何扩散并造成损伤。同时,查看车身所有部位,设法确定出损伤位置以及所有的损伤是否都由同一碰撞引起。

汽车车身受外力损伤时,容易受损的部位是薄弱的部件。外力会穿过车身坚固部位,最终抵达并损坏薄弱的部件,甚至深入至车身部件的内部,直到能量被完全吸收。在碰撞点附近,损伤迹象最为显著,当能量在邻近的结构中逐渐消散时,其损伤的程度也相应减弱,但要注意车内是否有更薄弱的部件也受到了损伤。因此,目测查找车身的损伤时,应沿着碰撞力扩散传递的路径,按顺序逐步检查,直至找到车身的薄弱部位,确认出损伤变形情况为止。

检查时应先从以下现象或部位入手:油漆喷涂层发生裂纹或有脱落处;车身表面存在明显的凹坑处;相连板件发生翘曲、错位处;车身部件本身存在截面突变而容易发生应力集中导致裂纹或断裂处;部件的边角处;出现了间隙或原有的间隙比标准值大处(比如发动机罩与翼子板的间隙超过了标准值);功能不畅或丧失处(比如车门开关困难或车门关不上,可能是由于车门或立柱产生了变形);对称性丧失处(比如车身一边高,一边低)等。

三、车身变形的仪器检测方法

现代乘用车车身变形测量中广泛采用车体测量系统。这类系统配有测量基准定位系统、专用量具和专用测量触头,可实现车身上各测量点的三维坐标精确测量,并备有常见车型测量基点分布图及底盘和车身数据,为提高车身整形速度和质量提供了保证。

桑塔纳乘用车车身前围轮廓形状检测尺寸如图 13.10 所示,其定位检测基点布置如图 13.11 所示,其具体尺寸和控制范围见表 13.2。

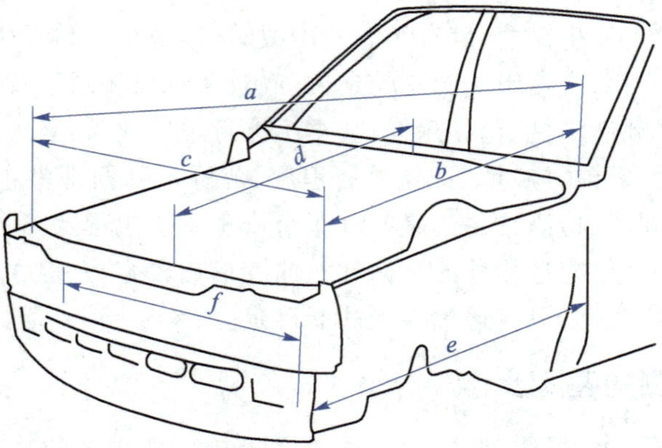

图 13.10 桑塔纳乘用车车身前围轮廓检测尺寸

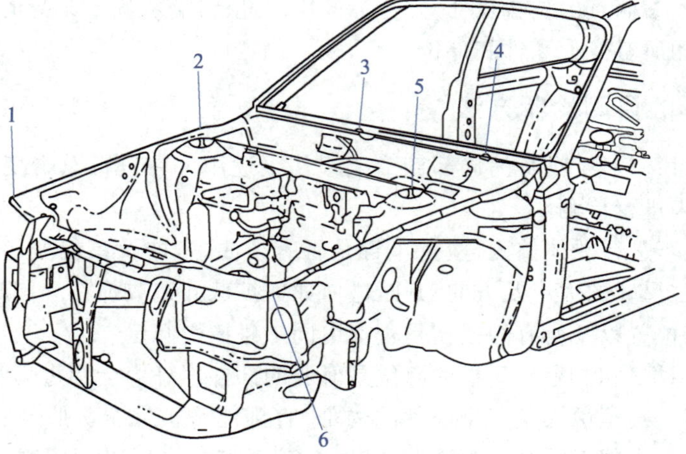

图 13.11 桑塔纳乘用车车身前围定位检测基点

表 13.2　桑塔纳乘用车车身前围轮廓尺寸及基点间距　　mm

位置 / 尺寸	轮廓尺寸						基点间距					
	a	*b*	*c*	*d*	*e*	*f*	1—4	2—3	4—5	2—6	3—5	2—5
标准尺寸	1 787	1 110	1 363	1 096	1 129	994	1 585	603	327	1 377	592	1 050
允许误差	±3	±3	±2	±2	±3	±2	±2	±2	±2	±2	±2	±2

图 13.12 为使用瑞典 CAR－O－LINER 公司 5－60 型汽车底盘及车身矫正仪所配测量系统对奥迪 100 乘用车车身车底进行测量的基点分布、所用量具编号、检测触头及尺寸要求示意图。

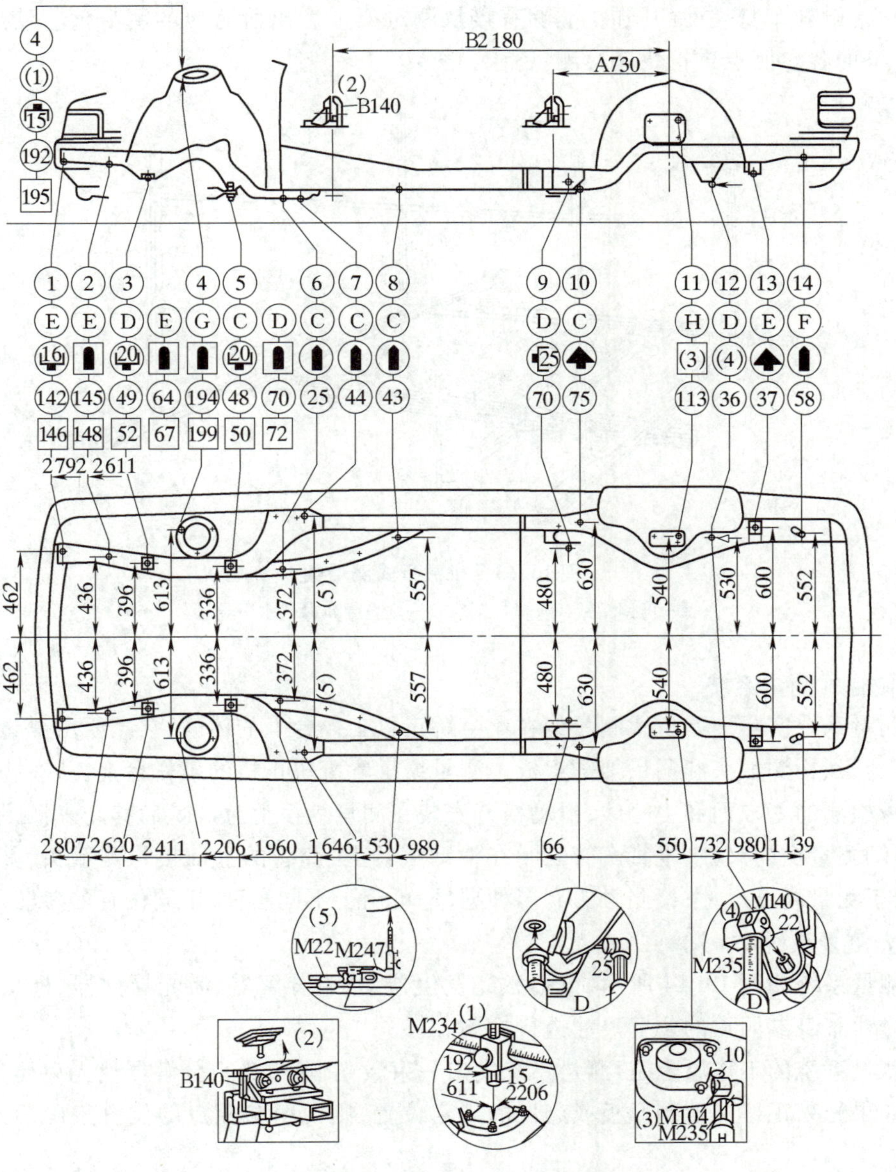

图 13.12　奥迪 100 乘用车车底基点图

图中数字及符号含义为：第 1 行数字为测量基点序号；第 2 行字母为矫正系统所配专用测量工具编号；第 3 行符号表示所检基点选用的触头外形及安装方位或所测点局部放大图序号；第 4 行为发动机装车时各基点在垂直方向距测量基准的有效距离；第 5 行数字为发动机离车时各基点在垂直方向距测量基准的有效距离。

对于车身变形的仪器检测，常用的测量系统有机械式测量系统、激光测量系统和计算机辅助测量系统三类。

1. 机械桥式测量架

桥式测量架如图 13.13 所示，由测量桥、导轨、移动式测量柱、刻尺和指针等组成。测量时，可视需要调整测量架与车身的相对位置，测量针应根据车身尺寸参数及检测点的状况调整适当，使测量针在接触到车身表面的同时，能够直接从测量架上读出所对应的测量值。使用该测量系统，可对车身的各参照点进行快速检测。

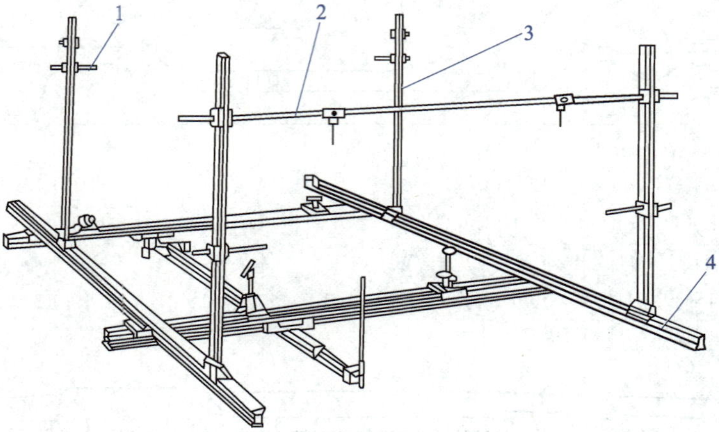

图 13.13 机械桥式测量架

1—可调指针；2—横杆刻尺；3—垂直导轨；4—水平导轨

2. 机械台式测量系统

台式测量系统实际上是桥式测量架在车身矫正机工作台上的体现，它主要由测量纵桥、滑动横臂、垂直套管、检测触头和测量架等组成。测量纵桥置于矫正机的工作台上，从车头通到车尾，它体现车身检测的基准面和中心线；滑动横臂安装在测量纵桥上，可前、后移动来测量纵向尺寸，或左、右移动测量横向尺寸；垂直套管安装在滑动横臂上，套管的上部接检测触头，其触头可上、下移动，用于测量高度尺寸；检测触头有多种型号，可用于不同车型、不同位置的参照点检测。

3. 激光测量系统

激光测量系统如图 13.14 所示，包括激光发生器、光束分解器、激光导向器、标板或刻尺等。它利用激光对车身参照点的位置尺寸进行检测。

激光测量系统的工作原理是：测量系统发出一束激光，通过光束分解器使光束照射到标板或刻尺上。如果光束正好照射到标板或刻尺的规定位置，则说明参照点的位置正确；否则，说明车身变形。

激光测量系统具有机械式测量系统所没有的优点：它能始终工作，不间断地动态读出参照点

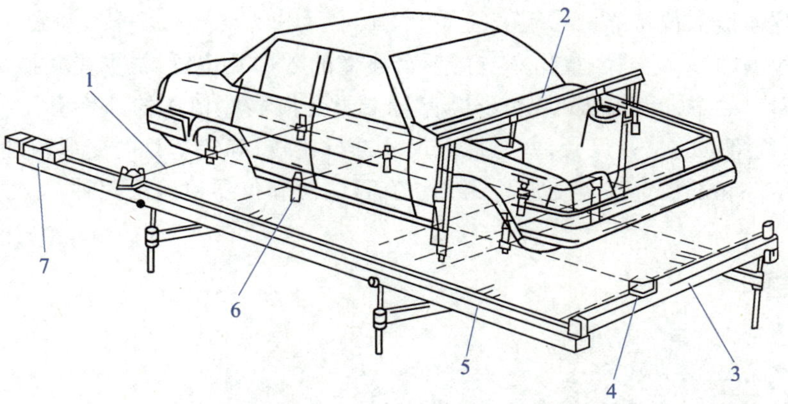

图 13.14 激光测量系统

1—激光束;2—支杆附件;3—横向导轨;4—光束分解器;
5—纵向导轨;6—透明刻尺;7—激光发生器

的坐标数值,可以边整形边测量。

4. 计算机辅助测量系统

该系统利用计算机的强大数据处理功能,随时根据测量得到的数据迅速计算出各尺寸的偏差,实现测量过程电子化,结果显示数字化。由于它采用了自动跟踪车身检查点矫正移动的测量系统,所以它可在矫正过程中进行测量,做到边矫正,边测量,同时计算机屏幕上显示测量检查的瞬时位置,便于工作人员及时纠正。

本章小结

行驶系主要由车架、车桥、车轮(包括轮胎)和悬架组成。

行驶系的常见故障部位主要有:减振器、前轮定位、轮胎动平衡、杆系连接处以及驱动桥的齿轮、轴承等。常见故障主要包括:行驶平顺性不良、车身横向倾斜、轮胎异常磨损、行驶无力和行驶跑偏。

行驶系的常用诊断参数有:车轮静不平衡量(g)、车轮动不平衡量(g)、车轮前束(mm 或°)、车轮外倾角(°)、主销后倾角(°)、主销内倾角(°)、车轮侧滑量(m/km)等。以上参数的数值正确与否,凭人工经验很难判断,必须通过专用仪器进行检测。

车架检修作业内容主要包括:表面涂层修复、尺寸校正、焊补或更换铆钉等。检修完成后的车架应满足:安装在车架上的各零部件不发生运动干涉;车架具有足够的强度和适当的刚度;车架质量应尽可能小,不要焊接或铆接过多的钢件;车架的重心应尽量降低;涂层完好。

检修完成的车桥应满足:无变形、裂纹、泄漏、异响、松动、过热等现象。

车轮和轮胎维护作业内容主要包括:检查轮辋及压条挡圈,应无裂损、变形;检查轮胎螺栓连接是否可靠;检查气门嘴帽是否齐全;检查轮毂轴承间隙有无明显松旷;检查调整轮胎气压;动平衡检测校正等。

悬架维修作业内容主要包括:前轮毂的维修,钢板弹簧的维修和减振器的维修等。检修完成的悬架应满足:减振器工作正常;轴承无严重磨损或损坏;钢板弹簧完好有效;左右悬架尺寸对称、性能相似;各连接部位可靠。

车身变形检测的基本步骤:找出车身主要受碰撞的零件及位置,根据受碰撞部位损伤的特征和程度确定碰撞力的方向及其大小;初步检查与主要受损零件相连的部件有无损伤以及损伤程度;测量车身各参照点的位置尺寸,并与标准尺寸进行比较,确定车身的变形程度和特点;找出车身的所有变形零件和部位。车身变形检测方法有目测法和仪器检测法两种。

复习与思考题

1. 行驶系的常见故障部位有哪些?
2. 行驶系的常见故障有哪些?
3. 行驶平顺性不良的故障原因有哪些? 怎样诊断?
4. 车身横向倾斜的故障原因有哪些? 怎样诊断?
5. 轮胎异常磨损的故障原因有哪些? 怎样诊断?
6. 行驶系的常用诊断参数有哪些?
7. 如何检测校正车轮静平衡?
8. 如何检测校正车轮动平衡?
9. 如何检测前轮定位?
10. 如何检测车轮侧测量?
11. 影响侧滑量检测结果的因素有哪些?
12. 如何检测四轮定位?
13. 车架的常见损坏现象有哪些? 引起这些现象的主要原因是什么?
14. 车架的检修作业主要包括哪些内容?
15. 车轮和轮胎的维护作业主要包括哪些内容?
16. 检修完成的车轮和轮胎应满足哪些要求?
17. 举例说明如何对前轮定位进行调整。
18. 如何进行轮胎换位?
19. 钢板弹簧的维修作业主要包括哪些内容?
20. 检修完成的悬架应满足哪些要求?

第十四章

转向系故障诊断与维修

学习目标

掌握转向系转向沉重，转向盘自由行程过大和转向轮抖动故障的故障现象、故障主要原因及处理方法和故障诊断方法；掌握转向盘转向力和自由行程的仪器检测方法；掌握机械和动力转向系的维修方法。

理解什么是工作正常的转向系（对转向系的要求是什么）。

了解转向系的一般构造和转向系的常用诊断参数；了解最新的故障诊断设备和方法。

案　例

现象：一辆东风 EQ1090 商用车，两前轮轮胎不正常磨损。

诊断：检查两前轮轮胎气压，正常。检查轮胎磨损特征，发现胎冠呈锯齿状，初步断定故障由前轮定位引起。测量前束，发现两前轮后端尺寸比前端尺寸小 10 mm，为负前束，与该车标准值不符。进一步检查发现横拉杆弯曲变形，估计是汽车与道路上的障碍物碰撞所致。由于横拉杆弯曲变形，引起前轮前束变化，从而造成轮胎不正常磨损。

排除：拆下横拉杆，冷压校正后装车，重新调整好前轮前束值。

第一节　概　　述

转向系通常由转向操纵机构、转向器和转向传动机构组成，可分为机械转向系和动力转向系，它们的一般组成如图 14.1 和图 14.2。机械转向系的操纵能量由人体产生，动力转向系则兼用人体和发动机动力作为转向能源。

目前常用的转向器有循环球式和齿轮齿条式。循环球式转向器一般用于货车等大型车辆；齿轮齿条式转向器由于结构紧凑，传动机构简单，在乘用车上得到广泛使用，有的乘用车上还加装了动力转向机构。

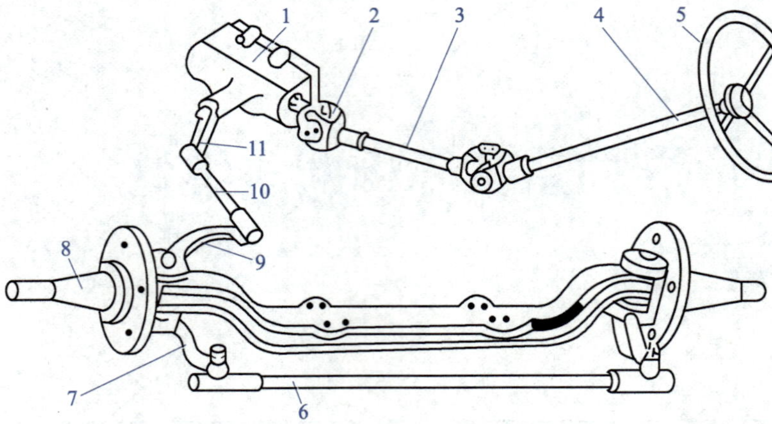

图 14.1 机械转向系的组成

1—转向器;2—转向万向节;3—转向传动轴;4—转向管柱;5—转向盘;6—转向横拉杆;7—转向臂;8—转向节;9—转向节臂;10—转向直拉杆;11—转向摇臂

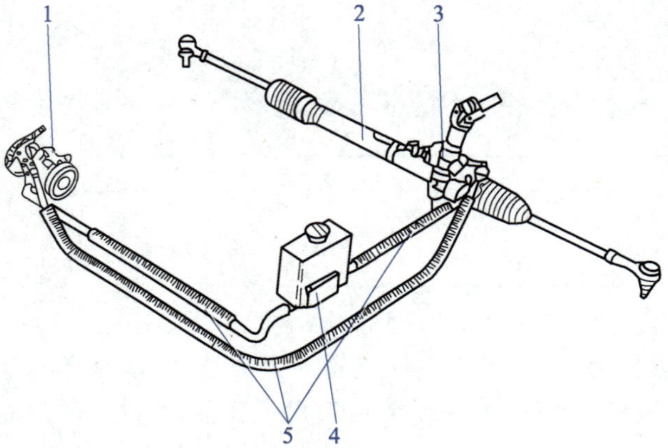

图 14.2 动力转向系的组成

1—转向助力泵;2—转向器;3—控制阀;4—转向油罐;5—油管

第二节 转向系故障诊断

一、机械转向系故障诊断

机械转向系的常见故障部位主要有:转向盘自由行程、转向传动机构连接处、转向器等。

机械转向系的常见故障主要包括:转向沉重,转向盘自由行程过大和转向轮抖动。

1. 转向沉重

(1) 故障现象

汽车行驶中,驾驶员向左、右转动转向盘时,感到沉重费力,无回正感;汽车低速转弯行驶和调头时,转动转向盘感到非常沉重,甚至打不动。

（2）故障主要原因及处理方法

转向沉重的根本原因是转向轮气压不足或定位不准，转向系传动链中出现配合过紧或卡滞而引起摩擦阻力增大。具体原因主要有：

① 转向轮轮胎气压不足，应按规定充气。

② 转向轮本身定位不准或车轴、车架变形造成转向轮定位失准，应校正车轴和车架，并重新调整转向轮定位。

③ 转向器主动部分轴承调整过紧或从动部分与衬套配合太紧，应予调整。

④ 转向器主、从动部分的啮合间隙调整过小，应予调整。

⑤ 转向器缺油或无油，应按规定添加润滑油。

⑥ 转向器壳体变形，应予校正。

⑦ 转向管柱转向轴弯曲或套管凹瘪造成互相碰擦，应予修理。

⑧ 转向纵、横拉杆球头连接处调整过紧或缺油，应予调整或添加润滑脂。

⑨ 转向节主销与转向节衬套配合过紧或缺油，或转向节止推轴承缺油，应予调整或添加润滑脂等。

（3）故障诊断方法

检查轮胎气压，排除故障由轮胎气压过低引起。接着按图 14.3 所示机械转向系转向沉重常见故障原因的诊断流程找出故障位置。

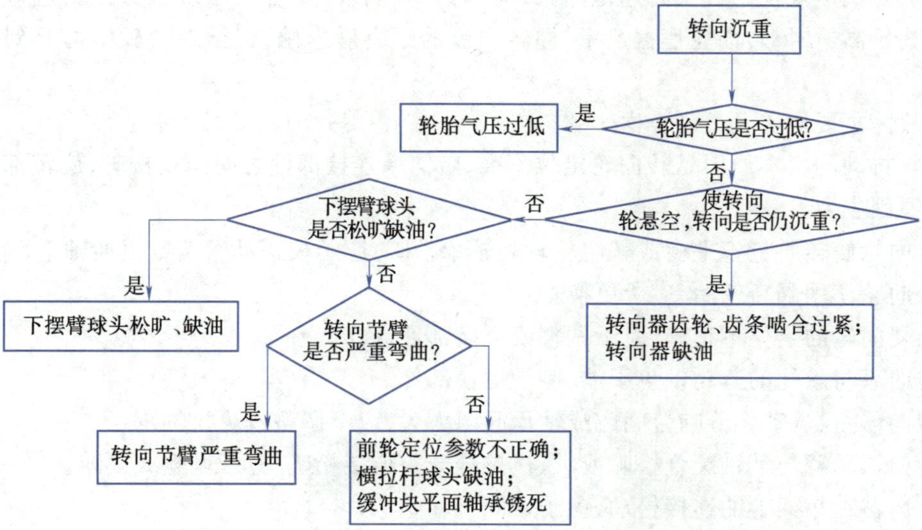

图 14.3　机械转向系转向沉重常见故障原因的诊断流程

2. 转向盘自由行程过大

转向盘自由行程过大又可称为转向不灵敏。

（1）故障现象

汽车保持直线行驶位置静止不动时，转向盘左右转动的游动角度太大。具体表现为汽车转向时感觉转向盘松旷量很大，需用较大的幅度转动转向盘，方能控制汽车的行驶方向；而在汽车直线行驶时又感到行驶方向不稳定。

(2) 故障主要原因及处理方法

转向盘自由行程过大的根本原因是转向系传动链中一处或多处的配合因装配不当、磨损等原因造成松旷。具体原因主要有:

① 转向器主、从动啮合部位间隙过大或主、从动部位轴承松旷,应予调整或更换。

② 转向盘与转向轴连接部位松旷,应予调整。

③ 转向垂臂与转向垂臂轴连接松旷,应予调整。

④ 纵、横拉杆球头连接部位松旷,应予调整或更换。

⑤ 纵、横拉杆臂与转向节连接松旷,应予调整或更换。

⑥ 转向节主销与衬套磨损后松旷,应予更换。

⑦ 车轮轮毂轴承间隙过大,应予更换等。

(3) 故障诊断方法

造成转向盘自由行程过大的根本原因是转向系传动链中一处或多处连接的配合间隙过大,诊断时,可从转向盘开始检查转向系各部件的连接情况,看是否有磨损、松动、调整不当等情况,找出故障部位。

3. 转向轮抖动

(1) 故障现象

汽车在某低速范围内或某高速范围内行驶时,出现转向轮各自围绕自身主销进行角振动的现象。尤其是高速时,转向轮摆振严重,握转向盘的手有麻木感,甚至在驾驶室可看到汽车车头晃动。

(2) 故障主要原因及处理方法

转向轮抖动的根本原因是转向轮定位不准,转向系连接部件之间出现松旷,旋转部件动不平衡。具体原因主要有:

① 转向轮旋转质量不平衡或转向轮轮毂轴承松旷,应予校正动平衡或更换轴承。

② 转向轮使用翻新轮胎,应予更换。

③ 两转向轮的定位不正确,应予调整或更换部件。

④ 转向系与悬挂的运动发生干涉,应予更换部件。

⑤ 转向器主、从动部分啮合间隙或轴承间隙太大,应予调整或更换轴承。

⑥ 转向器垂臂与其轴配合松旷或纵、横拉杆球头连接松旷,应予调整或更换。

⑦ 转向器在车架上的连接松动,应予紧固。

⑧ 转向轮所在车轴的悬挂减振器失效或左右两边减振器效能不一,应予更换。

⑨ 转向轮所在车轴的钢板弹簧 U 形螺栓松动或钢板销与衬套配合松旷,应予紧固或调整。

⑩ 转向轮所在车轴的左右两悬挂的高度或刚度不一,应予更换等。

(3) 故障诊断方法

根据转向轮抖动特征,按照图 14.4 所示机械转向系转向轮抖动常见故障原因的诊断流程找出故障部位。

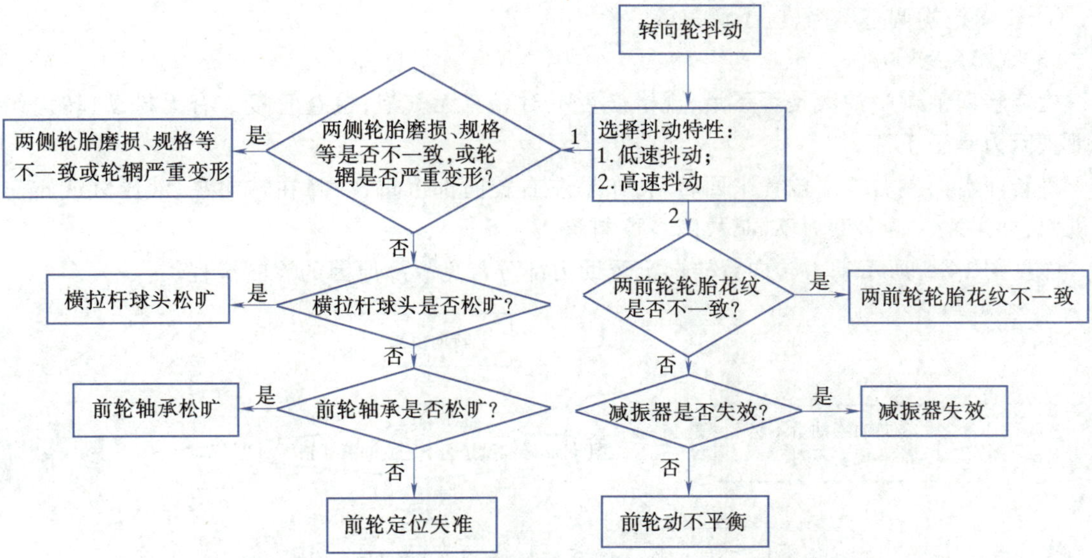

图 14.4　机械转向系转向轮抖动常见故障原因的诊断流程

二、动力转向系故障诊断

为了操纵轻便、转向灵敏和提高行车安全，目前高级乘用车、豪华客车和重型货车广泛采用了动力转向系。动力转向系一般是在机械转向系的基础上加装转向助力装置；常用的助力装置是液压式，主要由转向泵、动力油缸、控制阀、转向油罐和油管等组成。

动力转向系的常见故障部位主要有：转向盘自由行程、转向传动机构连接处、转向器、转向泵、控制阀、油管接头等。

动力转向系的常见故障主要是转向沉重和转向噪声。

下面，我们以齿轮齿条式液压动力转向系为例介绍动力转向系的故障诊断。侧重于液压助力系统，机械部分的故障参见本节“机械转向系故障诊断”的内容。

1. 转向沉重

(1) 故障现象

同机械转向系。

(2) 故障主要原因及处理方法

转向沉重故障一般由液压转向助力系统失效或助力不足，机械传动机构损坏或调整不当引起。具体原因主要是：

① 转向油罐油液油量不足或规格不对，应使用正确的油液并调整到规定高度。

② 油路堵塞或不畅，应予检修。

③ 油路中有泄漏现象，应予检修排除。

④ 油路中有空气，应予排气。

⑤ 转向泵传动带损坏或打滑，应予调整或更换。

⑥ 调节阀失效，使输出压力过低，应予更换或调整。

⑦ 转向机构调整不当,应予调整等。

(3) 故障诊断方法

检查转向油罐中油液是否不足,规格是否不对和有无气泡,检查管接头有无松动,转向泵传动带张紧力是否正常。

将转向盘向左右极限位置来回转动,如果左右转向都沉重,故障在转向泵、液压缸或转向传动机构;如果左右转向助力不同,故障在控制阀。

详见图14.5所示动力转向系转向沉重助力部分常见故障原因的诊断流程。

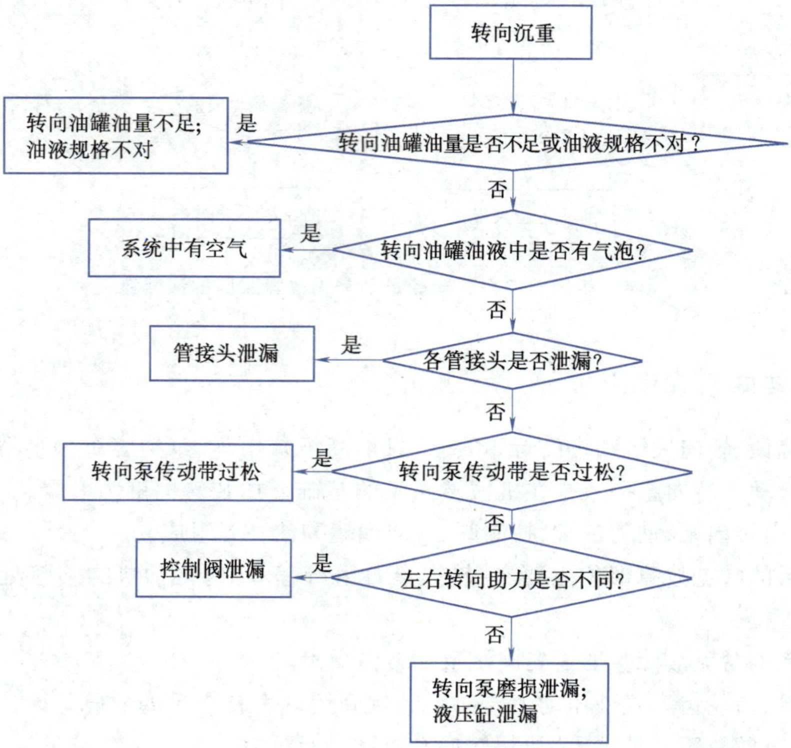

图14.5 动力转向系转向沉重助力部分常见故障原因的诊断流程

2. 转向噪声

(1) 故障现象

汽车转向时,转向系出现过大的噪声。

(2) 故障主要原因及处理方法

装有动力转向系的汽车,在发动机起动后,转向助力泵的溢流阀中出现液流噪声是正常的,但噪声过大甚至影响转向性能时,该噪声应视为故障。因助力系统引起转向噪声的原因主要是:

① 转向泵损坏或磨损严重,应予修理或更换。

② 转向泵传动带打滑,应予调整或更换。

③ 控制阀性能不良,应予检修。

④ 系统中渗入空气,应予排气。

⑤ 管道不畅,应予检修等。

(3) 故障诊断方法

转向时发出“咔哒”声，在已排除转向泵叶片噪声的情况下，则由转向泵带轮出现松动引起。

转向时发出“嘎嘎”声，由转向泵传动带打滑引起。

转向时转向泵发出“咯咯”声，是由于系统中有空气；发出“嘶嘶”声，而且系统无泄漏，转向泵传动带张紧度也合适，则由油路不畅或控制阀性能不良引起。

动力转向系的其他故障还有：

(1) 转向助力瞬间消失

故障原因主要是：转向泵传动带打滑，控制阀密封圈泄漏，系统泄漏造成油面过低，发动机怠速过低，系统内有空气等。

(2) 转向盘回位不良

故障原因主要是：系统内有空气、压力限制阀工作不良，控制阀弹簧失效等。

(3) 转向盘自由行程过大

故障原因主要是：系统内有空气或压力限制阀失效。

需针对故障原因，找出故障位置。

三、转向系仪器检测

转向系的常用诊断参数有：转向盘最大自由转动量（即转向盘自由行程，°）、转向盘外缘最大转向切向力（即转向盘最大转向力，N）、转向轮最大转向角（°）、汽车最小转弯半径（m）、转向轮定位参数等。

对于前轮转向的汽车，转向轮定位参数包括主销后倾角、主销内倾角、前轮外倾角和前轮前束，即我们常说的前轮定位。转向轮定位应该是行驶系的内容，但由于该参数的改变，既可能造成行驶系故障（如轮胎异常磨损），也可能造成转向系故障（如转向沉重），因此转向轮定位参数通常也作为转向系的诊断参数。

依靠人工经验很难判断转向盘的转向力和自由转动量是否正确，可以使用专门仪器来检测。

1. 转向盘转向力的检测

操纵稳定性良好的汽车，必须有适度的转向轻便性。如果转向沉重，不仅增加驾驶员的劳动强度，而且可能会因不能及时正确转向而影响行车安全。如果转向太轻，又可能导致驾驶员路感太弱或汽车“发飘”，同样不利于行车安全。

转向轻便性可用一定行驶条件下作用在转向盘上的转向力（即作用在转向盘外缘的最大切向力）来表示，采用转向参数测量仪可以测得转向盘转向力。下面以国产 ZC－2 型转向参数测量仪为例，介绍其检测转向盘转向力的方法。

(1) 安装

将转向参数测量仪对准被测转向盘中心，调整好三只活动卡爪长度，与转向盘牢固连接。

(2) 检测

转动操纵盘，转向力通过底板、力矩传感器、连接叉传递到被测转向盘上，使转向盘转动。此时，力矩传感器将转向力矩变成电信号，而定位杆内端连接的光电装置则将转角的变化转变为电信号。这两种电信号由微机自动完成数据的采集、转角的编码、运算、分析、存储、显示和打印，因而该仪器既可测得转向力，又可测得转向盘转角。

转向力的检测可按转向轻便性实验方法进行，一般有原地转向力实验、低速大转角（“8”字行驶）转向力实验、弯道转向力实验等，可参照有关国家标准的规定进行检测。

（3）结果分析

我国《营运车辆综合性能要求和检验方法》（GB18565—2001）中 7.2.1 条规定：“路试检测：汽车空载在平坦、干燥和清洁的硬路面上以 10 km/h 的速度在 5 s 之内沿螺旋线从直线行驶过渡到直径为 24 m 的圆周行驶，施加于转向盘外缘的最大切向力不得大于 150 N。”7.2.2 条规定：“原地检测：汽车转向轮置于转向盘上，转动转向盘使转向轮达到原厂规定的最大转角，在全过程中用转向力测试仪测得的转动转向盘的操纵力不得大于 120 N。”

2. 转向盘自由转动量的检测

转向盘自由转动量又可称为转向盘自由行程，是指汽车保持直线行驶位置不动时，左右晃动转向盘时的自由转动量（游动角度）。GB 18565 中 7.1.1 和 7.1.2 条规定：最大设计车速大于或等于 100 km/h 的汽车，转向盘自由转动量最大为 20°；最大设计车速小于 100 km/h 的汽车，转向盘自由转动量最大为 30°。转向盘自由转动量是一个综合诊断参数，当其超过规定的值时，说明从转向盘至转向轮的传动链中有一处或几处的配合出现松旷。转向盘自由转动量过大时，将造成驾驶员工作紧张，并影响行车安全。

转向盘自由转动量可采用专用检测仪进行（转向参数测量仪也能检测）。简易的转向盘自由转动量检测仪由刻度盘和指针两部分组成，如图 14.6。刻度盘通过磁力座吸附在驾驶室仪表盘或转向管柱上，指针则固定在转向盘的周缘上；也可将指针通过磁力座固定在仪表板或转向管柱上，而刻度盘固定在转向盘周缘上。使用该种检测仪时，应使汽车保持直线行驶位置不动，转动转向盘至一侧极限位置，将刻度盘归零，再轻轻转动转向盘至行程另一侧极限位置，指针所示刻度即为转向盘自由转动量。

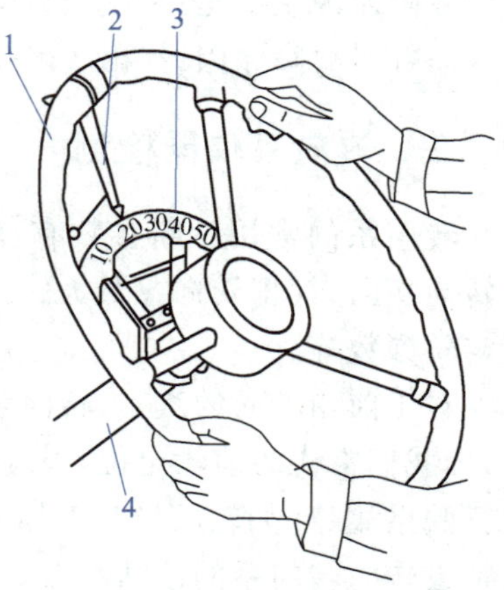

图 14.6 转向盘自由转动量的检测

1—转向盘；2—指针；
3—刻度盘；4—转向管柱

第三节 转向系维修

一、机械转向系的维修

（一）转向操纵机构的维修

转向操纵机构的维护和修理作业主要包括：

（1）清洁部件外部。

（2）检查转向管柱与转向盘、转向器的花键连接是否松动或磨损，视情况予以更换。

（3）检查转向传动轴万向节有无松动、磨损，视情况予以更换。

（4）润滑万向节。

（二）转向器的维修

1. 转向器的维护

（1）检查转向器固定是否可靠，有无漏油现象。若有，应将转向器可靠固定，找出漏油原因并加以排除。

（2）检查转向器外壳是否破裂，视情况焊补或更换。

（3）检查调整齿轮、齿条配合间隙。

（4）检查调整转向盘自由行程。以循环球式转向器为例：如图 14.7，旋松摇臂轴上调整螺栓的锁紧螺母 1，拧动调整螺栓 2，使自由行程满足 ±15°，然后将调整螺栓锁止。

（5）紧固。按规定力矩紧固转向器螺钉、转向器与车架的固定螺钉、转向管柱固定螺钉等。

（6）润滑。转向器润滑油一般每隔 8 000 km 检查添加，48 000 km 更换；每隔 2 000 km 润滑转向传动轴。

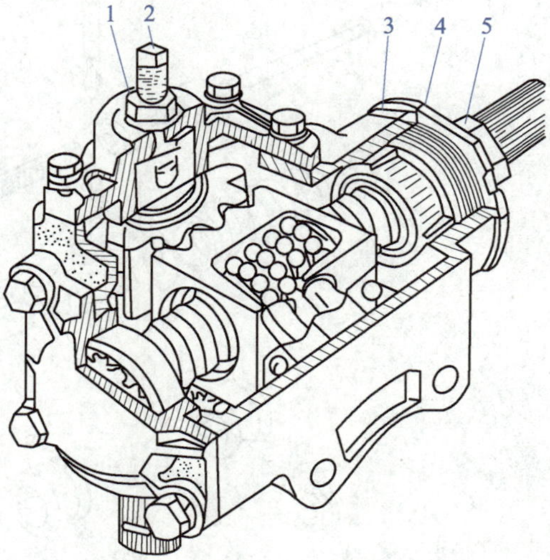

图 14.7　转向盘自由行程的调整

1—锁紧螺母；2—调整螺栓；3—锁片；4—锁紧螺母；5—调整螺母

2. 转向器的修理

齿轮齿条式转向器由于结构紧凑，传动机构简单，在乘用车上得到广泛使用。图 14.8 为天津夏利乘用车齿轮齿条式转向器的结构图。现以该车为例，阐述这类转向器的拆卸、检修与装配。桑塔纳、奥迪等乘用车都使用齿轮齿条式转向器，其结构与天津夏利乘用车转向器基本相同。

（1）拆卸

① 用千斤顶顶起汽车的前部，拆卸前轮、转向轴万向节、转向节横拉杆接头，然后用专用工具从转向节臂上拆下转向拉杆接头，拆下齿条壳夹子的 4 个固定螺栓，取下转向器总成。

② 将转向器总成壳体的安装部位夹持在虎钳上（钳口垫上铜片或铝片），在转向齿条接头总成上作好装配标记，拆下转向横拉杆接头总成。

③ 拆卸防尘套锁簧和防尘罩管箍，拆下转向器齿条防尘罩。

④ 将转向齿条接头螺母松开，从转向齿条壳体上拆下转向接头螺母，再用专用工具拆卸锁紧螺母。

⑤ 拆卸齿条导向块调整螺塞，从转向齿条壳体上拆下压簧和导向块分总成。

⑥ 拆下转向器齿条。拉出齿条时，应使齿条朝向壳体侧面再拔出，以防划伤衬套；不允许旋转齿条。

⑦ 用螺丝刀拆下油封，注意不要划伤壳体。

⑧ 用专用工具拆下弹性挡圈，从转向齿条壳体中将转向小齿轮和轴承一起拆下。

⑨ 拆卸向心球轴承。用专用工具拆下轴上弹性挡圈，再用专用工具拆卸轴承。

（2）检修

① 检查齿条的摆差、齿的磨损情况；齿条的最大摆差为 0.15 mm。检查齿条背面是否磨损

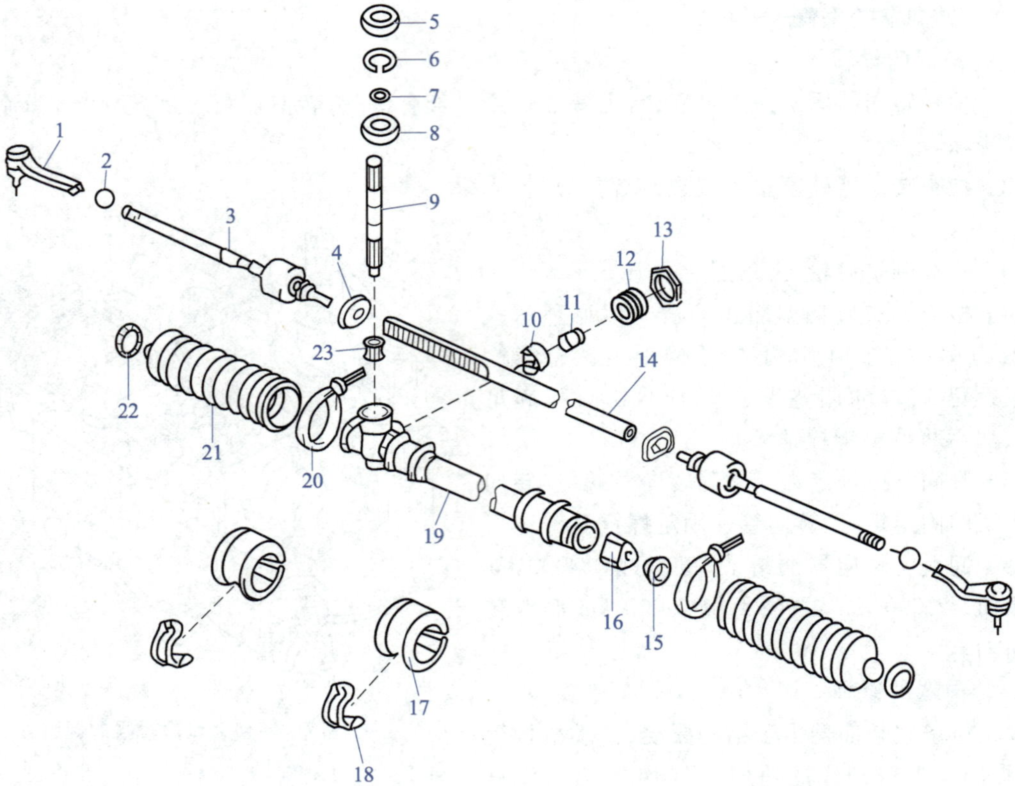

图 14.8 天津夏利乘用车齿轮齿条式转向器的结构

1—转向横拉杆接头总成;2—锁紧螺母;3—转向横拉杆及齿条接头;4—转向齿条接头锁紧螺母;
5—油封;6—孔用弹性挡圈;7—轴用弹性挡圈;8—向心球轴承;9—轴向齿轮;10—齿条导向块;
11—压紧弹簧;12—调整螺塞;13—锁紧螺母;14—转向齿条;15—齿条衬套锁止环;
16—转向齿条衬套;17—转向器壳体橡胶垫圈;18—转向器壳体固定夹;
19—转向器壳体总成;20—防尘罩箍带;21—转向齿条防尘罩;
22—防尘罩锁簧;23—滚针轴承

或损坏,如有则应更换齿条和衬套。更换时,在新的衬套内侧涂敷二硫化钼锂基润滑脂,将衬套装入转向齿条壳体,并对准内侧的 3 个孔。

② 检查轴承是否松旷,若磨损严重应更换新轴承。

(3) 装配与调整

① 装配前注意在各密封处、相互运动处加注润滑脂。

② 装配向心球轴承。用专用工具将轴承装到小齿轮上,并装上轴用弹性挡圈。

③ 装配转向小齿轮。用专用工具将转向小齿轮装入齿条壳体内,然后装上孔用弹性挡圈,再用专用工具将油封压入齿条壳体内。

④ 装配转向齿条。将 2 号二硫化钼锂基润滑脂涂在齿面和整个齿条表面上,再装入转向齿条。注意不要划伤齿条齿套。

⑤ 调整齿条预紧度。用扳手拧紧压簧调整螺塞,紧固力矩为 6.9 N · m。前后移动转向齿条

约15次，使齿条处于稳定状态，然后继续拧紧压簧调整螺塞，拧紧力矩为12.3 N·m。再用扳手将压簧螺塞退回1/8圈，接着使用专用工具测量齿条的预紧度是否符合规定值(29.4～58.8 N·m)。如果没有达到规定值，则应重复以上操作。

⑥ 装配转向齿条接头总成。将转向齿条接头螺母拧入转向齿条接头；将转向齿条接头总成拧入转向齿条。固定转向齿条，拧紧转向齿条接头螺母，紧固力矩为49～63.7 N·m。装上转向齿条防尘罩，装上防尘罩锁簧和防尘罩箍带。

⑦ 装上转向横拉杆接头总成。将锁紧螺母和横拉杆接头总成拧到齿条接头上，直到标记对准。初步拧紧锁紧螺母，在检查调整好前轮前束后，最后拧紧锁紧螺母。

循环球式转向器正传动效率可达90%～95%，操纵轻便，使用寿命长，在货车上得到广泛应用。

下面以解放CA1092商用车为例，介绍这类转向器的修理作业。

(1) 拆卸

① 拆下转向摇臂和万向节叉的锁紧螺母，拆下转向器固定螺母，取下转向器。

② 卸下通气塞，放掉润滑油。

③ 将转向螺杆拧到底，再回拧3圈半，拆下侧盖和转向摇臂轴。

④ 拆下下盖，取出转向螺杆及转向螺母总成(无特殊情况，尽量不要解体该总成)。

(2) 检修

① 检查转向器壳体，应无裂纹等损伤。

② 对转向螺杆、螺母进行探伤检查，发现裂纹或滚道严重磨损应予更换。

③ 钢球出现表面严重剥落等情况时应成组更换。

④ 齿条、齿扇应无金属剥落和严重损伤，必要时更换。

⑤ 转向摇臂轴应无裂纹，花键应无扭曲或损坏。

⑥ 轴承应无严重损伤，必要时更换。

⑦ 油封应无损坏，否则需更换。

(3) 装配与调整

按拆卸的相反次序进行，并调整好传动间隙。

(三) 转向传动机构的维修

1. 转向传动机构的维护

(1) 检查调整转向拉杆球头销的松紧度。

(2) 检查调整最大转向角。

(3) 紧固和润滑。

2. 转向传动机构的修理

以解放CA1092商用车为例。

(1) 拆卸与分解

① 分开转向摇臂与直拉杆。

② 在转向摇臂与摇臂轴之间做好装配记号，拆下转向摇臂。

③ 拆下转向直拉杆总成并分解。

④ 拆下转向横拉杆总成并分解。

(2) 检修

① 检查转向摇臂或上端花键有无裂纹或损坏,若有应更换。

② 检查转向摇臂锁紧螺母有无损伤,若有应更换。

③ 各球头销、销座及球碗应无裂纹,球头销颈部磨损不超过 1 mm,球面磨损失圆不超过 0.50 mm,否则应更换。

④ 球头销螺纹应无损伤,否则应更换;球头销弹簧不应有弹力减弱或折断现象,否则应更换。

⑤ 检查转向节应无裂纹,轴颈与轴承的配合间隙符合要求。

⑥ 防尘装置应齐全、有效。

(3) 装配

① 安装转向直拉杆总成:将弹簧座、弹簧和上球头座依次装入转向直拉杆端头的支承孔。将球头销的球头涂以润滑脂,从转向直拉杆侧面的大孔中装入。放入球头座,拧入螺塞;拧紧时先将螺塞拧到底,再退回 1/5 ~ 1/2 圈,然后用开口销锁住调整螺塞。装上油封和护套。装配转向直拉杆的另一端。将转向直拉杆的两个球头销分别装到转向摇臂和转向节上臂锥孔内,按规定力矩拧紧球头销螺母,装好开口销。

② 安装转向横拉杆总成:将转向横拉杆接头夹在虎钳上,装入上球头座。将球头销涂以润滑脂,使球头销穿过上球头座中心孔后落入球头座,再依次装入球头座、弹簧座和弹簧,拧上螺塞;拧紧时先将螺塞拧到底,再退回 1/5 ~ 1/2 圈,然后用开口销锁住调整螺塞。在球头销端装入油封、密封罩和油封盖,并装配另一端转向横拉杆接头总成。分别将左、右横拉杆接头总成装到横拉杆的两端,并拧紧左右横拉杆接头的 4 个螺栓。把转向横拉杆总成装到左、右梯形臂的锥孔内,按规定力矩拧紧球头销螺母,装好开口销。

③ 将转向摇臂上端套入转向摇臂轴,对正装配记号,将轴端螺母拧紧。

二、动力转向系的维修

1. 动力转向系的维护

以桑塔纳 2000 乘用车为例:

(1) 检查转向油罐油平面和油液质量

① 热车时让发动机怠速,转动转向盘,使油温达到 40 ~ 80 ℃,检查转向油罐液面高度。

② 检查油液是否有起泡或乳化现象。

(2) 检查油压

① 系统压力检查。如图 14.9,打开压力表阀门,起动发动机并怠速运转,满方向转动转向盘数次,压力表读数应为 6.80 ~ 8.20 MPa。

② 转向泵压力检查。如图 14.10,起动发动机并怠速运转,满方向转动转向盘数次,将压力表阀门关闭(不超过 5 s),压力表读数应为 6.80 ~ 8.20 MPa。

(3) 清洁转向器及转向油泵外部

清洁并检查是否有漏油痕迹。

(4) 检查各连接油管、接头

检查油管是否漏油,接头连接是否牢固可靠。

（5）检查转向油泵传动带松紧度

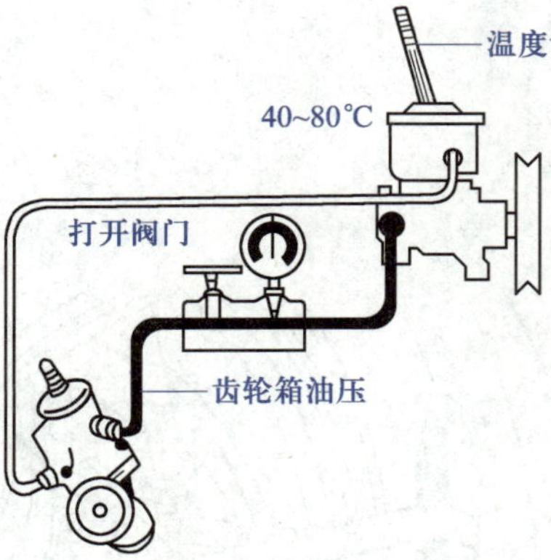

图 14.9　系统压力的检查

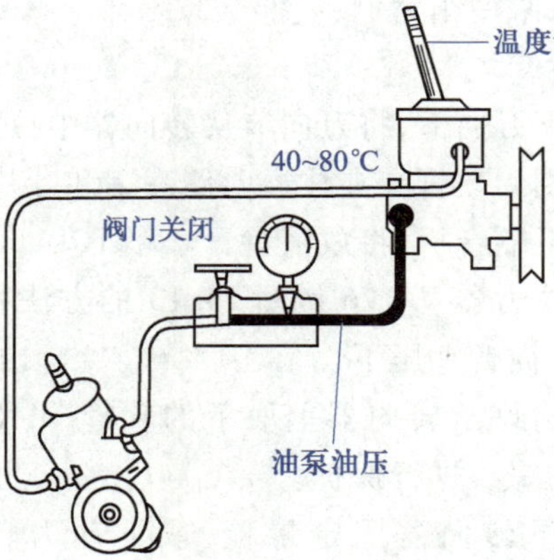

图 14.10　转向泵压力的检查

如图 14.11，松开转向油泵装配支架上的 2 个螺母，转动调整螺栓，当带中部的挠度为 9 ~ 10 mm 时，再将 2 个螺母锁止。

（6）测量转向盘上的转向力

超过 40 N 应予以检查维修，同时，转向盘自由行程应在规定范围内。

（7）转向器齿轮齿条的间隙调整

通过图 14.12 中所标的调节螺钉进行调整。

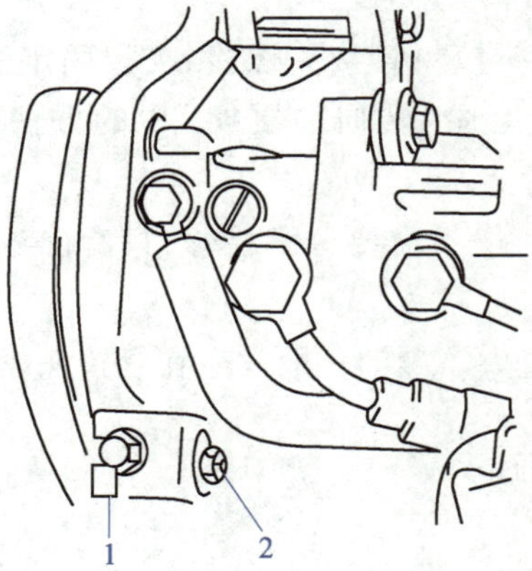

图 14.11　转向油泵传动带张力的调整

1—调整螺栓；2—锁紧螺母

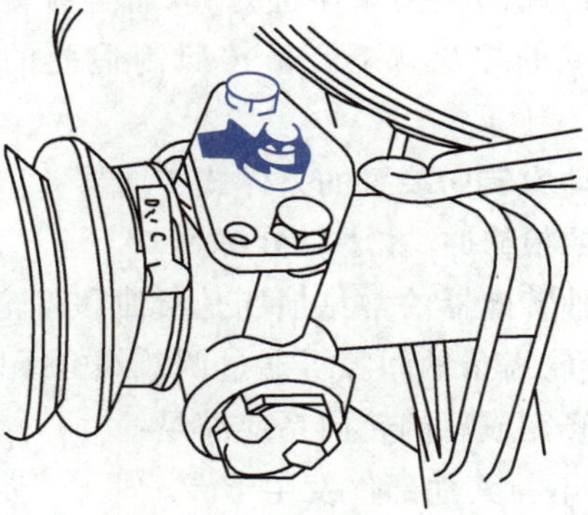

图 14.12　齿轮齿条的间隙调整

（8）转向油更换

① 支起汽车前部，使两前轮离开地面。拧下转向油罐盖，拆下回油管放油。同时起动发动机怠速运转，左右转动转向盘。

② 关闭发动机，在转向油罐中添加转向油至规定高度，满打转向盘 2 ~3 次，若液面下降需补充转向油。降下汽车前部，起动发动机怠速运转，满打转向盘 2 ~3 次。重复以上操作，直到转向油罐液面无明显下降，转向油罐中转向油无气泡和乳化现象为止。

2. 动力转向系的修理

以宝来乘用车为例：

(1) 拆卸

① 拆下万向节，将万向节从转向器中拉出。

② 分别用软管夹夹住通向储液罐和叶片泵的软管。

③ 拆下隔音板，将放液盘置于车下。

④ 用拉力器 V/176 按图 14.13 的方法将调整杆端头从转向臂上压下。

⑤ 密封好从转向器上取下的软管，并对转向器上露出的螺纹进行保护。

⑥ 拆下转向器固定螺栓，取下动力转向器总成。

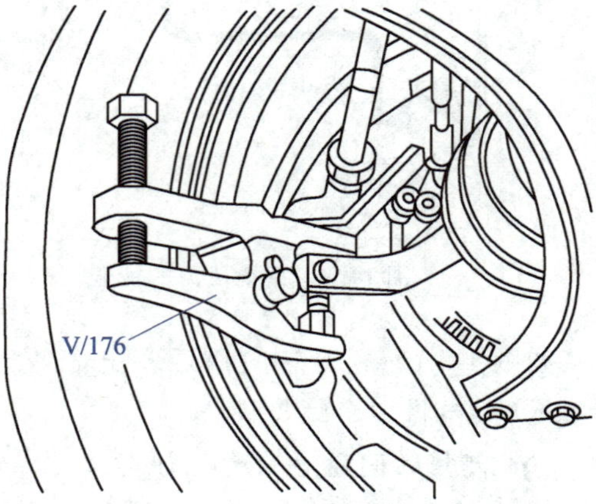

图 14.13 压下调整杆端头

(2) 检修

注意以下事项：

① 重点检查限压阀、流量限制阀和叶轮的磨损情况。对于严重磨损或损坏的零件，必须更换。

② 密封衬垫等经过拆卸后应更换新件。

③ 橡胶防护套应无损坏。

④ 供油压力应为 8.5 ~9.5 MPa；

(3) 安装调整

按拆卸的相反顺序进行；软管连接处换用新的密封环；管接头螺栓、支架固定螺栓、限压阀螺塞等处的拧紧力矩严格按照制造商的要求；参照上述“转向油更换”中的方法添加新的转向油。

带动力转向装置的整体式转向器，可靠性较高，一般不需要分解检修；只有确认转向器存在故障需要检修时，才予以分解。

此种转向器的常见损坏是漏油和齿轮齿条间隙过大。漏油一般发生在管接头、密封圈、油封等处；齿轮齿条的间隙可通过调节螺钉予以调整。

维修完成后的转向系应满足：

① 不与其他部件发生干涉。

② 转向盘转动灵活，操纵轻便，无阻滞、摆振现象。

③ 转向轮具有自动回正能力。

④ 转向盘的转向力和自由行程在规定范围内。

⑤ 汽车不得有摆振、路感不灵、跑偏或其他异常现象。

⑥ 转向节及转向臂、转向横(直)拉杆及球销应无裂纹和损伤，并且球销不得松旷。

⑦ 横、直拉杆不得拼焊。

⑧ 转向轮定位正确。

⑨ 侧滑符合要求。

本章小结

转向系通常由转向操纵机构、转向器和转向传动机构组成，可分为机械转向系和动力转向系。

机械转向系的常见故障部位主要有：转向盘自由行程、转向传动机构连接处、转向器等。常见故障主要包括：转向沉重、转向盘自由行程过大和转向轮抖动。机械转向系的维修包括转向操纵机构的维修、转向器的维修和转向传动机构的维修。

动力转向系的常见故障部位主要有：转向盘自由行程、转向传动机构连接处、转向器、转向泵、控制阀、油管接头等。常见故障主要是转向沉重和转向噪声。动力转向系其他故障还有：转向助力瞬间消失、转向盘回位不良和转向盘自由行程过大。

维修完成后的转向系应满足：不与其他部件发生干涉；转向盘转动灵活、操纵轻便，无阻滞、摆振现象；转向轮具有自动回正能力；转向盘的转向力和自由行程在规定范围内；汽车不得有摆振、路感不灵、跑偏或其他异常现象；转向节及臂、转向横直拉杆及球销应无裂纹和损伤，并且球销不得松旷；横、直拉杆不得拼焊；转向轮定位正确；侧滑符合要求。

转向系的常用诊断参数有：转向盘最大自由转动量（即转向盘自由行程，°）、转向盘外缘最大转向切向力（即转向盘最大转向力，N）、转向轮最大转向角（°）、汽车最小转弯半径（m）、转向轮定位参数等。

复习与思考题

1. 机械转向系的常见故障部位有哪些？
2. 机械转向系的常见故障有哪些？
3. 机械转向系转向沉重的故障原因有哪些？怎样诊断？
4. 机械转向系转向盘自由行程过大的故障原因有哪些？怎样诊断？
5. 机械转向系转向轮抖动的故障原因有哪些？怎样诊断？
6. 动力转向系的常见故障部位有哪些？
7. 动力转向系的常见故障有哪些？
8. 动力转向系转向沉重的故障原因有哪些？怎样诊断？
9. 动力转向系转向噪声的故障原因有哪些？怎样诊断？
10. 转向系的常用诊断参数有哪些？
11. 如何用国产 ZC－2 型转向参数测量仪检测转向盘的转向力？
12. 如何用转向盘自由转动量检测仪检测转向盘自由转动量？
13. 机械转向系转向操纵机构的维护和修理作业主要包括哪些内容？
14. 如何调整使用循环球式转向器的机械转向系转向盘自由行程？
15. 机械转向系转向传动机构的维护作业主要包括哪些内容？
16. 如何检查动力转向系的系统和转向泵油压？
17. 如何更换动力转向系转向油？
18. 维修完成后的转向系应满足哪些要求？

第十五章

制动系故障诊断与维修

学习目标

掌握液压和气压制动系制动不灵、制动失效和制动拖滞的故障现象、故障主要原因及处理方法、故障诊断方法；掌握液压和气压制动系的维修方法；掌握 ABS 故障诊断的思路、方法、步骤和流程；掌握 ABS 各主要元件的检修与维护方法。

理解什么是工作正常的制动系（对制动系的要求是什么）；理解 ABS 的工作原理。

了解制动系的一般构造；了解最新的故障诊断设备和方法；了解 ABS 检修的一般原则和 ABS 起作用时的踏板感觉。学会运用各种仪器和工具对于 ABS 的故障进行检测与诊断。

案　例

现象：一辆东风 EQ1092 商用车在行驶过程中明显感到制动力不足，尤其是连续制动效能差。

诊断：起动发动机怠速运行，无漏气声；踩下制动踏板，也无漏气现象。初步判断故障在空气压缩机与储气筒之间。关闭发动机，打开发动机盖，检查空气压缩机带松紧度，正常。拆下空气压缩机出气管接头，起动发动机，发现出气口泵气无力，拆下空气滤清器，情况依然，并且能用大拇指轻松堵住出气口，说明空气压缩机内部出现故障。拆检空气压缩机，发现进、排气阀严重磨损。

排除：更换进、排气阀门。

第一节　概　述

制动系包括 4 个部分：供能装置（包括供给、调节制动所需能量以及改善传能介质状态的各种部件）、控制装置（踏板机构）、传动装置和制动器。

完整的制动系应具有独立的行车制动系和驻车制动系，有的还有第二制动系、辅助制动系。行车制动系按制动能量传输方式的不同，可分为机械式、液压式、气压式等；驻车制动系一般采用机械式结构。

液压制动系一般组成如图 15.1 所示，气压制动系一般组成如图 15.2 所示，驻车制动系一般组成如图 15.3 所示。

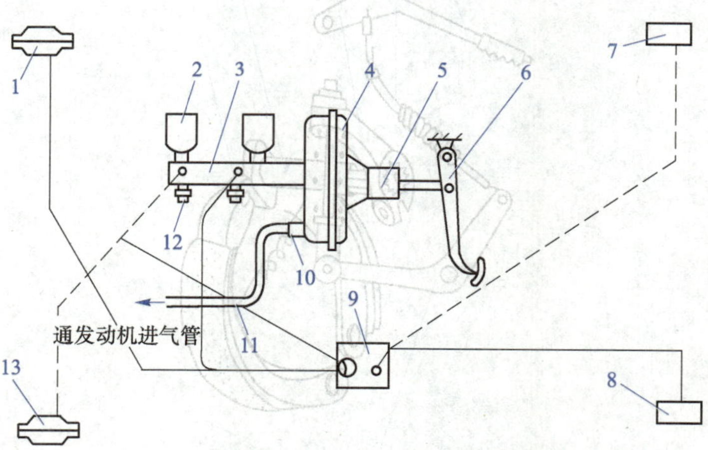

图 15.1 液压制动系一般组成

1—右前轮缸；2—储液罐；3—制动主缸；4—真空伺服气室；5—控制阀；6—制动踏板机构；7—右后轮缸；8—左后轮缸；9—感载比例阀；10—真空单向阀；11—真空供能管路；12—制动信号灯液压开关；13—左前轮缸

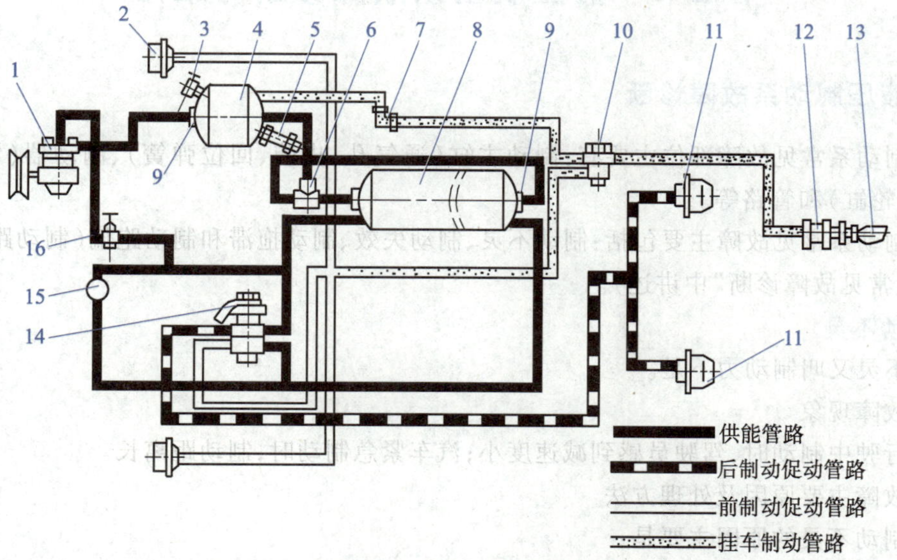

图 15.2 气压制动系一般组成

1—空气压缩机；2—前制动气室；3—放气阀；4—湿储气筒；5—安全阀；6—三通管；7—管接头；8—储气筒；9—单向阀；10—挂车制动阀；11—后制动气室；12—分离开关；13—连接头；14—串列双腔式制动阀；15—气压表；16—气压调节器

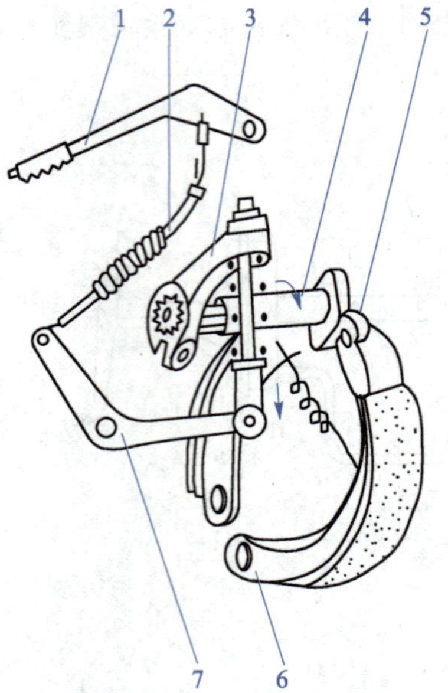

图 15.3 驻车制动系一般组成

1—驻车制动手柄;2—驻车制动拉索;3—摆臂;4—凸轮轴;5—滚轮;6—制动蹄;7—摇臂

第二节 液压制动系故障诊断与维修

一、液压制动系故障诊断

液压制动系常见故障部位主要有:制动主缸(通气孔、皮碗、回位弹簧)、制动器(制动蹄、制动盘、制动轮缸)和管路等。

液压制动系常见故障主要包括:制动不灵、制动失效、制动拖滞和制动跑偏(制动跑偏在第十六章“底盘常见故障诊断”中讲述)。

1. 制动不灵

制动不灵又叫制动力不足。

(1) 故障现象

汽车行驶中制动时,驾驶员感到减速度小;汽车紧急制动时,制动距离长。

(2) 故障主要原因及处理方法

造成制动不灵的原因主要是:

① 制动管路中有空气,或油管凹瘪,软管老化、发胀,内孔不畅通或管路内壁积垢太厚,应予排气、清洁或更换。

② 储液罐制动液不足或变质,应使用规格正确的制动液并调整到规定高度。

③ 制动主缸、制动轮缸的皮碗、活塞、缸壁磨损过甚,应予更换。

④ 制动主缸、制动轮缸、管路或管接头漏油,应予检查排除。

⑤ 制动鼓磨损过甚,或制动间隙调整不当,应予更换或调整。

⑥ 制动主缸出油阀、回油阀不密封或活塞回位弹簧预紧力太小，或进油孔、补偿孔、储液罐通气孔、活塞前贯通小孔堵塞，应予调整、清洁或更换。

⑦ 制动主缸或制动轮缸皮碗老化、发粘、发胀，应予更换。

⑧ 制动器摩擦片（制动盘）与制动鼓（制动钳）的接触面积太小，制动蹄摩擦片质量欠佳或使用中表面硬化、烧焦、油污，铆钉头外露，应予磨削、修理或更换。

⑨ 增压器、助力器效能不佳或失效，应予修理或更换。

⑩ 制动踏板自由行程太大，应予调整等。

（3）故障诊断方法

具体参照如图 15.4 所示的液压制动系制动不灵常见故障原因的诊断流程进行诊断。

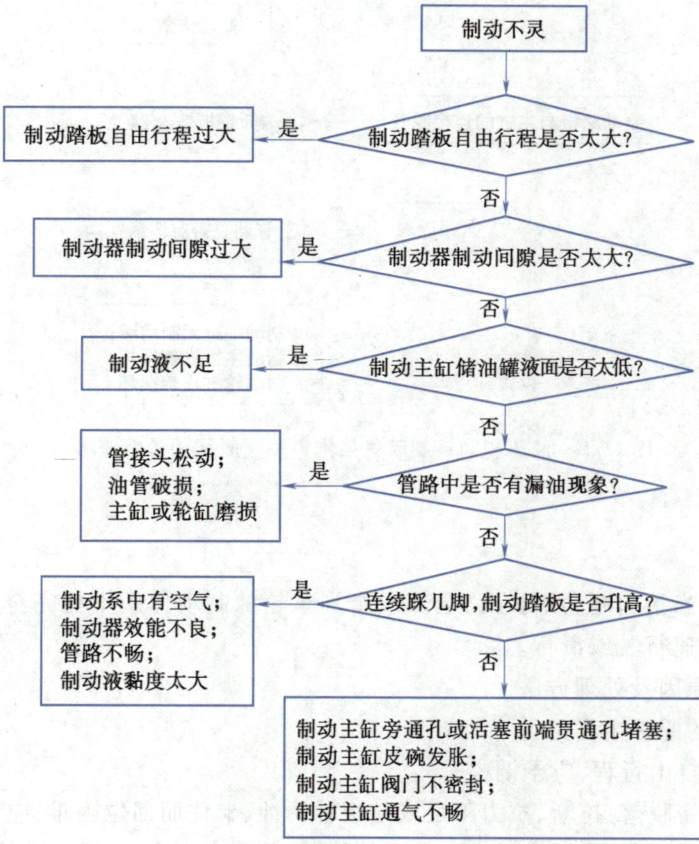

图 15.4　液压制动系制动不灵常见故障原因的诊断流程

2. 制动失效

（1）故障现象

汽车行驶时，踩下制动踏板车辆不减速，即使连续踩几脚制动也无明显作用。

（2）故障主要原因及处理方法

造成制动失效的原因主要是：

① 制动主缸内无制动液，应添加制动液至规定高度。

② 制动主缸、制动轮缸皮碗严重破裂,应予更换。

③ 制动软管、金属管断裂或接头处严重泄漏,应予更换。

④ 制动踏板至制动主缸的连接脱开,应予修理等。

(3) 故障诊断方法

踩下制动踏板,如无连接感,说明是踏板与制动主缸的连接脱开。

检查系统管路有无泄漏或破裂(通常根据油迹)。管路的泄漏或破裂会使回路中形成不了高压,使制动性能失效。

如上述情况正常,则应检查制动主缸和制动轮缸。

详见图 15.5 所示液压制动系制动失效常见故障原因的诊断流程。

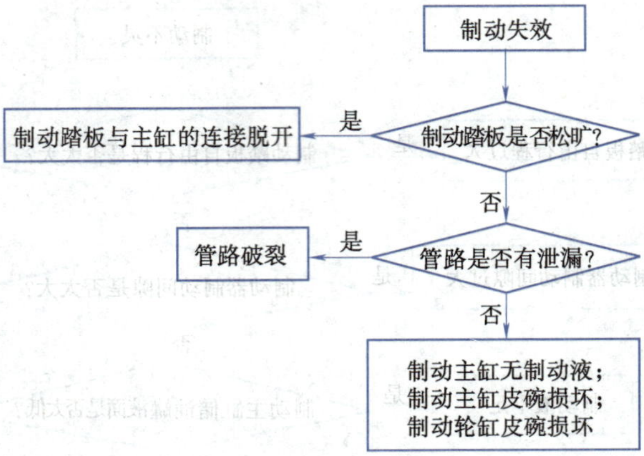

图 15.5 液压制动系制动失效常见故障原因的诊断流程

3. 制动拖滞

(1) 故障现象

在行车制动中,当抬起制动踏板后,全部或个别车轮的制动作用不能完全立即解除,以致影响车辆重新起步、加速行驶或滑行。

(2) 故障主要原因及处理方法

造成制动拖滞的原因主要是:

① 制动踏板无自由行程,应予调整。

② 踏板回位弹簧脱落、拉断、拉力不足或踏板轴锈蚀、卡住而回位困难,应予连接或更换。

③ 制动主缸皮碗发胀、发黏或活塞回位弹簧拉断、预紧力太小,造成回位不畅,应予更换。

④ 制动主缸补偿孔被污物堵塞,应予清洁。

⑤ 制动蹄回位弹簧脱落、拉断、拉力太小而回位不畅,应予连接或更换。

⑥ 制动器制动间隙太小,应予调整。

⑦ 制动油管凹瘪、堵塞或制动液太脏、太稠而使回油困难,应予更换等。

(3) 故障诊断方法

若个别车轮发热,应检查该轮制动轮缸是否回位不畅,管路是否不畅,制动器制动间隙是否太小,制动蹄(盘)是否回位不畅。

若全部车轮发热,应检查制动踏板自由行程是否太小,制动器制动间隙是否太小,制动主缸是否回油慢(回油孔不畅,皮碗发胀),真空助力器空气阀是否漏气。

详见图 15.6 所示液压制动系制动拖滞常见故障原因的诊断流程。

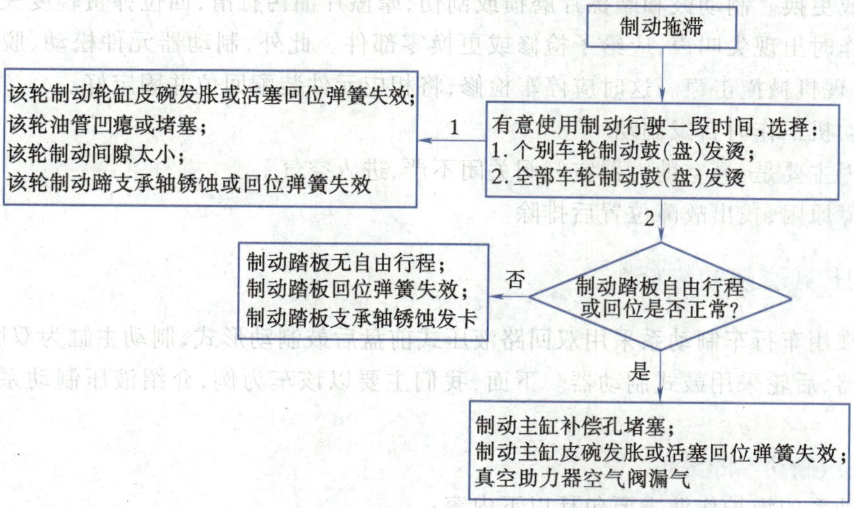

图 15.6 液压制动系制动拖滞常见故障原因的诊断流程

液压制动系还有一些其他故障。

(1) 制动踏板发软或有弹性

故障原因主要是:

① 制动系统管路中有空气,应进行放气操作。

② 制动主缸、制动轮缸中活塞与缸筒间隙过大,应更换皮碗或总成。

③ 制动液不足,应补充同型号制动液至规定高度等。

(2) 制动踏板发硬

装有真空助力器的车辆,故障原因主要是助力器或软管漏气,可对真空助力器真空度和阀门的密封性进行检查,若良好,再对制动系其他部位进行检修。

(3) 制动时车身抖动

故障原因主要是:

① 润滑油或制动液污染了制动摩擦片,造成摩擦片打滑。污染摩擦片的润滑油可能源于后桥油封漏油,润滑脂可能源于车轮轴承密封件泄漏,应在排除故障后更换制动蹄片。

② 制动盘划伤或翘曲,应予更换。更换时,同轴左右两侧的制动盘应同时更换。

③ 制动钳松动或卡滞,应予紧固或润滑,必要时更换制动摩擦片。

④ 制动轮缸或真空助力器故障,应予检修等。

(4) 制动器噪声

盘式制动器制动盘和制动钳之间的震颤噪声或尖叫声,多因旋转元件抛光不良,修削加工粗糙,表面刮擦受损或钳体部位毛刺造成,应给予逐一检修清洁,必要时更换零部件。修复旋转元件可采用不定向涡流式抛光法重新抛光其表面,利用特种型号制动盘或在制动盘背后装上垫块和复合材料也可以消除或降低噪声。制动盘过度磨损会导致金属刮削声。制动盘磨损超过规定限度,应给予更换。

鼓式制动器内摩擦片的过度磨损,制动蹄或鼓调整不当或变形将导致摩擦声或金属刮削声,应给予校正或更换。制动鼓和摩擦片磨损或刮伤,摩擦片油污打滑,回位弹簧轻度失效等可能导致制动器工作时出现尖叫声,应给予检修或更换零部件。此外,制动器元件松动、脱落或装配不良时,还会出现机械撞击声。这时应停车检修,将相应元件装配回位并固定好。

(5) 发动机工作时自发制动

故障原因主要是:真空助力器空气阀关闭不严,进入空气。

针对故障原因,找出故障位置后排除。

二、液压制动系的维修

桑塔纳乘用车行车制动系采用双回路液压式前盘后鼓制动形式,制动主缸为双腔式,前轮采用盘式制动器,后轮采用鼓式制动器。下面,我们主要以该车为例,介绍液压制动系的维护与修理作业。

(一) 液压制动系的维护

液压制动系的维护作业主要包括以下内容:

(1) 检查制动液高度,必要时予以补充。

(2) 检查调整制动踏板自由行程(调整时,松开踏板与制动主缸连接的拉杆和制动主缸推杆的固定螺母,扳动推杆,使推杆旋入拉杆一定距离,则踏板自由行程加大;反之减小,可参见图 15.1。调整完成后紧固固定螺母。具体数值见各车型维修手册,轻型车一般为 5 ~20 mm)。

(3) 检查各管接头,应连接牢靠,无漏油现象。制动软管无破裂、老化现象。

(4) 检查调整制动器制动间隙(盘式制动器的制动间隙一般依靠活塞密封圈的变形和位移自动调节。对于不能自动调整的汽车,一般是用厚薄规通过车轮上的检查孔检查;若制动间隙不正确,应调节调整凸轮,改变制动蹄与制动鼓的周向间隙。各种车型的制动间隙由汽车生产厂家规定,一般在 0.25 ~0.50 mm 之间)。

(5) 制动系统内有空气时应予排气,方法是:① 将制动主缸储液罐的制动液添加到“max”位置。② 起动发动机处于怠速状态。③ 在制动轮缸放气螺钉上套上软管,另一头放入容器内。一人踩住制动踏板,另一人旋松制动轮缸放气螺钉,让带气泡的制动液流入容器内。拧紧放气螺钉,松开制动踏板,再踩下制动踏板,旋松放气螺钉,直到流出的制动液中无气泡。放气顺序是先后轮再前轮,且按对角进行。④ 将制动液添加到“max”位置。

(二) 液压制动系的修理

1. 制动主缸的修理

桑塔纳乘用车的双腔制动主缸按厂家规定一般不能检修,需整体更换(储液罐可单独更换)。

双腔制动主缸的更换步骤如下:

(1) 抽出制动主缸储液罐中的制动液,旋松制动轮缸放气螺钉,踩几次制动踏板,排出制动主缸中的制动液(因制动液具有腐蚀性,应避免人体及车身表面漆层与之相接触)。

(2) 拆下制动主缸各出油管接头,拆下储液罐。

(3) 旋松制动主缸与真空助力器的连接螺栓,取下制动主缸。

（4）按拆卸的相反顺序安装制动主缸，制动主缸与真空助力器的连接螺母拧紧力矩为 20 N·m。

（5）制动主缸安装完毕以后，应将制动液加至“max”和“min”标记之间并排除系统内空气。平时发现制动主缸液面低于“min”时，应立即检查制动系统是否泄漏，修复后加足制动液。

2. 制动轮缸的修理

（1）前制动轮缸的检修

① 拆卸：放出制动液；拆下制动钳壳体并吊于车身上；用压缩空气从放气螺钉孔中压出活塞，压出前应在活塞对面垫上木板，以免活塞受损；取下防尘罩，用螺丝刀小心地从缸筒中取出密封圈，也可用厚薄规协助拆卸。

② 检修：缸筒若有较深的条纹磨损或活塞与缸筒的配合间隙大于 0.15 mm，应更换制动钳总成；活塞密封圈和防尘罩经拆卸应更换新件。

③ 安装：将活塞密封圈安装到缸筒内；用螺丝刀将防尘罩的内密封圈唇边压入钳体槽口内；将活塞压入钳体缸筒中；按拆卸的相反顺序将制动钳安装到车上。

（2）后制动轮缸的检修

① 拆卸：放出制动液，拆下后车轮制动器；取下轮缸两端的防尘罩，取出后制动轮缸活塞、皮碗及弹簧。

② 检修：后制动轮缸的缸筒内径磨损不大于 0.08 mm，缸筒内表面或活塞外表面无明显划痕，否则应更换轮缸总成；轮缸两端出现漏油痕迹时，应更换皮碗。

③ 安装：将皮碗安装到活塞上，皮碗刃口朝向压力方向；在轮缸中装入弹簧及两端的活塞、防尘罩；安装好后车轮制动器。

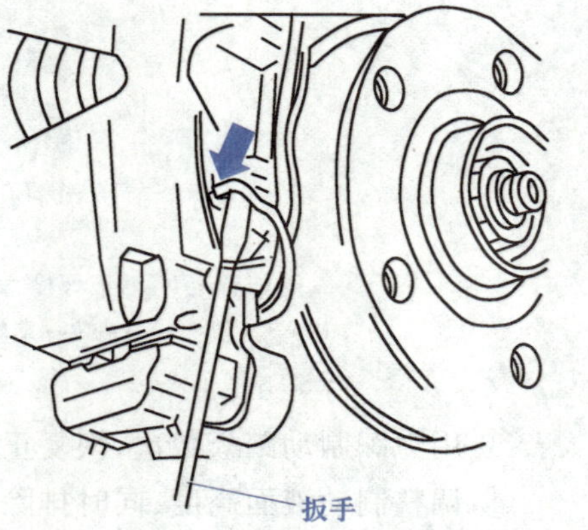

图 15.7　拆下定位弹簧

3. 前轮盘式制动器的修理

以宝来乘用车为例。

（1）拆卸

① 拆下前轮。

② 按图 15.7 箭头所示拆下定位弹簧。

③ 拆下制动钳导向销，取下制动钳，并用绳子吊于车身上。

④ 旋松放气螺钉，并将活塞压回，再旋紧放气螺钉。

⑤ 取下制动器摩擦片，拆下制动盘。

分解后的宝来乘用车前轮盘式制动器见图 15.8。

（2）检修

① 制动盘表面应无台阶形磨损与明显的沟槽，端面摆动量不大于 0.06 mm，否则可车削加工，但加工后的制动盘厚度不得小于 19 mm（FN3 型制动器为 22 mm）。

② 新制动摩擦片厚度为 14 mm，磨损极限为 7 mm（包括底板），超限应更换。

③ 清洁制动接触面，应无油污。

（3）装配与调整

① 安装制动盘。

② 安装制动钳，以 28 N·m 的力矩拧紧导向销；装上前轮。

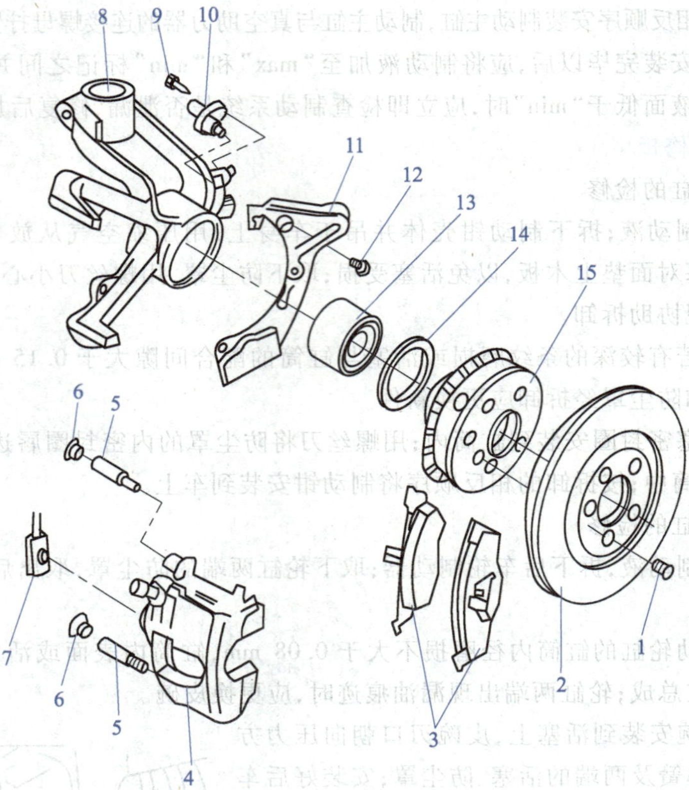

图 15.8 宝来乘用车前轮盘式制动器

1—十字头螺栓;2—制动盘;3—制动摩擦片;4—制动钳;5—导向销;
6—保护帽;7—带环形连接和中空螺栓的制动管;8—车轮轴承座;
9—六角台肩螺栓;10—ABS 转速传感器;11—防溅板;12—六角螺栓;
13—车轮轴承;14—卡簧;15—轮毂(带齿圈)

③ 用力踩制动踏板数次,恢复正常制动间隙。

④ 调整制动液面高度,同时排除制动管路中的空气。

4. 后轮鼓式制动器的修理

图 15.9 为桑塔纳乘用车后轮鼓式制动器的结构。

(1) 拆卸

① 拆下轮毂盖和后轮。

② 拆下开口销、锁紧螺母、调整螺母、减磨垫圈,拉出制动鼓及轮毂轴承,必要时用螺丝刀穿过制动鼓上的轮胎螺栓孔向上拨动楔形调节块,使制动蹄复位,增大制动间隙,便于制动鼓的拆下。

③ 拆下制动鼓定位销及弹簧。

④ 从下端固定板上提起制动蹄,拆下复位弹簧、驻车制动拉索。

⑤ 拆下楔形调节块拉簧及上复位弹簧。

⑥ 将带压力杆的制动蹄夹紧在台钳上,拆下定位弹簧,取下制动蹄。

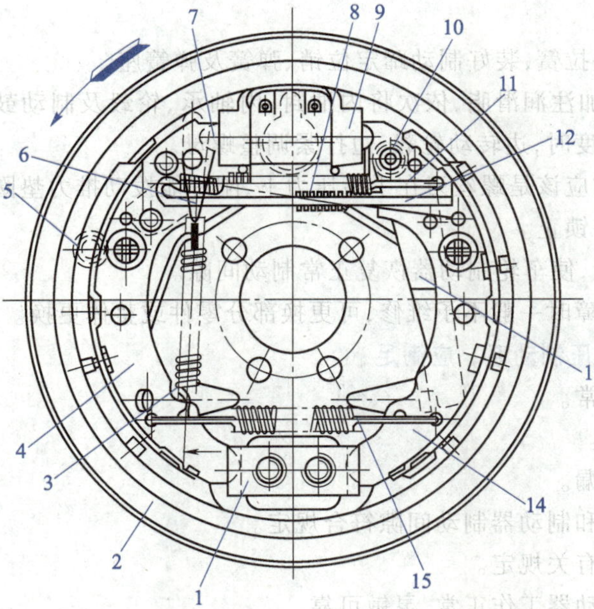

图 15.9 桑塔纳乘用车后轮鼓式制动器

1—支承板;2—制动底板;3—制动间隙调节弹簧;4—前制动蹄;5—观察孔;6—楔形调节块;

7—带耳槽的支承块;8—驻车制动推杆外弹簧;9—制动轮缸;10—平头销;

11—驻车制动推杆内弹簧;12—驻车制动推杆;13—驻车制动杠杆;

14—后制动蹄;15—制动蹄回位弹簧

(2) 检修

① 制动蹄无裂纹及明显变形。制动摩擦片应无破裂,铆接可靠,磨损后的厚度应不小于 2.50 mm(标准为 5 mm),否则应更换摩擦片或制动蹄摩擦片总成(摩擦片磨损情况在解体前可通过制动底板上的观察孔进行检查)。

② 制动鼓无裂纹、失圆现象,内径磨损不超过 1 mm,否则应更换新件。圆度误差可用弓形内径规测量,如图 15.10 所示。

③ 各回位弹簧有明显拉长或弹力减弱现象时应更换。

④ 清洁制动接触面,应无油污。

⑤ 凸轮轴应转动自如,制动底板无变形。

⑥ 支承销与制动蹄承孔衬套配合间隙应符合要求。

(3) 装配与调整

① 将复位弹簧及压力杆装到制动蹄上,装好楔形调节块。

② 组装制动蹄,挂好上复位弹簧。

③ 在驻车制动拉臂上装好拉索,将制动蹄的上端放入制动轮缸活塞的切槽中,下端放入支座中,装

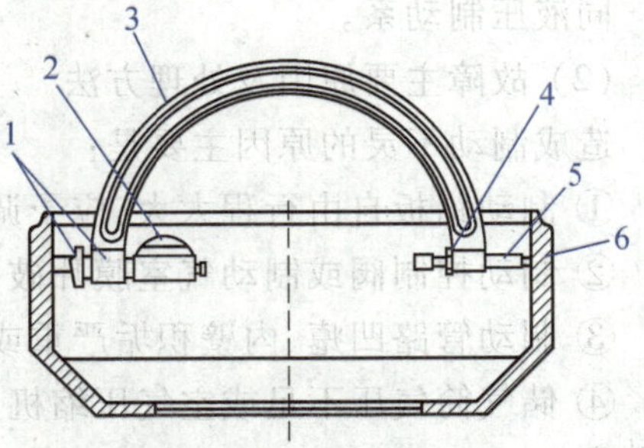

图 15.10 制动鼓失圆的检测

1—锁紧装置;2—百分表;3—弓形架;

4—锁紧螺母;5—调节杆;6—制动鼓

好下复位弹簧。

④ 安装楔形调节块拉簧,装好制动蹄定位销、弹簧及弹簧座。

⑤ 在内、外轴承中加注润滑脂,依次将内油封、内轴承、轮毂及制动鼓、外轴承、止推垫圈装上。调整轮毂轴承预紧度时,边转动轮毂,边拧紧调整螺母。

⑥ 正确的轴承间隙应该是螺丝刀在手指压力下,刚好能拨动推力垫圈。

⑦ 装好锁紧螺母并锁止。

⑧ 踩制动踏板数次,使车轮制动器恢复正常制动间隙。

真空助力器出现故障时一般不予维修,可更换部分零件或整体更换。

5. 检修调整好的液压制动系,应满足:

(1) 制动液高度正常。

(2) 系统内无空气。

(3) 各管接头无泄漏。

(4) 踏板自由行程和制动器制动间隙符合规定。

(5) 制动性能符合有关规定。

(6) 操纵装置和制动器工作正常,灵敏可靠。

(7) 无制动不灵、制动失效、制动拖滞和制动跑偏等故障。

第三节 气压制动系故障诊断与维修

一、气压制动系故障诊断

气压制动系常见故障部位主要有:空气压缩机、空气压缩机带、制动控制阀、制动气室和各管接头等。

气压制动系常见故障主要包括:制动不灵、制动失效、制动拖滞和制动跑偏(同样,制动跑偏在第十六章"底盘常见故障诊断"中讲述)。

1. 制动不灵

(1) 故障现象

同液压制动系。

(2) 故障主要原因及处理方法

造成制动不灵的原因主要是:

① 制动踏板自由行程太大,应予调整。

② 制动控制阀或制动气室膜片破裂,应予更换。

③ 制动管路凹瘪、内壁积垢严重或软管内孔不畅通,或制动管路漏气,应予清洁或更换。

④ 储气筒气压不足或空气压缩机至储气筒管路不畅通,应予检查、清洁或更换。

⑤ 制动控制阀最大气压调整不当或平衡弹簧预紧力过小,应予调整。

⑥ 制动蹄与支承销或制动凸轮轴与其支承套锈蚀或卡滞,应予润滑或更换。

⑦ 制动气室推杆行程太小或太大,应予调整。

⑧ 制动蹄摩擦片与制动鼓接触面积小或制动器制动间隙调整不当,应予磨削或调整。

⑨ 制动蹄摩擦片质量不佳或使用中表面硬化、油污、烧焦或铆钉头外露，应予修理或更换。

⑩ 制动鼓磨损过甚或变形，应予更换等。

(3) 故障诊断方法

检查踏板自由行程是否过大，气室推杆动作是否良好，制动器制动间隙是否正常。

起动发动机，气压表的读数应能上升至正常气压。若气压不足，应检查空气压缩机传动带是否松动，至储气筒的管路是否泄漏。

气压正常但发动机熄火后气压下降，检查制动控制阀是否漏气，管路是否漏气。

气压正常，发动机熄火后也正常，但踩下制动踏板后气压不断下降，故障为制动控制阀排气阀关闭不严，管路接头漏气，制动气室膜片破裂。

气压正常，发动机熄火后也正常，但踩下制动踏板后气压下降太小，故障是制动控制阀进气阀打开太小或平衡弹簧预紧力太小。

若故障仍然存在，应分解检查制动器。

详见如图 15.11 所示气压制动系制动不灵常见故障原因的诊断流程。

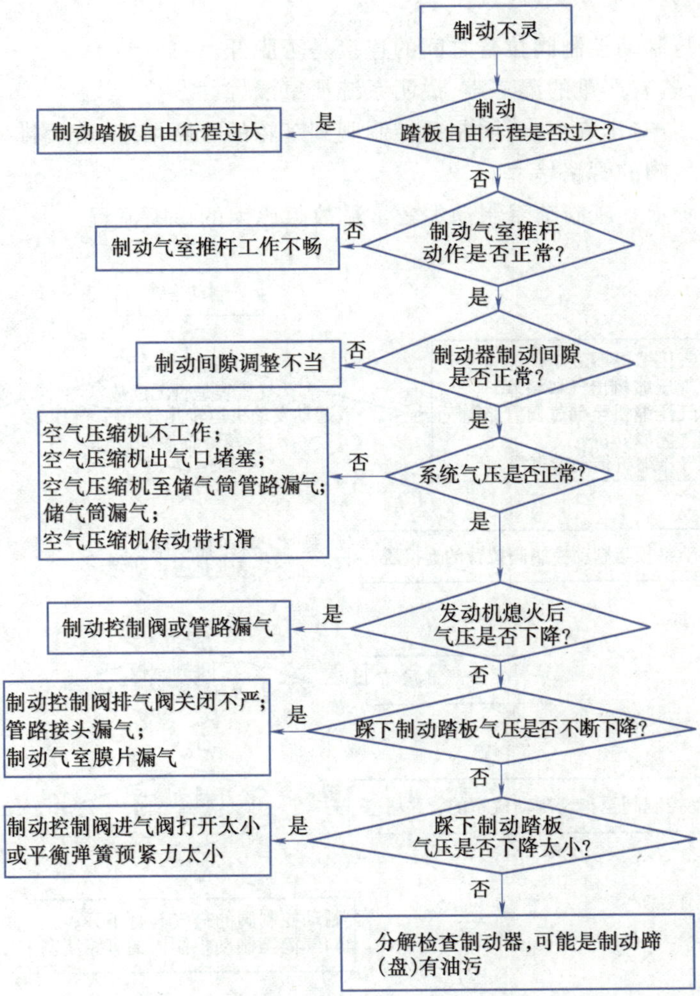

图 15.11　气压制动系制动不灵常见故障原因的诊断流程

2. 制动失效

(1) 故障现象

同液压制动系。

(2) 故障主要原因及处理方法

造成制动失效的原因主要是：

① 制动踏板至制动控制阀的连接脱开，应予重新连接。

② 制动控制阀的进气阀打不开或排气阀严重关闭不严，应予更换。

③ 制动控制阀、制动气室膜片严重破裂或制动软管破裂，应予更换。

④ 空气压缩机出气管堵塞或制动管路内结冰，应予清洁。

⑤ 制动踏板与制动控制阀的连接脱开，应予重新连接等。

(3) 故障诊断方法

检查气压表有无读数，若无，起动发动机运转几分钟，气压表应逐渐有指示；若仍无，拆下空气压缩机出气管，起动发动机。若听到泵气声，说明空气压缩机到储气筒的管路漏气；无泵气声，则为空气压缩机故障。

检查制动踏板与制动控制阀拉臂之间的连接是否脱开。

踩下制动踏板，若有严重的漏气声，说明系统严重漏气。

放松制动踏板，若有排气声，说明制动控制阀到车轮的管路堵塞；若无排气声，说明进气阀打不开或储气筒到进气阀的管路堵塞。

详见图 15.12 所示气压制动系制动失效常见故障原因的诊断流程。

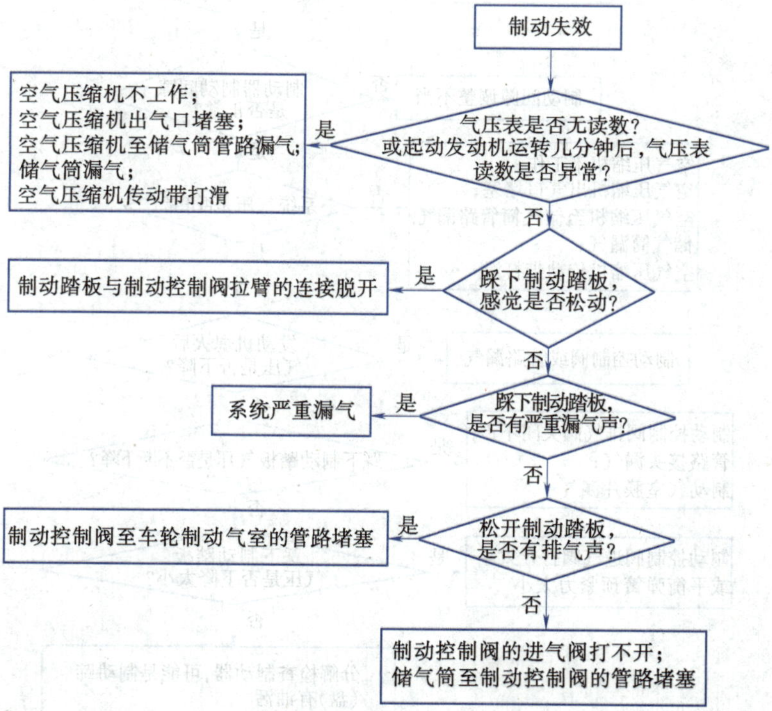

图 15.12 气压制动系制动失效常见故障原因的诊断流程

3. 制动拖滞

(1) 故障现象

同液压制动系。

(2) 故障主要原因及处理方法

造成制动拖滞的原因主要是:

① 制动踏板自由行程太小,致使制动控制阀的排气阀开启程度太小,应予调整。

② 制动控制阀膜片回位弹簧或排气阀弹簧疲劳、折断,应予更换。

③ 制动踏板卡滞或踏板回位弹簧疲劳、拉断、脱落,应予润滑或更换。

④ 制动控制阀的排气阀橡胶阀面发胀、发黏、损伤,或阀门口上堆积污垢、胶质太多,应予清洁或更换。

⑤ 制动气室膜片(活塞)回位弹簧疲劳、折断,应予更换。

⑥ 制动蹄回位弹簧疲劳、拉断或脱落,应予重新连接或更换。

⑦ 制动间隙过小或调整不当,应予调整。

⑧ 制动凸轮轴与其支承或制动蹄与其支承锈蚀或卡滞,应予润滑或更换等。

(3) 故障诊断方法

按图 15.13 所示气压制动系制动拖滞常见故障原因的诊断流程找出故障部位。

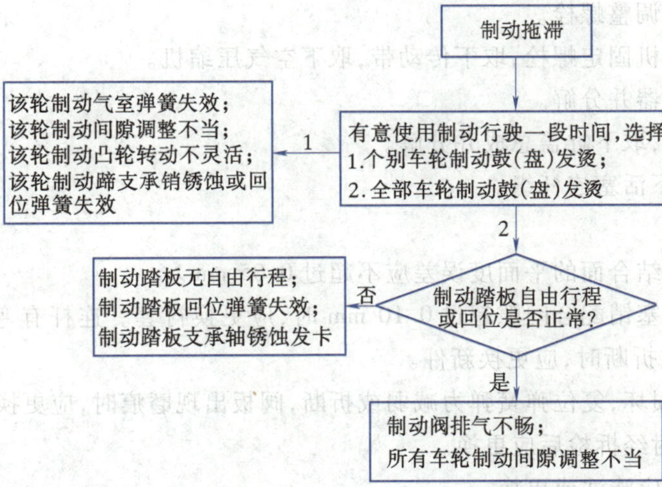

图 15.13 气压制动系制动拖滞常见故障原因的诊断流程

气压制动系其他故障还有:

(1) 制动时车身抖动

故障原因主要是:制动摩擦片打滑,制动鼓划伤或失圆,制动气室故障等。

(2) 制动器噪声

故障原因主要是:摩擦片过度磨损,制动蹄或制动鼓调整不当或变形,制动鼓或摩擦片磨损(刮伤、油污、回位弹簧失效),部分部件松动等。

针对故障原因,找出故障位置后排除故障。

二、气压制动系的维修

（一）气压制动系的维护

气压制动系的维护作业主要包括以下内容：

（1）检查气压表数值，过低时应检查排除故障。

（2）检查调整制动踏板自由行程（可通过调整制动踏板与制动控制阀拉臂间的拉杆长度，改变制动控制阀拉臂的初始位置，实现制动踏板自由行程的调整）。

（3）检查各管接头，应连接牢靠，无漏气现象。

（4）检查调整制动器制动间隙（见下述修理部分的“制动气室的修理”）。

（5）检查调整空气压缩机带松紧度。

（二）气压制动系的修理

主要以东风 EQ1092 商用车为例。

1. 空气压缩机的修理

参见图 15.14。

（1）拆卸与分解

① 拆下出气阀接头。

② 拧下带松紧度调整螺栓。

③ 拆下空气压缩机固定螺栓，取下传动带，取下空气压缩机。

④ 拆下空气滤清器并分解。

⑤ 拆下缸盖螺栓，取下缸盖总成并分解。

⑥ 拆下底盖，取下活塞连杆组。

（2）检修

① 缸盖与缸体等结合面的平面度误差应不超过 0.05 mm。

② 连杆衬套与活塞销配合间隙超过 0.10 mm 时，应更换衬套。连杆有弯曲、扭曲变形及裂纹，活塞环磨损严重或折断时，应更换新件。

③ 进、排气阀门损坏，复位弹簧弹力减弱或折断，阀板出现磨痕时，应更换新件。

④ 各密封垫、油封经拆检后应更换。

⑤ 空气滤清器芯应清洗或更换。

（3）装配

装配前，将各零件清洗干净，各摩擦表面涂抹润滑油。

① 装配缸盖总成。

② 装入活塞连杆组。安装时，注意活塞环开口应错开 180°，并以 15～20 N·m 的力矩拧紧缸盖螺栓。

③ 组装空气滤清器，并安装到空气压缩机上。

④ 安装空气压缩机，装上传动带，调整带松紧度（用大拇指以 40 N 压力垂直下压带中部，带应下降 10～15 mm），锁止调整螺栓。

⑤ 装上出气管接头。

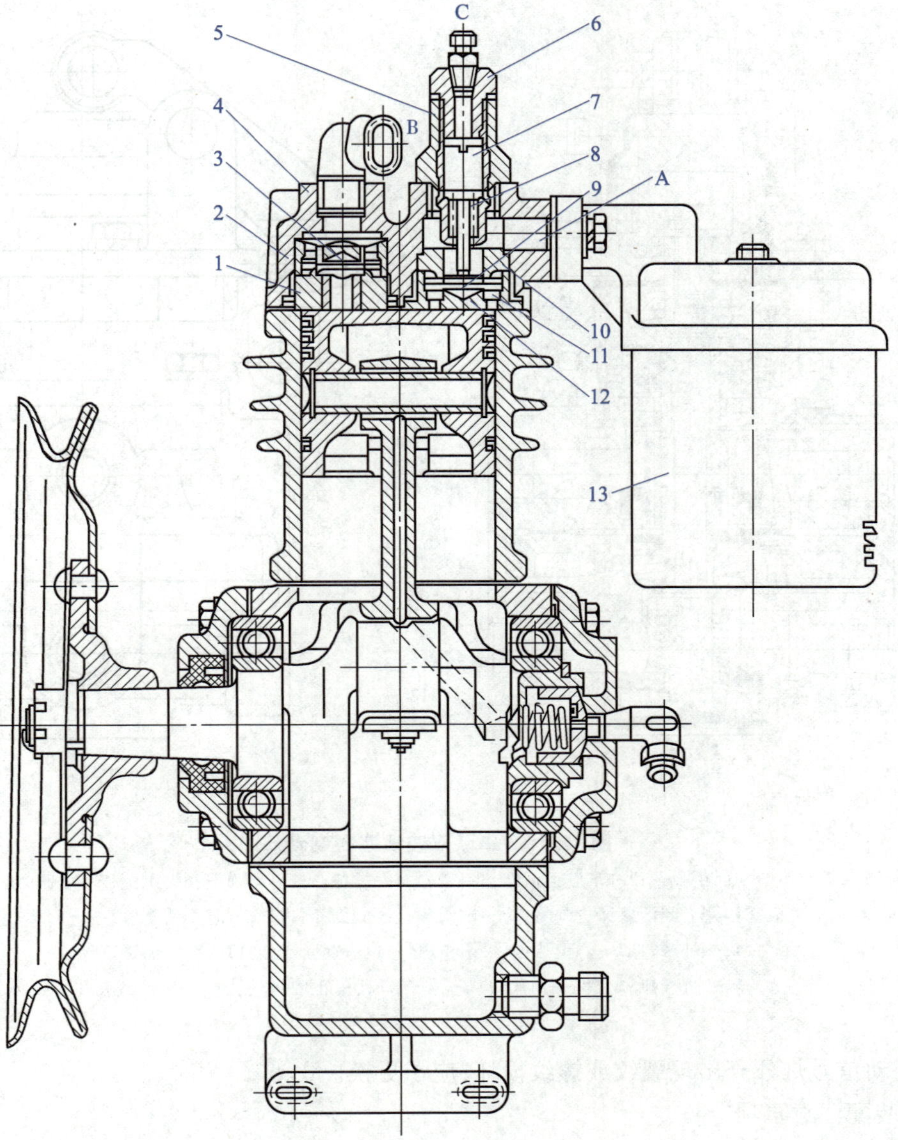

图 15.14　空气压缩机

1—出气阀座;2—出气阀导向座;3—出气阀;4—气缸盖;5—卸荷装置壳体;6—定位塞;7—卸荷柱塞;8—柱塞弹簧;9—进气阀;10—进气阀座;11—进气阀弹簧;12—进气阀导向座;13—进气滤清器

A—进气口;B—排气口;C—调压阀控制压力输入口

2. 制动控制阀的修理

以解放 CA1091 商用车串联双腔活塞式制动阀为例,结构如图 15.15 所示。

(1) 主要零件的检修

① 所有弹簧的技术状况应符合技术标准,否则必须更换。

② 膜片应平整;阀门橡胶若出现裂纹、脱胶或老化等现象,必须更换。

③ 各阀座若有刮伤、凹痕或磨损过度,应予研磨或更换。

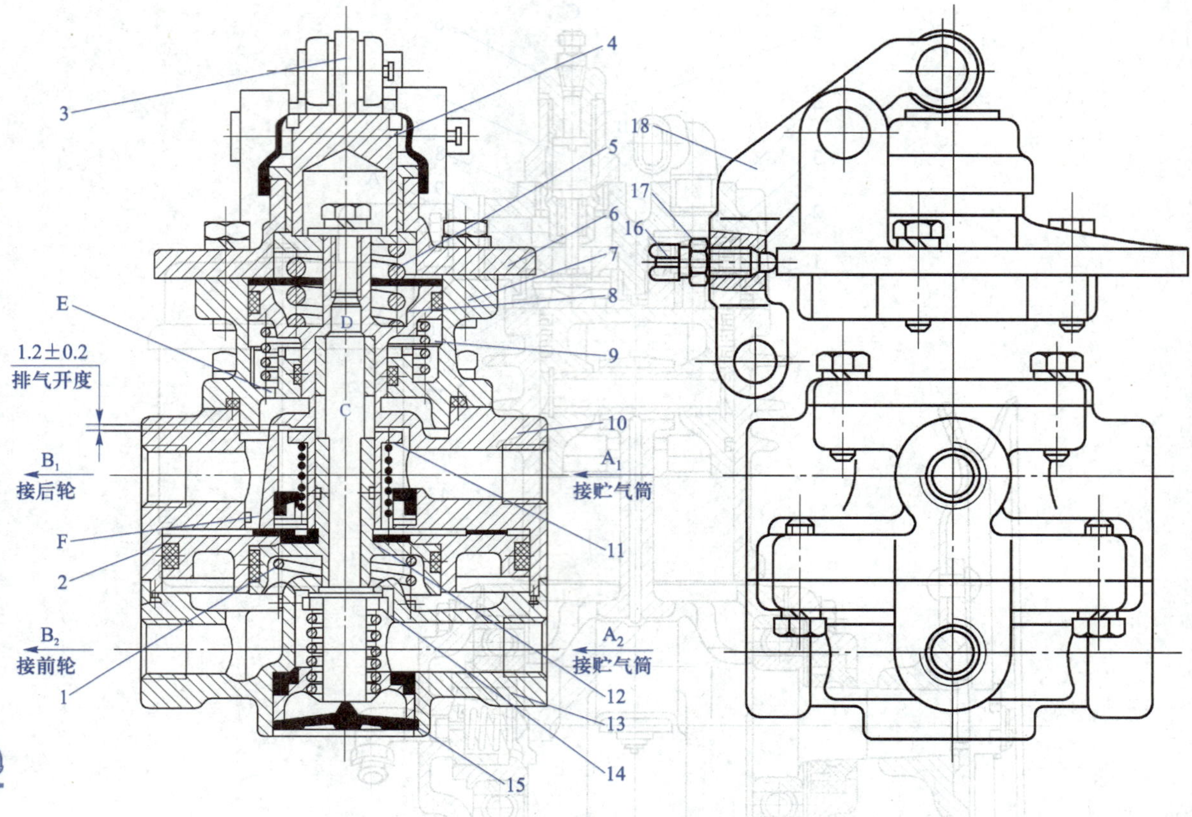

图 15.15 串联双腔活塞式制动阀

1—下腔小活塞回位弹簧；2—下腔大活塞；3—滚轮；4—推杆；5—平衡弹簧；6—上盖；7—上阀体；8—上腔活塞；9—上腔活塞回位弹簧；10—中阀体；11—上腔阀；12—下腔小活塞；13—下阀体；14—下腔阀；15—防尘片；16—调整螺钉；17—锁紧螺母；18—操纵摇臂

A_1、A_2—进气口；B_1、B_2—出气口；C—排气口；D—上腔排气孔；E、F—通气孔

④ 制动信号灯外壳出现裂纹或螺纹损坏，应予更换。

（2）装配注意事项

① 进气阀装配后，阀座与阀杆头部之间距离应为 16 ~ 16.40 mm。进气管接头从制动臂方向看时，应指向左方。

② 排气阀装配后，检查气门杆头部至气门壳端间的距离，在不装排气门弹簧时应为(4.5 ± 0.5 mm)。安装制动阀后，实际工作行程应为 1.2 ~ 1.7 mm。

（3）检验

① 密封性检查：在上、下进气口与储气筒之间接一容积为 1 L 的容器和一个阀门，通入 784 kPa 的压缩空气。关闭阀门，检查进气口的密封性，要求在 5 min 内气压降不大于 24.5 kPa；将操纵摇臂拉到极限位置，检查出气口的密封性，要求 1 min 内气压降不大于 49 kPa。

② 调节调整螺钉，使操纵摇臂自由行程为 1 ~ 3 mm。同时将最大工作气压调整为 490 ~ 539 kPa。

3. 制动气室的修理

（1）拆卸与解体

拆下进气管接头及连接制动调整臂的连接销，从支架上拆下制动气室并夹在台钳上进行分解。

（2）检修

① 调整臂应工作正常。

② 壳体与盖产生变形而漏气时，应更换制动气室总成。

③ 推杆弯曲应进行校正。

④ 橡胶膜片老化、破裂，回位弹簧折断、锈蚀时，均应更换新件。

（3）装配与调整

① 将推杆、弹簧、连接叉装到制动气室壳体上，放好橡胶膜片，扣上制动气室盖，装好卡箍。

② 在进气管输入 784 kPa 的压缩空气，检查应无漏气现象。

③ 将制动气室安装到支架上，连接推杆连接叉与制动调整臂。

④ 调整制动器制动间隙。

在图 15.16 中，蜗杆轴与制动调整臂的相对位置靠锁止套和锁止螺钉固定。调整时，将锁止套按入制动调整臂体的孔中，转动调整蜗杆，带动调整蜗轮转动，使制动凸轮轴旋转一定角度。通过改变制动凸轮轴的初始位置，改变制动蹄与制动鼓的周向间隙，实现制动器制动间隙的调整。具体数值见各车型维修手册。

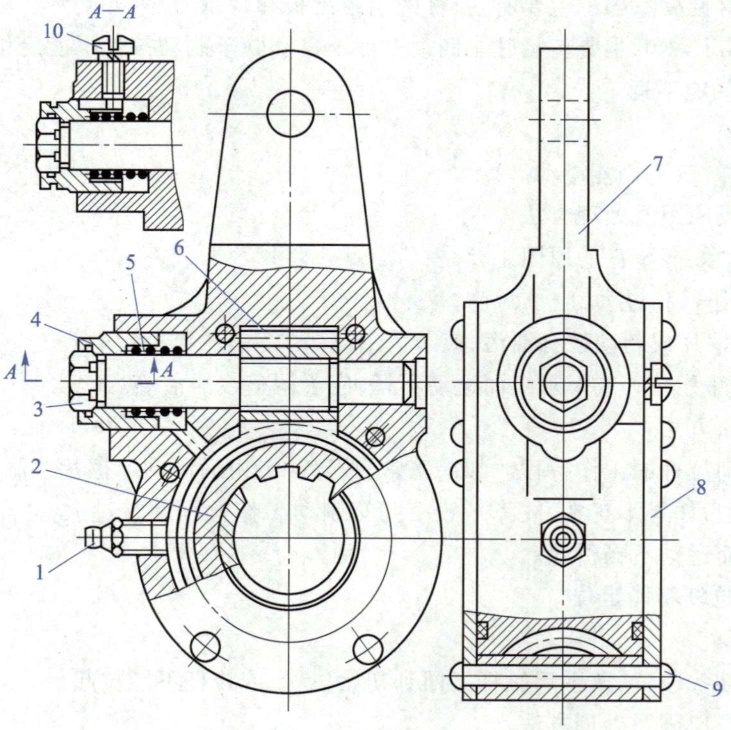

图 15.16　气压制动系制动器制动间隙的调整

1—油嘴；2—调整蜗轮；3—蜗杆轴；4—锁止套；5—弹簧；6—调整蜗杆；7—制动调整臂体；8—盖；9—铆钉；10—锁止螺钉

4. 制动器的修理

参见本章第二节中“液压制动系的维修”的相关内容。

(三) 检修调整好后的气压制动系,应满足:

(1) 气压正常。

(2) 各管接头不漏气。

(3) 储气筒内无积水。

(4) 踏板自由行程和制动器制动间隙符合规定。

(5) 制动性能符合有关规定。

(6) 控制装置和制动器工作正常,灵敏可靠。

(7) 无制动不灵、制动失效、制动拖滞和制动跑偏等故障。

第四节 驻车制动系故障诊断与维修

以作用于后轮的机械拉索式驻车制动系为例。

一、驻车制动系故障诊断

驻车制动系常见故障部位主要有:拉杆的扇形齿板和棘爪、拉索外套等。

驻车制动系常见故障主要包括驻车制动效能不良和驻车制动拉杆不能定位。

1. 驻车制动效能不良

(1) 故障现象

完全拉起拉杆,汽车仍能溜动。

(2) 故障主要原因及处理方法

造成驻车制动效能不良的原因主要是:

① 拉杆的工作行程过大,应予调整。

② 后制动摩擦片或制动鼓有油污,应予清洁。

③ 拉索连接部分松旷或因阻滞而运动不畅,应予调整或清洁等。

(3) 故障诊断方法

检查驻车制动拉杆的工作行程。如果正常,故障一般由后制动摩擦片或制动鼓有油污,后制动摩擦片烧蚀引起;如果不正常,故障一般由驻车制动工作行程调整过大,驻车制动拉索连接部分松旷或因阻滞而运动不畅引起。

2. 驻车制动拉杆不能定位

(1) 故障现象

拉起拉杆至某一位置,放手后拉杆又回到初始位置;或拉杆不能拉起。

(2) 故障主要原因及处理方法

造成驻车制动拉杆不能定位的原因主要是:

① 棘爪弹簧失效或折断,应予更换。

② 棘爪与齿板轮齿磨损过甚而滑牙,应予更换。

③ 棘爪或拉杆变形卡滞,应予校正或更换。

④ 棘爪或齿板等处铆钉脱落,应予修理等。

（3）故障诊断方法

反复按放驻车制动拉杆,观察拉杆能否复位。如果能,故障一般由棘爪弹簧失效或折断,棘爪与齿板轮齿磨损过甚而滑牙引起;如果不能,故障一般由棘爪或拉杆变形卡滞,棘爪或齿板等处铆钉脱落引起。

二、驻车制动系的维修

以桑塔纳乘用车为例。

1. 驻车制动系的维护

驻车制动系的维护作业主要包括以下内容:

（1）润滑棘爪和齿板。

（2）紧固各固定螺栓(螺母)。

（3）检查调整驻车制动间隙。

方法是:放松驻车制动拉杆,解除制动;用力踩几次制动踏板,使后轮制动器恢复正常的制动间隙;将驻车制动拉杆拉紧 2 齿,拧紧拉杆后端的调整螺母,直到用手不能转动两后轮为止,放松拉杆,两后轮应能自由转动。

2. 驻车制动系的修理

（1）检查拉杆,应能操纵自如,定位准确可靠。出现棘爪弹簧失效或折断,棘爪与齿板轮齿磨损过甚而滑牙,棘爪或拉杆变形卡滞,棘爪或齿板等处铆钉脱落等情况,应予修理或更换新件。

（2）拉索出现发卡、外套损坏、接头损坏等现象,应予润滑或更换;系统中各回位弹簧出现弹力降低或失效,应予更换。

（3）后轮制动器内的连接部位应可靠,工作正常。

检修调整好的驻车制动系,应操纵自如,制动可靠。

第五节　带 ESP 的 ABS 故障诊断与维修

一、概述

ESP 系统包含 ABS(防抱死刹车系统)及 ASR(防侧滑系统),是这两种系统功能上的延伸。利用 ABS 可防止汽车在制动时车轮抱死;利用 ASR 可防止汽车在起步时驱动轮滑转(空转)。只要汽车在行驶时不超出物理极限,ESP 是兼有防止汽车转向时滑移、不稳定和侧向驶出车道的综合系统。因此,ESP 称得上是当前汽车防滑装置的最高级形式。有 ESP 与只有 ABS 及 ASR 的汽车相比,它们之间的差别在于 ABS 和 ASR 只能被动地作出反应,而 ESP 则能够探测和分析车况并纠正驾驶错误,防患于未然。

ESP 由控制单元(ECU) 、转向盘转角传感器、轮速传感器、横向偏摆率传感器、纵/横向加速度传感器及液压控制系统等组成, 典型的组成部件如图 15. 17 所示。各主要部件功能介绍如下。

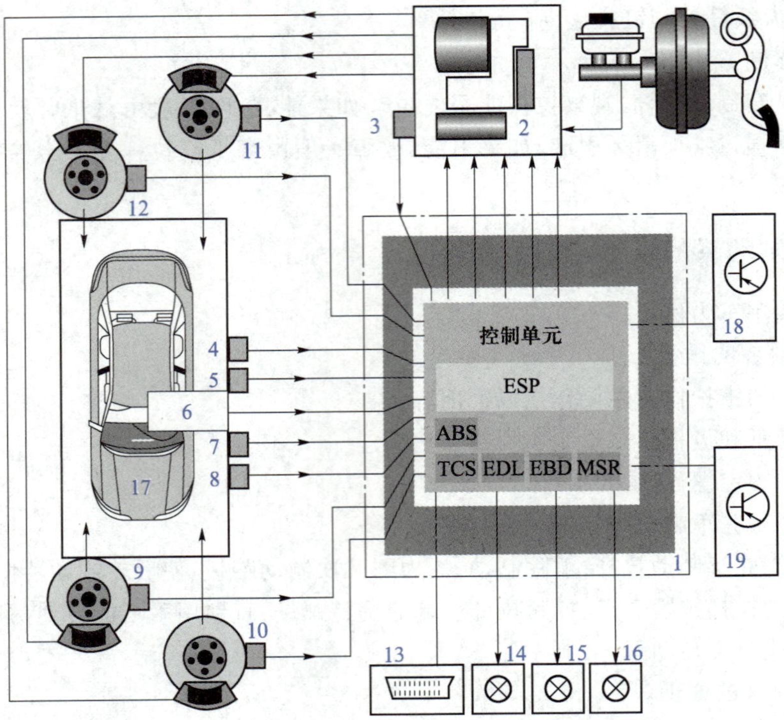

图 15.17 汽车 ESP 系统组成及控制示意图

1—ESP 控制单元;2—液压控制单元;3—制动压力传感器;4—横向加速度传感器;5—横向偏摆率传感器;6—ASR/ESP 按钮;7—转向盘转角传感器;8—制动灯开关;9—12—轮速传感器;13—自诊断接口;14—制动系统报警灯;15—ABS 报警灯;16—ASR/ESP 报警灯;17—车辆和驾驶状态;18—发动机控制调整;19—变速器控制调整

(1) 控制单元 ECU

ECU 是 ESP 的控制核心,为提高可靠性,ESP 一般都采用冗余控制策略,即用两个相同的处理器同时处理信号,并相互比较和监控。当接通点火开关时,系统便进入程序运行,同时连续监控所有传感器、执行器与 ECU 的电气连接及功能,若系统出现故障,仍可进行常规制动,但 ABS/ASR/ESP 功能失效。

(2) 转向盘转角传感器

依据光栅原理测量转向盘的转角,ECU 以此判断汽车的行驶方向及转角的大小,若无此信号,则无法确定上述信息,ESP 将失效。

(3) 制动压力传感器

检测制动管内压力的大小,ECU 依此算出车轮制动器的制动力和整车的纵向力大小。若 ESP 正在对不稳定状态进行调节,ECU 将该数据包含在侧向力计算范围内。若无此信号,ECU 就无法准确计算出侧向力,ESP 将失效。

(4) 横向偏摆率传感器

使用音叉形振荡式陀螺仪原理检测车辆绕其自身纵轴旋转角度和转动速率,ECU 依此获得车辆的实际行驶方向。若无此信号,则 ECU 无法确定车辆是否发生横向偏摆,ESP 将失效。

(5) 纵向加速度传感器

仅用于四驱车的纵向加速度测量。对于单轴驱动车辆，可通过计算制动压力、车轮转速传感器信号以及发动机管理系统信息,计算得出纵向加速度。

(6) 侧向加速度传感器

检测车辆侧向力大小。若无此信号,则 ECU 无法算出车辆的实际行驶状态,ESP 将失效。

(7) ASR/ESP 开关

用于打开或关闭系统的功能。出现下列情况应关闭 ESP 系统,如在积雪路面或松软路面上起步时、安装了防滑链、在测功机上检测时等。

(8) 系统指示灯

各指示灯在仪表板上的布置如图 15.17 所示。

当汽车行驶时,驾驶员的要求被转化为车辆动力学的响应,ESP 系统首先决定在极限范围内车辆如何对驾驶员的命令作出响应(即理想响应),然后由传感器测量并将数据传送到 ECU,计算得出车辆实际响应。ECU 将两个响应进行比较,并通过一定的控制逻辑决定应该对车辆实施多大的横摆力矩可以使汽车恢复稳定,然后对执行机构发出指令,通过调节各制动轮缸压力,必要时通过与发动机管理系统通信来改变驱动轮驱动力来间接影响轮胎上的力,从而减小理想响应与实际响应之间的差值,反复地控制、测量、比较,如此循环,从而实现汽车的闭环稳定性控制。

由于 ABS 是 ESP 的基础,所以本节主要介绍 ABS 的故障诊断与维修。

电控 ABS 是在普通制动系统的基础上增加了一套压力自动调节系统而成,例如普通的液压制动系统由制动踏板、真空助力泵、制动总泵、制动分泵和液压管路等组成,加装了一套由车轮转速传感器、ECU 和液压调节装置组成的电子控制系统后,就得到了液压式 ABS。根据液压调节装置结构与原理的不同,液压式 ABS 可以分为循环调压式(如 BOSCH 式)和变容调压式(如德科式),目前大多数轿车都是采用 BOSCH 式 ABS,如图 15.18 所示。另外,在客车上一般采用气压式 ABS,它在普通气压制动系统的基础上增加了一套气压自动调节系统。

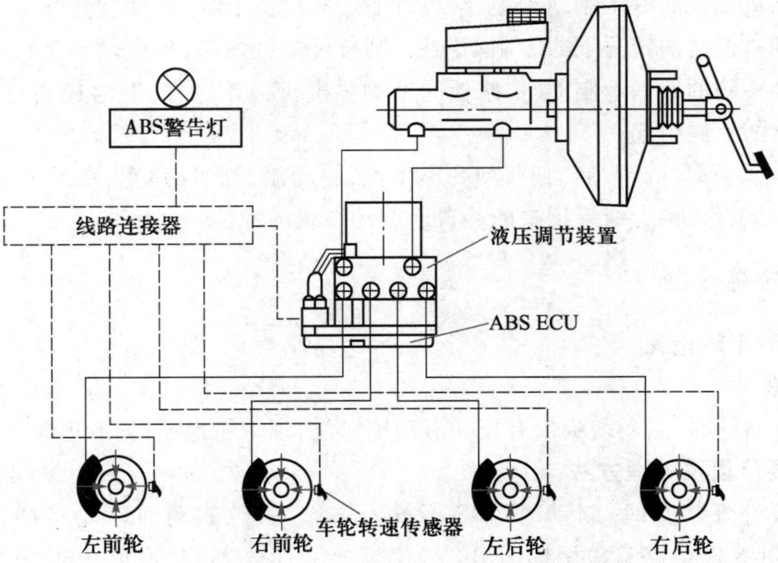

图 15.18　液压式 ABS 系统组成原理图

车辆在紧急制动时,如果前轮抱死,将失去转向的能力,即操纵性不良。如果后轮抱死,在一定的车速时将发生侧滑、甩尾、调头甚至翻车事故,即稳定性不良。而普通的制动系统无法防止车轮在制动时抱死。加装了 ABS 后,在制动时,车轮转速传感器能不停地向 ECU 发送所检测到的车轮转速,当车轮将要抱死时,ECU 据此计算、分析、判断出各车轮的运动状况,然后控制装在压力调节装置中的电磁阀,不停地调节通往各制动器分泵的管路压力,以调节制动力矩,将滑动率控制在 15% ~20% 之间。这样既缩短了制动距离,又增加了制动时方向的稳定性和制动加转向时的操纵性能,还减小了轮胎的不均匀磨损。

ABS 工作要符合下列逻辑条件:① 车速信号已从较大降到了较小;② 轮速信号的交变电压值和频率值已经降到很低(车轮将要抱死);③ 制动开关闭合,有制动意图(防止 ABS 无为工作)。

与其他电子控制系统一样,ABS 控制系统也具有自诊断功能。如果控制系统中的元件或电路有故障,ECU 将记录故障代码,并点亮黄色的 ABS 故障指示灯,以提醒驾驶员。此时的 ABS 制动系统与普通的制动系统并无两样,即车辆在紧急制动时不具有防抱死的功能。

ABS 与普通的制动系统是密不可分的,普通制动系统一旦出现问题,ABS 就无法正常工作。普通制动系统故障诊断已在本章前几节内容中讲述,本节只对因为 ABS 电子控制系统引起的故障进行分析,即只把注意力集中在传感器、ECU 和压力调节装置上。

液压式 ABS 的常见故障有:制动时车轮抱死,ABS 作用时刻不对,放松驻车制动时制动警告灯亮等。故障常发部位一般为:制动液面开关、驻车制动开关、车轮转速传感器、ECU 供电与搭铁、ECU、液压调节装置中的电磁阀等。

气压式 ABS 的工作可靠性很高,除了在检修轮毂时因车轮转速传感器的磁间隙发生变化而导致故障指示灯点亮以外,一般不会发生故障,所以本节不再对气压式 ABS 作详细分析。

注意,在使用装备液压式 ABS 的车辆时,以下情况是正常现象:

(1) 在发动机熄火时踩下制动踏板,踏板可能会有轻微下沉(即变软感觉)。

(2) 在发动机运转的情况下踩下制动踏板,踏板可能会弹起(即变硬感觉)。

(3) 在各种不同的路面上制动时,踏板的振动强度可以不一样,有时还会有轻微的拖印,这是由路面粗糙度的不同引起。

(4) 在车速低于 15 km/h 制动时,ABS 不工作,制动踏板无反弹感,在反力式制动试验台上制动时,ABS 也不工作,测力结果反映的是普通制动系统的性能。

二、常见故障诊断

(一) 制动时车轮抱死

1. 故障现象

车辆在紧急制动时,制动踏板没有反弹振动感,且出现车轮抱死、拖滑现象。

2. 故障主要原因及处理方法

红色制动警告灯常亮时,制动时 ABS 不投入工作,紧急制动时车轮将会抱死。传感器、ECU、执行器及其控制电路有故障时,ECU 将记录故障代码,同时黄色 ABS 警告灯亮,ABS 将不能正常工作,但普通制动系统能够正常工作,紧急制动时车轮将抱死。处理方法以更换元件和检修电路为主。

3. 故障诊断流程

故障诊断的流程如图 15. 19 所示。

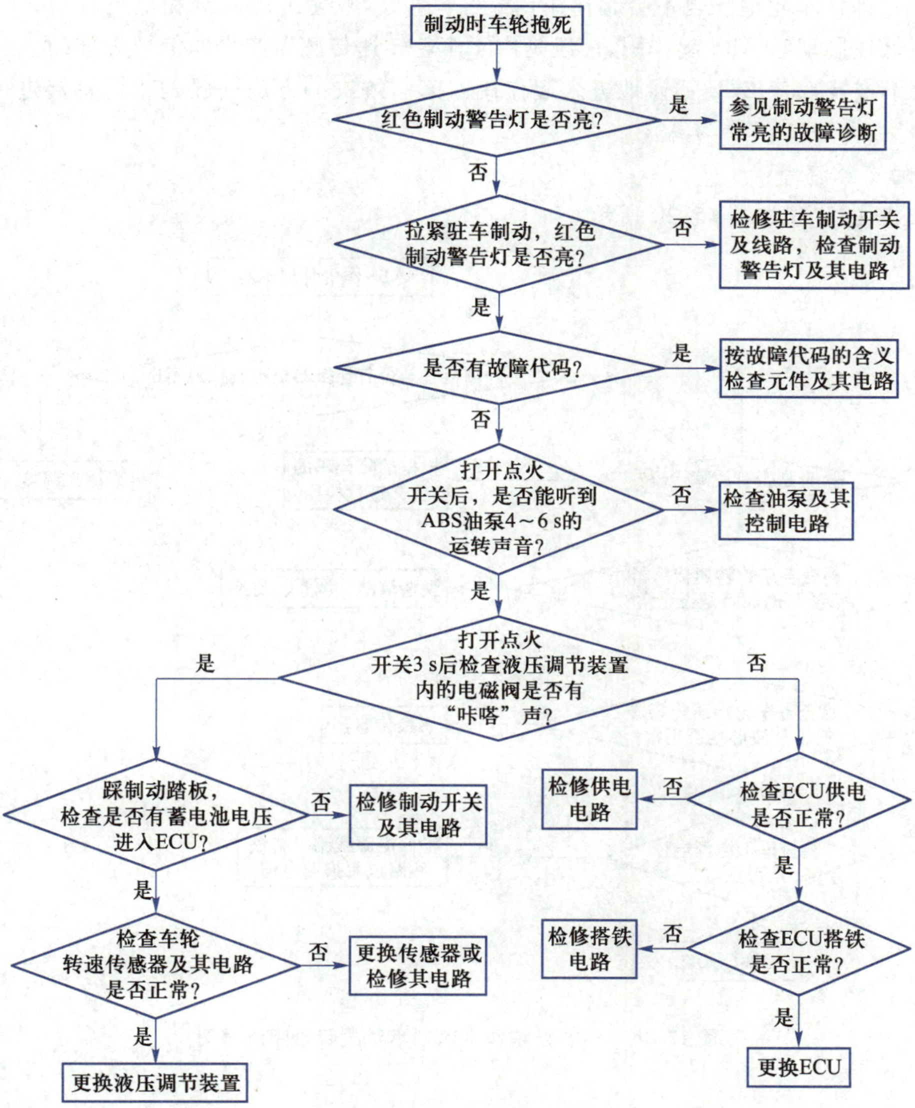

图 15. 19　制动时车轮抱死故障诊断流程图

说明：红色制动警告灯亮表明驻车制动未释放或缺少制动液，这两种情况是危险状态，不能行车。黄色报警灯亮表明 ABS 有故障，紧急制动时 ABS 无法正常工作，但普通制动系统照样可以起作用，可以行车。

（二）ABS 作用时刻不对

1. 故障现象

高速时紧急制动，ABS 没有工作，车轮出现抱死现象，但当车辆即将停止时，ABS 开始工作，在踏板上有较强的反弹振动感,制动警告灯与 ABS 故障指示灯显示正常。

2. 故障主要原因及处理方法

ABS 的作用时刻是以一定的车速紧急制动,车轮即将抱死的时候。当车速低于某一值(约 15 km/h)后,即使车轮抱死也不会起作用(因为车速低,不会出现侧滑和甩尾现象,所以没有必要工作)。低速制动时 ABS 起作用,一般是由于车轮转速传感器产生的信号失准(但在其值域控制区内,故不报警),使 ECU 错误地进入起作用状态。解决的方法一般是将传感器进行清洁、调整或更换。

3. 故障诊断流程

故障诊断的流程如图 15.20 所示。

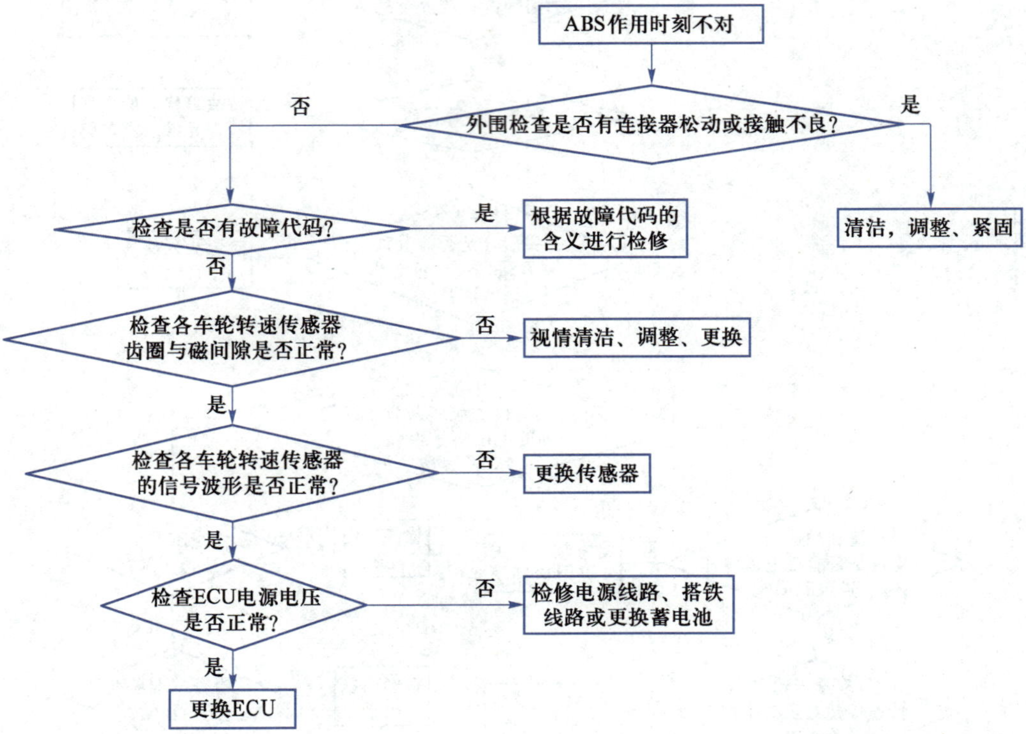

图 15.20 ABS 系统作用时刻不对故障诊断流程图

(三) 放松驻车制动时红色制动警告灯亮

1. 故障现象

汽车在行驶中,未踩制动踏板,且已解除了驻车制动,但红色制动警告灯常亮。

2. 故障主要原因及处理方法

制动警告灯受储液室中制动液量开关和驻车制动开关控制,当红色制动警告灯亮时,ABS 的继电器不工作,ABS 将不投入工作。

3. 故障诊断流程

故障诊断的流程如图 15.21 所示。

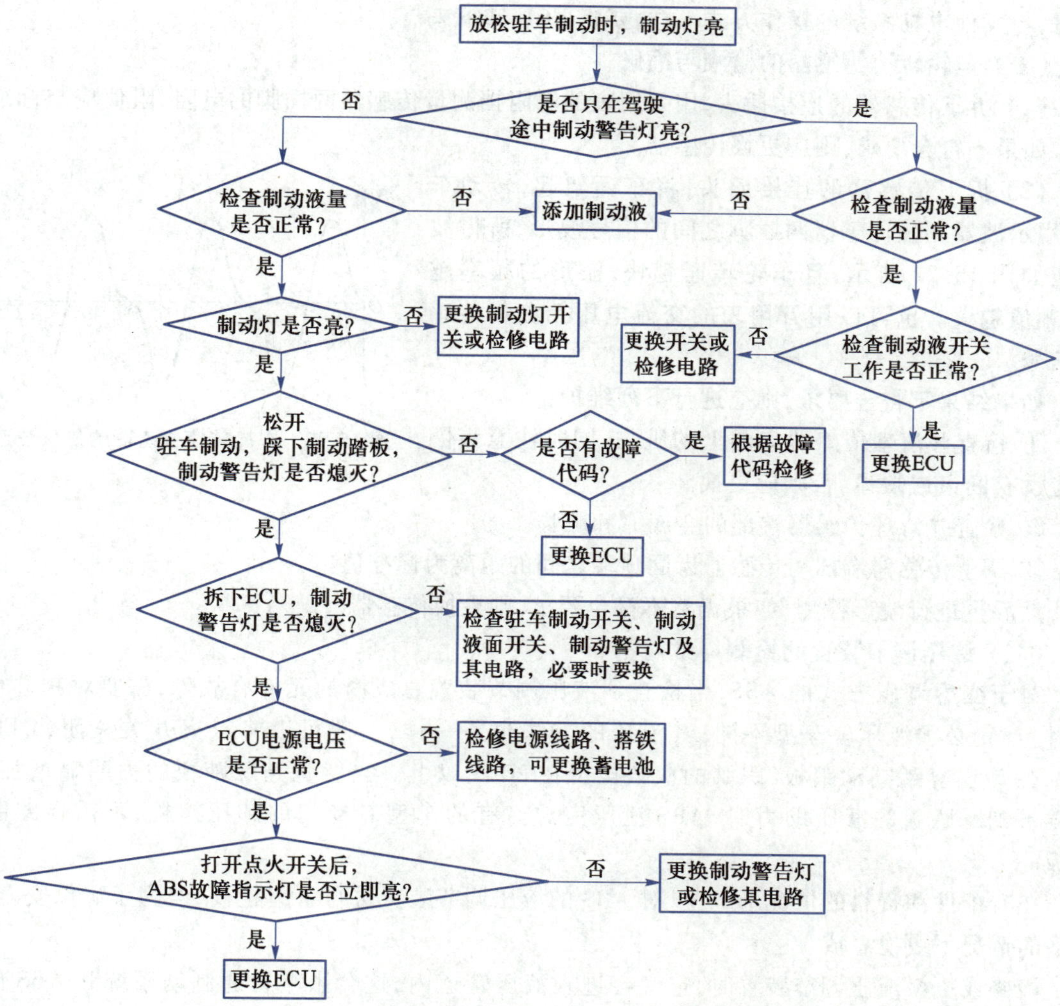

图 15.21　放松驻车制动时红色制动警告灯亮故障诊断流程图

三、主要元件的检测与维修

检测与维修 ABS 时，一般按下列原则进行：

（1）在检修 ABS 的元件时，一般首先要排除元件连接电路的故障，包括元件的供电和搭铁电路，ECU 的供电和搭铁电路。

（2）在检修变容调压方式的 ABS 系统时，由于蓄压器中有 14 MPa 的压力，必须对系统进行泄压，以免高压油喷出伤人。

（3）需要拆下线路连接插头测量元件的电阻时，必须在点火开关为 OFF 状态时拆下连接插头。

（4）测量元件的供电电压时，必须在点火开关为 OFF 状态时，拆下连接插头，用细铜线将信号插脚引出来，再插上连接插头，特别要注意防止线路短路。

（5）ABS 的 ECU 对电压、静电非常敏感，在点火开关接通时不要操作线路连接器，在车上电焊时，与其他电控系统的操作方式一样，要将 ECU 卸下来。

(一) 车轮转速传感器的检测与维修

(1) 拆下传感器的连接插头，用万用表的电阻挡测量传感器两插脚的电阻，阻值应与标准相符。如果不符合要求，则应更换传感器。

(2) 拆下传感器的连接插头，将车辆架起，转动车轮，用示波器测量传感器两插脚之间的信号波形，所得波形应如图 15.22 所示，且车轮转速越快，波形的频率越快，幅值越大。也可以用万用表的交流电压挡测量传感器信号。

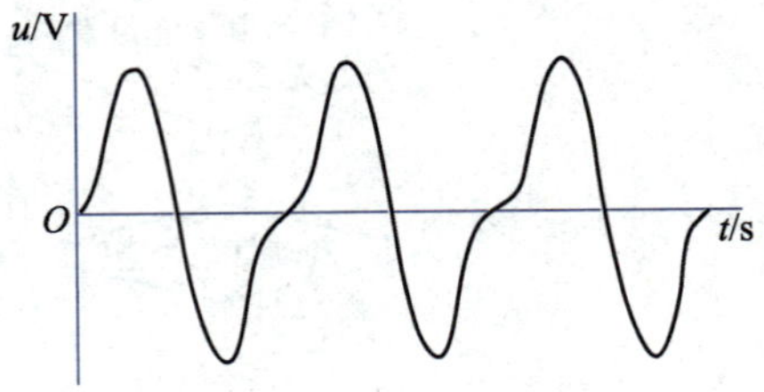

图 15.22 车轮转速传感器的信号波形

如果结果不符合要求，则应进行下列维护：

① 检查并清理传感器齿圈上的脏物，同时注意齿圈上应没有断齿或缺齿，否则应更换。

② 检查并清理传感器端部的金属屑和脏物。

③ 调整传感器端部与传感器齿圈顶端之间的距离为标准值。

然后再进行波形检测，如果仍然不符合要求，则更换传感器。

(二) 液压调节装置的检测与维修

对于变容调压方式的 ABS，当检查到液压调节装置总成内的元件有故障，需要对其进行修理时，首先必须泄压。车型不同，其泄压的方法也不一样，一般可以将点火开关关闭(OFF 位置)，然后反复踏制动踏板，踩踏的次数至少在 20 次以上。当感觉到踩踏板的力明显增加，即感觉不到踩踏板的液压助力时，ABS 泄压完成。有的车型有专门的卸压螺栓，不需要踏制动踏板。

在有配件和资料的情况下，可以对 ABS 的液压调节装置进行解体检修，但为了确保安全，在更多的情况下更换总成。

检修或更换液压调节装置时，空气会进入液压管道内，这会影响普通制动系统和 ABS 的正常工作，必须将空气放掉。对于液压调节装置中的空气，放气的方法和程序与系统的类型有关。对于循环调压式 ABS，排气方法与普通制动系统相同，即对角放气，先后再前。而对于变容调压式的 ABS，一般采用专用仪器按照特殊的规程进行排放。

(三) ECU 的检测与维修

一般没有直接的方法可用来检测 ABS 的 ECU，而采用替代法来证明它的好坏，即用一个好的 ECU 替代原来的 ECU，再观察 ABS 的工作情况。如果系统恢复正常，就说明原来的 ECU 有问题，必须更换。

(四) 转向盘转角传感器的检测与维修

如果读取到与该元件有关的故障代码，可以用万用表检查传感器的电源线及地线的连接情况，也可以用示波器观察该传感器的输出信号波形，如果电源与地线连接正常，而没有输出信号，则说明该传感器有故障，该元件一般只能更换。

(五) 制动压力传感器的检测与维修

如果读取到与该元件有关的故障代码，可以在通电时踩制动踏板，改变管路压力，用万用表检查传感器的电源线、地线和信号线，检查信号电压是否随管路压力的变化而改变，元件若有故障，一般只能更换。

（六）横向偏摆率传感器的检测与维修

如果读取到与该元件有关的故障代码，可以将其拆下，保持线路连接，通上电源，让该元件朝不同的方向旋转，用万用表检查传感器的电源线、地线和信号线，检查信号电压是否随传感器的偏摆方向、偏摆速率的变化而改变，元件若有故障，一般只能更换，更换新的元件后，需要进行初始化。

（七）纵向加速度传感器的检测与维修

如果读取到与该元件有关的故障代码，可以将其拆下，保持线路连接，通上电源，让该元件在前后方向（可根据朝前的箭头判断）上摇动，用万用表检查传感器的电源线、地线和信号线，检查信号电压是否随偏摆的强度变化而改变，元件若有故障，一般做更换处理。

（八）侧向加速度传感器的检测与维修

如果读取到与该元件有关的故障代码，可以将其拆下，保持线路连接，通上电源，让该元件在左右方向（可根据朝前的箭头判断）上摇动，用万用表检查传感器的电源线、地线和信号线，检查信号电压是否随摇动的强度变化而改变，元件若有故障，一般做更换处理。

本章小结

制动系包括4个部分：供能装置、控制装置、传动装置和制动器。

液压制动系常见故障部位主要有：制动主缸（通气孔、皮碗、回位弹簧）、制动器（制动蹄、制动盘、制动轮泵）和管路等。常见故障主要包括：制动不灵、制动失效、制动拖滞和制动跑偏。其他故障还有：制动踏板发软或有弹性、制动踏板发硬、制动时车身抖动、制动器噪声和发动机工作时自发制动等。液压制动系的维护作业主要包括：检查制动液高度，必要时予以补充；检查调整制动踏板自由行程；检查各管接头，应连接牢靠，无漏油现象；检查制动软管，无破裂、老化现象；检查调整制动器制动间隙；制动系统内有空气时应予以排气。修理作业主要包括：制动主缸的修理、制动轮缸的修理、制动器的修理。检修调整好的液压制动系应满足：制动液高度正常；系统内无空气；各管接头无泄漏；踏板自由行程和制动器制动间隙符合规定；制动性能符合规定；控制装置和制动器工作正常，灵敏可靠；无制动不灵、制动失效、制动拖滞和制动跑偏等故障。

气压制动系常见故障部位主要有：空气压缩机、空气压缩机皮带、制动控制阀、制动气室和各管接头等。常见故障主要包括：制动不灵、制动失效、制动拖滞和制动跑偏。其他故障还有制动时车身抖动和制动器噪声。气压制动系的维护作业主要包括：检查气压表数值，过低时应检查排除故障；检查调整制动踏板自由行程；检查各管接头，应连接牢靠，无漏气现象；检查调整制动器制动间隙；检查调整空气压缩机皮带松紧度。修理作业主要包括：空气压缩机的修理、制动控制阀的修理、制动气室的修理等。检修调整好的气压制动系应满足：气压正常；各管接头不漏气；储气筒内无积水；踏板自由行程和制动器制动间隙符合规定；制动性能符合规定；控制装置和制动器工作正常，灵敏可靠；无制动不灵、制动失效、制动拖滞和制动跑偏等故障。

驻车制动系常见故障部位主要有：拉杆的扇形齿板和棘爪、拉索外套等。常见故障主要包括：驻车制动效能不良和驻车制动拉杆不能定位。驻车制动系的维护作业主要包括：润滑棘爪和齿板；紧固各固定螺栓（螺母）；检查调整驻车制动间隙。修理作业主要包括：拉杆的修理、拉索的修理和制动器内连接装置的修理等。检修调整好的驻车制动系，应操纵自如、制动可靠。

液压式ABS常见故障部位主要有：制动液面开关、驻车制动开关、车轮转速传感器、ECU供电与搭铁、ECU、液压调节装置中的电磁阀等。常见故障主要包括：制动时车轮抱死、ABS作用时刻不对、放松驻车制动时制动警告灯亮等。气压式ABS的工作可靠性很高，除了在检修轮毂时因车轮转速传感器的磁间隙发生变化而导致故障指示灯点亮以外，一般不会发生故障。ABS主要元件的检测与维修应遵循以下原则：首先要排除元件连接电路的故障，包括：元件的供电和搭铁电路、ECU的供电和搭铁电路；在检修变容式调压方式的ABS时，应先对系统进行泄压，以免高压油喷出伤人；需要拆下线路连接插头测量元件的电阻时，必须在点火开关在OFF状态下拆下连接插头；测量元件的供电电压时，必须在点火开关在OFF状态下，拆下连接插头，用细铜线将信号插脚引出来，再插上连接插头，特别要注意防止线路短路；ABS的ECU对电压、静电非常敏感，在点火开关接通时不要操作线路连接器；在车上电焊时，与其他电控系统的操作方式一样，要将ECU卸下来。

复习与思考题

1. 液压制动系的常见故障部位有哪些？
2. 液压制动系的常见故障有哪些？
3. 液压制动系制动不灵的故障原因有哪些？怎样诊断？
4. 液压制动系制动失效的故障原因有哪些？怎样诊断？
5. 液压制动系制动拖滞的故障原因有哪些？怎样诊断？
6. 液压制动系制动踏板发软或有弹性的故障原因有哪些？
7. 液压制动系制动踏板发硬的故障原因有哪些？
8. 液压制动系制动时车身抖动的故障原因有哪些？
9. 液压制动系制动器噪声的故障原因有哪些？
10. 液压制动系发动机工作时自发制动的故障原因有哪些？
11. 液压制动系的维护作业主要包括哪些内容？
12. 如何调整制动踏板自由行程？
13. 如何检查调整制动器制动间隙？
14. 如何排除液压制动系统内的空气？
15. 检修调整好的液压制动系应满足哪些要求？
16. 气压制动系常见故障部位有哪些？
17. 气压制动系常见故障有哪些？
18. 气压制动系制动不灵的故障原因有哪些？怎样诊断？
19. 气压制动系制动失效的故障原因有哪些？怎样诊断？
20. 气压制动系制动拖滞的故障原因有哪些？怎样诊断？
21. 气压制动系制动时车身抖动的故障原因有哪些？
22. 气压制动系制动器噪声的故障原因有哪些？

23. 气压制动系的维护作业主要包括哪些内容？
24. 检修调整好的气压制动系应满足哪些要求？
25. 驻车制动系常见故障部位有哪些？
26. 驻车制动系常见故障有哪些？
27. 驻车制动系的维护作业主要包括哪些内容？
28. 如何调整驻车制动系驻车制动间隙？
29. ABS与普通制动系统的关系是什么？
30. ABS的常见故障有哪些？如何诊断？
31. ABS的主要元件如何检修？

第十六章

底盘常见故障诊断

学习目标

掌握汽车行驶无力，汽车行驶跑偏和汽车制动跑偏三种底盘常见故障的故障现象、故障主要原因及处理方法和故障诊断方法。

案　例

现象：一辆柳州五菱小型货车，制动时出现一脚制动不良和向左跑偏的现象。

诊断：检查制动踏板自由行程，基本符合要求，调整到规定值。检查制动器制动间隙，偏大，调整后试车，制动力有明显好转，但制动跑偏现象依然存在。从轮胎拖印中看出，右后轮制动力不足。检查该轮制动油管，无凹瘪，通过放气螺钉检查制动系统内的空气情况，也正常。拆下右后轮检查，发现该轮制动摩擦片磨损严重。故障原因为右后轮制动摩擦片磨损严重，造成该轮制动力不足，从而使制动时汽车向左跑偏。

排除：更换右后轮制动摩擦片或制动蹄总成。

在前四章中，我们讲述了底盘四大系统各自的故障诊断与维修。本章所说的底盘故障，是指故障原因涉及两个或两个以上系统的故障。

底盘的常见故障主要包括：汽车行驶无力，汽车行驶跑偏和汽车制动跑偏。

第一节　汽车行驶无力故障诊断

一、故障现象

即使将加速踏板踩到底，汽车驱动力也不足，出现加速不良，爬坡无力等现象。

二、故障主要原因及处理方法

造成汽车行驶无力的根本原因是发动机无力，传动系传动效率低，车轮受到的阻力过大。具体原因主要是：

(1) 发动机无力，排除方法见第二篇。

(2) 离合器打滑，排除方法见本篇第十二章。

(3) 变速器缺油或润滑油变质，应予添加或更换。

(4) 变速器齿轮啮合间隙过小，应予重新选配。

(5) 万向传动装置中间支承轴承缺油、锈蚀甚至失效，应予润滑或更换。

(6) 主减速器、差速器或半轴的传动齿轮（花键）啮合间隙过小，应予调整。

(7) 驱动桥缺油或润滑油变质，应予添加或更换。

(8) 轮胎气压严重不足，应予充气或修补后充气，必要时更换轮胎。

(9) 车轮制动拖滞，排除方法见本篇第十五章。

(10) 驻车制动拉索回位不畅，造成后轮制动未完全释放，应予润滑或更换。

(11) 轮毂轴承过紧，应予调整。

(12) 前轮定位不正确，应予调整或更换部件等。

三、故障诊断方法

按照故障原因的可能性从大到小，检查的难易性从易到难的顺序，首先应检查轮胎气压是否严重不足。在排除发动机无力的情况下，检查影响传动系传动效率降低的因素是否存在。最后检查排除车轮受到的阻力过大的因素。

详见图 16.1 所示汽车行驶无力常见故障原因的诊断流程。

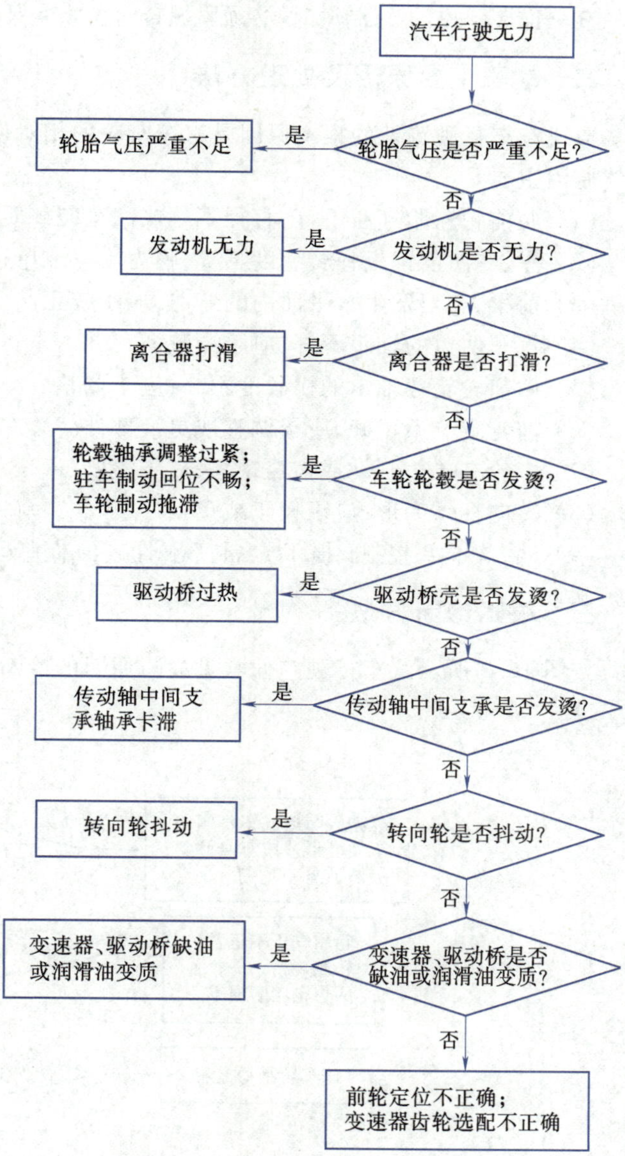

图 16.1　汽车行驶无力常见故障原因的诊断流程

驱动桥过热的诊断见本篇第十二章，该故障的根本原因是驱动桥工作时受到的摩擦阻力过大，从而降低了传动系的传动效率。转向轮抖动的诊断见本篇第十四章，该故障会消耗汽车动力，也会降低传动系的传动效率。

第二节 汽车行驶跑偏故障诊断

一、故障现象

汽车正常行驶，不踩制动时，必须紧握转向盘才能保持直线行驶，若稍有放松便自动跑向一边。

二、故障主要原因及处理方法

造成汽车行驶跑偏的根本原因是汽车车轮的相对位置不正确，两侧车轮受到的阻力不一致。具体原因主要是：

(1) 两前轮轮胎气压不等，直径不一或汽车装载质量左、右分布不均匀，应予调整或更换。

(2) 左、右两前钢板弹簧翘度不等，弹力不一或单边松动、断裂，应予更换。

(3) 前梁、车架发生水平面内的弯曲，应予校正。

(4) 汽车两边的轴距不等，应予调整。

(5) 两前轮轮毂轴承的松紧度不一，应予调整。

(6) 前轮定位不正确，应予调整或更换部件。

(7) 车轮有单边制动或拖滞现象，应予检修。

(8) 转向杆系变形，应予校正或更换。

(9) 动力转向系控制阀损坏或密封环弹性减弱，阀芯运动不畅或偏离中间位置，应予调整或更换等。

三、故障诊断方法

按图 16.2 所示汽车行驶跑偏常见故障原因的诊断流程找出故障。

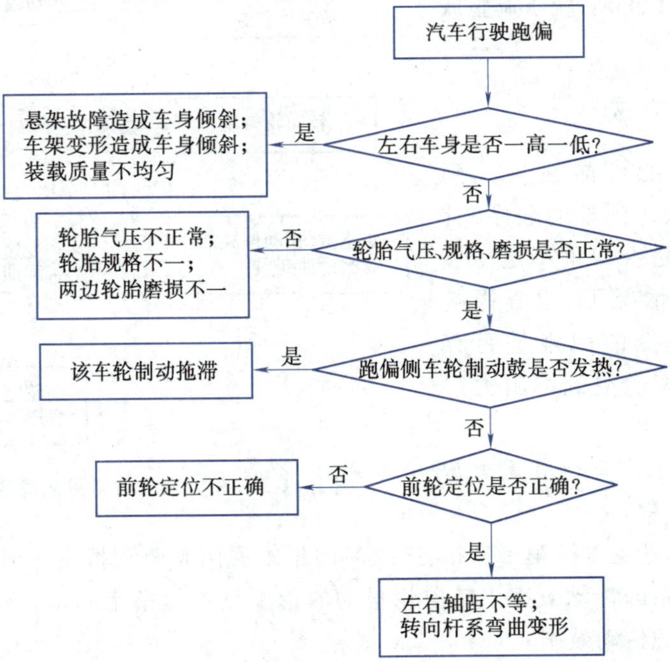

图 16.2 汽车行驶跑偏常见故障原因的诊断流程

制动拖滞的诊断见本篇第十五章,在汽车不制动而正常行驶时,该故障使所在车轮受到更大的阻力,使汽车向该侧跑偏。装载不均等原因会造成两侧车轮受到不同的负载,从而产生不同的行驶阻力,使汽车向装载较多的一侧跑偏。而轮胎磨损不一致等原因使该轮和同轴车轮与地面的摩擦系数不一致,也会使车轮受到不一致的阻力,造成汽车行驶跑偏。

第三节　汽车制动跑偏故障诊断

一、故障现象

汽车制动时,车辆行驶方向发生偏斜;紧急制动时甚至出现掉头或甩尾现象。

二、故障主要原因及处理方法

造成制动跑偏的根本原因是汽车左、右两侧车轮受到的制动力不一致。具体原因主要是:

(1) 制动压力调节器或比例阀失效,应予更换。

(2) 前轮定位不正确,应予调整或更换部件。

(3) 一侧鼓式制动器制动底板松动或盘式制动器制动钳固定支架(板)松动,应予复原紧固。

(4) 一侧制动摩擦片有油污,应在排除油污原因的前提下予以更换。

(5) 左、右轮制动蹄(钳)摩擦片材料不一,新旧程度不一或质量不一,应予更换。

(6) 左、右轮制动蹄(钳)摩擦片与制动鼓(盘)的接触面积不一或制动间隙不一,应予调整。

(7) 左、右轮制动蹄(钳)回位弹簧拉力不一,应予更换。

(8) 左、右轮轮胎气压不一,直径不一,花纹不一或花纹深度不一,应按规定充气或更换轮胎。

(9) 左、右轮制动鼓(盘)的厚度、新旧程度或工作面的表面粗糙度不一,应予修理或更换。

(10) 一侧车轮制动管凹瘪、阻塞、漏油或制动系统内有空气,应予修理、清洁或排气。

(11) 一侧车轮制动蹄与支承销配合过紧或锈蚀,应予调整或润滑。

(12) 一侧车轮制动轮缸活塞与缸壁磨损过甚或皮碗老化、发胀、发黏,应予更换。

(13) 车架水平面弯曲变形,前轴与车架不垂直,前后轴不平行或两边钢板弹簧刚度不等,应予校正或更换。

(14) 一侧车轮制动蹄弯曲、变形,应予校正或更换。

(15) 悬挂装置紧固件松动,应予紧固等。

三、故障诊断方法

减速制动,汽车向左(右)跑偏,说明右(左)轮制动迟缓或制动力不足。

紧急制动,观察车轮在地面上的印迹。若同一轴两边车轮印迹不能同时产生,则其中印迹短的车轮为制动迟缓,印迹轻的为制动力不足。

检查制动迟缓或制动力不足车轮的轮胎气压、轮胎磨损情况及制动管路是否漏油。检查制动系统中有无空气，制动间隙是否正常。故障仍存在时分解检查制动器和制动轮缸。

故障还是存在，应检查车身或悬架、转向系、行驶系是否有故障。

详见图16.3所示汽车制动跑偏常见故障原因的诊断流程。

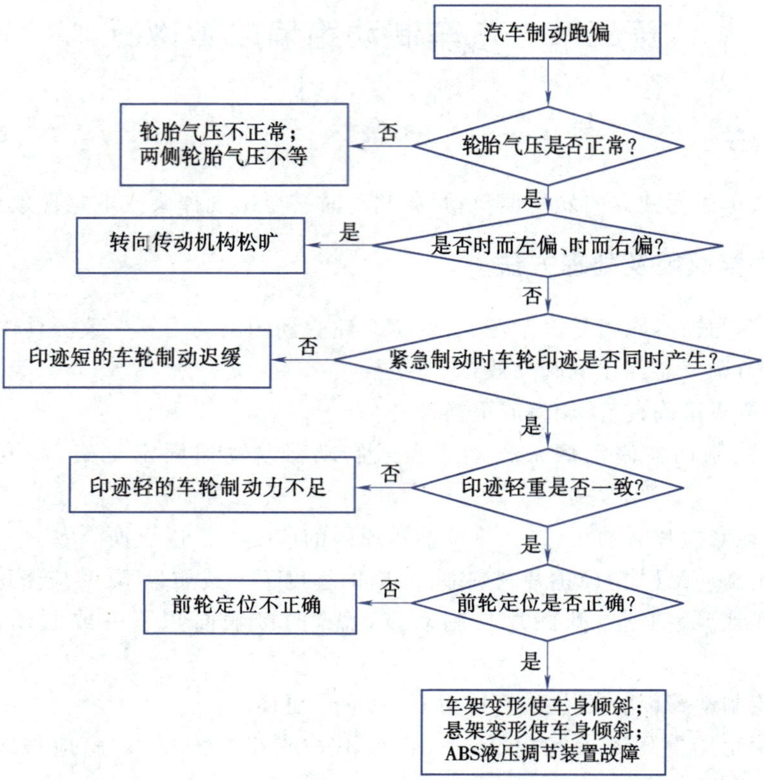

图16.3　汽车制动跑偏常见故障原因的诊断流程

制动迟缓指车轮产生制动的速度慢，制动力不足的诊断见本篇第十五章；它们会使所在车轮与同轴车轮的制动力不一致，造成汽车制动跑偏。车身倾斜等原因会造成两侧车轮受到不同的负载，从而产生不同的制动力，造成汽车制动跑偏。

本章小结

本章所述的底盘故障，是指故障原因牵涉两个或两个以上系统的故障。底盘的常见故障主要包括：汽车行驶无力，汽车行驶跑偏和汽车制动跑偏。

造成汽车行驶无力的根本原因是发动机无力，传动系传动效率低，车轮受到的阻力过大。

造成汽车行驶跑偏的根本原因是汽车车轮的相对位置不正确，两侧车轮受到的阻力不一致。

造成制动跑偏的根本原因是汽车左、右两侧车轮受到的制动力不一致。

复习与思考题

1. 底盘的常见故障有哪些？
2. 汽车行驶无力的故障原因有哪些？怎样诊断？
3. 汽车行驶跑偏的故障原因有哪些？怎样诊断？
4. 汽车制动跑偏的故障原因有哪些？怎样诊断？

参 考 文 献

[1] 闵永军,万茂松,周良.汽车故障诊断与维修技术.北京:高等教育出版社,2004.
[2] 陈家瑞.汽车构造.北京:人民交通出版社,2005.
[3] 朱军.电子控制发动机电路波形分析.北京:机械工业出版社,2003.
[4] 冯渊.电控发动机维修.北京:机械工业出版社,2002.
[5] 东风本田汽车(武汉)有限公司.东风本田 CR-V 维修手册.2004.
[6] 尹力会.一汽花冠轿车维修手册.沈阳:辽宁科学技术出版社,2005.
[7] 戴胡斌.桑塔纳 3000 轿车维修一本通.南京:江苏科学技术出版社,2009.
[8] 宋福昌.新型柴油汽车易发故障诊断与排除.北京:中国电力出版社,2006.
[9] 栾琪文.汽车电控柴油机结构原理与维修.北京:机械工业出版社,2006.
[10] 严安辉,韦忠霞.汽车柴油发动机电控系统原理与检修.北京:国防工业出版社,2007.
[11] 黄靖雄,赖海瑞.电控柴油机结构与原理.北京:人民交通出版社,2008.
[12] 鲁植雄.汽车 ABS.ASR 和 ESP 维修图解.北京:电子工业出版社,2006.